汽车电控系统结构与维修

（第 4 版）

主　编　舒　华　赵劲松
副主编　舒　展　王聪聪
参　编　姚良军　李　严　李家惠
主　审　张爱民　郑召才

北京理工大学出版社
BEIJING INSTITUTE OF TECHNOLOGY PRESS

内 容 简 介

本书汇集了作者40多年来研究汽车电子控制技术的最新成果。全书共分10章，内容包括汽油机电控喷油技术、点火与爆燃控制技术、柴油机电控喷油技术、汽车电控自动变速技术、汽车行驶安全电控技术、汽车悬架与转向电控技术、汽车排放电控技术，等等。主要介绍了各种电控系统的功能、分类方法、结构组成、工作原理与控制过程、部件检修、故障诊断与排除方法等。全书图文并茂、通俗易懂。

本书可作为高等院校汽车类专业用书，也可供从事汽车维修、汽车营销的工程技术与管理人员阅读参考。

版权专有　侵权必究

图书在版编目（CIP）数据

汽车电控系统结构与维修/舒华，赵劲松主编. —4版. —北京：北京理工大学出版社，2020.5（2024.1重印）
ISBN 978-7-5682-7957-4

Ⅰ. ①汽⋯　Ⅱ. ①舒⋯ ②赵⋯　Ⅲ. ①汽车–电子系统–控制系统–构造 ②汽车–电子系统–控制系统–维修　Ⅳ. ①U463.603 ②U472.41

中国版本图书馆 CIP 数据核字（2019）第 251216 号

责任编辑：梁铜华　　**文案编辑**：梁铜华
责任校对：周瑞红　　**责任印制**：李志强

出版发行 / 北京理工大学出版社有限责任公司
社　　址 / 北京市丰台区四合庄路 6 号
邮　　编 / 100070
电　　话 / (010) 68914026（教材售后服务热线）
　　　　　　 (010) 68944437（课件资源服务热线）
网　　址 / http://www.bitpress.com.cn
版 印 次 / 2024 年 1 月第 4 版第 3 次印刷
印　　刷 / 三河市华骏印务包装有限公司
开　　本 / 787 mm×1092 mm　1/16
印　　张 / 23.75
字　　数 / 558 千字
定　　价 / 59.80 元

图书出现印装质量问题，请拨打售后服务热线，负责调换

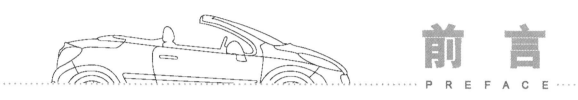

前言

PREFACE

本书针对汽车服务工程和汽车运用与维修技术等专业开设的专业课程教学需要编写而成，内容包括汽车电控技术的应用与发展，汽油机燃油喷射、点火与爆燃、柴油机高压共轨、自动变速等汽车动力与驱动电控系统，汽车悬架与转向、防抱死制动、驱动轮防滑转、车身稳定性和自动紧急制动等行驶安全电控系统，发动机断油、空燃比反馈和废气再循环等排放治理电控系统，车载局域网和故障自诊断系统，等等。主要介绍了各种电控系统的功能、分类方法、结构组成、工作原理与控制过程、部件检修、故障诊断与排除方法等。全书附图330余幅，每章后面附有复习题计330余题。推荐学时72学时（理论教学46学时，实装实训26学时）。

本书借鉴国内外精品教材的写作思路、写作方法及章节安排，在每一章的开头设有学习目标和学习要求，正文中适时插入"知识链接""特别提示""应用案例"，每章末尾附有本章小结和复习题，使知识点形象化、具体化，激发读者的学习兴趣，便于读者掌握重点基础理论、专业知识和专业技能。

本书汇集了作者40多年来研究汽车电子控制技术的最新成果，在已编普通高等教育"十一五"国家级规划教材《汽车电子控制技术》的基础上修订编写而成。本书根据汽车运用与维修职业技能等级标准和培养对象的认知水平与特点，将电控技术与汽车专业知识有机结合，对教学内容进行了优化整合和深度融合，在内容编排上重点突出电控技术在汽车领域的运用，较好地体现了汽车服务工程和汽车运用与维修技术的专业性和实用性，具有较强的专业知识和技能培养针对性。

根据当代专业教育特点，本书中配有二维码，扫一扫即可观看相关的动画或视频。

本书可作为高等院校汽车类专业用书，也可供从事汽车维修、汽车营销的工程技术与管理人员阅读参考。

本书由陆军军事交通学院舒华教授和赵劲松副教授主编，军事科学院系统工程研究院卫勤保障技术研究所舒展工程师和武警后勤学院学报编辑部王聪聪编辑副主编，陆军军事交通学院张爱民教授和解放军94938部队郑召才高级工程师主审。参加编写的还有姚良军、李严、李家惠。在编写过程中，承蒙北京理工大学和兄弟院校及企业有关同志的大力支持，在此向他们表示衷心的感谢。此外，在编写过程中还参考了大量的文献资料，在此向原作者表示衷心的谢意。由于作者知识水平有限，书中难免存在疏漏之处，敬请读者批评指正。

编　者

2019年10月

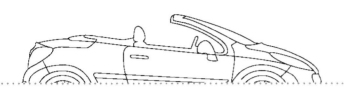

目 录
CONTENTS

第1章　汽车电控技术概述 ……………………………………… (001)
　1.1　汽车电控技术的应用 ………………………………………… (001)
　1.2　汽车电控技术的发展 ………………………………………… (003)
　　1.2.1　汽车电控技术发展的动因 ………………………………… (003)
　　1.2.2　汽车电控技术的发展趋势 ………………………………… (003)
　1.3　汽车电控系统的基本组成 …………………………………… (006)
　　1.3.1　汽车电控系统的传感器 …………………………………… (006)
　　1.3.2　汽车电控单元 ……………………………………………… (007)
　　1.3.3　汽车电控系统的执行器 …………………………………… (007)
　1.4　汽车电控系统的分类 ………………………………………… (008)
　　1.4.1　按控制目标分类 …………………………………………… (008)
　　1.4.2　按控制对象分类 …………………………………………… (009)
　本章小结 …………………………………………………………… (011)
　复习题 ……………………………………………………………… (012)

第2章　汽油机电控喷油技术 ……………………………………… (014)
　2.1　汽油机电控系统的组成 ……………………………………… (014)
　　2.1.1　汽油机电控系统的传感器 ………………………………… (016)
　　2.1.2　汽油机电控系统的开关信号 ……………………………… (017)
　　2.1.3　汽油机电控系统的执行器 ………………………………… (018)
　2.2　汽油机燃油喷射系统的组成 ………………………………… (018)
　　2.2.1　供气系统 …………………………………………………… (019)
　　2.2.2　供油系统 …………………………………………………… (020)
　　2.2.3　燃油喷射电控系统 ………………………………………… (021)
　2.3　汽油机燃油喷射系统的分类 ………………………………… (022)
　　2.3.1　按控制方式分类 …………………………………………… (023)
　　2.3.2　按喷油部位分类 …………………………………………… (024)
　　2.3.3　按喷油器喷油方式分类 …………………………………… (027)
　2.4　电控喷油系统传感器的结构原理 …………………………… (029)
　　2.4.1　空气流量传感器 …………………………………………… (029)
　　2.4.2　歧管压力传感器 …………………………………………… (036)

2.4.3　曲轴与凸轮轴位置传感器 …………………………………………（040）
　　2.4.4　节气门位置传感器 …………………………………………………（047）
　　2.4.5　温度传感器 …………………………………………………………（050）
　　2.4.6　开关信号 ……………………………………………………………（052）
2.5　汽车电控单元的结构组成 …………………………………………………（055）
　　2.5.1　输入回路 ……………………………………………………………（055）
　　2.5.2　单片机 ………………………………………………………………（057）
　　2.5.3　输出回路 ……………………………………………………………（058）
2.6　电控喷油系统执行器的结构原理 …………………………………………（059）
　　2.6.1　电动燃油泵 …………………………………………………………（059）
　　2.6.2　电磁喷油器 …………………………………………………………（060）
　　2.6.3　油压调节器 …………………………………………………………（062）
2.7　汽油机电控喷油系统的控制 ………………………………………………（063）
　　2.7.1　燃油喷射控制原理 …………………………………………………（064）
　　2.7.2　喷油正时控制原理 …………………………………………………（065）
　　2.7.3　发动机起动时喷油量控制 …………………………………………（067）
　　2.7.4　发动机起动后喷油量控制 …………………………………………（068）
　　2.7.5　喷油提前角与喷油持续时间的控制过程 …………………………（074）
2.8　汽油机怠速控制技术 ………………………………………………………（076）
　　2.8.1　怠速控制系统的组成 ………………………………………………（076）
　　2.8.2　怠速控制阀的功用 …………………………………………………（077）
　　2.8.3　步进电动机式怠速控制阀 …………………………………………（077）
　　2.8.4　怠速转速的控制过程 ………………………………………………（078）
　　2.8.5　步进电动机式ISCV的控制过程 …………………………………（079）
本章小结 ……………………………………………………………………………（081）
复习题 ………………………………………………………………………………（081）

第3章　汽油机点火与爆燃控制技术 ………………………………………（084）

3.1　点火系统的功用与分类 ……………………………………………………（084）
　　3.1.1　点火系统的分类 ……………………………………………………（084）
　　3.1.2　点火系统的功用与要求 ……………………………………………（086）
3.2　微机控制点火系统 …………………………………………………………（088）
　　3.2.1　微机控制点火系统的组成 …………………………………………（088）
　　3.2.2　微机控制点火系统的控制原理 ……………………………………（090）
　　3.2.3　微机控制点火提前角的确定 ………………………………………（092）
　　3.2.4　微机控制点火系统的控制过程 ……………………………………（095）
　　3.2.5　微机控制点火系统高压电的分配方式 ……………………………（096）
　　3.2.6　点火装置的结构与检修 ……………………………………………（099）
3.3　汽油机爆燃控制系统 ………………………………………………………（109）

3.3.1　汽油机爆燃控制系统的组成 ··· (109)
　　3.3.2　汽油机爆燃的检测方法 ··· (110)
　　3.3.3　爆燃传感器的结构原理 ··· (110)
　　3.3.4　汽油机爆燃的判别方法 ··· (113)
　　3.3.5　汽油机爆燃的控制过程 ··· (114)
　本章小结 ·· (115)
　复习题 ··· (115)

第4章　柴油机电控喷油技术 ·· (118)
4.1　柴油机电控喷油技术基础 ··· (118)
　　4.1.1　柴油机电控燃油喷射系统的分类 ·· (118)
　　4.1.2　柴油机喷油系统的控制策略 ·· (120)
　　4.1.3　柴油机喷油量的计算方法 ·· (120)
4.2　高压共轨式柴油喷射系统 ··· (121)
　　4.2.1　高压共轨式柴油喷射系统的组成 ·· (121)
　　4.2.2　高压共轨式柴油喷射系统的优点 ·· (123)
4.3　高压共轨式电控系统的关键技术 ·· (124)
　　4.3.1　输油泵 ·· (124)
　　4.3.2　高压泵 ·· (125)
　　4.3.3　压力控制阀 ·· (127)
　　4.3.4　共轨组件 ··· (128)
　　4.3.5　限压阀 ·· (129)
　　4.3.6　流量限制阀 ·· (129)
　　4.3.7　共轨油压传感器 ·· (131)
　　4.3.8　电控喷油器 ·· (132)
4.4　高压共轨式柴油喷射系统的控制 ·· (137)
　　4.4.1　喷油量的控制 ··· (137)
　　4.4.2　喷油压力的控制 ·· (139)
　　4.4.3　多段喷油控制 ··· (141)
　　4.4.4　起动喷油控制 ··· (142)
　本章小结 ·· (143)
　复习题 ··· (144)

第5章　汽车电控自动变速技术 ·· (146)
5.1　电控自动变速系统的组成 ··· (146)
　　5.1.1　齿轮变速系统 ··· (147)
　　5.1.2　液压控制系统 ··· (147)
　　5.1.3　电控自动变速系统 ··· (148)
5.2　电控自动变速系统的控制原理概述 ··· (148)
　　5.2.1　电控自动变速系统的控制原理 ·· (148)

5.2.2　换挡时机的控制原理 …………………………………………（150）
　　5.2.3　锁止时机的控制原理 …………………………………………（151）
5.3　齿轮变速系统的结构原理 ……………………………………………（152）
　　5.3.1　锁止式液力变矩器 ……………………………………………（152）
　　5.3.2　行星齿轮变速机构 ……………………………………………（154）
　　5.3.3　换挡执行机构 …………………………………………………（158）
　　5.3.4　停车锁止机构 …………………………………………………（162）
5.4　液压控制系统的结构原理 ……………………………………………（163）
　　5.4.1　液压传动装置 …………………………………………………（163）
　　5.4.2　液压控制装置 …………………………………………………（166）
5.5　电控自动变速系统的结构原理 ………………………………………（175）
　　5.5.1　传感器的结构原理 ……………………………………………（176）
　　5.5.2　控制开关 ………………………………………………………（178）
　　5.5.3　执行机构 ………………………………………………………（180）
5.6　自动变速器的控制 ……………………………………………………（181）
　　5.6.1　自动变速器的控制电路 ………………………………………（181）
　　5.6.2　自动变速器的换挡规律 ………………………………………（182）
　　5.6.3　自动换挡的控制过程 …………………………………………（184）
　　5.6.4　自动锁止的控制过程 …………………………………………（186）
　　5.6.5　解除锁止的控制过程 …………………………………………（187）
　　5.6.6　部件失效的保护控制 …………………………………………（188）
5.7　电控无级变速技术 ……………………………………………………（189）
　　5.7.1　电控无级变速系统的结构特点 ………………………………（189）
　　5.7.2　变速系统的结构原理 …………………………………………（190）
　　5.7.3　变速传动机构无级变速原理 …………………………………（192）
　　5.7.4　电控无级变速系统的控制 ……………………………………（193）
本章小结 ………………………………………………………………………（194）
复习题 …………………………………………………………………………（195）

第6章　汽车行驶安全电控技术 ……………………………………（197）

6.1　防抱死制动技术 ………………………………………………………（197）
　　6.1.1　防抱死制动系统的功用 ………………………………………（197）
　　6.1.2　防抱死制动的基本原理 ………………………………………（198）
　　6.1.3　防抱死制动系统的组成 ………………………………………（200）
　　6.1.4　防抱死制动系统的分类 ………………………………………（202）
　　6.1.5　防抱死制动系统的结构原理 …………………………………（204）
　　6.1.6　防抱死制动的控制原理 ………………………………………（212）
　　6.1.7　两位两通电磁阀式 ABS 的控制过程 …………………………（214）
　　6.1.8　三位三通电磁阀式 ABS 的控制过程 …………………………（219）

6.2 制动力分配技术 (222)
6.2.1 制动力分配系统的功用 (222)
6.2.2 制动力分配系统的组成 (223)
6.2.3 制动力分配的控制 (223)

6.3 制动辅助技术 (224)
6.3.1 制动辅助系统的功用 (224)
6.3.2 制动辅助系统的组成 (224)
6.3.3 制动辅助的控制 (224)
6.3.4 制动辅助控制的效果 (225)

6.4 驱动轮防滑转调节技术 (225)
6.4.1 驱动轮防滑转调节系统的功用 (226)
6.4.2 驱动轮防滑转的基本原理 (226)
6.4.3 驱动轮防滑转的控制方式 (227)
6.4.4 驱动轮防滑转调节系统实例 (230)

6.5 车身稳定性控制技术 (234)
6.5.1 车身稳定性控制系统的功用 (234)
6.5.2 车身稳定性控制系统的组成 (234)
6.5.3 车身稳定性的控制原理与控制过程 (236)

6.6 汽车安全辅助驾驶技术 (238)
6.6.1 汽车自动紧急制动系统 (239)
6.6.2 行驶车道偏离预警系统 (240)

本章小结 (241)
复习题 (242)

第7章 汽车悬架与转向电控技术 (245)

7.1 电子控制悬架系统 (245)
7.1.1 电子控制悬架系统的功用 (246)
7.1.2 电子控制悬架系统的组成 (246)
7.1.3 电子控制悬架系统的分类 (247)

7.2 电子控制车身高度调节系统 (247)
7.2.1 车身高度调节系统的组成 (247)
7.2.2 车身高度的调节原理 (251)

7.3 电子控制悬架刚度调节系统 (252)
7.3.1 悬架刚度调节系统的组成 (252)
7.3.2 空气调节阀的结构原理 (253)
7.3.3 悬架刚度的调节原理 (253)

7.4 电子控制减震器阻尼调节系统 (255)
7.4.1 减震器阻尼调节系统的组成 (255)
7.4.2 减震器阻尼调节系统的结构原理 (255)

7.4.3 减震器阻尼的调节原理 ·············(258)
7.5 汽车电控动力转向技术 ················(260)
　　7.5.1 电控动力转向系统的功用与分类 ·······(260)
　　7.5.2 电液混合式电控动力转向系统 ·········(261)
　　7.5.3 电动式电控动力转向系统 ············(263)
7.6 电控四轮转向技术 ······················(268)
　　7.6.1 电控四轮转向系统的功用与分类 ·······(268)
　　7.6.2 电控四轮转向系统的结构组成 ·········(269)
　　7.6.3 电控四轮转向系统的控制 ············(271)
本章小结 ··································(272)
复习题 ····································(272)

第8章　汽车排放电控技术 ··············(274)

8.1 发动机断油控制系统 ····················(274)
　　8.1.1 超速断油控制 ······················(275)
　　8.1.2 减速断油控制 ······················(275)
　　8.1.3 清除溢流控制 ······················(276)
8.2 空燃比反馈控制系统 ····················(276)
　　8.2.1 空燃比反馈控制系统的组成 ············(277)
　　8.2.2 氧化锆式氧传感器的结构原理 ··········(278)
　　8.2.3 氧化钛式氧传感器的结构原理 ··········(280)
　　8.2.4 空燃比反馈控制过程 ·················(282)
　　8.2.5 空燃比反馈控制条件 ·················(283)
8.3 废气再循环控制系统 ····················(283)
　　8.3.1 废气再循环率 ······················(284)
　　8.3.2 EGR电控系统的结构组成 ············(284)
　　8.3.3 EGR的控制原理 ···················(285)
　　8.3.4 EGR的实施条件 ···················(286)
8.4 燃油蒸发排放控制系统 ··················(286)
　　8.4.1 燃油蒸发排放控制系统的组成 ··········(286)
　　8.4.2 燃油蒸发排放控制原理 ···············(287)
本章小结 ··································(288)
复习题 ····································(288)

第9章　汽车车载局域网技术 ············(290)

9.1 车载局域网的应用与发展 ················(290)
　　9.1.1 汽车采用局域网技术的目的 ············(291)
　　9.1.2 车载局域网技术的发展 ···············(292)
　　9.1.3 车载局域网技术的应用 ···············(292)
9.2 车载局域网的构成与分类 ················(296)

9.2.1 车载局域网的构成 ……………………………………………… (296)
9.2.2 车载局域网的分类 ……………………………………………… (299)
9.2.3 汽车局部互联网的特点 ………………………………………… (302)
9.2.4 多媒体定向系统传输网的特点 ………………………………… (304)
9.2.5 车载局域网的优点 ……………………………………………… (304)
9.3 控制器局域网 ………………………………………………………… (305)
9.3.1 控制器局域网的构成 …………………………………………… (305)
9.3.2 控制器局域网总线的特点 ……………………………………… (307)
9.3.3 控制器局域网总线的连接 ……………………………………… (308)
9.3.4 控制器局域网通信速率的设定 ………………………………… (308)
9.3.5 控制器局域网协议的特点 ……………………………………… (309)
9.3.6 控制器局域网的应用 …………………………………………… (310)
本章小结 …………………………………………………………………… (315)
复习题 ……………………………………………………………………… (316)

第10章 汽车故障自诊断技术 …………………………………………… (318)

10.1 故障自诊断系统的组成与功能 …………………………………… (318)
10.1.1 故障自诊断系统的组成 ……………………………………… (319)
10.1.2 故障自诊断系统的功能 ……………………………………… (319)
10.2 故障自诊断监测原理 ……………………………………………… (322)
10.2.1 监测点位于被监测部件正极的自诊断原理 ………………… (323)
10.2.2 监测点位于被监测部件负极的自诊断原理 ………………… (324)
10.3 电控系统故障自诊断测试 ………………………………………… (326)
10.3.1 故障自诊断测试方式 ………………………………………… (326)
10.3.2 故障自诊断测试内容 ………………………………………… (326)
10.3.3 故障自诊断测试工具 ………………………………………… (328)
10.3.4 故障自诊断测试过程 ………………………………………… (331)
10.4 发动机电控系统故障诊断与排除 ………………………………… (335)
10.4.1 发动机电控系统故障诊断与检修程序 ……………………… (335)
10.4.2 发动机电控系统故障的诊断方法 …………………………… (338)
10.5 发动机传感器与执行器的检修 …………………………………… (339)
10.5.1 涡流式空气流量传感器的检修 ……………………………… (339)
10.5.2 热丝式与热膜式流量传感器的检修 ………………………… (340)
10.5.3 磁感应式曲轴与凸轮轴位置传感器的检修 ………………… (341)
10.5.4 霍尔式曲轴与凸轮轴位置传感器的检修 …………………… (342)
10.5.5 歧管压力传感器的检修 ……………………………………… (343)
10.5.6 节气门位置传感器的检修 …………………………………… (344)
10.5.7 氧传感器的使用与检修 ……………………………………… (346)
10.5.8 温度传感器的检修 …………………………………………… (348)

10.5.9　电动燃油泵的使用与检修 …………………………………（350）
　　10.5.10　电磁喷油器的检修 ……………………………………（351）
　　10.5.11　怠速控制阀的检修 ……………………………………（351）
10.6　防抱死制动系统故障自诊断测试 …………………………………（353）
　　10.6.1　防抱死制动系统使用注意事项 …………………………（353）
　　10.6.2　防抱死制动系统故障自诊断测试 ………………………（353）
　　10.6.3　防抱死制动系统故障排除方法 …………………………（358）
10.7　车载局域网故障诊断与排除 ………………………………………（358）
　　10.7.1　车载局域网的故障状态 …………………………………（358）
　　10.7.2　车载局域网故障的原因 …………………………………（359）
　　10.7.3　车载局域网故障的诊断与排除 …………………………（359）
本章小结 ……………………………………………………………………（363）
复习题 ………………………………………………………………………（364）

参考文献 ………………………………………………………………（366）

第 1 章 汽车电控技术概述

1. 认知目标

（1）了解汽车电控技术的应用与发展趋势。
（2）熟悉汽车电子控制系统的基本组成。
（3）掌握汽车电子控制系统的分类方法。

2. 技能目标

（1）能够说明汽车电控技术的应用与发展趋势。
（2）能够熟练地阐述汽车电控系统的组成与分类方法。

本章的主要内容包括汽车电控技术的应用与发展、汽车电控系统的基本组成和发动机电控系统的组成与分类方法。本章的学习内容力求使学生掌握汽车电控技术的相关基础知识，为继续学习相关章节打下坚实的基础。

1.1 汽车电控技术的应用

汽车工业是我国国民经济的支柱产业之一，汽车电控技术是汽车技术的组成部分，也是衡量一个国家科研实力和工业水平的重要标志。

> 汽车电子控制技术简称汽车电控技术，是以电气技术、微电子技术、计算机技术、自动控制技术、智能控制技术、液压传动技术、新材料和新工艺等技术为基础，以解决汽车能源紧缺、环境保护和交通安全等社会问题为目的，旨在提高整车性能（动力性、经济性、排放性、安全性、舒适性、操纵性、通过性等）的技术。
>
> 汽车电控技术是提高汽车动力性、经济性、排放性、安全性、舒适性、操纵性、通过性等整车性能的技术。所谓技术，是指人类在利用自然和改造自然的过程中，积累起来并在生产劳动中体现出来的经验和知识，也泛指其他操作方面的技巧，如汽车电气技术、汽车电控技术和汽车维修技术等。知识是指人类在社会实践中积累起来的经验的总和，是人类认识自然、认识社会和认识自身的产物，如社会知识、生活知识、汽车电控知识和汽车维修知识等。

汽车技术、建筑技术和环境保护技术是衡量一个国家工业化水平高低的三大标志。汽车技术不仅代表着社会物质生活发展水平，而且代表着科学技术发展水平。20世纪80年代以来，提高汽车性能、节约能源和保护环境，主要取决于电控技术。

汽车电控技术已广泛应用于汽油发动机（汽油机）控制、柴油发动机（柴油机）控制、汽车底盘控制、汽车车身控制、汽车故障诊断和无人驾驶等技术领域。20世纪90年代，电控技术在汽车上的应用概况如图1-1所示。

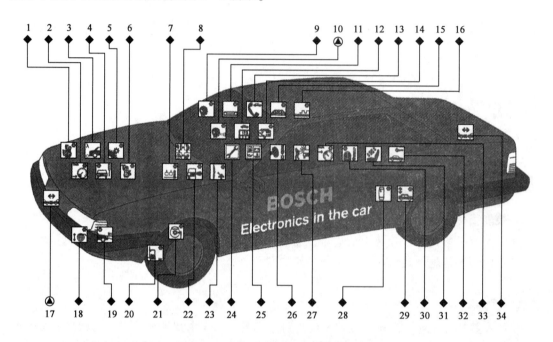

图1-1　电控技术在汽车上的应用概况

1—燃油喷射控制；2—怠速控制；3—空燃比反馈控制；4—发动机故障诊断；5—自动变速；6—微机控制点火；7—加速踏板控制；8—控制器区域网络；9—声音复制；10—声控操作；11—音响系统；12—车载计算机；13—车载电话；14—交通控制与通信；15—信息显示；16—总线控制；17—雷达车距控制与报警；18—前照灯控制与清洗；19—车灯控制；20—轮胎气压控制；21—防抱死与防滑转调节；22—底盘故障诊断；23—刮水器与清洗器控制；24—维修周期显示；25—液面与磨损监控；26—安全气囊与安全带控制；27—车辆保安；28—前/后轮转向控制；29—电子悬架；30—自动空调；31—座椅调节；32—中央门锁；33—巡航控制；34—车距报警

当今世界，衡量汽车先进水平和档次高低的重要标志主要是汽车品牌、汽车外观和汽车电子化程度的高低。汽车制造商普遍认为：增加汽车电子装置的数量、促进汽车电子化是夺取未来汽车市场的有效手段。汽车设计人员普遍认为：电子技术在汽车上的应用，已经成为汽车设计研究部门考虑汽车结构革新的重要手段。汽油机应用电控喷油技术，能够精确控制空燃比和实现闭环控制，如果再加装三元催化转换器，就可使汽油发动机的有害排放物降低95%以上；柴油机应用高压共轨式电控喷油技术，能够精确控制喷油量和高达160~200 MPa的喷油压力，不仅能够降低油耗和减少排放，而且还能提高动力性；汽车应用防抱死制动技术，可使汽车在湿滑或冰雪路面上的事故发生率降低24%~28%。

21世纪以来，发动机电控喷油技术、微机控制点火技术、防抱死制动技术和安全气囊技术等在国内外轿车方面都已普遍应用。在国内生产的中高档轿车上，每辆轿车电子装置的平均成本已占整车成本的30%～35%，在一些豪华轿车上，电子产品的成本已占整车成本的50%以上，并始终保持逐年增长的趋势。

1.2 汽车电控技术的发展

汽车技术的发展主要是汽车电气技术、电控技术和车身技术的发展，汽车电子化（自动化、智能化和网络化）是21世纪汽车发展的必由之路。

20世纪60年代以来，随着汽车结构不断改进和性能不断提高，汽车装备的传统电气设备面临着巨大的冲击与挑战。随着电子工业的发展，电控技术在汽车上的应用越来越广泛，新型车用电子装置犹如雨后春笋般涌现，特别是大规模集成电路和微电子技术的应用，给汽车控制装置带来了划时代的变革。在解决汽车油耗、排放和安全问题等方面，汽车电控技术具有举足轻重的作用。

例如，采用电控燃油喷射技术和微机控制点火技术，不仅能够节油5%～10%，而且还能大大提高动力性和排气净化性能；采用电子控制防抱死制动技术，不仅可使汽车在泥泞路面上安全行驶，而且可以在紧急制动时防止车轮抱死滑移，保证汽车安全制动；采用安全气囊技术，每年可以挽救成千上万人的生命。在实现汽车操纵自动化、提高舒适性和通过性等方面，电控技术也扮演着重要角色。

1.2.1 汽车电控技术发展的动因

汽车电控技术是汽车技术与电子技术相结合的产物。近半个世纪以来，汽车电控技术飞速发展的动力和原因包括两个方面：一方面是全球能源紧缺、环境保护和交通安全问题，促使汽车油耗法规、排放法规和安全法规的要求不断提高；另一方面是电子技术水平不断提高。

> 汽车油耗法规和排放法规促进了汽车发动机电控技术的发展，汽车安全法规促进了汽车底盘和车身电控技术的发展。随着汽车油耗法规、排放法规和安全法规要求的不断提高，汽车发动机燃油喷射电控系统、防抱死制动系统和安全气囊系统等已经成为国内外轿车的标准装备。

1.2.2 汽车电控技术的发展趋势

汽车已为人类交通运输做出了不可磨灭的贡献，未来汽车已不仅仅是一个代步工具，而且具有交通、办公、通信和娱乐等多种功能。毋庸置疑，汽车在造福人类的同时，也带来了能源紧张、环境污染和交通安全等一系列社会问题。就人类目前拥有的科学技术而言，解决这些问题的有效途径依然是继续开发利用汽车电控技术、研究新能源汽车技术和开发汽车轻量化技术，这也是我国汽车工业科技的发展战略。

1. 汽车电控技术

汽车电控技术的发展趋势是网络化和智能化。其主要研究智能传感器技术、微处理器技术、智能交通技术、光导纤维技术、模块化设计技术、电压倍增技术、主动安全技术、网络通信和无人驾驶等技术。汽车电控技术发展的终极目标是使汽车发展成为能够自动筛选最佳行驶路线的智能汽车。

（1）智能传感器技术。全球汽车传感器市场的年均增长率达20%。智能传感器不仅能够提供汽车的状态信息，而且能对信号进行放大和处理，对温度漂移、时间漂移和非线性数据进行自动校正，具有较强的抗电磁干扰能力，在恶劣条件下仍能保持较高的测量精度。

（2）微处理器技术。微处理器已广泛用于汽车发动机、底盘、车身和故障诊断控制系统，车载各类控制系统目前使用的微处理器累计已达30~60个。汽车智能化发展的一个重要趋势就是大量使用微处理器，以改善汽车的整体性能。

（3）智能交通技术。智能交通系统（Intelligent Traffic System，ITS）是将机器视觉、环境感知、卫星定位、信息融合、决策与控制等相关技术相互融合，使汽车自动筛选最佳行驶路线的系统。

（4）光导纤维技术。光导纤维不仅具有柔软性好、易于连接、质量小、成本低、弯曲半径小、数值孔径大、耦合效率高等优点，而且具有电气绝缘性能好、抗电磁干扰和抗辐射能力强等优异的传输特性。光缆的成本不断降低和在汽车上的应用量逐年增大，必将大大降低汽车电控系统乃至汽车整车的制造成本和减轻整车整备质量，同时还可为汽车轻量化开辟一条新的技术途径。

（5）模块化设计技术。所谓模块化设计，是指为开发具有多种功能的不同产品，不需要对每种产品实施单独设计，而是精心设计出多种模块，将其经过不同方式的组合来构成不同的产品，以解决产品品种、规格、制造周期和成本之间的矛盾。汽车整车电控系统的零部件用量越来越大，采用模块化设计技术，能够减小体积、减轻质量、缩短装配工时、提高汽车电控系统乃至汽车整车的可靠性。

（6）电压倍增技术。2008年，欧盟国家已经开始实车应用48 V电源电压技术。理论与实验证明：在电气负载功率不变的情况下，电源电压提高2倍，负载电流可以减小2/3。因此，提高汽车电源电压，就可大大减小汽车电气或电子控制部件的电流，汽车导线、电缆、电动机、驱动线圈等就可减小尺寸、减小质量。同理，在负载电流大小不变的情况下，提高汽车电源电压，可以增大汽车电气或电子控制部件的功率，电控螺线管驱动可变气门定时、电控电动转向、电控气动阀机构、飞轮内装起动机/发电机一体式结构、电控电动制动器等就能得以实现，电控系统就能驱动大功率执行器来实现自动控制功能。

（7）主动安全技术。汽车主动安全系统包括车身动态综合管理系统、速度与车距自动调节系统、车辆碰撞预警系统、红外夜视系统、轮胎压力预警系统和驾驶环境控制系统等。

车身动态综合管理系统（Vehicle Dynamics Integrated Management System，VDIM）将防抱死制动系统（ABS）、电子控制制动力分配系统（EBD）、电子控制辅助制动系统（EBA）、驱动轮防滑转调节系统（ASR）和车身稳定性控制系统（VSC）等控制制动力和驱动力的主动安全系统，以及电子控制动力转向系统（EPS）和电子调节悬架系统（EMS）等进行综合集成，对车身姿态进行综合控制，使汽车在各种行驶条件下，特别是在转向、制动或打滑时，都能保持方向稳定、行驶安全和乘坐舒适。事实上，VDIM是一个采用智能识别与判断技术来控制车辆行驶稳定性的主动安全体系。

汽车速度与车距自动调节系统是利用安装在车内的雷达探测装置准确探测汽车行进过程中的障碍物信息，由发动机控制系统、自动变速系统和防抱死制动系统等自动采取相应控制策略的集成控制系统。当雷达装置探测到障碍物信息时，系统将采取减速措施，一旦障碍物消失，就会取消制动并控制油门开度增大而加速。

车辆碰撞预警系统是一个由前部探测、后部探测和侧部探测等装置组成的监控系统，其功能是提醒驾驶员避免车辆发生碰撞。

红外夜视系统是一个利用红外探测技术，能在夜间探测到距车 650~750 m 发热物体（人、动物和有余热的故障车辆等）的监测与报警系统。汽车前照灯一般能够照射到距车前方 150 m 的物体，最远只能照射到距车前方 300~400 m 的物体。红外夜视系统的功能与车辆碰撞预警系统相似，主要是提醒驾驶员躲避障碍物。

轮胎压力预警系统是一个集中央轮胎充放气系统为一体的监控与报警系统。该系统利用安装在每一只轮胎中的压力与温度传感器直接监测胎内气压和温度，并用无线射频装置将气压和温度信号发送到驾驶室内的接收与监控器，再由监控器显示与控制每一只轮胎的气压和温度。系统的功能是有效避免轮胎温度和气压过高而导致爆胎事故，或轮胎漏气导致气压过低而加速磨损，使轮胎始终保持在正常气压和温度状态下行驶，延长轮胎使用寿命，降低汽车燃油消耗。

驾驶环境控制系统是一个舒适性控制系统。该系统集自动空调系统于一体，可据驾驶室内外温度、行驶速度、空气流量、气流方向进行换气通风，给驾驶员营造一个舒适的驾驶环境，减轻驾驶疲劳，保证车辆行驶安全。

（8）网络通信技术。汽车电子化发展的一个重要趋势是利用网络通信技术来传输海量的实时数据。网络通信技术将集成通信系统与车载信息系统，提供实时的交通信息、气象数据、满足个性化要求的信息以及详细的道路指南信息等。网络通信技术被视为汽车工业继高压缩比发动机电控技术之后的又一次革命。作为引领汽车产业向另一发展阶段进发的新技术领域，网络通信技术必将进一步整合移动通信技术与无线网络技术，使汽车与人类活动紧密相连。

（9）无人驾驶技术。无人驾驶技术集自动控制、人工智能、视觉计算等众多技术于一体，是计算机科学、模式识别和智能控制技术高度发展的产物，也是衡量一个国家科研实力和工业水平的一个重要标志，在国防和国民经济领域具有广阔的应用前景。

> 无人驾驶汽车是通过车载传感系统感知道路环境，自动规划行车路线并控制车辆到达预定目标的智能汽车。利用车载传感器感知车辆周围环境，并根据感知所得道路、车辆位置和障碍物信息，控制车辆的转向和速度，从而使车辆在道路上安全、可靠地行驶。

2. 新能源汽车技术

新能源汽车技术是指具有新型动力系统或燃用新型燃料的汽车技术。具有新型动力系统的汽车包括纯电动汽车、混合动力汽车、燃料电池汽车等；燃用新型燃料的汽车包括天然气汽车、液化石油气汽车、醇醚类燃料汽车、生物燃料汽车与合成燃料汽车等。

3. 汽车轻量化技术

汽车轻量化技术是指在使用要求和成本控制的前提条件约束下，能够减小汽车自身质量的材料、设计和制造技术。轻量化材料包括高强度材料（高强度钢）和低密度材料（铝、镁、塑料、复合材料等）。众所周知的奥迪 A8 轿车就是全铝车身的杰出代表，捷豹汽车则是全铝发动机的开路先锋。

> 轻量化设计包括减少汽车零部件数量、优化汽车结构设计，如基于载荷和强度特性的结构设计、底盘与车身结构的拓扑优化设计等。轻量化制造包括激光拼焊、液压成型、热压成型、铝合金半固态成型以及异种材料之间的连接等。汽车综合运用轻量化技术的根本目的是降低燃油消耗、减少尾气的排放量。

1.3 汽车电控系统的基本组成

汽车电子控制系统简称汽车电控系统，是指由传感器、电控单元和执行器组成的，能够提高汽车性能的机电一体化控制系统。

> 汽车电控系统的主要功能是提高汽车的整体性能，包括动力性、经济性、排放性、安全性、舒适性、操纵性及通过性等。

在同一辆汽车上，配装有若干个电控系统。每个电控系统，都能实现不同的控制功能。汽车车型不同、档次不同，采用电控系统的多少也不尽相同。但是，汽车上每个电控系统的基本结构都是由传感器（传感元件）与开关信号、电控单元（Electronic Control Unit，ECU）和执行器（执行元件）3部分组成的，如图 1-2 所示，这是汽车电子控制系统的共同特点。

图 1-2 汽车电控系统的基本组成

1.3.1 汽车电控系统的传感器

传感器是将各种非电量（物理量、化学量、生物量等）按一定规律转换成便于传输和处理的另一种物理量（一般为电量）的装置。

> 传感器相当于人的眼、耳、鼻、舌、身五官。在汽车电控系统中，传感器的功用是将汽车各部件运行的状态参数（各种非电量信号）转换成电量信号并输送到各种电控单元。

车用传感器安装在汽车的不同部位。汽车型号和档次不同，装备传感器的多少也不相同。有的汽车只有几只传感器（如仅装备发动机电控系统的汽车就只有6~8只），有的汽车装备有50多只传感器。一般来说，汽车装备传感器越多，其档次就越高。

按检测项目不同，汽车电控系统采用的传感器可分为以下几种类型：

（1）流量传感器。例如发动机燃油喷射系统采用的翼片式、量芯式、涡流式、热丝式与热膜式等空气流量传感器。

（2）位置传感器。例如发动机燃油喷射和微机控制点火系统采用的曲轴位置传感器（发动机转速与曲轴转角传感器）、凸轮轴位置传感器、节气门位置传感器，电子调节悬架系统采用的车身位置（车身高度）传感器，信息显示系统和液面监控系统采用的各种液面位置（或高度）传感器，自动变速系统采用的选挡操纵手柄位置传感器，巡航控制系统采用的加速踏板位置传感器，电子控制动力转向系统采用的转向盘转角传感器，等等。

（3）压力传感器。例如发动机控制系统采用的进气歧管压力传感器、大气压力传感器、排气压力传感器、气缸压力传感器，自动变速系统采用的燃油压力传感器，发动机爆燃控制系统采用的爆燃传感器，等等。

（4）温度传感器。例如发动机冷却液温度传感器、进气温度传感器、排气温度传感器、燃油温度传感器，自动变速系统采用的自动传动液温度传感器，空调控制系统采用的车内温度传感器，等等。

（5）浓度传感器。例如发动机控制系统采用的氧传感器，安全控制系统采用的酒精浓度传感器，等等。

（6）速度传感器。例如防抱死制动系统采用的车轮速度传感器、车身纵向和横向加（减）速度传感器，发动机控制系统采用的转速传感器，发动机、自动变速以及巡航控制系统采用的车速传感器、变速器输入轴转速传感器以及输出轴转速传感器，等等。

（7）碰撞传感器。碰撞传感器实际上是一种减速度传感器，如安全气囊系统采用的滚球式、滚轴式、偏心锤式、压电式和水银式碰撞传感器等。

1.3.2 汽车电控单元

汽车电子控制单元简称电控单元（ECU），又称电子控制器或电子控制组件，俗称"汽车电脑"。

电控单元是以单片微型计算机（单片机）为核心所组成的电子控制装置，具有强大的数学运算、逻辑判断、数据处理与数据管理等功能。

电控单元是汽车电控系统的控制中心，其主要功用是分析处理传感器采集的各种信息，并向受控装置（执行器或执行元件）发出控制指令。

1.3.3 汽车电控系统的执行器

执行器又称执行元件，是电控系统的执行机构。执行器的功用是接收电控单元（ECU）

发出的指令，完成具体的执行动作。

 应用案例

汽车电控系统不同，采用执行器的种类和数量也不相同。发动机燃油喷射系统的执行器有电动燃油泵和电磁喷油器，发动机怠速控制系统的执行器是怠速控制阀，燃油蒸气回收系统的执行器是活性炭罐电磁阀，微机控制点火系统的执行器有点火控制器和点火线圈，防抱死制动系统的执行器有两位两通电磁阀或三位三通电磁阀、制动液回液泵电动机，安全气囊系统的执行器是气囊点火器，座椅安全带收紧系统的执行器是收紧器的点火器，自动变速系统的执行器有自动传动液液压油泵、换挡电磁阀和锁止电磁阀，汽车巡航控制系统的执行器有巡航控制电动机或巡航控制电磁阀，等等。

1.4 汽车电控系统的分类

汽车电控系统种类繁多、形式各异，分类方法也不相同。一般可按控制系统的控制目标和控制对象进行分类。

1.4.1 按控制目标分类

根据控制目标不同，汽车电控系统可分为动力性、经济性与排放性、安全性、舒适性、操纵性和通过性6种类型的控制系统，其主要控制目标与控制项目如表1-1所示。其中，经济性与排放性控制系统具有双重功能，既能降低燃油消耗量，又能减小有害物质的排放量。

表1-1 汽车电控系统的控制目标与控制项目

类型	控制目标	系 统 名 称	主 要 控 制 项 目
汽车电子控制系统	动力性	发动机燃油喷射系统（EFI）	喷油时刻（喷油提前角），喷油量（喷油持续时间），喷油顺序，喷油器，燃油泵
		微机控制点火系统（MCI）	点火时刻（点火提前角），点火导通角
		爆燃控制系统（EDCS）	点火提前角
		怠速控制系统（ISCS）	怠速转速
		电子控制自动变速系统（ECT）	发动机输出转矩，液力变矩器锁止时机
		发动机进气控制系统（IACS）	切换进气通路，提高充气效率，可变气门定时
		涡轮增压控制系统（ETC）	泄压阀控制，废气涡轮增压器控制
		控制器局域网（CAN）	发动机电控单元ECU、自动变速电控单元ECT ECU、防抱死制动电控单元ABS ECU等
	经济性与排放性	空燃比反馈控制系统（AFC）	空燃比
		断油控制系统（SFIS）	超速断油，减速断油，清除溢流
		电控废气再循环系统（EGR）	排气再循环率
		燃油蒸气回收系统（FECS）	活性炭罐电磁阀控制

续表

类型	控制目标	系统名称	主要控制项目
汽车电子控制系统	安全性	防抱死制动系统（ABS）	车轮滑移率，车轮制动力
		电子控制制动力分配系统（EBD）	车轮制动力
		电子控制制动辅助系统（EBA）	车轮制动力
		车身稳定性控制系统（VSC）	车轮制动力，车身偏转角度
		驱动轮防滑转调节系统（ASR）	发动机输出转矩，驱动轮制动力，防滑转差速器锁止程度
		安全气囊控制系统（SRS）	气囊点火器点火时机，系统故障报警控制
		座椅安全带收紧系统（SRTS）	安全带收紧器点火时机
		雷达车距报警系统（RPW）	车辆距离，报警，制动
		前照灯光束控制系统（HBAC）	焦距，光线角度
		安全驾驶监控系统	驾驶时间，转向盘状态，驾驶员脑电图、体温和心率
		防盗报警系统（GATA）	报警，遥控门锁，数字密码点火开关，数字编码门锁，转向盘自锁
		电子仪表系统	汽车状态信息显示与报警
		故障自诊断测试系统（OBD）	故障报警，故障代码存储，部件失效保护，故障应急运行
	舒适性	电子调节悬架系统（EMS）	车身高度，悬架刚度，悬架阻力，车身姿态（点头、侧倾、俯仰）
		座椅位置调节系统（SAMS）	向前、向后方向控制，向上、向下高低控制
		自动空调系统（AHVC）	通风，制冷，取暖
		CD音响、DVD播放机	娱乐欣赏
		信息显示系统（IDS）	交通信息，电子地图
		车载电话（CT）	通信联络
		车载计算机（OBC）	车内办公
	操纵性	电子控制动力转向系统（EPS）	助力油压、气压或电动机电流控制
		巡航控制系统（CCS）	恒定车速设定，安全（解除巡航状态）
		中央门锁控制系统（CLCS）	门锁遥控，门锁自锁，玻璃升降
	通过性	驱动防滑控制系统（ASR）	发动机输出转矩，驱动轮制动力，防滑转差速器锁止程度
		中央轮胎充放气系统（CTIS）	轮胎气压
		自动驱动管理系统（ADM）	驱动轮驱动力控制
		差速器锁止控制系统（VDLS）	防滑转差速器锁止程度控制

1.4.2 按控制对象分类

根据控制对象不同，汽车电控系统可分为汽车发动机电控系统、汽车底盘电控系统和汽车车身电控系统三大类。

1. 汽车发动机电控系统

汽车发动机电控系统的主要功用是提高汽车的动力性、经济性和排放性能,主要有以下电控系统。

(1) 电子控制发动机燃油喷射系统(Engine Fuel Injection System,EFI)。

(2) 微机控制发动机点火系统(Microcomputer Control Ignition System,MCI)。

(3) 发动机空燃比反馈控制系统(Air Fuel Ratio Feedback Control System,AFC)。

(4) 发动机怠速控制系统(Idle Speed Control System,ISC)。

(5) 发动机断油控制系统(Sever Fuel Injection System,SFI)。

(6) 发动机爆燃控制系统(Engine Detonation Control System,EDC)。

(7) 加速踏板控制系统(Electronic Control Accelerator Pedal System,EAP)。

(8) 发动机进气控制系统(Engine Intake Air Control System,IAC)。

(9) 燃油蒸气回收系统(Fuel Evaporative Emission Control System,FEC)。

(10) 电控废气再循环系统(Electronic Control Exhaust Gas Recirculation System,EGR)。

(11) 可变气门定时控制系统(Volatile Valve Timing Control System,VVT-i)。

(12) 汽车巡航控制系统(Vehicle Cruise Control System,CCS)。

(13) 车载故障自诊断系统(On Board Self-Diagnosis System,OBD)。

2. 汽车底盘电控系统

汽车底盘电控系统的主要功用是提高安全性、操纵性和通过性,主要有以下控制系统。

(1) 电子控制自动变速系统(Electronic Controlled Automatic Transmission System,ECT)。

(2) 电子控制无级变速系统(Electronic Controlled Continuously Variable Transmission System,CVT)。

(3) 电子控制手动—自动一体变速系统(Electronic Controlled Active-matic Transmission System,Activematic ECT)。

(4) 防抱死制动系统(Anti-lock Braking System 或 Anti-skid Braking System,ABS)。

(5) 电子控制制动力分配系统(Electronic Brakeforce Distributing System,EBD)。

(6) 电子控制制动辅助系统(Electronic Brake Assist System,EBA)。

(7) 车身稳定性控制系统(Vehicle Stability Control,VSC)或车身动态稳定性控制系统(Dynamic Stability Control System,DSC)或电子控制稳定性程序(Electronically Controlled Stability Program,ESP)。

(8) 驱动轮防滑转调节系统(Acceleration Slip Regulation System,ASR)或牵引力控制系统(Traction Force Control System,TCS/TRC)。

(9) 电子调节悬架系统(Electronic Modulated Suspension System,EMS)。

(10) 电子控制动力转向系统(Electronically Controlled Power Steering System,EPS)。

(11) 电子控制四轮转向系统(Electronically Controlled 4-Wheel Steering System,4WS)。

(12) 中央轮胎充放气系统(Central Tyre Inflate and Deflate System,CTIS)。

(13) 自动驱动管理系统(Automatic Drive-train Management System,ADM)。

(14) 差速器锁止控制系统(Vehicle Differential Lock Control System,VDLS)。

3. 汽车车身电控系统

汽车车身电控系统的主要功用是提高安全性和舒适性，主要有以下控制系统。

（1）辅助防护安全气囊系统（Supplemental Restraint System Air Bag，SRS）。

（2）安全带紧急收缩触发系统（Seat-Belt Emergency Retracting Triggering System，SRTS）。

（3）座椅位置调节系统（Seat Adjustment Position Memory System，SAM）。

（4）雷达车距报警系统（Radar Proximity Warning System，RPW）。

（5）倒车报警系统（Reverse Vehicle Alarm System，RVAS）。

（6）防盗报警系统（Guard Against Theft and Alarm System，GATA）。

（7）中央门锁控制系统（Central Locking Control System，CLC）。

（8）前照灯控制与清洗系统（Headlamp Adjustment and Wash System，HAW）。

（9）风窗玻璃刮水与清洗控制系统（Wash/Wipe Control System，WWC）。

（10）自动采暖通风与空气调节系统（Automatic Heating Ventilating Air-Conditioning System，AHVC）。

（11）车载局域网（Local Area Network，LAN）。

（12）车载计算机（On-Board Computer，OBC）。

（13）车载电话（Car Telephone，CT）。

（14）交通控制与通信系统（Traffic Control and Information System，TCIS）。

（15）信息显示系统（Information Display System，IDS）。

（16）声音复制系统（Electronic Speech Reproduction System，ESR）。

（17）液面与磨损监控系统（Fluids and Wear Parts Monitoring Systems，FWMS）。

（18）维修周期显示系统（Load-Dependent Service Interval Display System，LSID）。

本章小结

本章主要介绍了汽车电控技术的应用概况与发展趋势、汽车电控系统的功能与基本组成、发动机电控系统的组成以及汽车电控系统的分类方法等内容。

下列概述覆盖了本章的主要学习内容，利用以下线索可对所学内容做一次简要的回顾：

（1）汽车电控技术的应用概况。汽车电控技术已广泛应用于汽油发动机控制、柴油发动机控制、汽车底盘控制、汽车车身控制、汽车故障诊断和无人驾驶等技术领域。

（2）汽车电控技术的发展动因与发展趋势及其主要研究的技术。发展趋势是网络化和智能化。主要研究智能传感器技术、微处理器技术、智能交通技术、光导纤维技术、模块化设计技术、电压倍增技术、主动安全技术、网络通信和无人驾驶等技术。

（3）汽车电控系统的基本组成。汽车上每个电控系统的基本结构都是由传感器（传感元件）与开关信号、电控单元（ECU）和执行器（执行元件）3部分组成的。

（4）汽车电控系统常用传感器和执行器的种类，发动机电控系统常用传感器和执行器的种类。

（5）汽车电控系统的分类方法。根据控制目标不同，汽车电控系统可分为动力性、经济性与排放性、安全性、舒适性、操纵性和通过性6种类型的控制系统。

复 习 题

一、单选题

1. 汽车工业是我国国民经济的什么产业之一？（　　）
   A. 一般工业　　　B. 重点工业　　　C. 高技术产业　　　D. 支柱产业
2. 汽车发动机电子控制系统的主要功用是提高汽车的（　　）。
   A. 经济性　　　　B. 安全性　　　　C. 舒适性　　　　D. 操作性
3. 近半个世纪以来，汽车发展的标志性技术是下述哪一种？（　　）
   A. 发动机技术　　B. 底盘技术　　　C. 电控技术　　　D. 交管技术
4. 汽车防抱死制动系统的主要功能是提高下述何种性能？（　　）
   A. 排放性　　　　B. 通过性　　　　C. 安全性　　　　D. 舒适性
5. 20世纪80年代以来，汽车技术的发展主要是下述哪一种技术的发展？（　　）
   A. 电工技术　　　B. 电控技术　　　C. 化学技术　　　D. 制造技术

二、多选题

1. 汽车电子控制技术能够协助人类解决下述哪些社会问题？（　　）
   A. 能源紧缺　　　B. 环境保护　　　C. 交通安全　　　D. 反恐维稳
2. 汽车电子控制技术能够提高汽车的下述哪些性能？（　　）
   A. 动力性　　　　B. 经济性　　　　C. 排放性　　　　D. 通过性
3. 汽车底盘电控系统能够提高汽车的下述哪些性能？（　　）
   A. 动力性　　　　B. 安全性　　　　C. 操纵性　　　　D. 通过性
4. 汽车发动机电控系统能够提高汽车的下述哪些性能？（　　）
   A. 动力性　　　　B. 经济性　　　　C. 排放性　　　　D. 通过性
5. 汽车上每个电子控制系统的基本结构都是由下述哪几部分组成？（　　）
   A. 传感器　　　　B. 电控单元　　　C. 点火器　　　　D. 执行器

三、判断题

1. 汽车电控技术是衡量一个国家科研实力和工业水平的重要标志之一。（　　）
2. 汽车发动机电控系统不仅能够降低油耗，而且还能减少有害物质的排放。（　　）
3. 汽车电控技术是汽车技术与电子技术结合的产物。（　　）
4. 汽车发动机电控系统能够提高汽车的安全性。（　　）
5. 汽车底盘电控系统能够提高汽车的舒适性。（　　）

四、简答题

1. 汽车采用电子控制技术的主要目的是什么？

2. 汽车电控系统常用的传感器和执行器有哪些？
3. 汽车电控系统的分类方法有哪些？各分为哪些类型？
4. 什么是新能源汽车？哪些汽车属于新能源汽车？
5. 汽车电控技术的发展趋势是什么？主要研究哪些技术？
6. 汽车电控技术飞速发展的动力和原因是什么？

第 2 章
汽油机电控喷油技术

1. 认知目标

(1) 了解汽油机电控系统和燃油喷射系统的组成与分类方法。

(2) 熟悉电控喷油系统传感器、电控单元和执行器的结构原理。

(3) 掌握汽油机电控喷油系统的控制原理与控制过程。

2. 技能目标

(1) 能够说明汽油机电控系统与燃油喷射系统的组成与分类方法。

(2) 能够说明电控喷油系统主要传感器和执行器的结构组成与工作原理。

(3) 能够熟练地阐述汽油机喷油提前角和喷油量的控制过程。

汽油机电控喷油技术是借鉴飞机发动机喷油技术而诞生的,并伴随着汽车油耗法规、排放法规和电子技术的进步而逐步发展到当今水平。电控燃油喷射式发动机(简称电控发动机或电喷发动机)具有卓越的动力性、经济性和排放性,20 世纪末完全取代了化油器式发动机。本章主要内容包括汽油机电控系统和燃油喷射系统的组成与分类、电控喷油系统传感器和执行器的结构原理、汽车电控单元的结构原理、汽油机电控喷油系统的控制原理与控制过程等。要求学生掌握汽油机电子控制技术的相关知识,为继续学习相关章节和使用维修奠定坚实的基础。

❋ 2.1 汽油机电控系统的组成

汽油机电控系统(Engine Electronic Control System,EEC 或 EECS)又称发动机管理系统(Engine Management System,EMS),其主要功能是提高汽车的动力性、经济性和排放性。电控系统是电子控制系统的简称,其功能、控制参数和控制精度不同,采用控制部件(传感器、电控单元和执行器)的类型或数量也不相同。通过对各种控制部件进行不同的组合,便可组成若干个子控制系统。

大众 M 型发动机电控系统组成如图 2-1 所示,结构简图如图 2-2 所示,控制部件安装位置如图 2-3 所示。

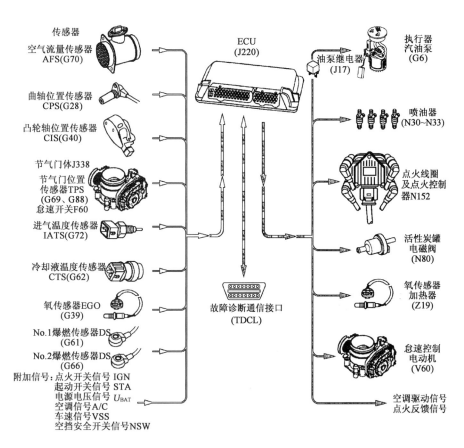

图2-1 大众M型发动机电控系统组成（代号G70、G28等为原厂资料代号）

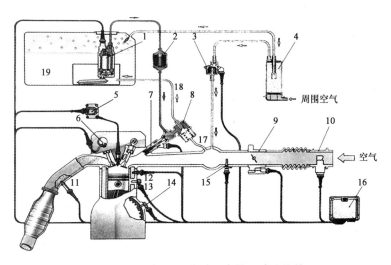

图2-2 大众M型发动机电控系统结构简图

1—电动燃油泵；2—燃油滤清器；3—活性炭罐电磁阀N80；4—活性炭罐；5—点火线圈及点火控制器总成N152；6—霍尔式凸轮轴位置传感器G40；7—喷油器N30～N33；8—燃油压力调节器；9—节气门控制组件（节流阀体）J338；10—热膜式空气流量传感器G70；11—氧传感器G39；12—冷却液温度传感器G62；13—No.1爆燃传感器G61及No.2爆燃传感器G66；14—曲轴位置传感器G28；15—进气温度传感器G72；16—多点喷射电控单元J220；17—真空管；18—回油管；19—燃油箱

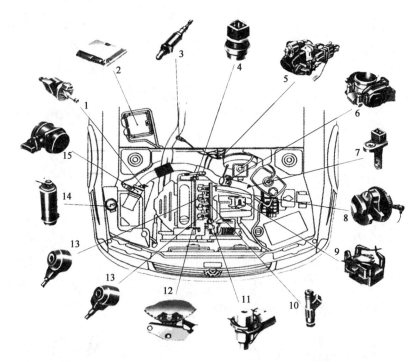

图 2-3　大众 M 型发动机电控系统控制部件安装位置

1—活性炭罐电磁阀 N80；2—多点喷射电控单元 J220；3—氧传感器 G39；4—发动机控制用冷却液温度传感器 G62 与组合仪表用冷却液温度传感器 G2；5—传感器线束支架；6—节气门控制组件（节流阀体）J338；7—进气温度传感器 G72；8—发动机转速与曲轴转角传感器 G28；9—点火线圈及点火控制器总成 N152；10—喷油器 N30～N33；11—燃油压力调节器；12—霍尔式凸轮轴位置传感器 G40；13—No.1 爆燃传感器 G61 及 No.2 爆燃传感器 G66；14—活性炭罐；15—热膜式空气流量传感器 G70

2.1.1　汽油机电控系统的传感器

发动机电控系统常用的传感器有空气流量传感器、曲轴位置传感器、凸轮轴位置传感器、节气门位置传感器、冷却液温度传感器、进气温度传感器、氧传感器、爆燃传感器和车速传感器 9 种类型的传感器。在大众 M 型发动机的电控系统中，还配装有一只怠速节气门位置传感器，并将其和节气门位置传感器一起与节气门控制组件 J338 制作成一体。

> 节气门控制组件 J338 由怠速节气门位置传感器 G88、节气门位置传感器 G69、怠速控制电动机 V60 和怠速开关 F60 组成。怠速节气门位置传感器 G88 安装在节流阀体内并与怠速控制电动机 V60 连接在一起，节气门位置传感器 G69 安装在节气门轴上。两只节气门位置传感器的功用都是检测节气门开度信号并输入电控单元 J220。
>
> 在 M3.8.2 型发动机电控系统中，发动机怠速时的进气量采用了直接控制节气门开度的方式进行控制，所以当发动机在怠速范围内工作时，电控单元 J220 将根据怠速节气门位置传感器 G88 提供的信号调节怠速时的节气门开度；当发动机工作在怠速以外的工况时，电控单元 J220 将根据节气门位置传感器 G69 提供的信号进行控制。

在 M3.8.2 型发动机电控系统中，各种传感器的安装位置、类型与功用分别如下。

(1) 热膜式空气流量传感器（Air Flow Sensor，AFS）。其安装在发动机空气滤清器与节气门之间的进气道上，直接检测吸入发动机气缸的进气量，以便计算确定喷油量的大小。

(2) 磁感应式曲轴位置传感器（Crankshaft Position Sensor，CPS）。其安装在发动机缸体侧面，直接检测发动机曲轴的转速和转角，以便控制喷油提前角和点火提前角的大小。

(3) 霍尔式凸轮轴位置传感器（Camshaft Position Sensor，CPS）。其安装在发动机凸轮轴的前端，直接检测第1缸活塞相对于压缩冲程上止点和排气冲程上止点的位置，以便确定开始喷油和开始点火时刻，又称气缸判别传感器（Cylinder Identification Sensor，CIS）。需要特别说明的是，曲轴位置和凸轮轴位置传感器的英文缩写字母均为CPS，为了便于区分，本书一律采用CIS来表示凸轮轴位置传感器。此外，在部分汽车发动机电控系统中，曲轴位置传感器与凸轮轴位置传感器制作成一体，统称曲轴位置传感器，并用CPS表示。

(4) 节气门位置传感器（Throttle Position Sensor，TPS）。其安装在发动机进气道上节气门轴的一端，检测节气门开度（发动机负荷）的大小，如节气门关闭、部分开启和全开等。此外，ECU通过计算节气门位置传感器信号的变化率，便可得到汽车加速度或减速度信号。

(5) 热敏电阻式冷却液温度传感器（Coolant Temperature Sensor，CTS）。其安装在发动机缸体上，检测发动机水套内的冷却液温度，用于修正喷油量和点火提前时间。

(6) 热敏电阻式进气温度传感器（Intake Air Temperature Sensor，IATS）。其安装在发动机进气歧管上，直接检测吸入发动机气缸空气的温度，用于修正喷油量。

(7) 氧化钛式氧传感器（Exhaust Gas Oxygen Sensor，O_2或EGO）。其安装在距离排气歧管不超过1 m的发动机排气管上，通过检测排气管排出废气中氧离子的含量来反映可燃混合气空燃比的大小，以便修正喷油量并实现空燃比闭环控制。

(8) 压电式发动机爆燃传感器（Engine Detonation Sensor，EDS）。两只传感器均安装在发动机排气管一侧的缸体上，第1缸与第2缸之间安装一只，第3缸与第4缸之间安装一只，分别检测各气缸是否产生爆燃现象，以便修正点火提前角并实现点火提前角闭环控制。

(9) 舌簧开关式车速传感器（Vehicle Speed Sensor，VSS）。其安装在变速器输出轴上，检测汽车行驶速度，用于判定汽车的状态，以便实现怠速控制等。

> 在上述传感器中，空气流量传感器、曲轴位置传感器、凸轮轴位置传感器和节气门位置传感器4种传感器，是控制燃油喷射与点火时刻最重要的传感器，其结构性能与工作状况直接影响控制系统的控制精度和控制效果。

2.1.2 汽油机电控系统的开关信号

发动机电控单元ECU除了采集上述传感器的信号之外，还要采集点火开关、空调开关、电源电压以及空挡安全开关（对自动变速汽车而言）等控制开关的信号，用以判断汽车的运行状态并采取相应的控制措施。各种开关信号的功用如下。

(1) 点火开关信号（Ignition Switch，IGN）。当点火开关接通"点火"（IG）挡位时，向电控单元ECU输入一个高电平信号。

(2) 起动开关信号（Start Switch，STA）。当点火开关接通"起动"（ST）挡位时，向ECU输入一个高电平信号。

（3）空调信号（Air Conditioning，A/C）。当空调开关接通时，向 ECU 提供接通空调系统的信号。

（4）电源电压信号 U_{BAT}。向 ECU 提供蓄电池的端电压信号。

（5）空挡安全开关信号（Neutral Security Switch，NSW）。在装备自动变速器的汽车上，用于检测自动变速器的挡位选择开关是否处于停车/空挡位置。

2.1.3 汽油机电控系统的执行器

发动机电控系统常用的执行器有电动燃油泵、电磁喷油器、怠速控制阀（或电动机）、活性炭罐电磁阀、点火控制器和点火线圈 6 种类型的执行器。其功用分别如下。

（1）电动燃油泵。其功用是供给发动机电控系统规定压力的燃油。

（2）电磁喷油器。其功用是根据 ECU 发出的喷油控制指令，计量燃油喷射量。

（3）怠速控制阀（或电动机）。其功用是调节发动机的怠速转速。控制内容：一是在发动机正常怠速时稳定怠速转速；二是在发动机怠速负荷增加（如接通空调器、接通动力转向器或液力变矩器等）时，自动提高怠速转速，防止发动机熄火。

（4）活性炭罐电磁阀。其功用是控制发动机内部（曲轴箱、气门室、燃油箱等）燃油蒸气的回收，减少碳氢化合物的排放量。

（5）点火控制器和点火线圈。其功用是根据 ECU 发出的点火控制指令，适时接通或切断点火线圈的初级电流，从而产生高压电点着可燃混合气。

汽车发动机电控系统是一个综合控制系统，具有多种控制功能。将发动机电控系统的传感器和执行器进行不同的组合，就可组成电控燃油喷射系统、微机控制点火系统、发动机爆燃控制系统、怠速控制系统、超速断油控制系统、减速断油控制系统、清除溢流控制系统、空燃比反馈控制系统、燃油蒸气回收系统、排气再循环系统和故障自诊断系统等，从而实现燃油喷射控制、点火提前闭环控制、发动机爆燃控制、怠速控制、超速断油控制、减速断油控制、清除溢流控制、空燃比反馈控制、燃油蒸气回收控制、排气再循环控制和故障自诊断等功能。其中，控制燃油喷射和点火时刻是发动机电控系统的主要功能，其余均为辅助控制功能。此外，某一控制系统也可能同时具有多种控制功能，如电控燃油喷射系统能够精确控制喷油量，且喷射的燃油雾化良好、燃烧完全，不仅能够提高汽车的经济性和排放性，而且还能提高汽车的动力性。

在汽车电控系统中，发动机电控系统的控制部件较多、控制参数较多、控制功能较强、控制过程较复杂。只要理解发动机电控系统的结构原理与控制过程，掌握其故障诊断与排除方法，其他电控系统的学习问题就能迎刃而解。

2.2 汽油机燃油喷射系统的组成

汽油机燃油喷射系统（Engine Fuel Injection System，EFI），又称发动机燃油喷射系统、汽油机电控燃油喷射系统或发动机电控喷油系统。采用电控喷油技术的发动机称为电喷发动机。发动机采用电控喷油技术的目的是减少燃油消耗量和有害气体排放量。

燃油喷射系统（EFI）是发动机电控系统（EEC）的重要组成部分，主要由空气供给系统（供气系统）、燃油供给系统（供油系统）和燃油喷射电控系统 3 个子系统组成。

2.2.1 供气系统

燃油在发动机气缸内燃烧时，需要一定数量的空气。供气系统的功用是向发动机提供混合气燃烧所需的空气，并测量出进入气缸的空气量（进气量）。

空气供给系统功用

根据电喷发动机怠速进气量的控制方式不同，供气系统分为旁通式供气系统和直供式供气系统两种。

1. 旁通式供气系统

设置有旁通空气道、发动机怠速进气量由怠速控制阀控制的空气供给系统，称为旁通式供给系统，结构如图 2-4（a）所示。

旁通式怠速控制系统

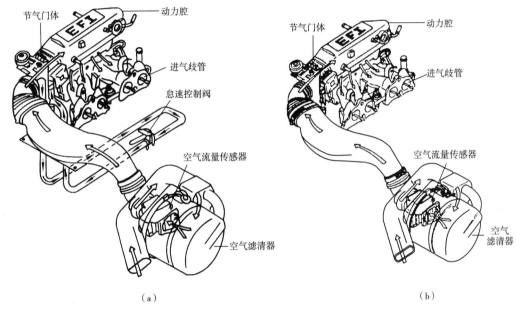

图 2-4 电喷发动机供气系统的结构
(a) 旁通式供气系统；(b) 直供式供气系统

旁通式供气系统主要由空气滤清器、空气流量传感器、进气软管、旁通空气道、怠速控制阀、进气歧管、动力腔、节气门位置传感器、进气温度传感器等组成。

当发动机正常工作时，其空气通道为：进气口→空气滤清器→空气流量传感器→进气软管→节气门→动力腔→进气歧管→发动机进气门→发动机气缸。

当发动机怠速运转时，其空气通道为：进气口→空气滤清器→空气流量传感器→进气软管→节气门前端的旁通空气道入口→怠速转速控制阀→节气门后端的旁通空气道出口→动力腔→进气歧管→发动机进气门→发动机气缸。

2. 直供式供气系统

没有设置旁通空气道、发动机怠速进气量由节气门直接控制的空气供给

节气门直动式怠速控制系统

系统，称为直供式供气系统，结构如图 2-4（b）所示。

直供式供气系统主要由空气滤清器、空气流量传感器、进气软管、进气歧管、动力腔、节气门位置传感器、进气温度传感器等组成。发动机正常工作和怠速运转时的空气通道完全相同，其空气通道为：进气口→空气滤清器→空气流量传感器→进气软管→节流阀体→动力腔→进气歧管→发动机进气门→气缸。

空气经滤清器滤清后，经节流阀体流入动力腔，再分配给各缸进气歧管。进入气缸空气量的多少，由 ECU 根据安装在进气道上的空气流量传感器检测的进气量信号求得。发动机怠速运转时，大众 M 型轿车发动机直供式供气系统的标准进气量为 2.0~5.0 g/s。

3. 供气系统的结构特点

电喷发动机供气系统的显著特点是：进气道较长且设有动力腔（或谐振腔）。其目的是：充分利用空气动力效应，增大进气管的进气量（增大充气量），提高发动机的动力性（输出转矩）。空气动力效应是一种十分复杂的物理现象。为了便于说明，可将其视为气流惯性效应与气流压力波动效应共同作用的结果。

> 气流惯性效应是指在进气管内高速流动的气流在活塞到达进气行程的下止点之后，仍可利用进气气流的惯性继续充气一段时间，从而增加充气量。因为适当增加进气管的长度，能够充分利用气流的惯性效应来增加充气量，所以燃油喷射式发动机都采用了较长的进气管，并将进气歧管设置成具有较大弧度，以便充分利用气流的惯性效应来提高充气量。
>
> 气流压力波动效应是指各个气缸周期性、间歇性地进气而导致进气管内产生一定幅度的气流压力波动。气流压力波动会沿着进气管以声速传播并往复反射。如果进气管的形状有利于压力波反射并产生一定的共振，就能利用共振后的压力波动提高充气量。为此，大多数电喷发动机都在进气管道上设有一个谐振腔，又称动力腔。谐振进气系统的优点是没有运动部件、工作可靠且成本低廉。其不足之处在于只能增加特定转速下的进气量和输出转矩。

2.2.2 供油系统

供油系统的功用是向发动机提供混合气燃烧所需燃油。燃油喷射式发动机供油系统的结构如图 2-5 所示，主要由燃油箱、电动燃油泵、输油管、燃油滤清器、油压调节器、燃油分配管、喷油器和回油管等组成。

汽油喷射式燃料供给系统工作原理

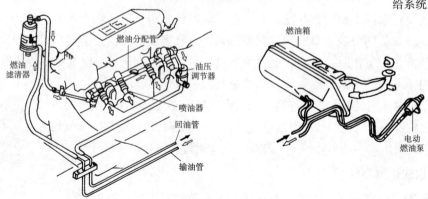

图 2-5 燃油喷射式发动机供油系统的结构

发动机工作时，电动燃油泵将汽油从燃油箱里泵出，先经燃油滤清器过滤，再经油压调节器调节油压，使油路中的油压高于进气管压力 300 kPa 左右，最后经燃油分配管分配到各缸喷油器。

当喷油器接收到电控单元 ECU 发出的喷油指令时，再将汽油喷射在进气门附近，并与供气系统提供的空气混合，形成雾化良好的可燃混合气。当进气门打开时，混合气被吸入气缸燃烧做功。进入发动机气缸的燃油流过的路径为：燃油箱→燃油泵→输油管→燃油滤清器→燃油分配管→喷油器。喷油器将燃油喷射在进气门附近（缸内喷射系统则直接喷入气缸）。

当燃油泵泵入供油系统的燃油增多、油路中的油压升高时，油压调节器将自动调节燃油压力，保证供给喷油器的油压基本不变。

供油系统过剩的燃油由回油管流回燃油箱，回油路径为：燃油箱→燃油泵→输油管→燃油滤清器→燃油分配管→油压调节器→回油管→燃油箱。

2.2.3 燃油喷射电控系统

汽油机燃油喷射电控系统由传感器、电控单元（ECU）和执行器 3 部分组成，典型发动机燃油喷射电控系统的组成如图 2-6 所示。

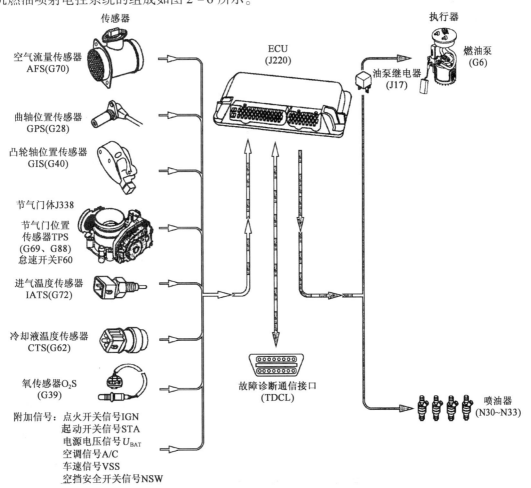

图 2-6 典型发动机燃油喷射电控系统的组成

发动机燃油喷射电控系统采用的传感器主要有空气流量传感器（或歧管压力传感器）、曲轴位置传感器、凸轮轴位置传感器、节气门位置传感器、冷却液温度传感器、进气温度传感器、氧传感器和车速传感器；开关信号主要有点火开关信号、起动开关信号、电源电压信号；执行器主要有电动燃油泵和电磁喷油器，等等。将这些传感器和执行器进行不同组合，即可组成若干个子控制系统，如喷油控制系统、断油控制系统和空燃比反馈控制系统等。

> 在燃油喷射电控系统的控制部件中，空气流量传感器（或歧管压力传感器）、曲轴位置传感器、凸轮轴位置传感器和节气门位置传感器是决定控制系统档次的4种传感器，其信号是计算和控制燃油喷射量必不可少的信号。冷却液温度传感器、进气温度传感器、氧传感器、车速传感器的信号以及各种开关信号主要用于判定发动机运行状态，修正燃油喷射量，提高系统的控制精度。

2.3　汽油机燃油喷射系统的分类

20世纪60年代以来，欧美和日本等工业发达国家以及国内各大汽车（集团）公司相继开发研制了多种类型、档次各异的汽车发动机燃油喷射系统。燃油喷射技术的发展经历了机械控制、机电结合控制和电子控制等过程。其分类方法各不相同，常用的有按控制方式、喷油部位和喷油方式进行分类，如图2-7所示。

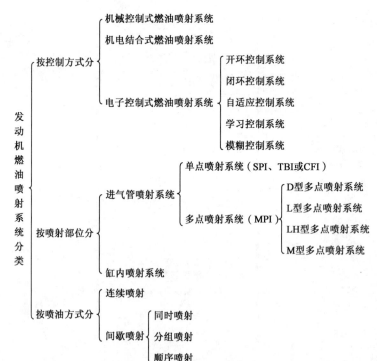

图2-7　发动机燃油喷射系统的分类

汽油喷射系统类型_按喷射装置控制方式分类

2.3.1 按控制方式分类

按控制方式不同，汽油机燃油喷射系统可分为机械控制式、机电结合式和电子控制式3种类型。

机械控制式燃油喷射系统是指利用机械机构实现燃油连续喷射的机械控制系统。早期（1967—1982）奔驰（Benz）、奥迪（Audi）轿车采用的 K 型汽油喷射系统 K – Jetronic 即为机械控制式燃油喷射系统。喷油器将汽油喷射在进气门附近，喷油压力为 360 kPa。

机电结合式燃油喷射系统是指由机械机构与电控装置相结合，从而实现燃油喷射的系统，主要是指 1993 年以前奔驰和奥迪轿车装备的、在 K 型机械控制系统基础上改进而成的 KE 型汽油喷射系统 KE – Jetronic。KE – Jetronic 仍为连续喷射系统，喷油器将汽油喷射在进气门附近，喷油压力为 430 ~ 460 kPa。

电子控制式燃油喷射系统是指由电控单元（ECU）根据各种传感器信号，经过数学计算和逻辑判断处理后，直接控制执行器（喷油器）喷射燃油的系统，如图 2 – 8 所示。

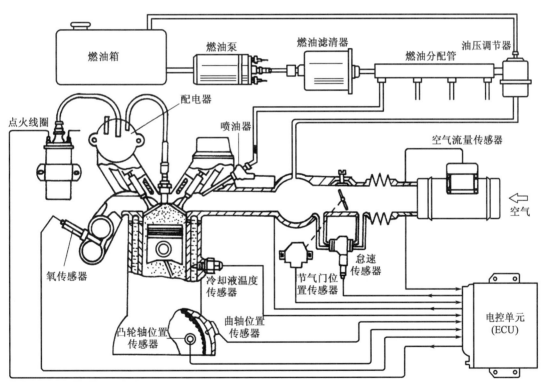

图 2 – 8　电子控制式燃油喷射系统

> 随着汽车电子技术的飞速发展，到 20 世纪 90 年代末期，机械控制式和机电结合式燃油喷射系统已经退出历史舞台，汽车普遍装备电子控制式燃油喷射系统。进入 21 世纪以来，国产汽油机汽车都已装备以单片微型计算机为控制核心的电子控制式燃油喷射系统。

电子控制式燃油喷射系统又称电控喷油系统，其显著特点是：发动机供油系统供给一定压力（一般高于进气歧管压力 300 kPa 左右）的燃油，燃油由喷油器喷在节气门附近（单点喷射）或进气门附近（多点喷射）的进气道内或直接喷入气缸与空气混合，喷油器受电控单元（ECU）控制，ECU 通过控制每次喷油持续时间的长短来控制喷油量。喷油持续时间一般为 2～10 ms（实测值为 1.5～12.6 ms）。喷油持续时间越长，喷油量越大。

BOSCH motoronic 电子控制燃油喷射系统工作原理

空气流量传感器（空气流量计）检测进气量并转变为电信号输入 ECU，曲轴位置传感器检测曲轴转速和转角并转变为电信号输入 ECU 用以计算发动机转速，ECU 根据进气量信号和转速信号计算基本喷油量，再根据冷却液温度传感器和其他传感器信号对基本喷油量进行修正，并确定实际喷油量。除此之外，ECU 还要根据节气门位置传感器信号，在发动机不同工况下按不同的控制模式来控制喷油量。在节气门关闭、发动机处于怠速工况时，ECU 将增加喷油持续时间，提供较浓的混合气，保证发动机怠速稳定；在节气门中小开度、发动机处于部分负荷工况时，ECU 将控制提供经济空燃比的稀混合气，以便节约燃油和减少排放；在节气门接近全开或全开、发动机处于大负荷或满负荷工况时，ECU 将控制提供较浓的功率空燃比混合气，保证发动机输出足够的动力。

根据控制方式不同，电子控制式燃油喷射系统又可分为开环控制系统、闭环控制系统、自适应控制系统、学习控制系统和模糊控制系统等。

2.3.2 按喷油部位分类

按喷油器喷射燃油的部位不同，发动机燃油喷射系统可分为缸内喷射系统和进气管喷射（缸外喷射）系统。

汽油喷射系统类型_按喷射位置的不同分类

1. 缸内喷射系统

缸内喷射是燃料分层喷射（Fuel Stratified Injection, FSI）的简称，是指喷油器将燃油直接喷射到气缸内部的喷射，如图 2-9（a）所示，其喷油器安装在气缸盖上。

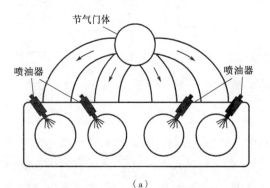
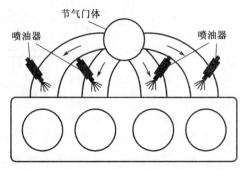

图 2-9　喷油器喷油位置示意图
(a) 缸内喷射；(b) 进气管喷射

缸内直喷技术是柴油机分层燃烧技术衍生而来的汽油喷射技术。缸内直喷系统均为多点喷射系统，其喷油器安装在火花塞附近的气缸盖上，并以较高的燃油压力（10 MPa 左右）将燃油直接喷入气缸燃烧。因为汽油黏度低而喷射压力较高，且缸内工作条件恶劣（温度高、压力高），所以对喷油器的技术条件和加工精度要求较高。试验证明：缸内喷射的优越性在于喷油压力高、燃油雾化好，并能实现稀薄混合气（空燃比 40∶1）燃烧。因此能够显著降低油耗、减少排放和提高动力性。

MED motronic 缸内直喷系统

应用案例

缸内直喷技术是汽油机电控喷油技术的发展方向，如今国内外汽车都已普遍采用缸内直喷技术，如奔驰 E200、E300L，宝马 X6 与宝马 7 系列，迈腾（Magotan）、辉腾（Phaeton），奥迪（Audi）RS4、Audi R8、丰田雷克萨斯（Lexus）GS300 等轿车都已装备缸内直喷系统。

2. 进气管（缸外）喷射系统

进气管喷射又称缸外喷射，是指喷油器将燃油喷射在节气门附近或进气门附近进气管内的喷射，如图 2-9（b）所示。与缸内喷射相比，进气管喷射系统对发动机机体的改动量较小，喷油器不受燃烧高温、高压的直接影响，设计喷油器时受到的制约较少，且喷油器工作条件大大改善。2010 年以前，国内外汽车大都采用进气管喷射系统。

进气管喷射系统又可分为单点燃油喷射系统（SPI、TBI 或 CFI）和多点燃油喷射系统（MPI）。

1) 单点燃油喷射系统

单点燃油喷射系统（Single Point Fuel Injection System，SPFI 或 SPI）是指在多缸发动机进气门前方设置 1~2 只喷油器同时喷油的燃油喷射系统，如图 2-10（a）所示。

在单点燃油喷射系统中，喷油器安装在节气门体上的中央位置集中喷射燃油，故又称节流阀体喷射（Throttle Body Injection System，TBI）或集中喷射系统（Concentrate Fuel Injection System，CFI），如美国通用（General）公司的 TBI 系统、福特（Ford）公司的 CFI 系统，以及德国博世（Bosch）公司的 Mono-Motronic 系统等。

单点喷射系统的工作原理与多点喷射系统相似，也是由电控单元根据空气流量传感器、曲轴位置传感器、节气门位置传感器、冷却液温度传感器等检测的发动机工况信号计算喷油时间，在发动机每个气缸进气行程开始之前喷油一次，喷油量由每次喷油持续时间的长短来控制，喷射所需的压力燃油由电动燃油泵提供。由于喷油器距离进气门较远，喷入进气管的燃油具有足够的时间与进气气流混合形成均匀的可燃混合气，因此对燃油雾化质量的要求不高，可以采用较低的喷油压力（一般为 100 kPa）。这样可以降低对电动燃油泵、燃油滤清器等供油系统零部件的要求，从而降低控制系统的制造成本。

2）多点燃油喷射系统

多点燃油喷射系统（Multi-Point Fuel Injection System，MPFI 或 MPI）是指在发动机每个气缸都设置一只喷油器的燃油喷射系统，如图 2-10（b）所示，其喷油器安装在进气门附近的燃油分配管上。

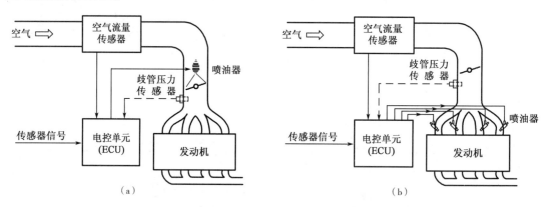

图 2-10　单点与多点喷射系统喷油器安装部位示意

(a) 单点喷射；(b) 多点喷射

根据进气量的检测方式不同，多点燃油喷射系统又分为压力型（D 型）和流量型（L 型）燃油喷射系统。字母 D 和 L 分别来源于德文 Druck（压力）和 Luftmengen（空气流量）的第一个字母。

（1）D 型燃油喷射系统。D 型燃油喷射系统的显著特点是：利用压力传感器检测进气歧管内的压力来测量进气量。该系统是最早应用在汽车上的发动机电控燃油喷射系统，于 1967 年由德国 Bosch 公司根据美国本迪克斯（Bendix）公司的专利技术研制而成，应用在当时的大众 VW1600 型和奔驰 280SE 型轿车上。20 世纪 90 年代，国产轿车大都采用 D 型多点燃油喷射系统，但其控制系统较传统的 Bosch D 型燃油喷射系统已有较大改进，点火提前角和空燃比都采用了闭环控制。

（2）L 型燃油喷射系统。L 型燃油喷射系统由 D 型多点燃油喷射系统改进设计而成，其显著特点是：用空气流量传感器取代 D 型电控喷油系统的压力传感器来直接测量进气量，从而提高了喷油量的控制精度。典型的 L 型燃油喷射系统有 Bosch 公司研制的 L-Jetronic、LH-Jetronic 和 Motronic 电控燃油喷射系统。LH-Jetronic 和 Motronic 系统是在 L-Jetronic 系统的基础上改进而成的多点燃油喷射系统。

> L-Jetronic 燃油喷射系统的显著特点是：采用翼片式空气流量传感器来检测进气量。丰田大霸王（子弹头 Previa）小客车、丰田凯美瑞（Camry）轿车与马自达 MPV（多用途汽车）都采用过改进型 L-Jetronic 燃油喷射系统，空燃比和点火提前角都采用了闭环控制。由于翼片式空气流量传感器检测进气量的部件容易磨损，因此这种燃油喷射系统已很少采用。

LH-Jetronic（LH型）燃油喷射系统的显著特点是：采用热丝式空气流量传感器来检测进气量，如图2-11所示。热丝式空气流量传感器没有运动部件，进气量用电子电路检测，进气阻力减小，检测精度提高。同时还采用了大规模集成电路组成电控单元，运算速度提高、控制范围扩大、控制功能增强。装备LH型电控燃油喷射系统的车型很多，如别克（Buick）世纪（Century）、丰田雷克萨斯（Lexus）LS400、尼桑风度（Cefiro）、尼桑千里马（Maxima）、马自达626和1991年后出厂的奔驰600SE型轿车等。

L型电控燃油喷射系统工作原理

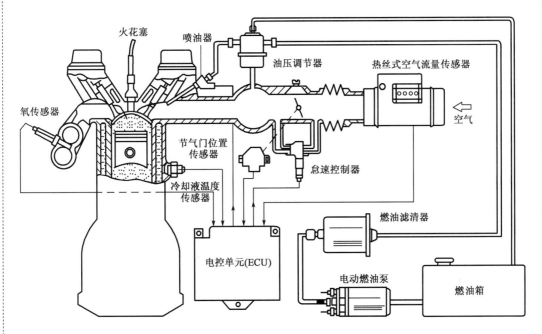

图2-11 Bosch LH-Jetronic 电控多点燃油喷射系统

Motronic（M型）燃油喷射系统的显著特点是：将点火提前角和喷油时间的控制组合在一个电控单元中进行控制。Motronic系统的ECU采用数字式单片机，集成电路采用大规模集成电路，具有结构简单、体积小、控制精度高、响应速度快、控制功能强等优点。因为组合控制点火与喷油，所以在发动机起动、怠速、加减速、全负荷等工况下，不仅能够自动调节喷油量，而且还能自动控制点火提前角，实现喷油量与点火提前角最佳匹配控制，使发动机的起动性、加速性、怠速稳定性、动力性、经济性以及排放性得以大大提高。

2.3.3 按喷油器喷油方式分类

按喷油方式不同，燃油喷射系统可分为连续喷射系统和间歇喷射系统两大类。

1. 连续喷射系统

连续喷射系统是指在发动机运转期间，喷油器连续不断地喷射燃油的控制系统。连续喷射方式主要用于机械控制式、机电结合式和单点喷射系统，如Bosch公司的K型和KE型喷射系统，其喷油量的大小取决于燃油分配器中燃油计量槽开度的大小和喷油器进出油口之间燃油的压差。连续喷油技术的控制精度很低，20世纪90年代末就被淘汰。

2. 间歇喷射系统

汽油喷射系统类型_按喷射时序分类

间歇喷射就是在发动机运转期间，喷油器根据 ECU 的控制指令间歇地喷射燃油。当今汽车电控喷油系统均为间歇喷射系统，喷油量的大小取决于喷油器阀门的开启时间（由 ECU 决定的喷油脉冲宽度）。根据喷射时序不同，间歇喷射又分为同时喷射、分组喷射和顺序喷射，如图 2-12 所示。

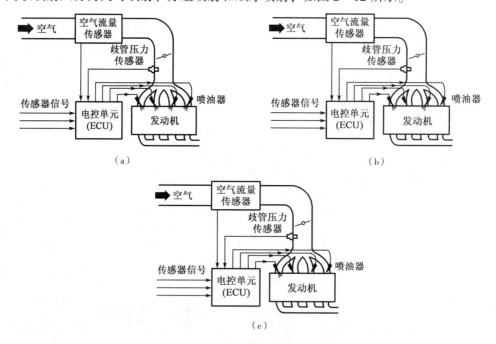

图 2-12　喷油器的喷射时序

(a) 同时喷射；(b) 分组喷射；(c) 顺序喷射

（1）同时喷射。同时喷射是指在发动机运转期间，由 ECU 的同一个指令控制所有喷油器同时开启或同时关闭的喷油控制方式，如图 2-12（a）所示。当采用分组喷射或顺序喷射的燃油喷射系统发生故障、控制系统处于应急状态运行时，ECU 将自动转换为同时喷射，其目的是供给充足的燃油维持发动机运转，以便将汽车开回家或行驶到维修厂修理。

（2）分组喷射。分组喷射是将喷油器分组，由 ECU 分别发出喷油指令控制各组喷油器喷油的控制方式，如图 2-12（b）所示，同一组喷油器同时喷油。

（3）顺序喷射。顺序喷射又称次序喷射，是指在发动机运转期间，由 ECU 控制喷油器按进气行程的顺序轮流喷油的控制方式，如图 2-12（c）所示。喷油正时由 ECU 根据凸轮轴位置传感器提供的信号判定出第 1 缸活塞位置，在第 1 缸活塞到达进气行程上止点前一定角度时，ECU 发出喷油脉冲信号控制第 1 缸喷油器喷射燃油。第 1 缸喷油器喷油之后，ECU 根据气缸点火顺序，轮流控制其他气缸的喷油器在其活塞到达进气行程上止点前一定角度时喷射燃油，从而实现顺序喷射。20 世纪 90 年代后开发研制的喷油系统大都采用顺序喷射。

2.4 电控喷油系统传感器的结构原理

车用传感器是将各种非电量(空气流量、油液温度和压力、转速与转角、位置和位移等)按一定规律转换成为电量的装置。电控喷油系统采用的传感器有空气流量传感器(或歧管压力传感器)、曲轴位置传感器、凸轮轴位置传感器、节气门位置传感器、冷却液温度传感器、进气温度传感器、氧传感器和车速传感器;开关信号主要有蓄电池电压信号、点火开关信号、起动信号、空挡安全开关信号和空调信号等。

2.4.1 空气流量传感器

空气流量传感器(Air Flow Sensor,AFS)又称空气流量计(Air Flow Meter,AFM),是进气歧管空气流量传感器(Manifold Air Flow Sensor,MAFS)的简称,其功用是检测发动机进气量的大小,并将进气量信息转换成电信号输入 ECU,以供 ECU 计算确定喷油时间(喷油量)和点火时间(点火提前角)。

> 进气量信号是 ECU 计算喷油时间和点火时间的主要依据。众所周知,当汽油发动机的空燃比 $\lambda = A/F =$ 进气量/喷油量 $= 14.7$ 时,汽油才能完全燃烧并生成二氧化碳(CO_2)和水(H_2O)。因此,只有检测出进气量 A 之后,ECU 才能通过控制喷油量 F(喷油时间)将空燃比控制在经济空燃比 14.7,从而提高发动机的经济性和排放性。由此可见,进气量传感器是汽油机电控喷油系统必不可少的传感器。反映发动机进气量(负荷)大小的传感器有空气流量、歧管压力和节气门位置等传感器。

1. 空气流量传感器的分类

根据检测进气量的方式不同,空气流量传感器分为 D 型(压力型)和 L 型(空气流量型)。

D 型传感器是一种通过检测进气歧管内的绝对压力,来间接测量发动机进气量的传感器。D 型传感器可以安装在汽车上的任何部位,只需用导压管将进气歧管内的进气压力引入传感器即可。

> 装备 D 型流量传感器的系统称为 D 型燃油喷射系统,电控系统利用该绝对压力和发动机转速来计算吸入气缸的空气量,故又称"速度-密度"型燃油喷射控制系统。由于空气在进气歧管内流动时会产生压力波动,发动机怠速(节气门关闭)时的进气量与汽车加速(节气门全开)时的进气量之差可达 40 倍以上,进入气流的最大速度可达 80 m/s。因此,D 型燃油喷射系统的测量精度不高,但系统成本较低,适合于低档轿车采用。

L 型传感器是一种直接测量吸入进气管内空气流量的传感器。L 型传感器安装在空气滤清器与进气管之间的进气通道上。因为是直接测量发动机的进气流量,所以测量精度较高,控制效果优于 D 型燃油喷射系统。

L型流量传感器分为体积流量型（如翼片式、量芯式、涡流式）和质量流量型（如热丝式和热膜式）传感器。质量流量型传感器内部没有运动部件，空气流动阻力很小，工作性能稳定，测量精度较高，但成本也较高。

在上述流量传感器中，当今汽车发动机电控系统采用较多的有D型、涡流式和热膜式流量传感器。

2. 涡流式空气流量传感器

涡流式空气流量传感器是一种根据卡尔曼涡流理论，利用超声波或光电信号检测旋涡频率来测量空气流量的传感器。根据检测旋涡频率的方式不同，涡流式流量传感器分为超声波检测式和光电检测式两种，如丰田雷克萨斯LS400型、皇冠3.0型轿车采用了光电检测涡流式流量传感器，三菱（Mitsubishi）吉普车、长风猎豹（Cheetah）吉普车和北京现代（Hyundai）轿车采用了超声波检测涡流式流量传感器。

1）涡流式流量传感器的测量原理

众所周知，当野外架空的电线被风吹动时，就会发出"嗡、嗡"的响声，风速越快，声音频率越高，这是气流流过电线后形成旋涡（涡流）所致。液体、气体等流体均会发生这种现象。在流体中放置一个柱状物体（称为涡流发生器）后，在其下游流体中就会形成两列平行状旋涡，且左右交替出现，如图2-13所示。因此，根据旋涡出现的频率，就可测量出流体的流量。旋涡与街道两旁的路灯类似，所以我们称其为"涡街"。这种现象首先被卡尔曼发现，所以称为卡尔曼涡街或卡尔曼涡流。

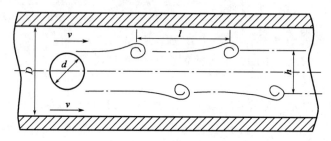

图2-13 卡尔曼涡流的产生原理

设两列平行涡流之间的距离为h，同一列涡流中先后产生的两个旋涡之间的距离为l，当比值h/l为0.281时，产生的涡流将是稳定的，并且周期性地产生。根据卡尔曼涡流理论，单侧涡流产生的频率f与流体流速v之间具有如下关系：

$$f = S_t \frac{v}{d} \tag{2-1}$$

式中　v——涡流发生器两侧流体的流速，m/s；

　　　d——涡流发生器迎流面的最大宽度，m；

　　　S_t——斯特罗巴尔系数（圆柱形柱体$S_t=0.21$，三角形柱体$S_t=0.16$，长方形柱体$S_t=0.12$，矩形柱体$S_t=0.17$）。

当流体管道的直径为 D 时，流体的体积流量 Q_A 为

$$Q_A = \frac{\pi}{4}D^2 \cdot v_1 = \frac{\pi}{4}D^2 \frac{dS_1}{S_tS}f = C \cdot f \qquad (2-2)$$

式中　v_1——管道内流体的平均流速，m/s；

　　　S_1——涡流发生器两侧的流通面积，m²；

　　　S——管道内总流通面积，m²；

　　　C——系数，$C = \frac{\pi d S_1 D^2}{4 S_t S}$。当管道与涡流发生器尺寸确定后，$C$ 为常数。

由此可见，通过测量涡流的频率，即可得到流体的体积流量。

> 卡尔曼旋涡是一种物理现象，涡流的测量精度由空气通道面积与涡流发生器的尺寸决定，与检测方法无关。涡流式传感器输出信号是与旋涡频率对应的脉冲信号，响应速度是汽车常用空气流量传感器中最快的一种，几乎能同步反映空气流速的变化。因此，特别适用于数字式计算机处理。此外，还具有测量精度高、进气阻力小、无磨损（无运动部件）等优点，长期使用时，性能不会发生变化。其缺点：一是制造成本较高，因此只有少数中高档轿车采用；二是测得流量为体积流量，需要利用空气温度和大气压力对其进行修正。

2）光电检测涡流式传感器的结构特点

丰田雷克萨斯 LS400 和皇冠 3.0 型轿车装备的光电检测涡流式流量传感器的结构如图 2-14 所示，主要由涡流发生器、发光二极管（LED）、光敏晶体管、反光镜、张紧带、集成控制电路和进气温度传感器组成。

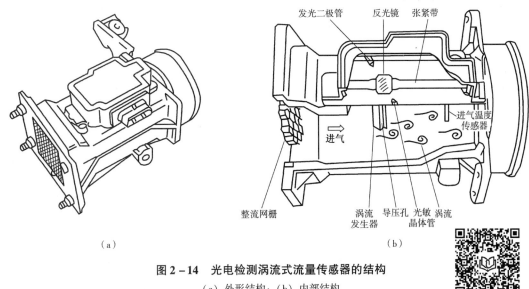

图 2-14　光电检测涡流式流量传感器的结构
(a) 外形结构；(b) 内部结构

卡门涡流式空气流量计工作原理

在传感器气流入口处设有蜂窝状整流网栅，其作用是使吸入的空气在涡

流发生器上游形成比较稳定的气流,从而保证涡流发生器产生与流速成正比的旋涡。涡流发生器用合成树脂与厚膜集成电路封装成一体,内部结构如图2-15所示。

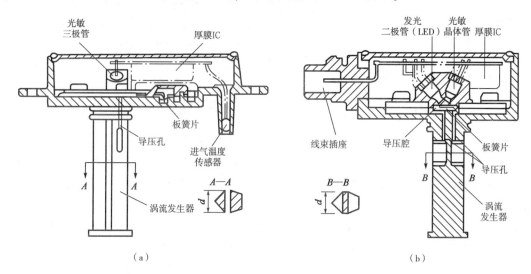

图2-15 光电检测涡流式传感器剖视图
(a)进气气流方向剖视图;(b)进气气流垂直方向剖视图

涡流发生器的形状如剖面 A—A 所示,前面为三角形,中间为稳流槽,后面为梯形。实验证明,在比值 h/l 为 0.281 的条件下,无论柱状物体为圆柱形或三角形,还是长方形或矩形,它们都能周期性地产生稳定的卡尔曼旋涡。在涡流发生器上设有一个稳流槽和两个导压孔,如剖面 A—A 和 B—B 所示。稳流槽使涡流发生器下游产生稳定的涡流,导压孔将涡流发生器两侧的压力引导到导压腔中。

反光镜采用反光能力较强的金属箔片制成,并用细薄的张紧带张紧在导压腔的外表面上,镜面上部设有一只发光二极管(LED)和一只光敏晶体管,发光二极管发出的光束由反光镜反射到光敏晶体管上。板簧片设在导压腔内,并紧贴张紧带,其作用是给张紧带施加适当的预紧力,防止张紧带和反光镜振幅过大而变形损坏。涡流频率的检测任务由发光二极管、反光镜和光敏晶体管完成,传感器内部的信号处理电路将频率信号转换成数字信号(方波信号)后,再输入电控单元(ECU)进行运算处理。

3)光电检测涡流式传感器的检测原理

当进气气流流过涡流发生器时,发生器两侧就会交替产生涡流,两侧的压力就会交替发生变化。进气量越大,旋涡数量越多,压力变化频率就越高。导压孔将变化的压力引入导压腔中,张紧带就会随着压力变化而产生振动,振动频率与单位时间内产生的旋涡数量(涡流频率)成正比。在张紧带振动时,其上的反光镜便将 LED 的光束反射到光敏晶体管上,因为光敏晶体管受到光束照射时导通,不受光束照射时截止,所以光敏晶体管导通和截止的频率与旋涡频率成正比。信号处理电路将频率信号转换成方波信号输入 ECU 之后,ECU 便可计算出进气流量的大小。

利用发动机故障诊断测试系统在丰田皇冠某型轿车上实测的光电检测涡流式空气流量传感器的输出信号周期与频率值如表 2-1 所示。可见,发动机转速越高,吸入气缸的进气量越大,产生涡流的频率就越高。

表 2-1　丰田皇冠某型轿车光电检测涡流式空气流量传感器的输出信号参数

发动机转速/(r·min^{-1})	700（怠速）	1 000	2 000	3 000	4 000	5 000	6 000
信号周期/ms	35.445	23.970	13.770	7.650	4.59	3.825	2.295
信号频率/Hz	28	42	72	130	218	261	436

3. 热丝式与热膜式空气流量传感器

热丝式传感器的发热元件是铂金属丝,热膜式传感器是热丝式传感器的改进产品,其发热元件采用平面形铂金属薄膜（厚约 200 nm）电阻器,故称热膜电阻。铂金属发热元件的响应速度很快,能在几毫秒内反映出空气流量的变化,因此测量精度不受进气气流脉动的影响（气流脉动在发动机大负荷、低转速运转时最为明显）。此外,其还具有进气阻力小、无磨损部件等优点。因此,奥迪 A4、A6 型,帕萨特（Passat）等中高档轿车都采用了热膜式空气流量传感器。

1）热丝式空气流量传感器的结构特点

热丝式空气流量传感器的结构如图 2-16 所示,传感器壳体两端设置有与进气道相连的圆形连接接头,空气入口和出口都设有防止传感器受到机械损伤的防护网。传感器入口与空气滤清器一端的进气管连接,出口与节流阀体一端的进气管连接。

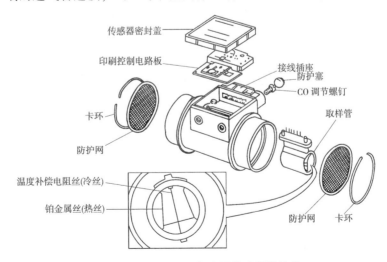

图 2-16　热丝式空气流量传感器的结构

传感器内部套装有一个取样管,取样管中设有一根直径很小（约 70 μm）的铂金属丝作为发热元件,并制作成"Π"形张紧在取样管内。传感器工作时,铂金属丝将被控制电路提供的电流加热到高于进气温度 120 ℃，因此被称为热丝。由于进气温度变化会使热丝的温度发生变化而影响进气量的测量精度，因此，在热丝附近的气流上游设有一只温度补偿电阻。早期制作的流量传感器采用铂金属丝的温度补偿电阻，该电阻丝靠近进气口一侧，称为冷丝，由于电阻丝在使用中容易折断而导致传感器报废，因此目前普遍采用在氧化铝陶瓷基片上印制出铂膜电阻。该温度补偿电阻相当于一只进气温度传感器，其电阻值随进气温度的变化而变化。

> 当传感器工作时，控制电路提供的电流将使温度补偿电阻的温度始终低于发热元件的温度 120 ℃。这样温度补偿电阻的温度起到一个参照标准的作用，使进气温度的变化不至于影响发热元件测量进气量的精度。

2）热膜式空气流量传感器的结构特点

热膜电阻的制作方法是：首先在氧化铝陶瓷基片上采用蒸发工艺淀积铂金属薄膜，然后通过光刻工艺制成梳状图形电阻，将电阻值调节到设计要求的阻值后，在其表面覆盖一层绝缘保护膜，再引出电极引线而制成。奥迪 A4、A6 型，大众帕萨特等轿车用热膜式空气流量传感器的结构如图 2 - 17 所示。

在传感器内部的进气通道上设有一个矩形护套（相当于取样管），热膜电阻设在护套中。为了防止污物沉积到热膜电阻上影响测量精度，在护套的空气入口一侧设有空气过滤层，用以过滤空气中的污物。为了防止进气温度变化使测量精度受到影响，在热膜电阻附近的气流上游设有铂金属膜式温度补偿电阻，如图 2 - 18 所示。

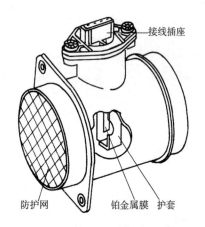 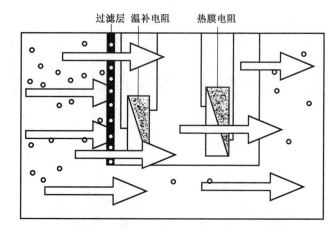

图 2 - 17　热膜式空气流量传感器的结构　　图 2 - 18　热膜式空气流量传感器内部元件示意

温度补偿电阻和热膜电阻与传感器内部控制电路连接，控制电路与线束连接器插座连接，线束插座设在传感器壳体中部。与热丝式相比，热膜电阻的阻值较大、使用寿命较长。

3）热丝式与热膜式传感器的测量原理

利用热丝或热膜作为发热元件的空气流量传感器的测量原理完全相同。为了叙述方便，下面将热丝与热膜统称为发热元件。实验证明：在强制气流的冷却作用下，发热元件单位时间内的散热量跟发热元件的温度和气流温度之差成正比。为此，在热丝式与热膜式流量传感器中，采用了恒温差控制电路来实现流量检测，如图 2 - 19 所示。

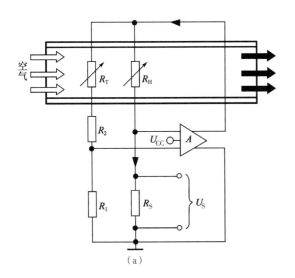 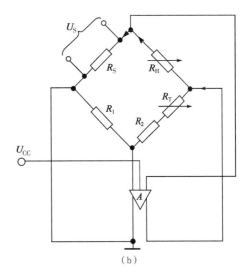

图 2-19 热丝式与热膜式空气流量传感器原理电路

(a) 电路连接；(b) 电桥电路

R_T—温度补偿电阻（进气温度传感器）；R_H—发热元件（热丝或热膜）电阻；
R_S—信号取样电阻；R_1，R_2—精密电阻；U_{CC}—电源电压；U_S—信号电压；A—控制电路

> 在恒温差控制电路中，发热元件电阻 R_H 和温度补偿电阻（热敏电阻式进气温度传感器）R_T 分别连接在惠斯登电桥电路的两个臂上。当发热元件的温度高于进气温度时，电桥电压才能达到平衡。加热电流（50~120 mA）由具有电流放大作用的控制电路 A 进行控制，其目的是使发热元件的温度 T_H 与温度补偿电阻的温度 T_T 之差保持恒定，即 $\Delta T = T_H - T_T = 120\ ℃$。

当空气气流流经发热元件使其受到冷却时，发热元件温度降低，阻值减小，电桥电压失去平衡，控制电路将增大供给发热元件的电流，使其温度高于温度补偿电阻 120 ℃。电流增量的大小，取决于发热元件受到冷却的程度，即取决于经过传感器的空气流量。

当电桥电流增大时，取样电阻 R_S 上的电压就会升高，从而将空气流量的变化转换为电压信号 U_S 的变化。输出电压与空气流量之间近似为 4 次方根的关系，特性曲线如图 2-20 所示。信号电压输入 ECU 后，ECU 便可根据信号电压的高低计算出空气质量流量 Q_M 的大小。

当发动机怠速或空气为热空气（如夏季行车）时，因为怠速时节气门全闭或接近全闭，所以空气流速低、空气流量小；又因空气温度越高，空气密度越小，所以在体积相同的情况下，热空气的质量小，发热元件受到冷却的程度小，阻值减小幅度小，保持电桥平衡需要的加热电流

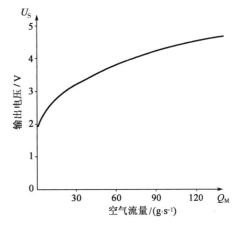

图 2-20 热膜式传感器输出特性

小，如图 2-21（a）所示，故取样电阻上的信号电压低。ECU 根据信号电压即可计算出空气流量，大众轿车怠速时的空气流量标准值为 2.0~5.0 g/s。

当发动机负荷增大或空气为冷空气时，因为节气门开度增大、空气流速加快，所以空气流量增大；而冷空气密度大，在体积相同的情况下冷空气质量大，所以发热元件受到冷却的程度增大，阻值减小幅度大，保持电桥平衡需要的加热电流增大，如图 2-21（b）所示。因此，当发动机负荷增大时，信号电压升高。

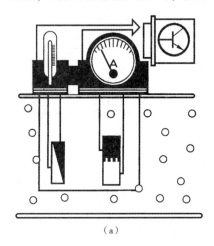
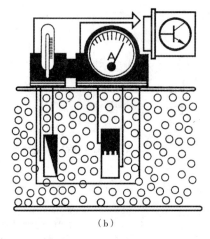

热膜式空气流量传感器工作原理

（a） （b）

图 2-21 热膜式与热丝式空气流量传感器测量原理
(a) 怠速或热空气时；(b) 负荷增大或冷空气时

2.4.2 歧管压力传感器

在汽车行驶过程中，需要实时监测发动机的进气压力、大气压力、燃油压力、润滑油压力、制动油液压力以及变速传动油液压力等。压力传感器的功用就是将气体或液体的压力信号转换为电信号，并输入 ECU 进行处理，保证电控系统实现控制功能。

1. 压力传感器的分类

检测压力的方法大都是测量压差，检测原理基本上都是将压力的变化转换为电阻值的变化。当今汽车用压力传感器可按检测对象和结构进行分类。

按检测对象不同，压力传感器可分为进气压力传感器、大气压力传感器、燃油压力传感器、润滑油压力传感器、制动液压力传感器和变速传动液压力传感器等。

按结构不同，压力传感器可分为半导体压阻效应式和电阻应变计式两种类型。前者利用硅半导体的压阻效应和微电子技术制成，后者利用弹性敏感元件和电阻应变片制成（弹性敏感元件将被测压力转换为弹性体的应变值，电阻应变片将应变转换为电阻值的变化。应变是指在外力和非均匀温度场等因素作用下物体局部的相对变形）。

> 在汽车电控系统中，检测压力较低的进气歧管压力和大气压力时，一般采用硅半导体压阻效应式传感器；检测压力较高的制动油液、变速传动油液和柴油机共轨管内高压燃油的压力时，一般采用电阻应变计式压力传感器。

2. 压阻效应式歧管压力传感器

> 单晶硅材料受到应力作用后,其电阻率发生明显变化的现象,称为压阻效应。利用硅半导体的压阻效应和微电子技术制成的压阻式传感器,具有灵敏度高、动态响应好、易于微型化和集成化等优点,因此,在汽车电控系统上得到广泛应用。

1) 歧管压力传感器的功用

进气歧管绝对压力传感器(Manifold Absolutely Pressure Sensor, MAP)简称歧管压力传感器,按流量传感器的分类方法又称 D 型流量传感器,其功用是通过检测节气门至进气门之间歧管内的进气压力来反映发动机负荷的大小,并将压力转换为电信号输入发动机 ECU,供 ECU 计算确定喷油时间(喷油量)和点火时间(点火提前角)。

> 歧管压力传感器是一种间接测量发动机进气量的传感器,其价格相对于 L 型流量传感器而言比较低廉,因此,中低档轿车发动机控制系统普遍采用。

2) 歧管压力传感器的结构特点

各型车用压阻效应式歧管压力传感器的结构大同小异,主要由压力转换元件、混合集成电路、真空室、线束插头和塑料壳体等组成,如图 2-22 所示。歧管压力传感器的安装位置比较灵活,只要将进气歧管内的进气压力引入传感器的真空室内,就可将传感器安放在汽车上的任何位置。

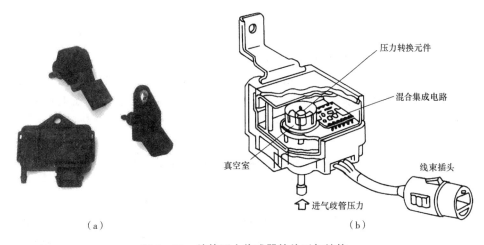

图 2-22 歧管压力传感器的外形与结构
(a) MAP 外形;(b) MAP 结构

压力转换元件是传感器的核心(关键)部件,其内部结构如图 2-23 (a) 所示,主要由硅膜片、压敏电阻、硅杯、底座、真空室、壳体及真空管等组成。

硅膜片用单晶硅制成,其长和宽均约为 3 mm、厚度约为 160 μm。在硅膜片的中央部位采用腐蚀工艺制作有一个直径为 2 mm、厚度约为 50 μm 的薄膜片,并在其表面采用集成电路加工技术与台面扩散技术（扩散硼）制作4只梳状阻值相等的半导体压敏电阻R，又称固态压阻器件或固态电阻，如图2-23（b）所示；再利用低阻扩散层（P型扩散层）将4只电阻连接成惠斯登电桥电路。

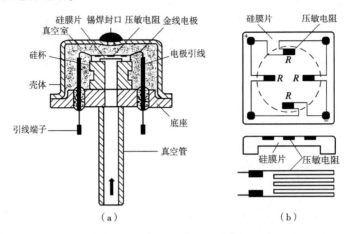

图2-23 压力转换元件的结构

(a) 剖面图；(b) 硅膜片结构

硅杯一般用线性膨胀系数接近于单晶硅（线性膨胀系数为$32×10^{-7}/℃$）的铁镍锆合金（线性膨胀系数为$47×10^{-7}/℃$）制成，设置在硅膜片与传感器底座之间，用于吸收底座材质与硅膜片热膨胀系数不同而加到硅膜片上的热应力，从而提高传感器的测量精度。硅杯与壳体以及底座之间形成的腔室为真空室。壳体顶部设有排气孔，利用排气孔将该腔室抽成真空后，再用锡焊密封排气孔，从而形成真空室。真空室为基准压力室，基准压力为0。

在压力转换元件内部的真空管路上设有滤清器，用于过滤导入空气中的尘埃或杂质，以免硅膜片受到腐蚀和脏污而导致传感器失效。

混合集成电路由集成运算放大器电路和温度补偿电路等组成。电桥电路与集成运算放大器电路的连接如图2-24所示。电桥电路的输出电压为u_s，集成运算放大器电路为减法运算电路，其输出电压为u_o。

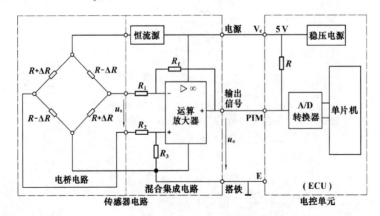

图2-24 压阻效应式歧管压力传感器简化电路及其连接

半导体应变式
歧管压力传感器工作原理

3) 歧管压力传感器的工作原理

> 压阻效应式压力传感器的硅膜片一面通真空室,另一面通进气歧管。在歧管压力 p 作用下,硅膜片就会产生应力。在应力作用下,半导体压敏电阻的电阻率就会发生变化而引起阻值变化,惠斯登电桥上电阻值的平衡就会被打破。当电桥输入端输入一定的电压或电流时,在电桥的输出端就可得到变化的信号电压或信号电流。根据信号电压或电流的大小,即可计算出歧管压力的高低。

在设计制作传感器时,如果将电桥上的压敏电阻制作成 4 只阻值相等的电阻,并适当安排电阻的位置,使径向电阻和切向电阻受到的平均应力相等,就可使电阻的正向增量与负向增量相等,从而组成图 2-24 所示的差动电桥电路。当电桥采用恒流源供电时,其输出电压 u_s 为

$$u_s = \frac{3\pi_{44}IR}{16h^2}[(1+\mu)r^2 - (1+3\mu)x^2]p$$

式中 u_s——电桥输出电压,V;

r,x,h——圆形硅膜片的有效半径、计算点半径(压敏电阻中心至膜片圆心的距离)、硅膜片厚度,m;

μ——泊松比(硅取 $\mu = 0.35$);

π_{44}——剪切压阻系数,可由实验测得;

I——恒流源供给的电流,A;

R——每只压敏电阻的阻值,Ω;

p——平均分布压力,Pa。

由上式可见,当传感器结构一定并采用恒流源供电时,电桥输出电压与硅膜片上作用的压力成正比。压力越高,输出电压越高。经集成运算放大器电路进行减法运算处理后的输出信号电压 u_o 为

$$u_o = \frac{R_f}{R_1}u_s = \frac{3\pi_{44}IR R_f}{16h^2 R_1}[(1+\mu)r^2 - (1+3\mu)x^2]p \qquad (2-3)$$

发动机工作时,进气歧管内部的压力随进气流量的变化而变化。当节气门开度增大(进气流量增大)时,空气流通截面增大,气流速度降低,进气歧管压力升高,膜片应力增大,压敏电阻阻值的变化量增大,电桥输出的电压升高,传感器输入 ECU 的信号电压升高。反之,当节气门开度由大变小(进气流量减小)时,进气流通截面减小,气流速度升高,进气歧管压力降低,膜片应力减小,压敏电阻阻值的变化量减小,电桥输出电压降低,传感器输入 ECU 的信号电压降低。

应用案例

实测歧管压力传感器输出电压 u_o 与歧管压力 p 的关系如表 2-2 所示。

表2-2　歧管压力传感器输出电压与歧管压力的关系

歧管压力 p/kPa	13	27	40	54	67
传感器输出电压 u_o/V	0.3~0.5	0.7~0.9	1.1~1.3	1.5~1.7	1.9~2.1

2.4.3　曲轴与凸轮轴位置传感器

在多点燃油顺序喷射系统中，当电控单元ECU控制喷油器喷油时，首先必须知道是哪一个气缸的活塞即将到达排气上止点。当ECU控制火花塞跳火时，首先也必须知道是哪一个气缸的活塞即将到达压缩上止点，然后再根据曲轴转角信号控制喷油与点火。由此可见，曲轴位置传感器和凸轮轴位置传感器是多点燃油顺序喷射系统必不可少的传感器。

1. 曲轴与凸轮轴位置传感器的功用与分类

曲轴位置传感器（Crankshaft Position Sensor，CPS）又称发动机转速与曲轴转角传感器，其功用是采集发动机曲轴转动角度和发动机转速信号，并将信号输入ECU，以便确定和控制喷油时刻与点火时刻。

凸轮轴位置传感器（Camshaft Position Sensor，CPS）又称气缸判别传感器（Cylinder Identification Sensor，CIS）和相位传感器。为了区别于曲轴位置传感器CPS，凸轮轴位置传感器一般都用CIS表示。CIS的功用是采集配气凸轮轴的位置信号，并将信号输入ECU，以便ECU识别1缸活塞压缩上止点，从而进行顺序喷油控制、点火控制和爆燃控制。此外，凸轮轴位置信号还用于发动机起动时识别出第一次点火时刻。因为凸轮轴位置传感器能够识别哪一缸活塞即将到达上止点，故又称判缸传感器。

电喷发动机燃油喷射系统常用的曲轴与凸轮轴位置传感器分为光电式、磁感应式和霍尔式三种类型。因为有的汽车将曲轴与凸轮轴位置两种传感器制作成一体，且类型相同的传感器结构原理完全相同，所以将这两种传感器组合在一起进行介绍。

2. 光电式曲轴与凸轮轴位置传感器

1）光电式曲轴与凸轮轴位置传感器的结构特点

日产公司采用的光电式曲轴与凸轮轴位置传感器是由分电器改进而成的，结构如图2-25所示，主要由信号发生器、信号盘（信号转子）、配电器、传感器壳体和线束插头等组成。

信号盘是传感器的信号转子，压装在传感器轴上，结构如图2-25（a）所示。在靠近信号盘的边缘位置制作有间隔弧度均匀的内、外两圈透光孔。其中，外圈制有360个长方形透光孔（缝隙），间隔弧度为1°（透光孔占0.5°，遮光部分占0.5°），用于产生曲轴转角与转速信号；内圈制有6个透光孔（长方形孔），间隔弧度为60°，用于产生各个气缸的上止点信号，其中有一个长方形的宽边稍长，用于产生第1缸上止点信号。

信号发生器固定在传感器壳体上，由Ne信号（转速与转角信号）传感器、G信号

（上止点信号）传感器以及信号处理电路组成，如图 2-25（c）所示。Ne 信号与 G 信号传感器均由一只发光二极管 LED 和一只光敏晶体管组成，两只 LED 分别正对着两只光敏晶体管。

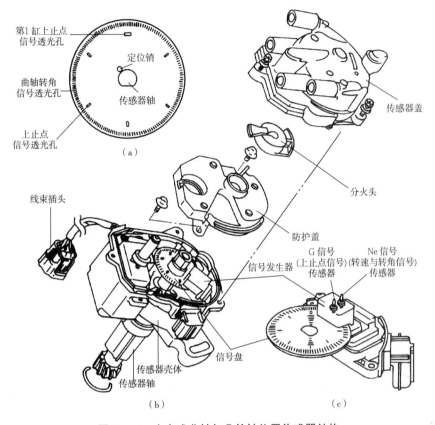

图 2-25　光电式曲轴与凸轮轴位置传感器结构
(a) 信号盘结构；(b) 传感器结构；(c) 信号发生器结构

2) 曲轴转速、转角和气缸识别信号的产生

当传感器轴随曲轴和配气凸轮轴转动时，信号盘上的透光孔和遮光部分便从 LED 与光敏晶体管之间转过，LED 发出的光线受信号盘透光和遮光作用就会交替照射到信号发生器的光敏晶体管上，传感器中就会产生与曲轴位置和凸轮轴位置对应的脉冲信号。光电式曲轴与凸轮轴位置传感器输出波形如图 2-26 所示。

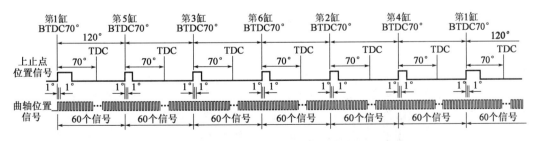

图 2-26　光电式曲轴与凸轮轴位置传感器输出波形

曲轴旋转两转，传感器轴带动信号盘旋转一圈。因此，G 信号传感器将产生 6 个脉冲信号，Ne 信号传感器将产生 360 个脉冲信号。因为 G 信号透光孔间隔弧度为 60°，曲轴每旋转 120°就产生一个脉冲信号，所以 G 信号又称 120°信号。

光电式曲轴位置传感器工作原理

> 设计安装保证 120°信号在上止点前 70°（BTDC70°）时产生，且长方形宽边稍长的透光孔产生的信号对应于发动机第 1 缸活塞上止点前 70°，以便 ECU 控制喷油提前角与点火提前角。因为 Ne 信号透光孔间隔弧度为 1°（透光孔占 0.5°，遮光部分占 0.5°），所以，在每个脉冲周期中，高、低电平各占 1°曲轴转角，360 个信号表示曲轴旋转 720°。由图 2-26 可知，曲轴每旋转 120°，G 信号传感器产生一个信号，Ne 信号传感器产生 60 个信号。

当 ECU 接收到 G 信号传感器输入的宽脉冲信号时，便可确定第 1 缸活塞处于压缩上止点前 70°位置；ECU 接收到下一个 G 信号时，则判定第 5 缸活塞处于压缩上止点前 70°位置。ECU 接收到每个上止点位置信号（G 信号）后，再根据曲轴转角信号（Ne 信号）控制喷油提前角和点火提前角。这种传感器可将喷油提前角和点火提前角的精度控制在 1°（曲轴转角）范围内。

3. 磁感应式曲轴位置传感器

1）曲轴位置传感器的结构特点

大众轿车用磁感应式曲轴位置传感器由信号发生器和信号转子组成。信号发生器用螺钉固定在曲轴箱内靠近离合器一侧的发动机缸体上，信号转子安装在曲轴上，如图 2-27 所示。

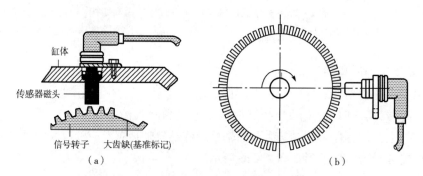

图 2-27 曲轴位置传感器的结构与安装位置
（a）安装位置；（b）结构示意

> 安装时，传感器磁头与信号转子必须对正。由于转子凸齿与磁头间的气隙直接影响磁路的磁阻和传感线圈输出电压的高低，因此在使用中，转子凸齿与磁头间的气隙不能随意变动。该气隙为 0.2~0.4 mm，如有变化则必须进行调整。

信号发生器由传感器磁头、传感线圈（信号线圈）、永久磁铁和磁轭等组成。

信号转子为齿盘式转子，在其圆周上间隔均匀地制作有 58 个凸齿、57 个小齿缺和 1 个大齿缺。大齿缺所占的弧度相当于两个凸齿和 3 个小齿缺所占的弧度。因为信号转子随曲轴一同旋转，曲轴旋转一圈（360°），信号转子也旋转一圈（360°），所以信号转子圆周上的凸齿和齿缺所占的曲轴转角也为 360°，每个凸齿和小齿缺所占的曲轴转角均为 3°（58 × 3° + 57 × 3° = 345°），大齿缺所占的曲轴转角为 15°（2 × 3° + 3 × 3° = 15°）。信号转子设置大齿缺的目的是：将转子转过磁头时在信号发生器中产生的信号上升沿作为计数控制的起始信号。

2）曲轴转速与转角信号的产生

当曲轴位置传感器信号转子随曲轴旋转时，由磁感应式传感器工作原理可知，信号转子每转过一个凸齿，传感线圈中就会产生一个周期的交变电动势，相应地输出一个交变电压信号。因为信号转子上设置有一个产生基准信号的大齿缺，所以当大齿缺转过磁头时，其输出信号所占时间较长，即输出信号为一宽脉冲信号，经整形和放大处理后输出波形如图 2-28 所示，该信号的上升沿对应于 1 缸或 4 缸压缩上止点前 81°。ECU 接收到宽脉冲信号时，便可知道 1 缸或 4 缸活塞即将到达上止点，至于即将到达的是 1 缸还是 4 缸活塞，则需根据凸轮轴位置传感器输入的信号来确定。因为信号转子上设置有 58 个凸齿，所以转子每转一转（发动机曲轴每转一圈），传感线圈就会产生 58 个交变电压信号并输入 ECU。

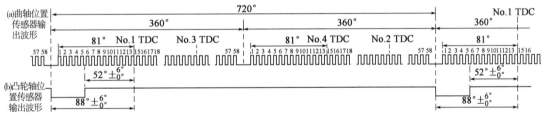

图 2-28　曲轴和凸轮轴位置传感器输出波形

磁感应式曲轴位置传感器工作原理

每当曲轴位置传感器的信号转子随发动机曲轴转动一圈，传感线圈就会向 ECU 输入 58 个脉冲信号。因此，ECU 每接收到 58 个信号，就可知道发动机曲轴旋转了一转。如果在 1 min 内，ECU 接收到曲轴位置传感器 116 000 个信号，ECU 便可计算出曲轴转速 n 为 2 000（n = 116 000/58 = 2 000）r/min；如果 ECU 每分钟接收到曲轴位置传感器 290 000 个信号，ECU 便可计算出曲轴转速为 5 000（n = 290 000/58 = 5 000）r/min。以此类推，ECU 根据单位时间内接收曲轴位置传感器脉冲信号的数量，便能计算出发动机曲轴的转速。

> 在发动机电控喷油系统和微机控制点火系统中，磁感应式曲轴位置传感器信号转子上大齿缺对应产生的信号为基准信号，ECU 控制喷油时间和点火时间是以大齿缺产生的信号进行控制。当 ECU 接收到大齿缺产生的信号（宽脉冲）后，再根据小齿缺产生的信号来控制喷油提前角、点火提前角以及点火线圈初级电流的接通时间（导通角）。为了保证系统的控制精度达到 1°，小齿缺产生的信号还须由 ECU 内部电路将其转换为 1°信号。

发动机转速信号和进气流量信号是汽车电控系统最重要也是最基本的信号,ECU 根据这两个信号就能计算确定基本喷油提前角(喷油时间)、点火提前角(点火时间)和点火导通角(点火线圈初级电流接通时间)3 个基本控制参数。

4. 霍尔式凸轮轴位置传感器

根据霍尔效应制成的传感器,称为霍尔式传感器。这种传感器具有输出电压信号近似于方波信号、信号电压高低与被测物体的转速无关两个突出优点,因此,在汽车电控系统上得到广泛采用。与磁感应式传感器不同的是,霍尔式传感器需要外加电源。

1) 霍尔式凸轮轴位置传感器的结构特点

大众轿车采用的霍尔式凸轮轴位置传感器安装在发动机配气凸轮轴的一端,结构与连接电路如图 2-29 所示,主要由霍尔信号发生器和信号转子组成。信号转子与信号发生器之间的气隙为 2~4 mm。

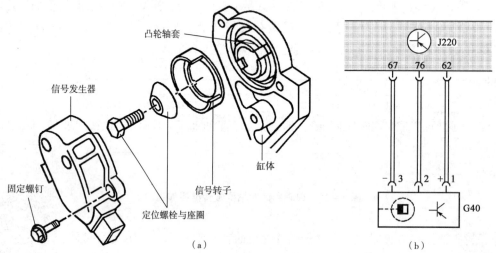

图 2-29 霍尔式凸轮轴位置传感器的结构与连接线路
(a) 结构;(b) 连接线路

霍尔式凸轮轴位置传感器工作原理 V1

信号转子又称触发叶轮,安装在配气凸轮轴的一端,用定位螺栓和座圈定位固定。信号转子的隔板又称叶片,在隔板上制有一个窗口,窗口对应产生的信号为低电平信号,隔板(叶片)对应产生的信号为高电平信号。

信号发生器主要由霍尔集成电路、永久磁铁和导磁钢片等组成。霍尔集成电路由霍尔元件、放大电路、稳压电路、温度补偿电路、信号变换电路和输出电路等组成。

霍尔式凸轮轴位置传感器接线插座上有三个引线端子[图 2-29 (b)],端子 1 为传感器电源正极端子,与电控单元 62 端子连接;端子 2 为传感器信号输出端子,与电控单元 76 端子连接;端子 3 为传感器电源负极端子,与电控单元 67 端子连接。

2) 霍尔式凸轮轴位置传感器输出信号的产生

当信号转子随配气凸轮轴一同转动时,隔板和窗口便从霍尔集成电路与永久磁铁之间的气隙中转过。由霍尔式传感器工作原理可知,当隔板(叶片)进入气隙(在气隙内)时,霍尔元件不产生电压,传感器输出高电平(5V)信号;当隔板(叶片)离开气隙(窗口进入气隙)时,霍尔元件产生电压,传感器输出低电平信号(0.1V)。凸轮轴位置传感器输出的信号与曲轴位置传感器输出的信号之间的关系如图2-28所示。发动机曲轴每转两转(720°),霍尔传感器信号转子就转一圈(360°),对应产生一个低电平信号和一个高电平信号,其中低电平信号下降沿对应于1缸压缩上止点前约88°。

> 发动机工作时,磁感应式曲轴位置传感器(CPS)和霍尔式凸轮轴位置传感器(CIS)产生的信号电压不断输入ECU。当ECU同时接收到曲轴位置传感器大齿缺对应的低电平(15°)信号和凸轮轴位置传感器窗口对应的低电平信号时,便可识别出此时为1缸活塞处于压缩行程、4缸活塞处于排气行程,从而进行顺序喷油控制和各缸点火时刻控制,并可根据曲轴位置传感器小齿缺对应输出的信号控制点火提前角和喷油提前角。ECU根据CIS信号判别出第1缸活塞位置之后,再根据CPS信号,即可按照四缸发动机1-3-4-2(六缸发动机1-5-3-6-2-4)的工作顺序,对各缸喷油器进行喷油提前控制和对各缸火花塞进行点火提前控制。

5. 差动霍尔式曲轴位置传感器

切诺基吉普车与红旗CA7220E型轿车采用了差动霍尔式曲轴位置传感器,其凸轮轴位置传感器均为普通霍尔式传感器。

1)差动霍尔式传感器的结构原理

差动霍尔式传感器又称双霍尔式传感器,其结构与磁感应式传感器相似,主要由带凸齿的信号转子和两个霍尔信号发生器组成,如图2-30(a)所示。

> 差动霍尔式传感器的工作原理与普通霍尔式传感器相同。当信号转子上的齿缺与凸齿转过差动霍尔电路的两个探头(信号发生器)时,齿缺或凸齿与霍尔探头之间的气隙就会发生变化,磁通量也随之变化,在传感器的霍尔元件中就会产生交变电压信号,如图2-30(b)所示,其输出电压由两个霍尔信号电压叠加而成,所以,转子凸齿与信号发生器之间的气隙可以增大(一般可增大到0.5~1.5mm,而外形结构与其相同的磁感应式传感器仅为0.2~0.4mm),从而可将信号转子设计成像磁感应式传感器转子一样的齿盘式结构,其突出优点是转子便于安装。在汽车上,一般将凸齿转子设置在发动机曲轴上或将发动机飞轮作为传感器的信号转子。

2)差动霍尔式曲轴位置传感器的结构特点

切诺基吉普车2.5L(四缸)和4.0L(六缸)燃油喷射式发动机将差动霍尔式曲轴位置传感器安装在变速器壳体上,向ECU提供发动机转速与曲轴转角信号,作为计算喷油时间(喷油量)和点火时间(点火提前角)的重要依据。

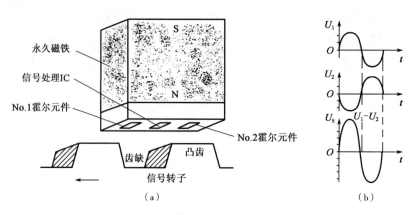

图 2-30 差动霍尔式传感器结构原理
(a) 基本结构；(b) 输出波形

传感器的信号转子安装在曲轴上，并与发动机飞轮紧贴在一起。2.5 L 四缸电喷发动机的飞轮上制有 8 个齿缺，如图 2-31（a）所示。8 个齿缺分成两组，每 4 个齿缺为一组，两组之间相隔角度为 180°，同一组中相邻两个齿缺之间间隔角度为 20°。4.0 L 六缸电喷发动机的飞轮上制有 12 个齿缺，如图 2-31（b）所示。12 个齿缺分成三组，每 4 个齿缺为一组，相邻两组齿缺之间相隔角度为 120°，同一组中相邻两个齿缺之间间隔角度也为 20°。

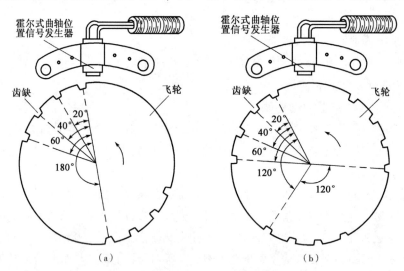

图 2-31 切诺基吉普车曲轴位置传感器的结构
(a) 2.5 L 发动机；(b) 4.0 L 发动机

3) 差动霍尔式曲轴位置传感器信号的产生

当信号转子的每一组齿缺转过霍尔信号发生器时，传感器就产生一组共 4 个脉冲信号。其中，四缸发动机每转一圈产生两组共 8 个脉冲信号，如图 2-32 所示；六缸发动机每转一圈产生 3 组共 12 个脉冲信号。对于四缸发动机，ECU 每接收到 8 个信号，即可知道曲轴旋转了一转，再根据接收 8 个信号所占用的时间，就可计算出曲轴转速。对于六缸发动机，ECU 每接收到 12 个信号，即可知道曲轴旋转了一转，再根据接收 12 个信号所占用的时间，就可计算出曲轴转速。

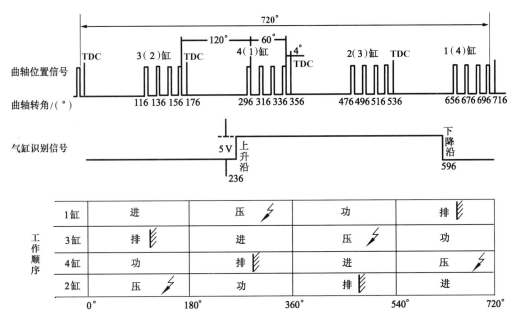

图 2-32 切诺基吉普车曲轴位置信号与正时关系

> 在电控系统控制喷油和点火时,都有一定的提前角。因此,需要知道活塞接近上止点的位置。切诺基吉普车在每组信号输入 ECU 时,可以知道有两个气缸的活塞即将到达上止点位置。在四缸发动机电控系统中,ECU 利用一组信号可知第 1 缸和第 4 缸活塞接近上止点;利用另一组信号,可知第 2 缸和第 3 缸活塞接近上止点。因为第 4 个齿缺产生的脉冲下降沿对应于第 1 缸压缩(第 4 缸排气)上止点前 4°(BTDC4°),所以,第 1 个齿缺产生的脉冲信号下降沿对应于第 1 缸压缩(第 4 缸排气)上止点前 64°(BTDC64°)。

当第 1 缸与第 4 缸对应的第 1 个脉冲信号下降沿到来时,ECU 即可知道此时第 1 缸活塞位于压缩上止点前 64°(BTDC64°)、第 4 缸活塞位于排气上止点前 64°(BTDC64°),从而对第 1 缸进行点火提前角控制、对第 4 缸进行喷油提前角控制。

2.4.4 节气门位置传感器

节气门位置传感器(Throttle Position Sensor,TPS)安装在节气门轴的一端,其功用是将节气门开度(发动机负荷)大小转变为电信号输入发动机 ECU,以便 ECU 判别发动机工况,如怠速工况、加速工况、减速工况、小负荷工况和大负荷工况等,并根据发动机不同工况对混合气浓度的需求来控制喷油时间(喷油量)和点火时间(点火提前角)。

> 在装备电控自动变速器的汽车上,TPS 信号还要输入变速器电控单元(ECT ECU),作为确定自动变速器换挡时机和液力变矩器锁止时机的主要信号。

1. 节气门位置传感器的分类

按结构不同,TPS 分为触点式、可变电阻式、触点与可变电阻组合式 3 种。按输出信号的类型不同,TPS 分为线性（模拟）信号输出型和开关（数字）信号输出型两种。

2. 触点式节气门位置传感器

1）触点式 TPS 的结构特点

触点式 TPS 的结构如图 2-33（a）和图 2-33（b）所示,主要由怠速触点 IDL、凸轮、功率触点（大负荷触点）PSW 和接线插座组成。凸轮随节气门轴转动,节气门轴随节气门开度（发动机负荷）的大小变化而变化。

开关量输出型节气门位置传感器电路原理

2）触点式 TPS 的输出特性

触点式 TPS 的输出特性如图 2-33（c）所示。当节气门关闭时,怠速触点 IDL 闭合,功率触点 PSW 断开,怠速触点 IDL 输出端子输出的信号为低电平"0",功率触点 PSW 输出的信号为高电平"1"。当 ECU 接收到 TPS 输入的这两个信号时,如果车速传感器输入 ECU 的信号表示车速为零,则 ECU 判定发动机处于怠速状态,并控制喷油器增加喷油量,保证发动机怠速转速稳定而不致熄火。如果车速传感器输入 ECU 的信号表示车速不为零,则 ECU 判定发动机处于减速状态运行,并控制喷油器停止喷油,以减少排放和提高经济性。

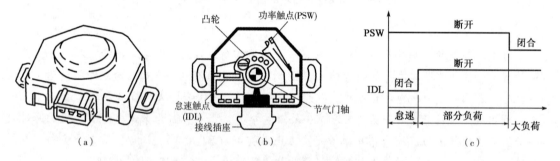

图 2-33 触点式 TPS 的结构与输出特性

(a) 外形；(b) 内部结构；(c) 输出特性

当节气门开度增大时,凸轮随节气门轴转动并将怠速触点 IDL 顶开,如果功率触点 PSW 保持断开状态,那么,IDL 端子和 PSW 端子都将输出高电平"1"。ECU 接收到这两个高电平信号时,将判定发动机处于部分负荷状态,此时 ECU 将根据空气流量传感器信号和曲轴转速信号计算确定喷油量,保证发动机的经济性和排放性。

当节气门接近全部开启（80% 以上负荷）时,凸轮转动使功率触点 PSW 闭合,PSW 端子输出低电平"0",IDL 端子保持断开而输出高电平"1"。ECU 接收到这两个信号时,将判定发动机处于大负荷状态运行,并控制喷油器增加喷油量,保证发动机输出足够的功率,故大负荷触点称为功率触点。在此状态下,控制系统将进入开环控制模式,ECU 将不采用氧传感器信号。如果此时空调系统仍在工作,那么,ECU 将使空调主继电器信号中断约 15 s,以便切断空调电磁离合器线圈电流,使空调压缩机停止工作,增大发动机的输出功率,提高汽车的动力性。

综合型节气门位置传感器原理

3. 组合式节气门位置传感器

1) 组合式 TPS 的结构特点

组合式 TPS 的内部结构与原理电路如图 2-34 所示。组合式 TPS 主要由可变电阻滑动触点、绝缘部件、怠速触点和壳体组成。可变电阻为镀膜电阻，被制作在传感器底板上，可变电阻滑动触点的滑臂随节气门轴一同转动，并与输出端子 VTA 连接。

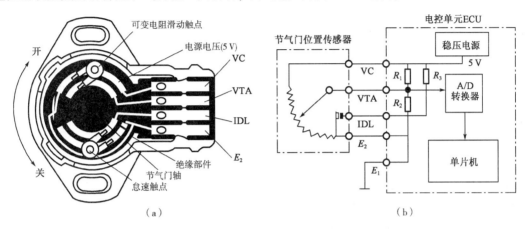

图 2-34 组合式 TPS 的内部结构与原理电路

(a) 内部结构；(b) 原理电路

2) 组合式 TPS 的输出特性

组合式 TPS 的输出特性如图 2-35 所示。当节气门关闭或开度小于 1.2°时，怠速触点闭合，其输出端 IDL 输出低电平（0 V），如图 2-35 (a) 所示；当节气门开度大于 1.2°时，怠速触点断开，其输出端 IDL 输出高电平（5 V）。

当节气门开度变化时，可变电阻滑动触点的滑臂便随节气门轴转动，滑臂上的触点便在镀膜电阻上滑动，传感器的输出端子 VTA 与搭铁端子 E_2 之间的信号电压随之发生变化，如图 2-35 (b) 所示。节气门开度越大，输出电压越高。传感器输出的线性信号经过模拟/数字（A/D）转换器转换成数字信号后再输入 ECU。

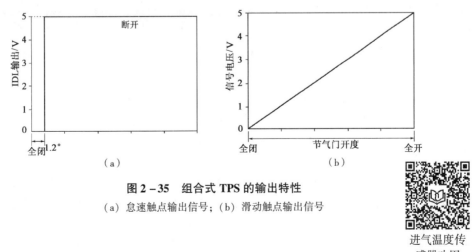

图 2-35 组合式 TPS 的输出特性

(a) 怠速触点输出信号；(b) 滑动触点输出信号

进气温度传感器功用

2.4.5 温度传感器

温度是反映汽车零部件、吸入空气和各种油液热负荷状况的重要参数。温度传感器的功用就是将被测对象的温度信号转变为电信号输入 ECU，以便 ECU 修正控制参数或判断被测对象的热负荷状态。

测量对象不同，传感器信号反映的热负荷状态也不相同。安装在发动机冷却液管道上的冷却液温度传感器（CTS）的功用是：将发动机冷却液温度变换为电信号输入发动机 ECU，以便修正喷油时间和点火时间；安装在进气管道中的进气温度传感器（IATS）的功用是：将进气温度信号变换为电信号输入发动机 ECU，以便 ECU 修正进气量。

1. 温度传感器的分类

温度传感器种类繁多、形式各异，目前尚无统一的分类方法，一般按检测对象和结构与物理性能进行分类。

常见温度传感器类型

（1）按检测对象分类。检测对象为冷却液温度、进气温度、排气温度、燃油温度、空调温度，所以将传感器相应地称为冷却液温度传感器、进气温度传感器、排气温度传感器、燃油温度传感器、空调温度传感器（或空调温控开关）。这种分类方法简单实用，根据检测对象即可方便地选择所需传感器。

（2）按结构与物理性能分类。汽车上采用的温度传感器按结构与物理性能不同，可分为热敏电阻式、热敏铁氧体式、双金属片式、石蜡式等。双金属片式和石蜡式温度传感器属于结构型传感器，热敏电阻式和热敏铁氧体式温度传感器属于物性（物理性能）型传感器。其中，热敏电阻式温度传感器结构简单、成本低廉、灵敏度高、工作可靠，汽车普遍采用。

2. 热敏电阻式温度传感器

热敏电阻可分为正温度系数型、负温度系数型、临界温度型和线性热敏电阻。汽车普遍采用负温度系数（Negative Temperature Coefficient，NTC）型热敏电阻式传感器，如冷却液温度传感器（CTS）、进气温度传感器（IATS）、排气温度传感器（Exhaust Air Temperature Sensor，EATS）和燃油温度传感器（Fuel Temperature Sensor，FTS）等。

1）热敏电阻式温度传感器的结构特点

热敏电阻式温度传感器的结构如图 2-36 所示，主要由热敏电阻、金属引线、接线插座和壳体等组成。热敏电阻是温度传感器的核心部件，一般都制作成珍珠形、盘形（药片形）、垫圈形、厚膜形和梳状芯片形等，被放置在金属管壳内，并引出一个或两个电极到传感器插座上。

进气温度传感器 3D 结构展示

> 车用温度传感器的热敏电阻是在陶瓷半导体材料中掺入适量金属氧化物，并在 1 000 ℃以上的高温条件下烧结而成。控制掺入氧化物的比例和烧结温度，即可得到不同特性的热敏电阻，从而满足使用要求。如果测量发动机冷却液温度，则热敏电阻的工作温度为 -30~130 ℃；如果测量发动机的排气温度，热敏电阻的工作温度则为 600~1 000 ℃。
>
> 车用温度传感器壳体上制作有螺纹，以便安装与拆卸。接线插座分为单端子式和两端子式两种：两端子式用于电控燃油喷射系统，以便可靠传递数据；单端子式用于汽车信息显示系统。

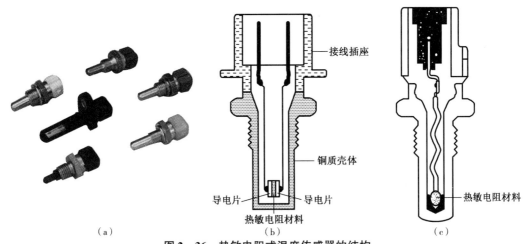

图 2-36 热敏电阻式温度传感器的结构

(a) 外形；(b) 两端子式；(c) 单端子式

2) 车用温度传感器的特性与电路

负温度系数 NTC 型热敏电阻具有温度升高阻值减小、温度降低阻值增大的特性，而且呈明显的非线性关系。对于结构一定的 NTC 型传感器，其阻值与温度的关系如图 2-37 所示。

在汽车控制电路中，温度传感器的工作电路如图 2-38 所示。传感器的两个电极用导线与 ECU 插座连接。ECU 内部串联一只分压电阻，ECU 向热敏电阻和分压电阻组成的分压电路提供一个稳定的电压（一般为 5 V），传感器输入 ECU 的信号电压等于热敏电阻上的分压值。

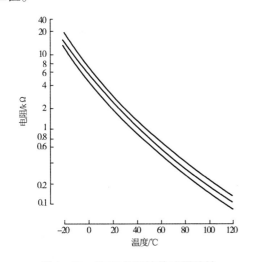

图 2-37 NTC 型温度传感器特性

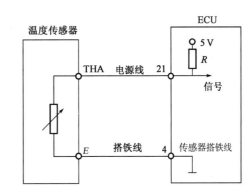

图 2-38 温度传感器的工作电路

当被测对象的温度升高时，传感器阻值减小，热敏电阻上的分压值降低；反之，当被测对象的温度降低时，传感器阻值增大，热敏电阻上的分压值升高。ECU 根据接收到的信号电压值，便可计算求得对应的温度值。

2.4.6 开关信号

开关信号是反映开关状态的信号,是电控系统实现各种控制功能必不可少的信号。电控喷油系统常用的开关信号有蓄电池电压信号、点火开关信号、起动信号、空挡安全开关信号和空调信号等。

1. 蓄电池电压信号

蓄电池电压信号 U_{BAT} 表示电源电压高低。在各型汽车上,蓄电池正极都直接与 ECU 连接,不受任何开关控制,如图 2-39(a)所示。图中数字 3 和 9 是 ECU 的接线端子代号。蓄电池既是整车电气设备的电源,也是各种电控单元(ECU)的电源。蓄电池电压信号输入 ECU 的主要目的包括以下几个方面。

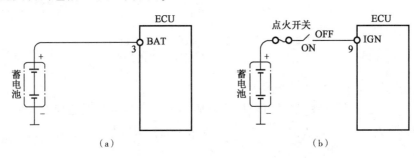

图 2-39　蓄电池电压信号与点火开关信号电路
(a)蓄电池电压信号电路;(b)点火开关信号电路

(1)当蓄电池电压变化时,ECU 将对喷油持续时间进行修正。电压升高时,缩短喷油时间;电压降低时,增长喷油时间。

(2)当蓄电池电压变化时,ECU 将对点火线圈初级电路接通时间进行修正。电压升高时,缩短接通时间;电压降低时,增长接通时间。

(3)保存存储器中的故障代码。在汽车上,各种电控系统的故障代码和临时运算处理数据都存储在随机存储器(Random Access Memory,RAM)中,一旦 RAM 断电,其内部存储的信息就会丢失,所以需要蓄电池持续供电。

> 发动机停机时,随机存储器 RAM 消耗电流很小(5~20 mA)。

2. 点火开关信号

点火开关信号 IGN 是表示点火开关接通的信号。在控制线路中,点火开关与 ECU 的连接关系如图 2-39(b)所示。当点火钥匙旋转到 ON(接通)位置时,ECU 的电源(12 V)接通,此时 ECU 将控制执行以下动作。

(1)控制怠速控制步进电动机进入预先设定位置。

(2)根据曲轴位置和节气门位置传感器信号,判定发动机是否处于起动状态。

(3)根据冷却液温度传感器信号,确定冷起动时的基本喷油量。

(4)监测节气门位置传感器信号。

(5) 接通燃油泵电路使燃油泵运转。如果不起动发动机（ECU 未接收到起动信号 STA），那么 ECU 控制燃油泵运转 1~2 s 后就会断开燃油泵电路。

(6) 接通氧传感器加热元件电路，对传感元件进行加热。

(7) 在装备自动变速器的汽车上，控制升挡指示灯发亮显示挡位转换开关位置。

3. 起动信号

起动信号 STA 是向 ECU 提供起动机电路接通工作的信号。起动信号来自起动继电器或点火起动开关（无起动继电器的电气系统）。

起动信号电路如图 2-40（a）中实线箭头方向所示。当起动开关接通时，起动信号从起动继电器触点输入 ECU，ECU 接收到起动信号 STA 后，控制执行以下动作。

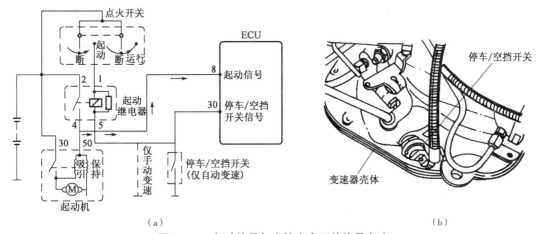

图 2-40 起动信号与空挡安全开关信号电路
(a) 起动与空挡安全信号电路；(b) 空挡安全开关安装位置
1, 2, 4, 5, 8, 30, 50—端子代号

(1) 除了监视点火开关接通时输入的信号之外，开始监测曲轴位置传感器和凸轮轴位置传感器的输入信号，并根据这些信号确定点火时刻和喷油时刻。首先判定即将到达上止点的是哪个气缸，然后输出喷油和点火控制信号。如果在发动机转动 3 s 内未接收到曲轴位置传感器信号，ECU 将切断燃油喷射系统电路，同时将曲轴位置传感器故障的代码存入随机存储器中，以便维修检测时调用。

(2) 控制燃油泵继电器，接通燃油泵电路，使燃油泵运转。

(3) 如果节气门处于全开状态，ECU 将中断燃油喷射，即进入清除"溢流"状态。"溢流"又称"淹缸"，是指火花塞被混合气浸湿的现象。

4. 空挡安全开关信号

空挡安全开关信号（Neutral Safe Switch，NSW）是表示自动变速器挡位选择开关所处位置的信号，又称空挡起动开关信号或停车/空挡开关信号。空挡开关安装在变速器壳体上，如图 2-40（b）所示，它是一个由自动变速器的变速杆（选挡手柄）控制的多位多功能开关。NSW 信号用来区别自动变速器的变速杆是处于 P（停车挡）或 N（空挡）位置，还是处于 D、2、L、R 行驶位置。

当自动变速器的变速杆处于 P 或 N 位置时，停车/空挡开关接通，如图 2-40（a）所示，此时起动继电器线圈电路才能接通，并向 ECU 输入一个低电平（0 V）信号。仅在此时，发动机才能起动。

当变速杆处于 D、2、L、R 位置时，停车/空挡开关断开，即使点火开关拨到起动位置，起动继电器线圈电路也不能接通，ECU 的"停车/空挡开关信号"端子将接收到一个高电平（12 V）信号，此时发动机不能起动。

5. 空调信号

空调信号 A/C 包括空调选择与请求两个信号，电路如图 2-41 所示。

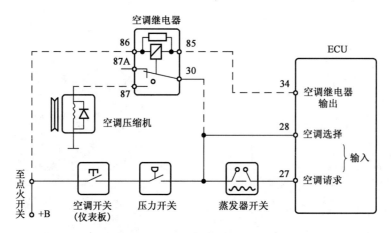

图 2-41 空调信号 A/C 电路

27，28，30 等数字—端子代号

（1）空调选择信号。空调选择信号是通知 ECU 空调被选用而预告发动机负荷增加的信号。在发动机怠速运转的情况下接通空调开关时，如空调系统的低压开关触点闭合，电源电压（12 V）便经空调开关、压力开关加到 ECU 的空调选择端子上。ECU 接收到空调选择信号（高电平信号）后，就会控制怠速控制阀或步进电动机动作，提高发动机转速，防止发动机负荷增大而熄火。

（2）空调请求信号。空调请求信号表示空调接通时，蒸发器温度在允许范围内。当空调接通后，如蒸发器开关接通，电源电压（12 V）便经空调开关、压力开关和蒸发器开关加到 ECU 的空调请求端子。ECU 接收到空调请求信号（高电平信号）后，就会接通空调继电器线圈电路，使电磁离合器线圈电路接通，使空调压缩机投入工作。

当空调系统制冷剂不足时，低压开关就会断开，输入 ECU 空调请求端子的电压为 0 V，此时 ECU 将切断空调继电器线圈电路，使空调压缩机停止工作。

当蒸发器温度过高时，蒸发器开关断开，输入 ECU 空调请求端子的电压也为 0 V，此时 ECU 将切断空调继电器线圈电路，使空调压缩机停止工作，防止蒸发器温度过高而被损坏。

2.5　汽车电控单元的结构组成

汽车电子控制单元（Electronic Control Unit，ECU），简称电控单元，是以单片微型计算机为核心，具有强大的数学运算、逻辑判断、数据处理与数据管理等功能的电子控制装置。ECU 是汽车电控系统的控制中心，其功用是分析处理传感器采集的各种信息，并向受控装置（执行器或执行元件）发出控制指令。

在同一辆汽车上装备有若干个电控系统（ECS），每个电控系统都有一个电控单元 ECU，各种电控单元 ECU 的组成大同小异，都是由硬件、软件、壳体和线束插座 4 部分组成的。虽然各种控制系统的 ECU 电路不尽相同，但其都是由输入回路、输出回路和单片微型计算机（单片机或微机）3 部分组成的，如图 2-42（a）所示。

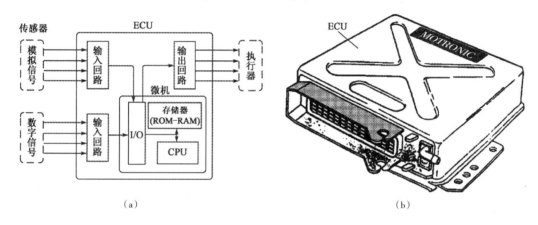

图 2-42　汽车电控系统组成框图与 ECU 外形结构
(a) ECS 组成框图；(b) ECU 外形结构

汽车 ECU 的硬件一般都封装在铝质金属壳体内，并通过线束插座与整车电气线路连接，其外形结构如图 2-42（b）所示。ECU 安装在车内不易受到碰撞的部位，如仪表盘下面、后备厢内部或座椅下面等，具体安装位置依车而异。

> "麻雀虽小，五脏俱全"。汽车电控单元 ECU 既具有计算机的组成，也具有计算机的功能。因此，在生产和生活中，人们都将其称为"汽车电脑"。

汽车 ECU 的硬件都是由不同种类的专用集成电路、电阻器、电容器、二极管、稳压管、晶体管等电子元件和印刷电路板构成的，内部电路结构框图如图 2-43 所示。

2.5.1　输入回路

输入回路又称输入接口，其功用是将传感器输入信号和各种开关信号变换成单片机能够识别与处理的数字信号。输入回路主要由模/数转换器和数字输入缓冲器组成。

1. A/D 转换器

模拟（Analog）/数字（Digital）转换器简写为 A/D 转换器，其功用是将模拟信号转换为数字信号，如图 2-43（a）所示，或将数字信号转换为模拟信号。

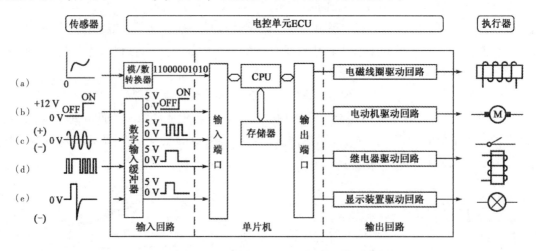

图 2-43　电控单元 ECU 内部电路结构框图

各种传感器采集的信号可分为模拟信号和数字信号两大类。信号电压（或电流）随时间变化而连续变化的信号，称为模拟信号。在汽车电控系统中，如翼片式、热丝式和热膜式空气流量传感器信号、进气歧管压力与大气压力传感器信号、热敏电阻式进气温度和冷却液温度传感器信号、发动机爆燃传感器信号、线性输出型节气门位置传感器信号等均为模拟信号。这些信号需要经过 A/D 转换器转换成数字量，单片机才能进行运算处理。

信号电压（或电流）随时间变化而非连续变化的信号，称为数字信号。在汽车电控系统中，涡流式空气流量传感器信号、霍尔式与磁感应式传感器（发动机转速、活塞上止点位置、车速、轮速）信号、光电式传感器（曲轴位置、凸轮轴位置、转向盘位置、减速度）信号、触点式节气门位置传感器信号、热敏铁氧体式温度传感器信号、笛簧开关式车速传感器信号、水银式减速度传感器信号、氧传感器信号以及各种控制开关（空调开关、起动开关、空挡安全起动开关等）信号均为脉冲信号或数字信号（高电平或低电平），因此需要通过输入回路的数字缓冲器进行限幅、整形处理后，才能传输到单片机进行运算处理。

---

2. 缓冲器

缓冲器电路主要由整形电路、波形变换电路、限幅电路和滤波电路等组成。某些传感器的输出信号虽为数字信号，但在输入单片机之前必须进行波形变换或滤波处理之后单片机才能接收。数字输入缓冲器的功用是对单片机不能接收的数字信号进行预处理，以便单片机能够接收和运算处理。

应用案例

例如，点火开关、空挡安全开关等输出的开关信号均为电源电压（12~14 V）信号，如图2-43（b）所示，而单片机能够接收的信号电压为0 V或5 V，因此需要缓冲器的限幅电路将高于5 V的电压信号转换成5 V信号；磁感应式传感器输出的信号为正弦波信号，如图2-43（c）所示，单片机不能直接处理，必须经过缓冲器的波形变换电路转换成数字信号之后才能输入单片机；触点开关式传感器或继电器输出的数字信号含有干扰信号，如图2-43（d）所示。此外，汽车上设有各种控制开关，在电气系统工作过程中，当控制开关接通或断开、电气负载电流变化、电压变化或磁场变化时，都可能产生高频干扰信号，如图2-43（e）所示，这些干扰信号必须经缓冲器的滤波电路将干扰消除之后，单片机才能接收，否则控制系统就不能正常工作。

2.5.2　单片机

单片机是指将中央处理器（CPU）、存储器（Memory，M）、定时器/计数器、输入/输出（I/O）接口电路等计算机主要部件集成在一块芯片上的微型计算机。虽然单片机只是一块芯片，但其"麻雀虽小，五脏俱全"，不仅具有微型计算机的组成部分，而且具有微型计算机的功能，故我们称之为单片微型计算机，简称单片机或微机。20世纪80年代以后，汽车电控系统都已普遍采用数字式单片机。

1. 中央处理器

中央处理器CPU又称微处理器，是具有译码指令和数据处理能力的电子部件，是汽车电控单元的核心，主要由运算器CLU、寄存器和控制器组成。

> 运算器是计算机的运算部件，用于实现数学运算和逻辑运算。各种电控系统（如电控燃油喷射系统EFI、防抱死制动系统ABS、安全气囊系统SRS、电控自动变速系统ECT）的ECU内部数据运算与逻辑判断都在这里进行。寄存器用于暂时存储数据或程序指令。控制器是计算机的指挥控制部件，其功用是按照监控程序和应用程序使计算机各部分电路协调工作。

2. 存储器

在单片机中，存储器是用来存储程序指令和数据的部件。存储器有多种分类方法，按读写操作原理可分为只读存储器（Read Only Memory，ROM）和随机（存取）存储器（RAM），按功能可分为程序存储器和数据存储器，按构成材料可分为半导体存储器和磁质存储器。

（1）只读存储器（ROM）。ROM是一种一旦信息写入就不可更改，而只能读出的存储器。实质上，ROM是一次性写入、可随机读出的存储器。在汽车电控系统中，ROM主要用于存储制造厂家编制的控制程序和原始试验数据，即使点火开关断开切断电源，ROM中存储的信息也不会丢失。

（2）随机存储器（RAM）。RAM 与 ROM 相比有两点不同：一是 RAM 中的信息既可随时写入或读出，也可随时改写，改写时不必先擦除原有内容；二是半导体 RAM 中的信息会因突然断电而丢失。

> 在汽车上，RAM 通常用来存储单片机工作时暂时需要存储的数据（如输入/输出数据、单片机运算得出的结果、故障代码、空燃比修正数据等），这些数据根据需要可随时调用或被新的数据改写。可见 RAM 起到一个寄存器的作用。为了保证故障代码、空燃比修正数据等能够较长时间保存，汽车电控系统都将 RAM 的电源与专用的后备电源电路或蓄电池直接连接，不受点火开关控制。但是，当后备电源电路中断、蓄电池正极或负极端子断开时，存入 RAM 中的数据仍会丢失。因此在检修或更换蓄电池之前，必须事先调取故障代码或采取必要的防断电措施。

2.5.3 输出回路

输出回路是单片机与执行器之间的中继站，其功用是根据单片微型计算机发出的指令，驱动执行器完成具体的控制任务。

单片机对采样信号进行数学计算和逻辑判断后，由预定程序形成控制指令发给执行器。由于微机只能输出电压为 4.5~4.8 V 的弱电信号，所以不能直接驱动执行器动作。因此，必须通过输出回路对控制指令进行功率放大、译码或 D/A 转换，变成可以驱动各种执行器动作的电信号。

> 当执行器（如 EFI 的旁通电磁阀、ECT 的锁止继动阀、ECT 的蓄压器背压调节阀等）需要线性电流驱动时，单片机将发出占空比（图 2-44）指令来控制输出回路导通与截止，使流过执行器电磁线圈的平均电流逐渐增大或减小。因为占空比频率较高（一般为 1 kHz），所以流过执行器电磁线圈的平均电流不会脉动变化。

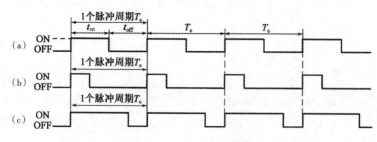

图 2-44 占空比示意

(a) 占空比等于 50%；(b) 占空比小于 50%；(c) 占空比大于 50%

占空比R_c是指在一个信号周期T_c内,高电平时间t_{on}所占的比率,如图2-44(a)所示,图中t_{off}为低电平所占时间。占空比R_c的表达式为

$$R_c = \frac{t_{on}}{T} = \frac{t_{on}}{t_{on}+t_{off}} \times 100\% \qquad (2-4)$$

2.6 电控喷油系统执行器的结构原理

执行器是电控系统的执行机构,其功用是根据ECU的控制指令,完成具体的执行动作。汽油机电控燃油喷射系统采用的执行器主要有电动燃油泵、电磁喷油器和油压调节器等。

2.6.1 电动燃油泵

在电控燃油喷射系统中,电动燃油泵的功用是向电磁喷油器提供油压高于进气歧管压力250~300 kPa的燃油。因为燃油是从燃油箱内泵出,经压缩或动量转换将油压提高后,再经输油管送到喷油器,所以燃油泵的最高输出油压需要470 kPa左右,其供油量比发动机最大耗油量大得多,多余的汽油将从回油管流回燃油箱。燃油泵设计供油量大于发动机耗油量有两个目的:一是防止发动机供油不足;二是燃油流量增大可以散发供油系统的热量,从而防止油路产生气阻。

1. 电动燃油泵的分类

按结构不同,电动燃油泵可分为滚柱式、叶片式、齿轮式、涡轮式和侧槽式。目前常用的有滚柱式、叶片式和齿轮式。

按安装方式不同,电动燃油泵可分为外装式和内装式。外装式安装在燃油箱外的输油管路中,内装式安装在燃油箱内。目前,大多数汽车都采用内装式燃油泵。与外装式燃油泵相比,内装式燃油泵不易产生气阻和泄漏,有利于燃油输送和电动机冷却,且噪声较小。

2. 电动燃油泵的结构特点

电动燃油泵的外形与内部结构如图2-45所示,它主要由永磁式直流电动机、燃油泵、限压阀、止回阀和泵壳等组成。直流电动机由永久磁铁、电枢、换向器和电刷等组成。燃油泵由泵转子和泵体组成。泵转子固定在电动机轴上,随电动机转动而转动。

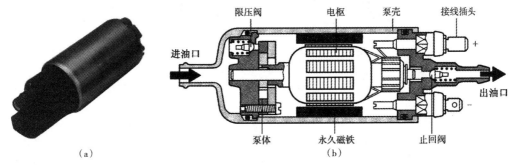

图2-45 电动燃油泵的外形与内部结构
(a) 外形;(b) 内部结构

当点火开关接通时,直流电动机电路接通,电枢受电磁力的作用而开始转动,泵转子便随电动机一同转动,将燃油从燃油箱经输油管和进油口泵入燃油泵。当燃油泵内油压超过止回阀处弹簧弹力时,燃油便从出油口经输油管泵入燃油分配管,然后再分配给每只喷油器。

当燃油泵停止工作时,在燃油泵出口处止回阀的弹簧弹力作用下,止回阀将阻止汽油回流,使供油系统中保存的燃油具有一定压力,以便发动机再次起动。

当燃油泵中的燃油压力超过规定值(一般为 320 kPa)时,油压克服泵体上限压阀弹簧的弹力将限压阀顶开,部分汽油返回到进油口一侧,使油压不致过高而损坏燃油泵。

> 点火开关一旦接通,电动燃油泵就会工作 1~2 s。此时,如果发动机转速高于 30 r/min,则说明驾驶员正在起动发动机,ECU 就会控制电动燃油泵继续运转;如果发动机转速低于 30 r/min,则说明驾驶员没有起动发动机,此时即使点火开关接通,ECU 也会控制电动燃油泵停止运转。

2.6.2 电磁喷油器

电磁喷油器简称喷油器,俗称喷油嘴,被安装在燃油分配管上,其功用是计量燃油喷射系统的喷油量。喷油器是电控燃油喷射系统的关键部件之一,是一种加工精度极高的精密器件。为了满足燃油喷射系统控制精度的要求,喷油器必须具有抗堵塞性能好、燃油雾化好和动态流量范围大等优点。

发动机喷油器功用

1. 电磁喷油器的分类

按总体结构不同,喷油器可分为轴针式、球阀式和片阀式 3 种。按电磁线圈阻值大小,喷油器可分为高阻型(13~18 Ω)和低阻型(1~3 Ω)两种。

2. 电磁喷油器的结构特点

(1)球阀式喷油器。球阀式喷油器的结构如图 2-46 所示,它主要由球阀阀体、带喷孔的阀座、O 形密封圈、带线束插座的喷油器壳体、电磁线圈和复位弹簧等组成。

球阀式多点喷射喷油器结构工作原理

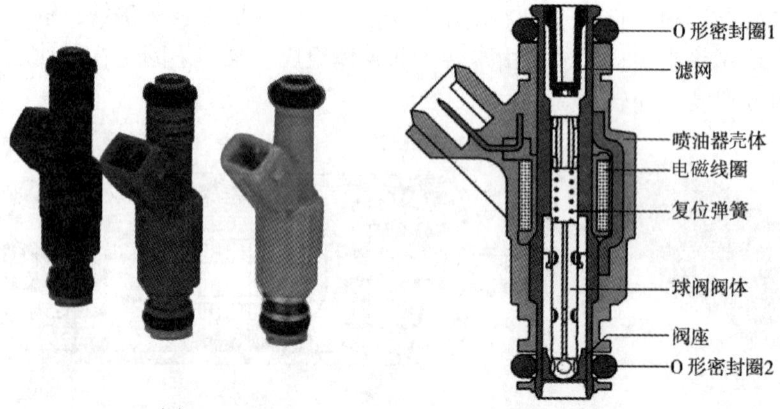

图 2-46 球阀式喷油器的结构

(a)外形;(b)内部结构

球阀阀体由钢球、导杆和弹簧座组成。导杆为空心结构,其上端安装一根螺旋弹簧,下端焊接钢球球阀。当喷油器停止工作时,弹簧弹力使阀体复位,球阀关闭,钢球压靠在阀座上起到密封作用,防止燃油泄漏。因为球阀具有自动定心的作用,所以导杆较短、质量较小,且密封性好。O形密封圈起到密封作用,密封圈1防止燃油泄漏,密封圈2防止漏气。滤网用于过滤燃油中的杂质。在燃油分配管上,设有安放喷油器的支座,支座为橡胶成型件,起到隔热作用,防止喷油器中的燃油产生气泡,有助于提高发动机的热起动性能。

轴针式多点喷射喷油器工作原理

(2)轴针式喷油器。轴针式喷油器的结构如图2-47所示,它主要由针阀阀座、针阀阀体、电磁线圈、O形密封圈、复位弹簧和线束插座等组成。

> 轴针式喷油器的结构与球阀式喷油器基本相同,主要区别在于阀体结构不同,如图2-48所示。轴针式喷油器阀体采用的是针阀,针阀制作在阀体上。为了保证阀体轴向移动时不发生偏移和阀门密封良好,导杆必须较长,并且被制成实心结构,因此质量较大。

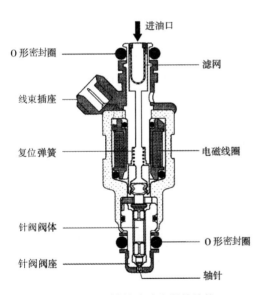

图2-47 轴针式喷油器的结构

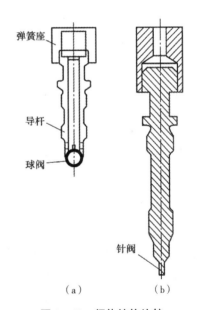

图2-48 阀体结构比较
(a)球阀;(b)针阀

3. 电磁喷油器的工作原理

当喷油器的电磁线圈接通电流时,线圈中就会产生电磁吸力吸引阀体。当电磁吸力大于复位弹簧的弹力时,阀体压缩弹簧而向上移动(升程很小,一般为0.1~0.2 mm)。阀体上移时,球阀或针阀随阀体一同上移并离开阀座使阀门打开,阀座内燃油便从喷孔喷出。因为阀座上设有螺旋油道和2~4个喷孔,所以,当具有一定压力的燃油沿螺旋油道喷出时,形状呈小于35°的圆锥雾状,并与空气混合形成雾化良好的可燃混合气。

当喷油器电磁线圈的电流切断时,电磁吸力消失,阀体在复位弹簧的弹力作用下复位,球阀或针阀回落到阀座上将阀门关闭而停止喷油。

电喷发动机大多为16气门、20气门或24气门发动机,每个气缸有4个或5个气门。其中,进气门2~3个,排气门2个。进气门增多的目的是增大进气量,提高发动机的动力性。排气门增多的目的是减小排气阻力,从而减少功率损失。

2.6.3 油压调节器

油压调节器是供油系统的执行元件,一般都安装在燃油分配管的一端,其功用有两项:一是调节供油系统的燃油压力,使喷油器进口与出口之间的压差保持恒定;二是缓冲喷油器断续喷油和燃油泵供油引起的压力波动。

喷油器进口与出口之间的压差等于系统油压 P_f 与进气歧管压力 P_i 之差 ΔP,该压差 ΔP 由油压调节器中调压弹簧的预紧力 P_s 决定,一般设定为:$\Delta P = P_s = P_f - P_i = 300\ \text{kPa}$,式中 P_i 为负值。

1. 油压调节器的结构特点

油压调节器主要由调压弹簧、阀体、阀座和金属壳体组成,如图2-49所示。阀体固定在金属膜片上,膜片卷压封装在壳体上,并将壳体分成空气腔(上腔室)和燃油腔(下腔室)两个腔室。阀体与阀座之间设有一个钢球球阀,球阀焊接在阀体上或用弹片托起,再用一根弹力较小的弹簧做支撑,如图2-49(b)所示。系统不工作时,球阀与阀座保持接触。

在铝合金壳体上,设有油管和真空管接口。进油口接头与燃油分配管连接,回油口接头连接回油管并与燃油箱相通,气管压力接口与进气歧管之间用橡胶软管(真空管)连接,从而将歧管压力引入油压调节器的空气腔(真空室)。

2. 油压调节器的工作原理

油压调节器实际上是一个膜片式溢流阀。当电动燃油泵运转时,燃油不断泵入燃油分配管,并从油压调节器进油口进入油压调节器燃油腔。燃油压力作用到金属膜片上,并随泵油量的增加而增大。

当燃油压力 P_f 与歧管压力(负压)P_i 的合力大于调压弹簧预紧力 P_s 时,膜片向上拱曲,并带动球阀上移将阀门打开,部分燃油从回油口和回油管流回燃油箱,燃油压力随之降低。

当燃油压力降低到燃油压力 P_f 与歧管压力 P_i 的合力小于弹簧预紧力 P_s 时,膜片复位,并带动球阀将阀门关闭,燃油压力随泵油量增加而增大。

当油压再次升高到燃油压力 P_f 与歧管压力 P_i 的合力大于弹簧预紧力 P_s 时,调节器重复上述工作过程,从而将燃油压力 P_f 与歧管压力 P_i 的合力调节为弹簧预紧力 P_s 值(300 kPa)。

3. 油压调节器的输出特性

油压调节器的输出特性如图 2-50 所示。由于进气歧管的压力始终低于大气压力，因此，当进气歧管的压力随节气门开度变化而变化时，进气压力将对油压调节器膜片产生一个吸力，从而使燃油压力发生改变。

恒压差式燃油压力调节器原理

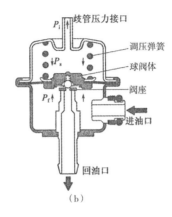

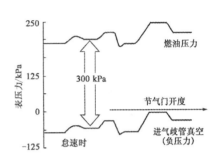

图 2-49 油压调节器外形与内部结构
(a) 外形；(b) 内部结构

图 2-50 油压调节器的输出特性

 应用案例

当发动机怠速运转时，进气歧管的压力 P_i 约为 $-54\ kPa$，燃油压力 P_f 为

$$P_f = P_s + P_i = 300 + (-54) = 246(kPa)$$

当发动机全负荷运转时，进气歧管的压力 P_i 约为 $-5\ kPa$，燃油压力 P_f 为

$$P_f = P_s + P_i = 300 + (-5) = 295(kPa)$$

由此可见，由于进气歧管负压的作用，当发动机怠速运转，燃油压力达到 246 kPa 时，油压调节器的球阀就会打开泄压；当发动机全负荷运转，燃油压力达到 295 kPa 时，球阀才打开泄压。利用燃油压力和进气负压的变化，使燃油分配管中的燃油压力（喷油器进油口油压）与进气歧管中的空气压力（喷油器阀门出口气压）之差保持 300 kPa 不变，其目的是保证电控喷油系统控制喷油器喷油量的大小仅与喷油阀门的开启时间有关，而与系统油压值和进气歧管的负压值无关。

2.7 汽油机电控喷油系统的控制

汽车发动机燃油喷射系统的控制包括喷油器的控制、喷油正时的控制和喷油量的控制，其中，喷油量的控制又分为发动机起动时喷油量的控制和发动机起动后喷油量的控制两种情况。燃油喷射电控系统通过精确控制喷油量，减小燃油消耗量和有害气体排放量，从而达到提高汽车经济性和排放性的目的。

2.7.1 燃油喷射控制原理

喷油器的控制

汽车发动机各种燃油喷射电控系统采用传感器和执行器的数量与形式各有不同，但其燃油喷射的控制原理大同小异，空气流量型（L型）燃油喷射系统的控制原理如图2-51所示。

在发动机工作过程中，当各种传感器和开关信号输入ECU后，首先，由输入接口电路（输入回路）进行信号处理，将其变换成中央处理器（CPU）能够识别和处理的数字信号；然后，CPU利用ROM中的控制软件对输入信号进行数学计算和逻辑判断，并确定出具体的控制量（如喷油开始时刻、喷油持续时间等）；最后，CPU通过输出接口电路（输出回路）向执行器（喷油器）发出喷油控制指令，控制信号经输出电路进行功率放大后，再驱动喷油器喷油；与此同时，CPU还要控制喷油开始时刻、喷油持续时间等，从而实现发动机不同工况时的喷油实时控制。

在控制过程中，各种传感器的工作情况如下所述。

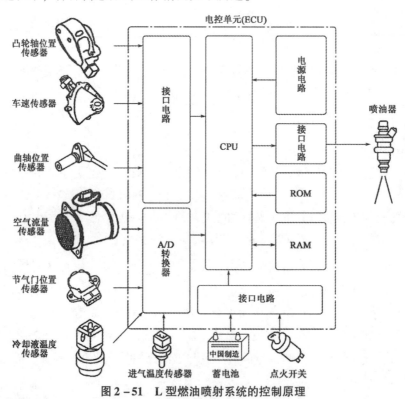

图2-51 L型燃油喷射系统的控制原理

凸轮轴位置传感器（CIS）向ECU提供反映活塞上止点位置的信号，以便计算确定和控制喷油提前角（提前时间）。

车速传感器（VSS）向ECU提供反映汽车车速的信号，以便判断发动机运行在怠速状态（节气门关闭、车速为零）还是运行在减速状态（节气门关闭、车速不为零）等。如果运行在怠速状态，就由怠速控制系统进行怠速转速控制；如果运行在减速状态，就由断油控制系统确定是否停止供油。

曲轴位置传感器（CPS）向 ECU 提供反映发动机曲轴转速和转角的信号，空气流量传感器（AFS）或歧管压力传感器（MAP）向 ECU 提供进气量信号，ECU 根据这两种信号计算基本喷油量（喷油持续时间），并根据曲轴转角信号控制喷油提前角等。

节气门位置传感器（TPS）向 ECU 提供反映发动机负荷大小的信号，ECU 根据 TPS 信号确定增加或减少喷油量。

冷却液温度传感器（CTS）向 ECU 提供发动机冷却液温度信号，以便计算确定喷油修正量、判断是否为冷机起动等。如为冷机起动，则直接运行冷起动程序，并根据温度值增大喷油量，保证发动机可靠起动。

进气温度传感器（IATS）提供吸入进气歧管空气的温度信号，以便计算确定喷油修正量。因为空气质量的大小与其密度有关，空气密度与其温度有关（温度越高，密度越小），所以，对于采用压力传感器和体积流量传感器的燃油喷射系统，其进气量必须用温度信号进行修正。对于采用热丝式或热膜式空气流量传感器的燃油喷射系统而言，虽然进气量信号可以不进行修正，但是利用计算机根据进气温度传感器信号进行修正后，能使喷油量控制更加精确，可以得到更好的燃油经济性。

点火起动开关信号包括点火开关接通信号 IGN 和起动开关接通信号 STA，用于 ECU 判定发动机工作在起动状态还是正常工作状态，并控制运行相应的控制程序。当点火开关接通点火（ON）挡时，ECU 的 IGN 端子将从点火开关接收到一个高电平信号，此时 ECU 将自动接通电动燃油泵电路使油泵工作 1~2 s，以便发动机起动时油路中具有足够的燃油；当点火开关接通起动（START）挡时，ECU 的 STA 端子将从点火开关接收到一个高电平信号，此时 ECU 将控制运行起动程序，增大喷油量以便起动发动机。

蓄电池电压信号即电源电压信号，蓄电池正极柱经导线直接与 ECU 电源端子连接，不受点火开关和其他开关控制。当电源电压变化时，ECU 将改变喷油脉冲宽度，修正喷油器喷油持续时间。当发动机停止工作时，蓄电池将向存储器等提供 5~20 mA 电流，以便存储器保存故障代码等信息而不致丢失。在点火开关断开时，对于配置步进电动机的控制系统，ECU 还将控制燃油喷射主继电器继续接通 2 s，使步进电动机恢复到初始位置。

2.7.2 喷油正时控制原理

喷油正时是指喷油器何时开始喷油。发动机燃油喷射系统有单点燃油喷射系统（SPFI 或 SPI）和多点燃油喷射系统（MPFI 或 MPI）。单点喷射系统只有一只或两只喷油器，喷油器安装在节气门体上，一旦发动机工作就连续喷油。

多点燃油喷射系统的每个气缸都配有一只喷油器，喷油器安装在燃油分配管上，根据燃油喷射时序不同，控制喷油正时的方式分为同时喷射、分组喷射和顺序喷射。

多点燃油顺序喷油是指各缸喷油器按照一定的顺序进行喷油。因为各缸喷油器独立喷油，所以又称独立喷射。多点燃油顺序喷射控制电路与正时关系如图 2-52 所示。

在顺序喷射系统中,发动机工作一个循环(曲轴转两转720°),各缸喷油器轮流喷油一次,就像火花塞按照一定的气缸顺序跳火一样,各缸喷油器按照一定的顺序依次喷射燃油。喷油正时关系如图2-52(d)所示。

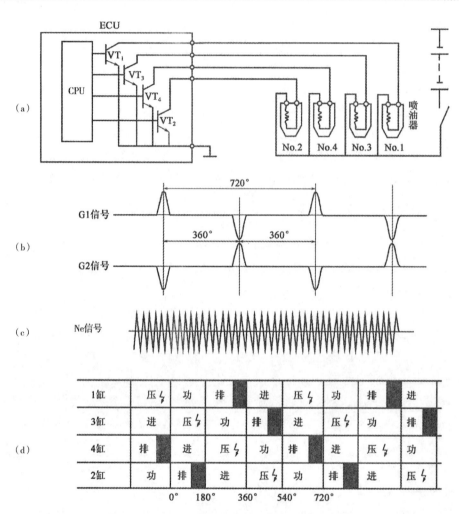

图2-52 多点燃油顺序喷射控制电路与正时关系
(a) 控制电路；(b) 气缸判别信号；(c) 曲轴转速与转角信号；(d) 正时关系

实现顺序喷射的关键在于需要知道即将到达排气上止点的是哪一缸的活塞。为此,在顺序喷射系统中,ECU需要一个气缸判别信号(判缸信号),即需要配装一只凸轮轴位置传感器。根据凸轮轴位置传感器信号,ECU即可判定是哪个气缸的活塞即将运行至排气上止点；根据曲轴位置传感器提供的曲轴转角信号,ECU就可计算出该活塞位于排气上止点前的具体角度,并适时发出喷油控制指令,使各缸喷油器适时开始喷油。

凸轮轴位置传感器输入ECU的判缸信号一般在某一缸或每一缸的排气上止点前60°~90°

（BTDC60°~BTDC90°）时产生，如日产公爵王（Cedric）六缸发动机轿车用光电式凸轮轴位置传感器的判缸信号是在每一缸的排气上止点前70°（BTDC70°）时产生，大众轿车用霍尔式凸轮轴位置传感器的判缸信号是在第4缸的排气上止点前88°（BTDC88°）时产生。

顺序喷射的优点是各缸喷油时刻均可设计在最佳时刻，燃油雾化质量好，有利于提高燃油经济性和减小有害气体的排放量，缺点是控制电路和控制软件比较复杂。然而，对现代汽车电子技术来说，实现顺序喷射控制十分容易，目前它已得到普遍采用。

> 在多点顺序喷射系统中，喷油顺序与点火顺序同步，点火时刻在压缩上止点前开始，喷油时刻在排气上止点前开始。四缸电喷发动机的点火顺序为1-3-4-2，喷油顺序也为1-3-4-2；六缸电喷发动机的点火顺序为1-5-3-6-2-4，喷油顺序也为1-5-3-6-2-4。各缸喷油器分别由微机进行控制，驱动回路数与气缸数相等。当发动机转动时，ECU便按喷油器1-3-4-2（四缸发动机）或1-5-3-6-2-4（六缸发动机）的顺序控制功率管导通与截止。当功率管导通时，喷油器电磁线圈电路接通，喷油器阀门开启喷油。

2.7.3 发动机起动时喷油量控制

发动机工况不同，对混合气浓度的要求也不同。特别是冷起动、急速、急加速或急减速等特殊工况，对混合气浓度都有特殊要求。因此，喷油量的控制大致可分为发动机起动时喷油量的控制和发动机起动后喷油量的控制两种情况。

1. 起动时喷油量的控制方式

当起动机驱动发动机运转时，发动机转速很低（汽油机为30~50 r/min，柴油机为150~200 r/min）且波动较大，导致反映进气量的空气流量或进气压力信号误差较大。因此在起动发动机时，ECU并不按空气流量或进气压力信号来计算喷油量，而是按照存储器中预先编制的起动程序和预先设定的空燃比来控制喷油量，控制方式为开环控制。

2. 起动时喷油量的控制过程

发动机起动时喷油量的控制过程如图2-53所示。ECU首先根据曲轴位置传感器、点火开关和节气门位置传感器提供的信号，判定发动机是否处于起动状态，以便决定是否按起动程序控制喷油；然后，ECU根据冷却液温度传感器信号确定基本喷油量。

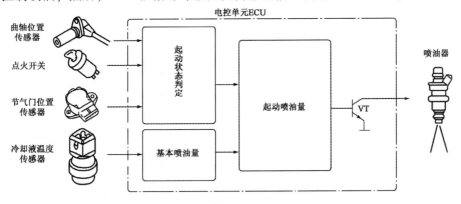

图2-53 发动机起动时喷油量的控制过程

当点火起动开关接通"起动"挡位时，ECU 的起动信号 STA 端便接收到一个高电平信号，此时 ECU 再根据曲轴位置传感器和节气门位置传感器信号判定是否处于起动状态。如果曲轴位置传感器信号表明发动机转速低于 300 r/min，且节气门位置传感器信号表明节气门处于关闭状态，则 ECU 判定发动机处于起动状态，并运行起动程序控制喷油。

当冷车起动时，发动机温度很低，燃油不易蒸发，吸入气缸内的可燃混合气浓度相对减小。因此，为了保证发动机起动时具有足够浓度的可燃混合气，ECU 还要根据冷却液温度传感器信号反映的发动机温度高低来控制喷油器的喷油量，以使冷态发动机顺利起动。冷却液温度与喷油量的关系如图 2-54 所示，温度越低，喷油时间越长，喷油量则越大；反之，温度越高，喷油时间越短，喷油量则越小。

2.7.4 发动机起动后喷油量控制

在发动机起动后的运转过程中，喷油器实际的喷油总量是由基本喷油量、喷油修正量和喷油增量 3 部分决定的，如图 2-55 所示。

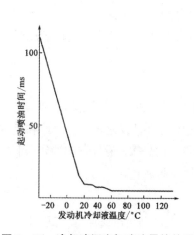

图 2-54 冷却液温度与喷油量的关系

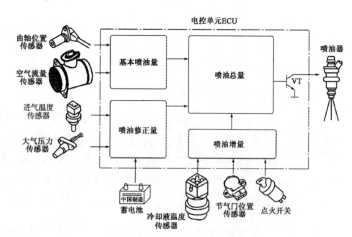

图 2-55 发动机起动后喷油量控制示意

基本喷油量由空气流量传感器或歧管压力传感器提供的空气量信号、曲轴位置传感器提供的发动机转速信号以及试验设定的空燃比（目标空燃比）确定。

喷油修正量由与进气量有关的进气温度传感器（IATS）信号、大气压力传感器（APS）信号、氧传感器（EGO）信号和蓄电池电压（U_{BAT}）信号计算确定。

喷油增量由反映发动机工况的节气门位置传感器（TPS）信号、冷却液温度传感器（CTS）信号和点火开关信号 IGN 等计算确定。

1. 喷油量的控制方式

众所周知，影响发动机动力性、经济性和排放性的参数很多，且发动机的工况随时都有可能发生变化，用数学推导方式难以建立电控燃油喷射的数学模型。为此，当今汽车电控燃油喷射系统的基本喷油量、喷油提前角和怠速控制步进电动机的步进角等参数普遍采用数据 MAP（数据曼谱或数字地图）的形式预先存储在只读存储器（ROM）中，利用 ECU 的查询功能进行控制。其控制方式既有开环控制，也有闭环控制。汽油机的点火提前角，柴油机的喷油压力、基本喷油量和喷油提前角等参数也都普遍采用数据 MAP 的形式进行控制。

> 所谓数据 MAP，就是在控制系统设计制作完成之后，通过对控制对象（如发动机、变速器等）进行若干次台架试验，测定控制对象在不同工况下各种传感器和执行器的有关数据，再分析确定出最佳控制参数，并将这些参数以二维或三维图表的形式存储在 ROM 的数据图谱中。福特（Ford）轿车某型发动机在不同转速和不同负荷条件下，基本喷油量（Q_b）的三维数据 MAP 如图 2-56 所示。

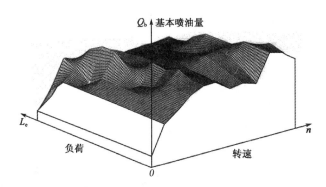

图 2-56 不同转速和负荷时的基本喷油量三维数据 MAP

2. 喷油量的控制过程

当电控喷油系统工作时，ECU 首先根据反映发动机负荷（L_e）大小的空气流量传感器（AFS）或歧管压力传感器（MAP）信号以及曲轴位置传感器（CPS）提供的发动机转速（n）信号，在 ROM 存储的三维数据 MAP 中查寻得到基本喷油量 Q_b，然后根据进气温度和大气压力传感器信号以及电源电压信号确定喷油修正量，根据冷却液温度和节气门位置传感器信号以及点火开关信号确定喷油增量，经过数学计算和逻辑判断确定喷油总量与喷油时刻之后，再向喷油器输出接口电路发出控制指令，通过控制喷油器阀门的开启时刻和喷油器电磁线圈持续通电时间将喷油量控制在最佳值。

3. 喷油量 Q 与喷油时间 T 的关系

喷油器的喷油量 Q 主要取决于喷油器喷孔流量 Q_i、喷孔面积 A_i、燃油密度 ρ、燃油压力 P_f、进气压力 P_i 和喷油时间 T（喷油器电磁线圈通电时间或阀门开启时间）。喷油量的大小可用下述经验公式进行计算：

$$Q = Q_i A_i \sqrt{2g\rho(p_f - p_i)} \times T \qquad (2-5)$$

式中　g——重力加速度，m/s^2；
　　　T——喷油时间，ms。

在汽油机电控喷油系统中，油压调节器调节的燃油压力为系统油压与进气压力之差。所以，对油压调节器结构一定的控制系统来说，系统油压 P_f 与进气压力 P_i 之差 ΔP 为一定值（由调压弹簧弹力 P_s 决定的数值，一般设定 $\Delta P = P_s = P_f - P_i = 300$ kPa）。对喷油器结构一定的控制系统来说，喷孔流量及其面积是固定不变的（磨损微小，可以不考虑）。

由此可见，喷油量仅取决于喷油器阀门开启时间（取决于 ECU 控制喷油器电磁线圈的占空比信号高电平的宽度）。占空比越大，喷油持续时间越长，喷油量就越大；反之，喷油量越小。汽油机电控燃油喷射系统的喷油时间一般为 2～10 ms（实测值为 1.5～12.6 ms）。喷油时间 T 可用下述经验公式进行计算：

$$T = T_B \lambda K_{FC} K_{AF} (1 + K_{PT} + K_{AS} + K_{CT} + K_{AC}) + K_{BAT} \tag{2-6}$$

式中 T_B——基本喷油时间，ms；

λ——空燃比；

K_{FC}——断油修正系数（由断油控制系统控制，断油时 $K_{FC}=0$；不断油时 $K_{FC}=1$）；

K_{AF}——空燃比反馈修正系数（由空燃比反馈控制系统控制，开环控制时 $K_{AF}=1$）；

K_{PT}——进气压力与进气温度修正系数；

K_{AS}——起动后喷油增量修正系数；

K_{CT}——冷却液温度修正系数；

K_{AC}——加速时喷油增量修正系数；

K_{BAT}——电源电压修正系数。

4. 基本喷油时间 T_B（基本喷油量 Q_b）的确定

基本喷油时间（或基本喷油量）是在标准大气状态（温度为 20 ℃，压力为 101 kPa）下，根据发动机每个工作循环的进气量、发动机转速和试验设定的空燃比（目标空燃比）确定的。

（1）空燃比的确定。发动机在不同转速和负荷时的最佳空燃比数值是在发动机设计完毕后，预先经过台架试验测试获得的，并以三维数据 MAP 形式存储在 ROM 中。福特轿车某型电喷发动机不同工况时的空燃比范围如表 2-3 所示。为了提高汽车的动力性、经济性和排放性，发动机工况不同，其空燃比也不要相同。

表 2-3　福特轿车电喷发动机不同工况时的空燃比范围

发动机工况	空燃比	发动机温度	氧传感器状态
起动	2∶1～12∶1	由冷变凉	无信号
暖机	2∶1～15∶1	逐渐变热	无信号，直到发动机温度正常
开环控制	2∶1～15∶1	冷或热	有信号但 ECU 不采用
闭环控制	14.7∶1	热	有信号且 ECU 采用
急加速	取决于驾驶员操作	热	有信号但 ECU 不采用
减速	稀混合气	热	有信号但 ECU 不采用
急速	取决于急速控制系统	热	有信号，急速控制系统不工作时 ECU 采用

发动机工作时，ECU 根据曲轴位置传感器输入的发动机转速信号以及空气流量传感器和节气门位置传感器输入的发动机负荷信号，从空燃比数据 MAP 中查询出最佳的空燃比数值进行控制。

当汽油机在部分负荷工况下工作时，其喷油量是按经济空燃比供给混合气，即电控喷油系统按理论空燃比（$\lambda = 14.7$）或大于理论空燃比控制喷油量，控制发动机燃烧稀薄混合气，以提高经济性和降低有害气体的排放量。

当发动机在高速、大负荷或全负荷工况下运行时，为了获得良好的动力性，要求发动机输出最大功率。因此，需要供给浓混合气，ECU 将根据节气门位置传感器信号，判定发动机是否处于大负荷以上工况运行。当节气门开度大于 70°（80% 负荷）以上时，ECU 将控制运行功率空燃比程序增大喷油量，满足发动机输出最大功率的要求。

（2）涡流式流量传感器系统基本喷油时间 T_B 的计算。采用卡尔曼涡流式空气流量传感器时，基本喷油时间 T_B 可用下述经验公式计算：

$$T_B = \frac{Q_A/n}{K_0 \cdot \lambda} \cdot \frac{273+20}{T_{IAT}} \cdot \frac{P_{atm}}{101} = K \frac{f}{n} \cdot \frac{293}{T_{IAT}} \cdot \frac{P_{atm}}{101} \quad (2-7)$$

式中 Q_A/n——发动机每转一转进入气缸的空气量，m^3/r；

n——发动机转速，r/s；

K_0——由喷油器尺寸、喷射方式及气缸数决定的常数；

λ——目标空燃比；

T_{IAT}——空气流量传感器处的进气温度，K；

P_{atm}——大气压力，kPa；

K——常数，$K = C/(K_0 \lambda)$，系数 $C = \frac{\pi d S_1 D^2}{4 S_t S}$；

f——涡流频率，Hz。

当进气量增大时，传感器信号频率升高，所以基本喷油时间 T_B（基本喷油量 Q_b）与涡流频率成正比。进气量越大，传感器信号频率就越高，基本喷油时间就越长。

（3）热丝式与热膜式流量传感器系统基本喷油时间 T_B 的计算。采用热丝式与热膜式空气流量传感器时，因为测得空气流量为质量流量，进气温度与大气压力不必修正，所以基本喷油时间 T_B 可用下式计算：

$$T_B = \frac{Q_m/n}{K_0 \cdot \lambda} \quad (2-8)$$

式中 Q_m——空气的质量流量，g/s；

n——发动机转速，r/s；

Q_m/n——发动机每转一转进入气缸的空气量，g/r；

K_0——由喷油器尺寸、喷射方式以及气缸数决定的常数；

λ——目标空燃比。

基本喷油时间 T_B（基本喷油量）与发动机每转一转的进气量（Q_m/n）成正比。当转速 n 升高时，因为发动机在一个工作循环内所占用的时间缩短，其进气量将减少，所以基本喷油时间 T_B 随转速升高而缩短。

> 由此可见，进气量传感器（空气流量传感器或歧管压力传感器）和发动机转速传感器（曲轴位置传感器）是燃油喷射系统最重要的两种传感器，特别是进气量传感器，其精度高低将直接影响喷油时间的计算精度，从而影响发动机的动力性和经济性。

5. 喷油修正量的确定

喷油修正量由与进气量有关的信号决定。因为喷油量与进气量密切相关，所以，凡是影响进气量的信号都必须进行修正。该信号主要包括进气温度传感器（IATS）信号、大气压力传感器（APS）信号和电源电压（U_{BAT}）信号等。

（1）进气温度与大气压力的修正（修正系数K_{PT}的确定）。当进气温度和大气压力变化时，空气密度就会发生变化，进气量随之变化。为此，需要 ECU 根据空气温度和大气压力等信号，对喷油量（喷油时间）进行修正，使发动机在各种运行条件下都能获得最佳的喷油量。进气温度和大气压力修正系数K_{PT}可用下式表示：

$$K_{PT} = \sqrt{\frac{273+20}{T_{IAT}}} \cdot \sqrt{\frac{P_{atm}}{101}} = \sqrt{\frac{293}{273+t}} \cdot \sqrt{\frac{P_{atm}}{101}} \quad (2-9)$$

式中　P_{atm}——大气压力传感器检测的压力，kPa；

　　　T_{IAT}——进气温度传感器检测的温度，K；

　　　t——进气温度，℃。

> 当温度升高时，空气密度将减小。在体积相同的情况下，热空气的质量要小于冷空气的质量。因此，对于采用进气压力传感器和体积流量型传感器的喷油系统，在传感器信号相同的情况下，进入发动机的空气质量将随空气温度升高而减小。因为基本喷油量（基本喷油时间）是以标准大气状态［温度293 K（20 ℃）、压力101 kPa］为基准进行计算的，所以，当进气温度高于20 ℃时，ECU 将确定修正系数小于1，通过适当减少喷油量（缩短喷油时间）进行修正；反之，当进气温度低于20 ℃时，ECU 将确定修正系数大于1，通过增加喷油量进行修正。
>
> 当汽车在高原地区行驶时，海拔高度增加，大气压力降低，空气密度减小，在发动机进气量体积相同的情况下，空气质量就会减小。为此，ECU 将根据大气压力传感器输入的信号，对喷油量（喷油时间）进行适当修正。当大气压力低于101 kPa时，ECU 将减小修正系数，通过减少喷油量（缩短喷油时间）进行修正，避免混合气过浓和油耗过高。反之，当大气压力高于101 kPa时，ECU 将通过适当增加喷油量（延长喷油时间）进行修正。大气压力传感器通常采用压敏电阻式并安装在ECU 内部，其结构原理与歧管压力传感器相同。
>
> 在电控喷油系统中，修正系数K_{PT}与进气温度t、大气压力P_{atm}之间的数据MAP如图2-57所示。数据MAP预先存储在ROM中，当发动机工作时，ECU 根据进气温度传感器和大气压力传感器信号由数据MAP即可确定出修正系数的大小。

（2）电源电压的修正（修正系数K_{BAT}的确定）。喷油器的电磁线圈为感性负载，其电流按指数规律变化，因此，当喷油脉冲到来时，喷油器阀门开启和关闭都将滞后一定时间。电源电压的高低对喷油器开启滞后时间影响较大，电压越低，开启滞后时间越长，在控制脉冲占空比相同的情况下，实际喷油量就会减小，为此必须进行修正。

> 修正喷油量时，ECU 以14 V 电压为基准，当输入ECU 的电源电压低于14 V 时，ECU 将增大喷油脉冲的占空比，即增大修正系数（图2-58），使喷油器的喷油时间增长，增大喷油量；反之，当电源电压升高时，ECU 将减小修正系数，减小喷油量。

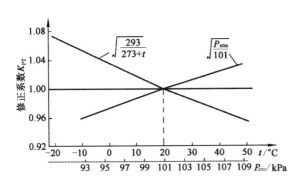

图 2-57 修正系统 K_{PT} 与进气温度 t、大气压力 P_{atm} 之间的数据 MAP

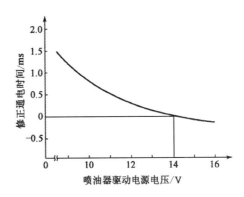

图 2-58 电源电压的修正系数

6. 喷油增量的确定

喷油增量是在冷机起动后或汽车加速等特殊工况时,增大喷油量来满足使用要求。主要由反映发动机工况的冷却液温度传感器(CTS)信号、节气门位置传感器(TPS)信号和点火开关信号 IGN 等确定喷油增量。

(1) 起动后喷油增量的修正(修正系数 K_{AS} 的确定)。发动机冷机起动后,由于低温混合气雾化不良,燃油会在进气歧管和气缸壁上沉积而导致混合气变稀。为此,在起动后的短时间内,必须增加喷油量,使混合气加浓,保证发动机稳定运转而不致熄火。

发动机冷机起动后(起动开关断开 OFF 后)喷油增量比例的大小取决于起动时发动机的温度,并随起动后时间的增长而逐渐减小至 1,如图 2-59 所示。

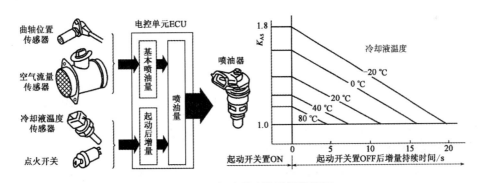

图 2-59 起动后喷油增量的修正

(2) 暖机时喷油增量的修正(修正系数 K_{CT} 的确定)。在冷机起动结束后的暖机过程中,发动机温度较低,燃油雾化较差,部分燃油凝结在进气歧管和气缸壁上会使混合气变稀,燃烧不稳定。因此在暖机过程中,必须增加喷油量,其燃油增量的比例取决于冷却液温度传感器测定的发动机温度,并随发动机温度升高而逐渐减小,直到发动机温度超过 60 ℃ 才停止加浓,喷油增量比例逐渐减小至 1,如图 2-60 所示。

(3) 加速时喷油增量的修正(修正系数 K_{AC} 的确定)。当汽车加速时,为了保证发动机能够输出足够的驱动力矩,改善加速性能,必须增大喷油量。加速喷油增量比例大小和混合气加浓时间,取决于加速时发动机冷却液的温度。冷却液温度越低,燃油增量比例越大,加浓持续时间越长,如图 2-61 所示。

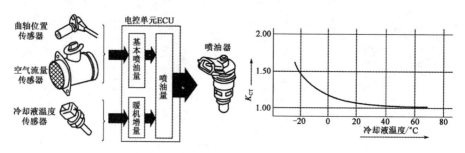

图 2-60 暖机时喷油增量的修正

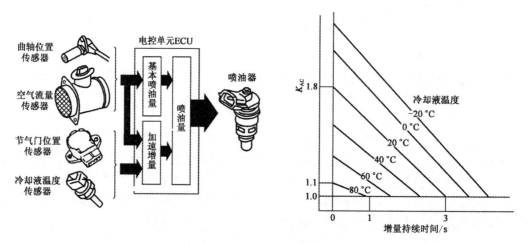

图 2-61 加速时喷油增量的修正

在发动机运转过程中，ECU 将根据节气门位置传感器信号和进气量传感器信号的变化速率，判定发动机是否处于加速工况。汽车加速时，节气门开度迅速增大，节气门位置传感器信号的变化速率增大，与此同时，空气流量突然增大，空气流量传感器信号电压突然升高，ECU 接收到这些信号后，立即发出控制指令以增大喷油量，使混合气加浓。

2.7.5 喷油提前角与喷油持续时间的控制过程

喷油提前角与喷油持续时间的控制需要综合运用发动机工作循环、曲轴位置与凸轮轴位置传感器的有关知识进行分析。

下面以四缸发动机喷油提前角与喷油持续时间的控制为例来说明。设发动机的转速为 1 000 r/min 时，喷油提前角为 6°（BTDC6°），喷油持续时间为 2 ms，其控制时序与波形如图 2-62 所示。

应用案例

1. 喷油提前角的控制过程

喷油提前角是指从喷油开始至活塞运行到排气上止点 TDC 的时间内发动机曲轴转过的角度。由四缸发动机工作循环可知：当第 1 缸活塞运行到压缩上止点 TDC 时，第 4 缸活塞

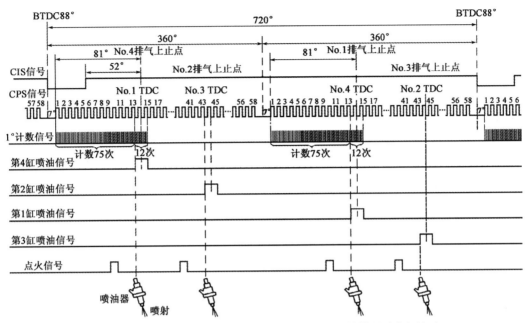

图 2-62 四缸发动机喷油提前角与喷油持续时间的控制时序与波形

位于排气上止点 TDC 位置；当第 4 缸活塞运行到压缩上止点时，第 1 缸活塞位于排气上止点 TDC 位置。由图 2-28 所示大众轿车凸轮轴和曲轴位置传感器输出信号波形可知：

(1) 发动机每旋转两转 (720°)，霍尔式凸轮轴位置传感器 CIS 产生一个判缸信号，且信号下降沿在第 1 缸活塞压缩 (第 4 缸排气) 上止点前 88° (BTDC88°) 时产生。

(2) 发动机每旋转一转 (360°)，曲轴位置传感器 CPS 产生 58 个脉冲信号，每个凸齿和小齿缺均占 3° 曲轴转角，大齿缺占 15° 曲轴转角。

(3) 曲轴位置传感器大齿缺信号后的首个凸齿信号如果是在判缸信号后产生，则该凸齿信号上升沿对应于第 1 缸压缩 (第 4 缸排气) 上止点前 81° (BTDC81°)；如果不是在判缸信号后产生，则该凸齿信号上升沿对应于第 4 缸压缩 (第 1 缸排气) 上止点前 81° (BTDC81°)。

发动机运转时，曲轴和凸轮轴分别驱动曲轴位置传感器 CPS 和凸轮轴位置传感器 CIS 一同转动，传感器 CPS 和 CIS 产生的信号不断输入 ECU，经过输入接口电路进行信号处理后，再由 CPU 进行数学计算和逻辑判断。

当 ECU 接收到凸轮轴位置传感器 CIS 信号下降沿时，立即判定第 1 缸活塞位于压缩上止点前 88°、第 4 缸活塞位于排气上止点前 88°，并控制其内部的 1° 计数电路准备对曲轴位置传感器信号进行计数。

当曲轴位置传感器 CPS 大齿缺信号后的首个凸齿信号上升沿输入 ECU 时，1° 计数电路立即开始对 CPS 信号进行计数。当计数 75 次 (ECU 接收到 CPS 第 13 个凸齿信号的下降沿，相当于曲轴转角 13 个凸齿 ×3° + 12 个小齿缺 ×3° = 75°) 时，第 4 缸活塞正好位于排气上止点前 6° (BTDC6° = 81° - 75°)，此时 ECU 立即向第 4 缸喷油器驱动电路 (晶体管) 发出高电平控制信号，使第 4 缸喷油器的电磁线圈电路接通，喷油器阀门开启喷油，从而将喷油提前角控制在上止点前 6° (BTDC6°)。

为了控制下一缸 (第 2 缸) 喷油，计数电路从 CPS 第 13 个凸齿信号的下降沿开始计数，当计数 180 次 (计数到 CPS 第 43 个凸齿信号下降沿，相当于曲轴转角 30 个凸齿 ×3° +

30 个小齿缺×3°＝180°）时，向第 2 缸喷油器驱动电路的晶体管发出喷油脉冲，使第 2 缸喷油器开始喷油，从而将喷油提前角控制在排气上止点前 6°。

在发动机转速不变的情况下，其他气缸的喷油提前角控制方法以此类推。当转速变化时，ECU 根据上述控制方法，即可将喷油提前角精确控制在相应角度。

2. 喷油持续时间的控制过程

在喷油器开始喷油后，ECU 将控制喷油脉冲保持高电平不变，并根据内部晶振周期控制喷油时间。当喷油脉冲高电平宽度达到 2 ms 时，它就立即将喷油脉冲转变为低电平，使晶体管截止，切断喷油器电磁线圈电流而停止喷油。因为发动机转速为 1 000 r/min 时，喷油持续时间 2 ms 相当于曲轴转角 12° $\left(\dfrac{1\,000\times360°\times2}{60\times1\,000}=12°\right)$，所以，喷油结束时刻对应于曲轴位置传感器 CPS 大齿缺信号后的第 15 个凸齿信号下降沿。在发动机转速不变的情况下，其他气缸喷油持续时间的控制方法以此类推。

2.8 汽油机怠速控制技术

所谓怠速，是指发动机在无负荷（不踩加速踏板）状态下工作，而汽车不行驶的状态。在汽车有效使用期内，发动机机件老化、气缸积炭、火花塞间隙变化和温度变化等都会导致怠速转速发生改变。当发动机怠速运转时，空调压缩机、动力转向助力泵、发电机等负载的变化也会引起怠速转速发生波动。为此，电喷发动机都配置了怠速控制系统进行调整。

2.8.1 怠速控制系统的组成

怠速控制系统的功用是调节怠速时的进气量，使发动机怠速转速稳定。设置旁通空气道的怠速控制系统如图 2-63 所示，它由各种传感器、控制开关、ECU 和怠速控制阀等组成。

步进电机式怠速控制系统原理

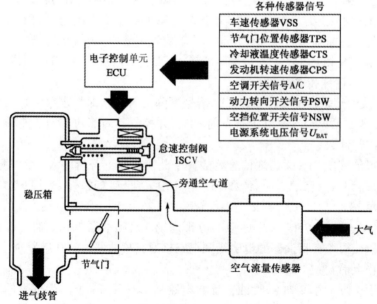

图 2-63 电喷发动机怠速控制系统的组成

空调开关信号 A/C、动力转向开关信号 PSW、空挡位置开关信号 NSW 和电源系统电压信号 U_{BAT} 等向 ECU 提供发动机负荷变化的状态信息。怠速控制阀（Idle Speed Control Valve, ISCV）是怠速控制系统的执行器。在 ROM 中，存储有不同负荷状况下对应的最佳怠速转速。

2.8.2　怠速控制阀的功用

怠速控制阀的功用是：通过调节发动机怠速时的进气量来调节怠速转速。怠速进气量的控制方式有节气门直接控制式和节气门旁通空气道控制式两种，前者是直接操纵节气门来调节进气量，简称节气门直动式；后者是通过控制节气门旁通空气道的开度来调节进气量，简称旁通空气式。

> 怠速控制阀安装在发动机节气门体上或节气门体附近，各型汽车采用的怠速控制阀各有不同。常用的怠速控制阀分为步进电动机式、脉冲电磁阀式、旋转滑阀式和真空阀式四种。

2.8.3　步进电动机式怠速控制阀

步进电动机是一种利用电磁铁作用原理，将电脉冲信号转换为线位移或角位移的电动机。

1. 步进电动机式 ISCV 的结构特点

步进电动机式怠速控制阀由步进电动机、螺旋机构、阀芯、阀座等组成，如图 2 - 64 所示。步进电动机与其他永磁式电动机一样，也是由永磁转子、定子绕组等组成的，其功用是产生驱动力矩。

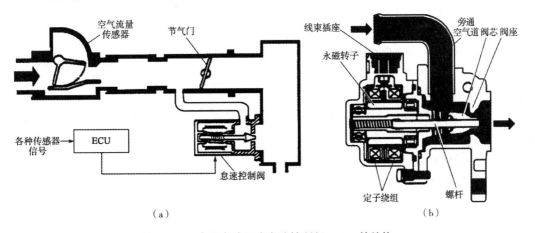

图 2 - 64　步进电动机式怠速控制阀 ISCV 的结构

螺旋机构的作用是将步进电动机的旋转运动变换为往复运动，由螺杆（又称丝杠）和螺母组成。螺母与步进电动机的转子制成一体，螺杆的一端制有螺纹，另一端固定有阀芯，螺杆与阀体之间由滑动花键连接，只能沿轴向做直线移动，不能做旋转运动。

当步进电动机的转子转动时，螺母将带动螺杆做轴向移动。转子转动一圈，螺杆移动一个螺距。因为阀芯与螺杆固定连接，所以螺杆将带动阀芯开大或关小阀门开度。ECU通过控制步进电动机的转动方向和转动角度来控制螺杆的移动方向与移动距离，从而达到控制怠速阀开度、调整怠速转速之目的。

2. 步进电动机的控制原理

步进电动机的工作方式在电工学中均有介绍，故不赘叙。步进电动机式怠速控制阀 ISCV 的控制脉冲如图 2-65 所示。

步进电机工作原理

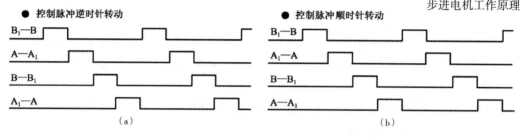

图 2-65 步进电动机式怠速控制阀 ISCV 的控制脉冲
（a）逆时针转动控制脉冲；（b）顺时针转动控制脉冲

当依次按 B_1—B、A—A_1、B—B_1、A_1—A 的顺序向电动机的定子绕组输入 4 个脉冲信号时 [图 2-65（a）]，电动机就会沿逆时针方向转动一圈。同理，当依次按 B_1—B、A_1—A、B—B_1、A—A_1 的顺序向电动机的定子绕组输入 4 个脉冲信号时 [图 2-65（b）]，电动机就会沿顺时针方向转动一圈。

对应于每个脉冲信号，电动机转子转过的角度 θ（角位移），称为步进电动机的步进角或步距角。以转子齿数为 50 个的电动机为例，以四拍运行时的步进角 $\theta = 360°/(50 \times 4) = 1.8°$（俗称整步），以八拍运行时的步进角 $\theta = 360°/(50 \times 8) = 0.9°$（俗称半步）。常用的步进角有 30°、15°、11.25°、7.5°、3.75°、2.5°、1.8° 等，如丰田皇冠 3.0 型轿车 2JZ-GE 发动机采用的永磁式步进电动机，其转子设有 8 对磁极，定子设有 32 个爪极，转子转动一圈前进 32 步，步进角为 11.25°；该步进电动机的工作范围为 0~125 步（大约转动 4 圈）。

步进电动机定子爪极越多，步进角越小，转角的控制精度就越高。步进电动机的转速取决于控制脉冲的频率。频率越高，转速越快。

2.8.4 怠速转速的控制过程

怠速控制的实质是控制发动机怠速时的进气量（充气量）。怠速时的喷油量则由 ECU 根据预先试验设定的怠速空燃比和实际充气量计算确定。

当发动机怠速负荷增大（如接通空调压缩机或动力转向助力泵）时，ECU 控制怠速控制阀使进气量增大，从而使怠速转速提高，防止发动机运转不稳或熄火；当发动机怠速负荷减小（如断开空调压缩机或动力转向助力泵）时，ECU 控制怠速控制阀使进气量减少，从而使怠速转速降低，以免怠速转速过高。电喷发动机怠速转速的控制过程如图 2-66 所示。

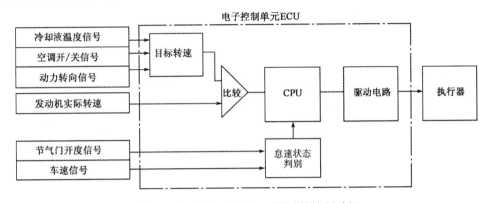

图 2-66 电喷发动机怠速转速的控制过程

发动机 ECU 首先根据怠速触点 IDL 信号和车速信号，判断发动机是否处于怠速状态。当判定为怠速工况时，就根据发动机冷却液温度传感器信号、空调开关、动力转向开关等信号，从存储器存储的怠速转速数据中查询相应的目标转速 n_g，然后将目标转速与曲轴位置传感器检测的发动机实际转速 n 进行比较。

当发动机负荷增大，需要发动机快怠速运转，目标转速高于实际转速（$n_g > n$）时，ECU 将控制怠速控制阀（增大比例电磁阀式怠速控制阀的占空比，或增加步进电动机步进的步数）增大旁通进气量来实现快怠速；反之，ECU 将控制怠速控制阀减小旁通进气量来调节怠速转速。例如，当接通空调（发动机负荷增大）时，需要发动机快怠速运转（目标转速 = 快怠速转速），ECU 就使怠速控制阀的阀门开大，增大旁通进气量。当旁通进气量增大时，因为怠速空燃比已由试验确定为一定值（一般为 12∶1），所以 ECU 将控制喷油器增大喷油量，发动机转速随之增高到快怠速转速运转。

> 当接通空调或动力转向助力泵时，其快怠速转速为 (1 000 ±50) r/min。快怠速时，转速升高 200 r/min 左右。同理，当断开空调（发动机负荷减小），需要降低发动机转速，即目标转速低于实际转速（$n_g < n$）时，ECU 将使怠速控制阀的阀门关小，减小旁通进气量进行调节。

2.8.5 步进电动机式 ISCV 的控制过程

步进电动机式怠速控制阀控制怠速的方式包括初始位置确定、起动控制和暖机控制，控制电路如图 2-67 所示。

> 当发动机怠速负荷变化时，在怠速转速变化之前，ECU 将按照一定顺序，控制驱动电路中的晶体管 $VT_1 \sim VT_4$ 适时导通，分别接通步进电动机定子绕组电流，使电动机转子旋转，带动控制阀的阀芯移动，从而调节进气量，使发动机怠速转速达到目标转速。

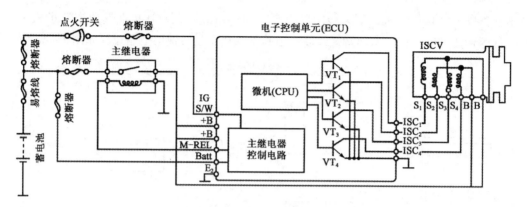

图 2-67 步进电动机式怠速控制阀控制电路

1. 初始位置确定

为了改善发动机的再次起动性，在点火开关断开时，ECU 将控制怠速控制阀处于全开状态，为再次起动做好准备。当 ECU 内部主继电器控制电路接收到点火开关拨到 OFF（断开）位置的信号时，ECU 将利用备用电源输入端（Batt 端子）提供的电压控制主继电器（燃油喷射继电器）线圈继续供电 2 s，使步进电动机的控制阀退回到初始位置，以便下次起动时具有较大的进气量。

2. 起动控制

步进起动控制特性如图 2-68（a）所示。起动发动机时，因为怠速控制阀预先设定在全开位置，所以进气量较大，发动机容易起动。发动机一旦被起动，如果阀门保持在全开位置，怠速转速就会升得过高。因此，在起动时或起动后，当发动机转速达到规定值（该值由冷却液温度确定）时，ECU 就会控制步进电动机步进的步数，使控制阀门关小到由冷却液温度确定的阀芯位置，使怠速转速稳定。如果发动机冷却液温度在起动时为 20 ℃，当转速达到 500 r/min 时，ECU 将控制步进电动机从全开位置 A 点（125 步）步进到达 B 点（55 步）位置，使阀门关小，防止转速过高。

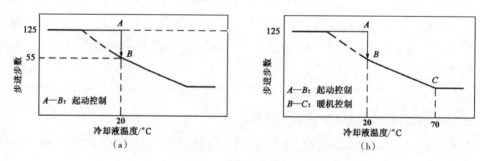

图 2-68 步进电动机式 ISCV 的起动与暖机控制特性
(a) 步进起动控制特性；(b) 步进暖机控制特性

3. 暖机控制

步进暖机控制特性如图 2-68（b）所示。在发动机暖机过程中，ECU 将根据冷却液温度传感器信号确定步进电动机步进的位置。随着转速升高和发动机温度升高，控制阀门将逐渐关小，步进电动机步进的步数逐渐减少。

当冷却液温度达到 70 ℃时，暖机控制结束，步进电动机及其阀芯位置保持不变。

本章小结

本章主要介绍了汽油机电控系统的组成，电控喷油系统的组成与分类方法、各种传感器和执行器的结构特点与工作原理，汽车电控单元的结构组成，电控喷油系统和怠速控制系统的控制原理与控制过程等。本章重点内容如下。

（1）汽油机电控系统的组成和燃油喷射系统的组成与分类方法。
（2）涡流式、热丝式和热膜式空气流量传感器的结构特点与检测原理。
（3）压阻效应式歧管压力传感器的结构特点与检测原理。
（4）光电式、磁感应式、霍尔式曲轴和凸轮轴位置传感器的结构特点与检测原理。
（5）节气门位置传感器和热敏电阻式温度传感器的结构特点与检测原理。
（6）汽车电控单元 ECU 的结构组成及其组成部件的功能。
（7）电动燃油泵、电磁喷油器和油压调节器的结构特点与工作原理。
（8）汽油机电控喷油系统燃油喷射和喷油正时的控制原理。
（9）汽油机起动时和起动后喷油量的控制方式与控制过程。
（10）汽油机电控喷油系统基本喷油量、喷油修正量和喷油增量的确定方法。
（11）汽油机电控喷油系统喷油提前角与喷油持续时间的控制过程。
（12）电控发动机怠速控制系统的组成、控制原理与控制过程。

复 习 题

一、单选题

1. 汽车发动机电子控制燃油喷射系统控制的喷油时间为（　　）。
   A. 1～2 ms　　　B. 2～10 ms　　　C. 12～20 ms　　　D. 20～50 ms
2. 汽车电控发动机缸内喷射的燃油压力一般为（　　）。
   A. 10 MPa　　　B. 100 MPa　　　C. 160 MPa　　　D. 200 MPa
3. 发动机怠速运转时，大众 M 型轿车发动机直接供气系统的标准进气量为（　　）。
   A. 50～100 g/s　B. 10～50 g/s　　C. 5.0～10 g/s　　D. 2.0～5.0 g/s
4. 磁感应式传感器转子凸齿与信号发生器之间的气隙一般为（　　）。
   A. 0.1～0.2 mm　B. 0.2～0.4 mm　C. 0.5～1.5 mm　D. 2～4 mm
5. 差动霍尔式传感器转子凸齿与信号发生器之间的气隙一般为（　　）。
   A. 0.1～0.2 mm　B. 0.2～0.4 mm　C. 0.5～1.5 mm　D. 2～4 mm
6. 测量发动机冷却液温度时，热敏电阻式传感器的工作温度应为（　　）。
   A. 1 000 ℃　　　B. 600～1 000 ℃　C. -30～130 ℃　　D. 80～100 ℃
7. 当发动机停止工作时，随机存储器 RAM 消耗的电流为（　　）。

A. 1～2 mA　　　B. 2～5 mA　　　C. 5～20 mA　　　D. 1～2 A

8. 在电控汽油喷射系统中，电磁喷油器球阀或针阀的升程为（　　）。
   A. 0.1～0.2 mm　　B. 0.2～0.4 mm　　C. 0.5～1.5 mm　　D. 2 mm

9. 在电控汽油喷射系统中，高阻型电磁喷油器的线圈阻值为（　　）。
   A. 1～3 Ω　　　B. 13～18 Ω　　　C. 1～3 kΩ　　　D. 13～18 kΩ

10. 油压调节器调节的汽油压力与进气歧管的气压之差为（　　）。
    A. 300 kPa　　B. 100 kPa　　C. 100 MPa　　D. 300 MPa

11. 当空调开关接通时，电控发动机快怠速运转，此时发动机转速升高约（　　）。
    A. 80 r/min　　B. 200 r/min　　C. 600 r/min　　D. 1 000 r/min

12. 电控发动机怠速控制的实质是控制发动机怠速时的（　　）。
    A. 喷油量　　B. 供油量　　C. 排气量　　D. 进气量

13. 发动机不同负荷状况下对应的最佳怠速转速，存储在下述哪个器件中？（　　）
    A. ECU　　B. CPU　　C. RAM　　D. ROM

14. 发动机暖机控制结束的条件之一是冷却液温度达到下述哪个温度？（　　）
    A. 130 ℃　　B. 100 ℃　　C. 70 ℃　　D. 40 ℃

15. 起动发动机时，其喷油量的控制方式属于（　　）。
    A. 开环控制　　B. 闭环控制　　C. 分组喷射　　D. 顺序喷射

二、多选题

1. 汽车发动机电控系统包含下述哪几个子控制系统？（　　）
   A. 燃油喷射　　B. 怠速控制　　C. 点火控制　　D. 巡航控制

2. 发动机燃油喷射系统 EFI 是由以下哪几个子系统组成的？（　　）
   A. 供气系统　　B. 供油系统　　C. 电控系统　　D. 安全系统

3. 根据燃油喷射时序不同，电控发动机多点燃油间歇喷射系统可分为（　　）。
   A. 同时喷射　　B. 分组喷射　　C. 进气管喷射　　D. 顺序喷射

4. 发动机电控系统采用的曲轴位置传感器有以下哪几种形式？（　　）
   A. 霍尔式　　B. 磁感应式　　C. 光电式　　D. 触点式

5. 电控发动机采用的怠速控制阀有以下哪几种形式？（　　）
   A. 步进电动机式　　B. 脉冲电磁阀式　　C. 旋转滑阀式　　D. 真空阀式

6. 发动机起动后，喷油器实际的喷油总量由下述哪几部分组成？（　　）
   A. 起动喷油量　　B. 基本喷油量　　C. 喷油修正量　　D. 喷油增量

7. 发动机电控系统采用的凸轮轴位置传感器有以下哪几种形式？（　　）
   A. 霍尔式　　B. 磁感应式　　C. 光电式　　D. 触点式

8. 汽车电控单元 ECU 的内部电路是由下述哪几部分组成的？（　　）
   A. 输入回路　　B. 输出回路　　C. 存储电路　　D. 单片机

9. 按总体结构不同，喷油器可分为以下哪几种形式？（　　）
   A. 轴针式　　B. 压电式　　C. 片阀式　　D. 球阀式

10. 当今发动机电控系统检测空气流量采用较多的传感器有下述哪几种？（　　）
    A. 电阻型 AFS　　B. D 型 AFS　　C. 涡流式 AFS　　D. 热膜式 AFS

三、判断题

1. 电控汽油机的进气道较长,其目的是提高发动机的动力性。(   )
2. 在涡流式空气流量传感器中,发动机的进气量与涡流的频率成反比。(   )
3. 歧管压力传感器的输出电压 u_o 与歧管压力 p 成正比。(   )
4. 点火开关一旦接通,电动燃油泵就会运转 1~2 s。(   )
5. 在电控汽油喷射系统中,油压调节器调节的压差取决于进气压力的高低。(   )
6. 当冷车起动发动机时,冷却液温度越低,则喷油时间越长,喷油量则越大。(   )
7. 在发动机起动后的运转过程中,其喷油总量由喷油修正量和喷油增量决定。(   )
8. 在电控汽油喷射系统中,发动机的基本喷油时间随转速升高而增长。(   )
9. 在电控汽油喷射系统中,当大气压力降低时,基本喷油时间缩短。(   )
10. 在电控汽油喷射系统中,当进气温度升高时,基本喷油时间缩短。(   )
11. 电控发动机怠速控制系统能够提高汽车的动力性。(   )
12. 怠速控制系统是通过调节点火提前角来调节发动机怠速转速的。(   )
13. 在怠速控制阀中,步进电动机定子爪极越多,步进角越小,其控制精度就越高。(   )
14. 步进电动机的转速取决于控制脉冲的频率,频率越高则转速越快。(   )
15. 喷油正时是指喷油器何时开始喷油。(   )

四、问答题

1. 汽车发动机电子控制系统常用的传感器和执行器分别有哪些?
2. 汽车发动机电子控制系统常用的开关信号有哪些?
3. 汽油发动机燃油喷射系统常用的传感器有哪些?
4. 汽油发动机燃油喷射系统常用的执行器有哪些?
5. 为什么汽油机电控喷油系统必须设置空气流量传感器?
6. 分析说明空气流量型(L型)燃油喷射系统的控制原理。
7. 起动发动机时,为什么ECU不按空气流量或进气压力信号来计算喷油量?
8. 分析说明汽油发动机起动后喷油量的控制过程。
9. 发动机怠速控制系统由哪些控制部件组成?
10. 分析说明当发电机负荷增大时,电喷发动机怠速转速的控制过程。

第 3 章
汽油机点火与爆燃控制技术

1. 认知目标

（1）了解汽油机的点火条件、点火与爆燃的控制原理。

（2）熟悉汽油机点火与爆燃控制系统的功用、组成、结构原理与控制过程。

（3）掌握汽油机点火系统的配电方式、分类方法与点火装置的检修方法。

2. 技能目标

（1）能够说明汽油机点火与爆燃控制系统的功用、结构原理与控制过程。

（2）能够说明汽油机的点火条件、点火系统的配电方式与分类方法。

（3）能够熟练地检修汽油机的点火装置。

汽油机汽车点火控制技术包括微机（微型计算机）控制点火技术和爆燃控制技术，其控制水平的高低，直接影响发动机的动力性、经济性和排放性。本章主要内容包括汽油机的点火条件、点火与爆燃的控制原理，点火与爆燃控制系统的功用、组成、结构原理与控制过程，点火系统的配电方式、分类方法与点火装置的检修方法。通过学习本章内容，要求学生掌握汽车点火系统的相关知识，为使用维修奠定坚实的基础。

3.1 点火系统的功用与分类

汽车发动机的工作循环是由吸气、压缩、做功与排气四个行程组成的。柴油发动机在压缩行程末期，气缸内压缩空气的温度已经超过柴油的燃点，从喷油器喷出的雾状柴油遇到热空气可立即燃烧，因此无须设置点火装置。汽油的燃点较高，气缸内的汽油混合气需用高压电火花点着才能燃烧。

3.1.1 点火系统的分类

自 1886 年 1 月 29 日德国工程师卡尔·弗里德里希·本茨（Karl Friedrich Benz）发明汽

车以来,汽车采用过多种点火方式和点火系统。

按结构形式不同,点火系统分为传统点火(触点点火)系统、电子点火系统和微机控制点火系统三大类。传统点火系统早在20世纪80年代已被淘汰,电子点火系统应用越来越少,本书主要介绍当今汽车普遍采用的微机控制点火系统。

1. 电子点火系统的分类

电子点火系统是指由分立电子元件或集成电路控制发动机点火时机、点火高压和点火能量等参数的系统。

电子点火系统可按点火信号发生器的类型和点火能量的储存方式进行分类。

1)按点火信号发生器的类型分类

按点火信号发生器(传感器)的类型不同,电子点火系统可分为霍尔式(点火系统)、磁感应式(点火系统)和光电式电子点火系统三种类型。

(1)霍尔式电子点火系统。霍尔式信号发生器用霍尔元件制成,又称霍尔效应式信号发生器或霍尔式传感器,其突出优点是输出信号准确可靠,不受发动机转速影响。大众、奥迪、红旗、解放等系列汽车都采用了霍尔式点火系统。

(2)磁感应式电子点火系统。磁感应式信号发生器又称磁感应式传感器,其突出优点是结构简单、工作可靠。但是其输出信号在发动机低速时不如霍尔式传感器准确可靠。北京吉普车、东风、解放和丰田等系列汽车都采用了磁感应式电子点火系统。

(3)光电式电子点火系统。光电式信号发生器又称光电式传感器,是利用发光元件(发光二极管)和光电转换元件(光电晶体管)制成的传感器。发光元件和光电转换元件的工作性能受环境条件(如灰尘、油污和光照等)影响较大,而汽车工作环境又十分恶劣,这就要求光电传感器必须安装在密封良好的环境内,因此采用光电式电子点火系统的汽车较少,国产猎豹、日本三菱吉普车均采用了光电式电子点火系统。

2)按点火能量的储存方式分类

按点火能量的储存方式不同,电子点火系统可分为电感储能式电子点火系统和电容储能式电子点火系统两种类型。

(1)电感储能式电子点火系统。其储能元件为点火线圈,发动机工作时,点火系统先将点火能量以磁场能的形式储存在点火线圈中,在需要点火时再将部分点火能量转换为电场能量并分配到火花塞电极间隙上跳火点着混合气。微机控制点火系统也是电感储能式点火系统。

(2)电容储能式电子点火系统。其储能元件为电容器,发动机工作时,点火系统先将点火能量以电场能的形式储存在专用电容器中,在需要点火时储能电容再向点火线圈初级绕组放电,同时在次级绕组中感应产生高压电并加到火花塞电极上跳火点着混合气。电容储能式电子点火系统结构复杂,成本较高,放电持续时间较短(电容储能式为 $5 \sim 50$ μs,而电感储能式为 $1\,000 \sim 2000$ μs),对发动机起动、低速点火和燃烧稀薄混合气极为不利,因此电容储能式电子点火系统主要用于转速较高的赛车发动机。

2. 微机控制点火系统的分类

微机控制点火系统是指由微型计算机(单片机)根据发动机传感器(如曲轴位置传感器、空气流量传感器、节气门位置传感器、发动机冷却液温度传感器、进气温度传感器、进气压力传感器、车速传感器等)输入的信号,经过数学运算和逻辑判断,再对点火时机、点火高压和点火能量等参数进行控制的系统。因为单片机具有智能功能,所以微机控制点火系统能对点火时机（点火顺序、点火时刻）进行精确控制。

> 在微机控制点火系统中，其传感器大都与电子控制燃油喷射系统共用，电控单元ECU也与燃油喷射系统组合在一起，统称发动机电控单元或发动机ECU，简称ECU。

根据点火高压电的分配方式不同，微机控制点火系统可分为机械配电式点火系统和电子配电式点火系统两种类型。

（1）机械配电式点火系统又称分配式点火系统。机械配电是指由配电器的分火头将高压电分配至配电器盖上的旁电极，再通过高压线输送到各缸火花塞上依次跳火的传统配电方式。由于分火头与配电器盖的旁电极之间须有一定间隙，在高压放电期间必然产生火花，不仅浪费点火能量，而且产生无线电和音响的干扰信号。因此，这种配电方式正逐渐被淘汰。

（2）电子配电式点火系统又称直接点火系统。电子配电是指在微型计算机的控制下，点火线圈的高压电按照一定的点火顺序，直接加到火花塞上的配电方式。直接点火系统没有配电器，点火线圈的次级绕组直接与火花塞相连，当发动机运转时，微型计算机根据各种传感器信号，直接控制各个点火线圈产生高压电，使相应的火花塞跳火。一般来说，四缸发动机有2个点火线圈，六缸发动机有3个点火线圈，八缸发动机有4个点火线圈。为了提高点火可靠性，有的汽车特别是高档轿车每个气缸都配有一只点火线圈，即四缸发动机有4个点火线圈，六缸发动机有6个点火线圈。电子配电式直接点火系统的点火能量几乎没有浪费，故当今汽车普遍采用。

3.1.2 点火系统的功用与要求

汽油发动机点火系统的功用是把汽车电源系统10～15 V的低压电源转变成15～20 kV的高压电源，并按照发动机气缸工作顺序适时地引入气缸形成电火花点着混合气，从而使发动机正常工作。

为了保证汽油发动机在各种工况和使用条件下都能可靠并适时点火，点火系统在点火电压、点火能量和点火时机等方面必须满足以下要求。

1. 点火电压

汽油发动机气缸中的可燃混合气是由高压电击穿火花塞电极间隙而产生的。击穿火花塞电极间隙时的电压，称为击穿电压，用字母U_j表示。

在正常状态下，任何气体中都有少量的气体分子游离成正离子和电子，该电子或独立存在，或与中性分子结合而形成负离子。当正、负电极两端加有电压时，在电场力的作用下，电极间的正离子便会向负电极运动，负离子和电子便会向正电极运动，如图3-1所示。离子和电子在运动中都会撞击中性分子，从而形成电流。

当正、负电极两端施加的电压较低时，离子和电子的运动速度较慢、动能较小，不能将中性分子撞破，气体中只有原有少量离子和电子导电，因此电流微小，正、负电极之间不能形成电火花。

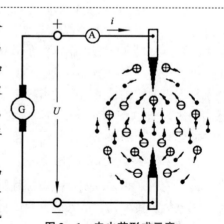

图3-1 电火花形成示意

当正、负电极两端施加的电压升高时，离子和电子的运动速度加快，动能增大；当电压升高到击穿电压时，离子和电子便将中性分子撞破，使中性分子分裂成正离子和负离子，新产生的离子和电子在电场力的作用下，也以高速分别向正负两极运动，并又撞击其他中性分子。如此进行链式反应，电极间隙之间的离子和电子便骤然增多。离子、电子激烈地运动与碰撞就会发出大量的热，当温度达到一定值时，便会产生弧光放电，放电电流急剧增大，并产生轻脆的响声，肉眼所见的电火花（电弧）就是弧光放电的表现。

击穿电压的影响因素很多，主要有火花塞电极间隙的大小、电极温度的高低、电极的形状和电极的极性、气缸内混合气的压力大小和温度高低以及发动机工况等。试验证明：电极间隙越大，击穿电压越高；电极温度越高，在相同电场的作用下，发射电子越容易，所以击穿电压降低；电极形状越尖，击穿电压越低，新火花塞电极端部棱角分明，击穿电压较低；长期使用的火花塞，由于电极端部的棱角消失而成圆弧形状，所以击穿电压升高；当受热电极（火花塞的中心电极）为高压电的负极时，由于热电极容易发射电子，所以击穿电极降低，击穿电压比中心电极为正极时要降低20%左右；气缸压力越高，则混合气密度越大，离子和电子运动阻力越大，所以击穿电压越高；当气缸温度升高时，可燃混合气密度减小，击穿电压降低；起动发动机时击穿电压最高，当火花间隙为0.7 mm时可达19 kV。这是由于起动时气缸壁、活塞、燃烧室和火花塞电极都处于冷态，吸入气缸的混合气温度低、雾化不良。压缩终了混合气温升不高，因此击穿电压最高。汽车加速时，由于大量冷混合气突然吸入气缸，使火花塞中心电极的温度降低，因此击穿电压较高。

综上所述，为使发动机在各种工况下都能可靠点火，点火系统产生的点火电压必须具有一定的储备电压。但是，过高的点火电压又会造成系统部件绝缘困难和成本提高，因此，点火电压不能过高，通常限制在30 kV以内。

2. 点火能量

当高压电在电极间隙之间跳火时，其电能将变成热能，从而点着可燃混合气。火花能量越大，则混合气越易点着，发动机的着火性能就越好；反之，则着火性能就越差。为使混合气能可靠点着，火花塞产生的电火花必须有足够的能量。为了保证可靠点火，点火系统应能保证提供50 mJ以上的点火能量。当今汽车普遍采用高能点火系统，其点火能量一般都为100~200 mJ，能够满足发动机各种工况的点火要求。

3. 点火时机

汽油发动机的点火时机包括点火顺序和点火时刻两方面。点火系统除了具有足够高的电压和足够大的能量之外，还必须按照一定的气缸工作顺序并适时地将电火花引入气缸去点着可燃混合气，这样才能保证发动机正常工作。

（1）点火顺序。点火系统应按发动机的工作顺序进行点火，否则发动机就不能正常工作。

三缸发动机的点火顺序为1-2-3,四缸发动机的点火顺序为1-2-4-3或1-3-4-2,六缸发动机的点火顺序为1-5-3-6-2-4,八缸发动机的点火顺序为1-8-4-3-6-5-7-2(气缸次序是自车前向后,左边为1、3、5、7;右边为2、4、6、8)。

(2)点火时刻。点火系统必须在最有利的时刻进行点火,点火时刻用点火提前角来表示。从火花塞开始跳火到活塞运行至上止点的时间内曲轴转过的角度,称为点火提前角,用字母"θ"表示。

> 在发动机气缸内,混合气从开始点着到完全燃烧需要一定的时间(2~5 ms)。为使混合气在活塞压缩终了时能充分燃烧,以使发动机发出最大功率,点火就不应在压缩终了时进行,而应适当提前。
>
> 如果点火时刻过迟,在活塞到达上止点时才进行点火,则会出现混合气一边燃烧、活塞一边下行的现象,燃烧过程将在气缸容积增大的情况下进行,这会导致燃烧最高压力降低,发动机功率下降;同时高温气体与缸壁接触的面积增大,会使热传导损失增加,发动机过热,耗油量也会大大增加。
>
> 如果点火时刻过早,使混合气燃烧完全在压缩过程中进行,则气缸压力将急剧升高,在活塞到达上止点之前就达到最高压力,正在向上运动的活塞将受到很大的阻力,不仅会使发动机功率降低、油耗增加,而且还会引起爆燃,加速运动机件磨损或损坏。
>
> 当负荷一定时,发动机发出功率最大和油耗最低时的点火提前角,称为最佳点火提前角。

3.2 微机控制点火系统

微机控制汽油发动机点火的实质是控制点火提前角。微机控制点火系统与发动机爆燃控制系统(Engine Detonation Control System,EDC)相互配合,能将点火提前角控制在最佳值,使可燃混合气燃烧后产生的温度和压力达到最大值,在显著提高发动机动力性的同时,还能提高燃油经济性和排放性。

3.2.1 微机控制点火系统的组成

微机控制点火系统(Microcomputer Controlled Ignition System,MCI)的组成如图3-2所示,主要包括凸轮轴位置(上止点位置)传感器、曲轴位置(曲轴转速与转角)传感器、空气流量(负荷)传感器、节气门位置(负荷)传感器、冷却液温度传感器、进气温度传感器、各种控制开关、电控单元、点火控制器、点火线圈以及火花塞等。

传感器用来检测与点火有关的发动机工作和状态信息,并将检测结果输入电控单元,作为计算和控制点火时机的依据。虽然各型汽车采用的传感器类型、数量、结构及安装位置不尽相同,但其作用大同小异,且与燃油喷射系统和其他电子控制系统共用。

在图3-2中,凸轮轴位置(上止点位置)传感器G40是确定曲轴基准位置和点火基准的传感器。该传感器在曲轴旋转至某一特定的位置(如第1缸压缩上止点前某一确定的角度)时,输出一个脉冲信号,电控单元(J220)将这一脉冲信号作为计算曲轴位置的基准信号，再利用曲轴转角信号计算出曲轴任一时刻所处的具体位置。

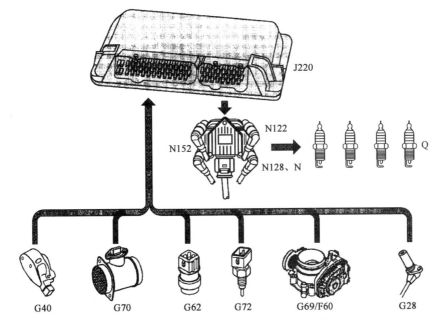

图3-2　大众车系用微机控制直接点火系统的组成（部件代号为原厂代号）

G40—凸轮轴位置（上止点位置）传感器；G70—空气流量传感器；G62—冷却液温度传感器；G72—进气温度传感器；G69—节气门位置传感器；F60—怠速触点开关；G28—曲轴位置（曲轴转速与转角）传感器；J220—电控单元；N152—点火控制组件；N122—点火控制器；N128、N—点火线圈；Q—火花塞

曲轴位置（转角与转速）传感器G28将发动机曲轴转过的角度变换为电信号输入J220，曲轴每转过一定角度就发出一个脉冲信号，J220通过不断地检测脉冲个数，即可计算出曲轴转过的角度。与此同时，电控单元J220根据单位时间内接收到的脉冲个数，即可计算出发动机的转速。

在微机控制点火系统中，发动机曲轴转角信号用来计算具体的点火时刻，转速信号用来计算和读取基本点火提前角。凸轮轴位置和曲轴位置信号是保证电控单元控制电子点火系统正常工作最基本的信号。

空气流量传感器G70是确定进气量大小的传感器。空气流量信号输入电控单元后，除了用于计算基本喷油时间之外，还用作负荷信号来计算和确定基本点火提前角。

进气温度传感器G72是反映发动机吸入空气温度的传感器。在微机控制电子点火系统中，电控单元利用该信号对基本点火提前角进行修正。

冷却液温度传感器G62是反映发动机工作温度高低的传感器。在微机控制点火系统中，电控单元除了利用该信号对基本点火提前角进行修正之外，还要利用该信号控制起动和发动机暖机期间的点火提前角。

节气门位置传感器G69将节气门开启角度转换为电信号输入电控单元，电控单元利用该信号和车速传感器信号来综合判断发动机所处的工况（怠速、中等负荷、大负荷、减速），并对点火提前角进行修正。

3.2.2 微机控制点火系统的控制原理

微机控制点火系统实际上是一种特殊的电子点火系统，其控制点火的过程比一般电子点火系统要复杂得多。因此，在讨论微机控制点火原理之前，需要了解电子点火系统点火高压电的产生原理。

计算机控制点火系统原理

1. 点火高压电的产生

汽油发动机点火系统都是利用互感原理（一个线圈中的电流变化使另一个线圈产生感应电动势的现象，称为互感现象），先由点火线圈将低压电源转变为高压电源，然后将高压电分配到各缸火花塞产生电火花。点火高压电的产生原理如图 3-3 所示。

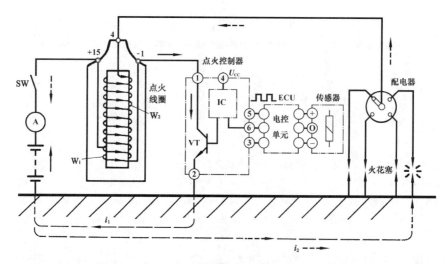

图 3-3 点火高压电的产生原理

当发动机转动时，在各种传感器（或信号发生器）产生的信号输入电控单元 ECU 后，ECU 再向点火控制器发出指令，控制大功率三极管导通与截止。

在点火开关 SW 接通的情况下，当点火控制器的三极管 VT 导通时，初级绕组中就有电流流过（初级电流 i_1 用实线箭头表示），其电路为：蓄电池正极→电流表 A→点火开关 SW→点火线圈"+15"端子→初级绕组 W_1→点火线圈"-1"端子→点火控制器大功率三极管 VT→搭铁→蓄电池负极。电流流过线圈时，便在铁芯中产生磁场并将磁场能量储存在线圈之中。

当三极管 VT 截止时，初级电路被切断，初级电流消失，铁芯中的磁通量迅速变化，在初级绕组 W_1 和次级绕组 W_2 中都会感应产生电动势。由于次级绕组匝数多，所以能够感应产生足以击穿火花塞电极间隙的高压电动势。

高压电流 i_2 用虚线箭头表示，流过的路径为：次级绕组 W_2→点火线圈"+15"端子→点火开关 SW→电流表 A→蓄电池→搭铁→火花塞旁电极→中心电极→配电器旁电极→中心电极→点火线圈高压插孔"4"→次级绕组 W_2。

由此可见，点火系统有两条电路：初级电流 i_1 流经的电路称为初级电路或低压电路，高压电流 i_2 流经的电路称为高压电路。但在使用过程中，仅将点火线圈高压插孔"4"至火花塞之间的电路称为高压电路。点火控制器的大功率三极管每截止一次，点火线圈就产生一次高压电。如要发动机停止工作,只需断开点火开关,切断低压电路即可。

2. 微机控制汽油机点火原理

微机控制汽油机点火的控制原理如图3-4所示。当微机控制点火系统工作时,各种传感器输入 ECU 的信号首先经过输入接口电路或 A/D 转换器等进行数据处理,然后存储在随机存储器(RAM)之中备用。

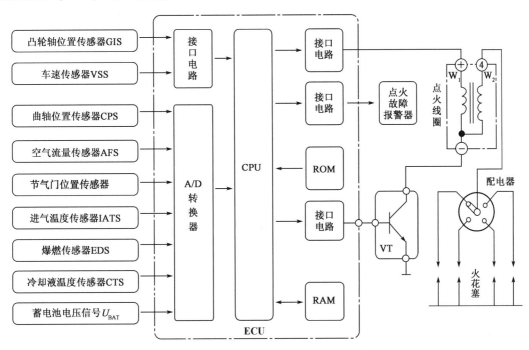

图 3-4 微机控制汽油机点火的控制原理

曲轴位置传感器(CPS)向 ECU 提供发动机转速信号和曲轴转角信号,转速信号用于计算确定点火提前角,转角信号用于控制点火时刻(点火提前角)。空气流量传感器 AFS 和节气门位置传感器 TPS 向 ECU 提供发动机负荷信号,用于计算确定点火提前角。冷却液温度传感器 CTS、进气温度传感器 IATS、车速传感器 VSS 以及空调开关 A/C 等提供的信号,用于修正点火提前角。

发动机转动时,中央处理器(CPU)首先根据反映发动机工况的转速与负荷传感器信号,从预先存储在只读存储器(ROM)中的点火提前角三维数据 MAP(数据曼谱或数字地图)中查询得到相应工况下的基本点火提前角,再根据其他传感器信号确定点火提前修正量,并计算确定最佳点火提前角。然后,CPU 不断检测凸轮轴位置传感器信号(标志位信号),判定是哪一缸即将到达压缩上止点。当接收到标志位信号时,CPU 立即开始对曲轴转角信号进行计数,并对点火提前角进行控制。

当计数到曲轴转角等于最佳点火提前角时,CPU 立即向点火控制器发出控制指令,使其大功率晶体管 VT 截止,点火线圈初级电流切断,次级绕组产生高压,并按发动机的点火顺序分配到相应气缸的火花塞跳火点着可燃混合气。

> 上述控制过程是指发动机在正常状态下点火时刻的控制过程。当发动机起动、怠速或汽车滑行时，则由预先设定的控制程序进行控制。

3.2.3 微机控制点火提前角的确定

点火提前角的大小直接影响发动机的输出功率、油耗和排放。发动机工况不同，需要的最佳点火提前角也不相同，怠速时的最佳点火提前角是为了使怠速运转平稳；部分负荷时的最佳点火提前角是为了减小燃油消耗量和有害气体排放量，提高经济性和排放性；大负荷时的最佳点火提前角是为了增大输出转矩，提高发动机的动力性。

1. 最佳点火提前角的影响因素

发动机型号不同，其最佳点火提前角也不同；同一型号的发动机，其工况和使用条件不同，最佳点火提前角也不同。影响最佳点火提前角的主要因素有以下几个。

（1）发动机转速。发动机转速升高时，在相同时间内活塞将移动更大的距离，曲轴将转过更大的角度，所以发动机转速越高，最佳点火提前角越大。当发动机高速运转时，由于混合气压力和温度升高以及扰流增强会使燃烧速度加快，所以当转速增加到一定值时，最佳点火提前角增大的幅度将减小。某型汽车在节气门开度一定时，发动机最佳点火提前角与转速的关系如图 3-5 所示。

（2）发动机负荷。在同一转速下，发动机负荷增大，最佳点火提前角减小。这是因为发动机负荷增大（节气门或油门开度增大）时，吸入气缸的混合气增多，压缩终了时的压力和温度增高，残余废气相对减少，所以混合气燃速加快，最佳点火提前角减小。某型汽车在不同转速时，发动机最佳点火提前角与负荷的关系如图 3-6 所示。

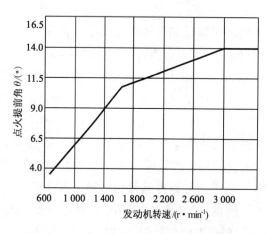 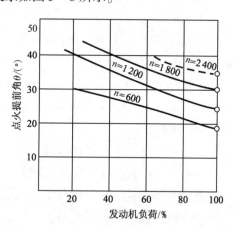

图 3-5 发动机最佳点火提前角与转速的关系　　图 3-6 发动机最佳点火提前角与负荷的关系

（3）发动机工况。当发动机起动或怠速运转时，虽然混合气燃烧速度很慢，但是由于发动机转速很低，混合气全部燃烧时间仅占很小的曲轴转角，点火提前角应很小或不提前点火。如果过早点火使燃烧过程在上止点以前结束，气缸压力就会导致曲轴反转，因此要求点火提前角减小或不提前。

(4) 汽油品质。发动机在一定条件下会出现爆燃现象。爆燃会使发动机动力性降低,油耗增加,并会产生过热现象,对发动机极为有害。

> 发动机爆燃与汽油品质密切相关,汽油品质用"辛烷值"来表示。汽油品质越高,其辛烷值也越高,抗爆性亦越好,越不容易产生爆燃;反之,辛烷值越低,就越容易产生爆燃。使用同一牌号的汽油时,如点火过早,混合气的燃烧容易转为爆燃,这是因为燃烧是在压力增高的时候进行的,燃烧室中先燃烧的部分混合气膨胀而压缩未燃烧的混合气,使其温度急剧上升到自燃温度而突然自行全部着火而形成爆燃。因此,在使用辛烷值低的易爆燃汽油时,应适当减小点火提前角。反之,当使用辛烷值较高的汽油时,点火提前角应适当增大。

当使用添加甲醇或酒精的汽油时,因为可燃混合气燃烧终了的最高温度降低,所以需要适当增大点火提前角。除此之外,影响最佳点火提前角的因素还有混合气成分、发动机压缩比、冷却液温度、进气压力和温度、火花塞参数等。

2. 点火提前角的确定

微机控制的点火提前角 θ 由初始点火提前角 θ_i、基本点火提前角 θ_b 和修正点火提前角 θ_c 三部分组成,即

$$\theta = \theta_i + \theta_b + \theta_c$$

1) 初始点火提前角 θ_i

初始点火提前角又称固定点火提前角,其值大小取决于发动机的结构形式,并由曲轴位置传感器的初始位置决定,一般设定为上止点前 BTDC10°左右(Before Top Dead Center,BTDC)。

在下列情况下,由于发动机转速变化大,空气流量不稳定,进气量传感器输出的流量信号就不稳定,点火提前角不能准确控制,所以采用固定的点火提前角进行控制,其实际点火提前角等于初始点火提前角:

(1) 当发动机起动时。
(2) 发动机转速低于 400 r/min 时。
(3) 检查初始点火提前角时。

2) 基本点火提前角 θ_b

基本点火提前角是设计微机控制点火系统时确定的点火提前角,也是发动机最主要的点火提前角。由于发动机本身的结构复杂,影响点火的因素较多,理论推导基本点火提前角的数学模型比较困难,而且很难适应发动机的运行状态。所以,国内外普遍采用台架试验方法,利用发动机最佳运行状态下的试验数据来确定基本点火提前角。不同转速和负荷条件下的点火提前角三维数据 MAP 如图 3-7 所示。

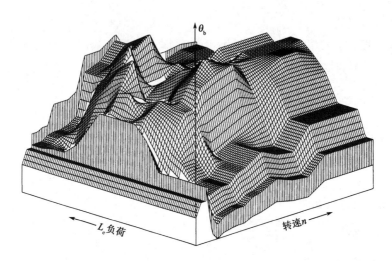

图 3-7　不同转速和负荷条件下的基本点火提前角三维数据 MAP

> 台架试验方法是首先测试发动机转速与最佳点火提前角的特性曲线。试验时，节气门全开（排除真空度的影响），在每一转速下，逐渐增加点火提前角，直至得到最大功率为止，此时对应的点火提前角即为该转速下的最佳点火提前角；再用相同方法测出不同转速下的最佳点火提前角，即可绘出一组转速与最佳点火提前角的特性曲线。然后测试发动机负荷（真空度）与点火提前角的特性曲线。将发动机转速固定在某一数值，调节真空度的大小，在每一真空度下将点火提前角逐渐增加，直到测得最大功率为止。改变发动机转速，用同样方法测出不同真空度下的最佳点火提前角，即可绘出一组发动机负荷与最佳点火提前角的特性曲线。
>
> 综合考虑发动机油耗、转矩、排放和爆燃等因素，对试验结果进行优化处理后，即可得到三维数据 MAP。

各型发动机的点火提前角三维数据 MAP 都以数据形式存储在 ECU 的 ROM 中。当发动机运行时，CPU 根据发动机转速信号（曲轴位置传感器提供）和负荷信号（空气流量和节气门位置传感器提供），从 ROM 中查询得到相应的基本点火提前角，从而对点火时刻进行控制。

3) 修正点火提前角 θ_c。

为使实际点火提前角适应发动机的运行状况，以便得到良好的动力性、经济性和排放性，必须根据相关因素（冷却液温度、进气温度、开关信号等）适当增大或减小点火提前角。修正点火提前角的项目有多有少，主要有暖机修正和怠速修正。

(1) 暖机修正。暖机修正是指节气门位置传感器（TPS）的怠速触点 IDL（Idle）闭合、发动机冷却液温度变化时，对点火提前角进行的修正。当冷却液温度降低时，应当增大点火提前角，以促使发动机尽快暖机；当冷却液温度升高后，点火提前角应相应减小。

(2) 怠速修正。怠速修正是为了保证怠速运转稳定而对点火提前角进行的修正。发动机怠速运转时，由于负荷变化，ECU 会将怠速转速调整到设定的目标转速。如动力转向开关或空调开关接通，发动机实际转速将低于规定的目标转速时，ECU 将根据转速之差，相应地减小点火提前角，使怠速运转平稳，防止发动机怠速熄火。

发动机的实际点火提前角是上述3种点火提前角之和。发动机每转一转，ECU 计算处理后就输出一个提前角信号。因此，当传感器检测到发动机转速、负荷、冷却液温度等发生变化时，ECU 就会自动调整点火提前角。当 ECU 确定的点火提前角超过允许的最大提前角（或小于允许的最小提前角）时，发动机很难正常运行，此时 ECU 则将以最大（或最小）点火提前角允许值进行控制。

3.2.4 微机控制点火系统的控制过程

微机控制点火系统的控制过程分为点火提前角控制和点火导通角控制两个阶段。下面以图3-8所示大众轿车四缸发动机点火控制过程为例说明。

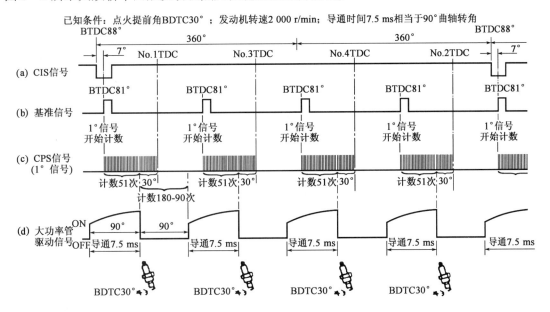

图 3-8　点火提前角与导通角的控制时序与波形

大众轿车四缸发动机的气缸判别信号在第1缸压缩上止点前 BTDC88°时产生，设曲轴转速为2 000 r/min 时最佳点火提前角为上止点前 BTDC30°曲轴转角，其控制时序与波形如图3-8所示。

1. 点火提前角的控制

点火提前角的大小直接影响点火性能，提前角过大会导致发动机产生爆燃，提前角过小又会导致发动机过热，所以必须精确控制，一般精确到1°。由发动机电控系统凸轮轴位置传感器和曲轴位置传感器的结构原理可知，当凸轮轴位置传感器 CIS 产生的判缸信号下降沿输入 ECU 时，表明第1缸活塞处于压缩上止点前 BTDC88°位置 [图3-8 (a)]。ECU 接收到判缸信号下降沿时将对曲轴位置传感器 CPS 输入的转速与转角信号进行计数。

计数开始时的信号称为基准信号，由 ECU 内部电路控制，曲轴每旋转180°产生一个基准信号。因为曲轴位置传感器大齿缺后的第1个凸齿信号上升沿在判缸信号下降沿后7°时产生,所以基准信号对应于第1缸活塞压缩上止点前BTDC81°位置[图3-8(b)]。又因为点火提前角为上止点前BTDC30°,所以ECU计数到第51个1°信号(从接收到CIS信号7°+51°=58°)后,在第52个1°信号时向点火控制器发出指令,使功率晶体管截止(OFF)[图3-8(d)],切断点火线圈的初级电流,次级绕组产生高压电并送到火花塞电极上跳火,从而将点火提前角控制在第1缸压缩上止点前30°。因为基准信号每180°产生一个,所以同理可按1-3-4-2的发动机气缸工作顺序将各缸点火提前角控制在压缩上止点前30°。当点火提前角改变时,其控制过程和方法与此相同。

2. 点火导通角的控制

点火导通角是指点火线圈初级电路的大功率晶体管导通期间发动机曲轴转过的角度。点火导通角的控制方法是:ECU首先根据电源电压高低,从预先试验并存储在存储器ROM中的导通时间数据MAP中查询得到导通时间,然后根据发动机转速确定点火导通角的大小。

设电源电压为14 V时,导通时间为7.5 ms。当发动机转速为2 000 r/min时,7.5 ms则相当于曲轴转角为 $\left(7.5 \times \dfrac{2\,000 \times 360°}{60 \times 1\,000}\right) = 90°$,即在上述发动机工作条件下,功率管VT从开始导通至截止时刻经历的这段时间内,必须保证曲轴转过90°转角。因为四缸发动机跳火间隔角度为180°曲轴转角,所以在功率管截止期间,需要曲轴转过的角度=跳火间隔角度-导通角=180°-90°=90°。实际控制时,1°信号从ECU发出功率管截止指令开始对曲轴位置传感器信号进行计数,当计数90次后,在第91个1°信号上升沿到来时向点火控制器发出控制指令,使晶体管导通(ON),接通点火线圈初级电流,保证导通角具有90°[图3-8(d)]。

3.2.5 微机控制点火系统高压电的分配方式

微机控制点火系统高压电的分配方式可分为机械配电方式和电子配电方式两种。

1. 机械配电方式

机械配电方式是指由分火头将高压电分配至配电器盖旁电极,再通过高压线输送到各缸火花塞上的传统配电方式。机械配电方式存在以下缺点。

(1) 分火头与配电器盖旁电极之间必须保留一定间隙才能进行高压电分配,因此,必然损失一部分火花能量,同时也是一个主要的无线电干扰源。

(2) 为了抑制无线电的干扰信号,高压线采用了高阻抗电缆,也要消耗一部分能量。

(3) 分火头、配电器盖或高压导线漏电时,会导致高压电火花减弱、缺火或断火。

(4) 曲轴位置传感器转子由分电器轴驱动,旋转机构磨损会影响点火时刻的控制精度。

(5) 分电器安装的位置和占据的空间,会给发动机的结构布置和汽车的外形设计造成一定的困难。

2. 电子配电方式

电子配电方式是指在ECU和点火控制器的控制下,点火线圈的高压电按照一定的点火顺序,直接加到火花塞上的直接点火方式。采用电子配电方式分配高压电的点火系统称无分电器点火系统(Distributor-Less Ignition,DLI),由于机械配电方式存在上述缺点,因此,越来越多的汽车采用了电子配电方式来控制点火。

常用电子配电方式分为双缸同时点火和各缸单独点火两种配电方式,如图3-9所示。

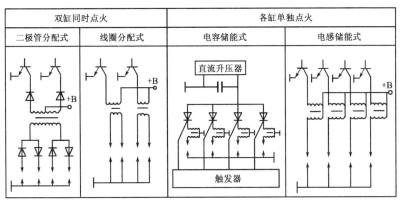

图 3-9 电子配电方式的类型

1) 双缸同时点火的控制

双缸同时点火是指点火线圈每产生一次高压电,都使两个气缸的火花塞同时跳火。次级绕组产生的高压电将直接加在两个气缸(四缸发动机的1、4缸或2、3缸,六缸发动机的1、6缸,2、5缸或3、4缸)的火花塞电极上跳火。

双缸同时点火方式用点火线圈工作原理

> 在双缸同时点火时,一个气缸处于压缩行程末期,是有效点火;另一个气缸处于排气行程末期,缸内温度较高而压力很低,火花塞电极间隙的击穿电压很低,对有效点火气缸火花塞的击穿电压和火花放电能量影响很小,是无效点火。曲轴旋转一转后,两缸所处行程恰好相反。
>
> 双缸同时点火时,高压电的分配方式又分为二极管分配和点火线圈分配两种形式。

(1) 二极管分配式双缸同时点火的控制。利用二极管分配高压电的双缸同时点火电路原理如图3-10所示。点火线圈由两个初级绕组和一个次级绕组构成,次级绕组的两端通过4只高压二极管与火花塞构成回路。4只二极管有内装式(安装在点火线圈内部)和外装式两种。对于点火顺序为1-3-4-2的发动机,1、4缸为一组,2、3缸为另一组。点火控制器中的两只功率晶体管分别控制一个初级绕组,两只功率晶体管由ECU按点火顺序交替控制其导通与截止。

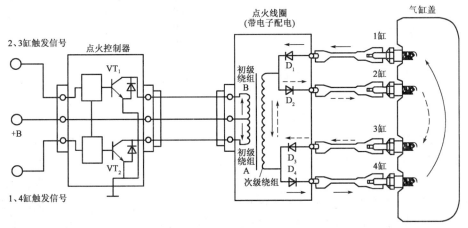

图 3-10 二极管分配高压电的双缸同时点火电路原理

当电控单元ECU将1、4缸的点火触发信号输入点火控制器时,功率晶体管VT_1截止,初级绕组A中的电流切断,次级绕组中就会产生高压电动势,方向如图3-10中实线箭头所示。在该电动势的作用下,二极管D_1、D_4正向导通,1、4缸火花塞电极上的电压迅速升高直至跳火,高压放电电流经图中实线箭头所指方向构成回路;D_2、D_3反向截止,不能构成放电回路,因此2、3缸火花塞电极上无高压火花放电电流而不能跳火。

当ECU将2、3缸点火触发信号输入点火控制器时,晶体管VT_2截止,初级绕组B中的电流切断,次级绕组产生高压电动势,方向如图3-10中虚线箭头所示。此时二极管D_1、D_4反向截止,D_2、D_3正向导通,因此,2、3缸火花塞电极上的电压迅速升高直至跳火,高压放电电流经图3-10中虚线箭头所指方向构成回路。

(2)点火线圈分配式双缸同时点火的控制。利用点火线圈直接分配高压电的同时点火电路原理如图3-11所示。

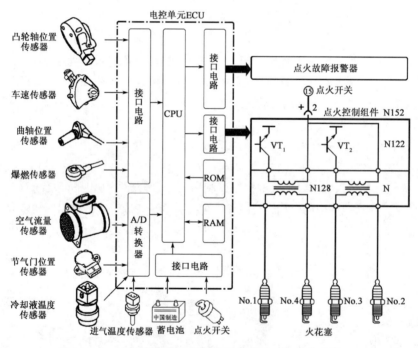

图3-11 点火线圈直接分配高压电的同时点火电路原理

点火线圈组件由2个(四缸发动机)或3个(六缸发动机)独立的点火线圈组成,每个点火线圈供给成对的火花塞工作(四缸发动机的1、4缸和2、3缸分别共用一个点火线圈;六缸发动机1、6缸,2、5缸和3、4缸分别共用一个点火线圈)。点火控制组件中设置有与点火线圈数量相等的功率晶体管,分别控制一个点火线圈工作。点火控制器根据电控单元ECU输出的点火控制指令,按点火顺序轮流触发功率晶体管导通与截止,从而控制每个点火线圈轮流产生高压电,再通过高压线直接输送到成对的火花塞电极间隙上跳火点着可燃混合气。

(3) 高压二极管的作用。在部分点火线圈分配式双缸同时点火系统中，点火线圈次级回路中连接有一只高压二极管，如图 3-12 所示。该高压二极管的作用是：防止次级绕组在初级电流接通时产生的电压（约为 1 000 V）加到火花塞电极上而导致误跳火。

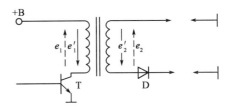

图 3-12　高压二极管的作用

> 在初级绕组电流接通瞬间，次级绕组可产生 1 000 V 左右的感应电动势。在点火线圈分配式双缸同时点火系统中，除了火花塞电极间隙之外，没有其他附加间隙。因此，当初级电流接通时，次级绕组产生的 1 000 V 左右的电压就会直接加在火花塞电极间隙上。如果此时气缸处于进气行程接近终了时刻或压缩行程刚刚开始时刻，由于缸内压力低，又有可燃混合气体，那么，1 000 V 左右的电压就有可能击穿火花塞电极间隙而产生火花跳火。
>
> 上述非正常跳火现象称为误跳火，会影响发动机正常工作。为了避免这种误跳火，在点火线圈次级绕组回路中串接一只反向击穿电压较高的二极管，利用二极管的反向截止功能，使初级绕组接通时次级绕组产生的感应电动势不能形成放电回路，火花塞电极之间就不会有火花放电电流，因此就不可能引起误跳火。部分直接点火系统在点火线圈次级绕组与火花塞之间的高压回路中，设置有 3~4 mm 的空气间隙，其作用与高压二极管相同。

2) 各缸单独点火的控制

点火系统采用单独点火方式时，每个气缸都配有一个点火线圈，并安装在火花塞上方。在点火控制器中，设置有与点火线圈相同数目的大功率晶体管，分别控制每个线圈初级绕组的接通与切断，其工作原理与同时点火方式相同。单独点火的优点是省去了高压线，点火能量损耗进一步减少；此外，所有高压部件都可安装在发动机气缸盖上的金属屏蔽罩内，点火系统对无线电的干扰可大幅度减弱。

单独点火方式用点火线圈工作原理

3.2.6　点火装置的结构与检修

微机控制点火系统采用的点火装置主要有点火线圈、点火控制器和火花塞。

1. 点火线圈

点火线圈的作用是将低压电源转变为高压电源。按结构形式不同，点火线圈可分为开磁路式和闭磁路式两种。前者已被淘汰，这里仅介绍闭磁路式点火线圈的结构组成。

1) 点火线圈的结构

闭磁路式点火线圈的外形如图 3-13 所示，结构如图 3-14 所示。

铁芯由浸有绝缘漆的导磁钢片叠合成"口"字形或"日"字形，分别如图 3-14 (b)、图 3-14 (c) 所示。铁芯内绕初级绕组，外绕次级绕组。壳体采用热熔性塑料注塑而成，填充剂采用热熔性树脂作为绝缘填充物，因此具有较好的绝缘性能和密封性能。为了减少磁滞现象，铁芯设有一个微小的气隙，如图 3-14 (c) 所示。因为磁路几乎是闭合回路，所以被称为闭磁路式点火线圈。

图 3-13 闭磁路式点火线圈的外形

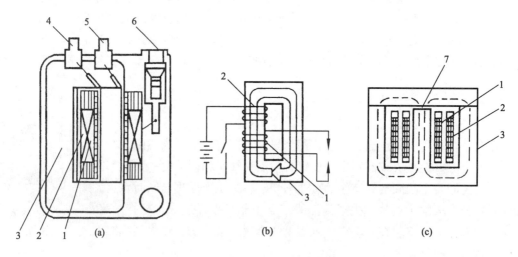

图 3-14 闭磁路式点火线圈的结构
(a) 结构；(b) "口"字形铁芯；(c) "日"字形铁芯
1—次级绕组；2—初级绕组；3—铁芯；4,5—初级绕组接线端子；6—高压插孔；7—气隙

> 闭磁路式点火线圈的显著优点是漏磁少、磁阻小，因此能量损失小，其能量转换效率可达75%（开磁路式点火线圈只有60%）。与开磁路式点火线圈相比，在产生相同次级电压的条件下，绕组匝数大大减少。除此之外，它还有体积小、结构紧凑的优点。

2) 点火线圈的检修

点火线圈的检修主要是检查初级绕组和次级绕组有无断路、短路故障，可用万用表检查绕组电阻进行判断。

(1) 初级绕组的检修。将万用表置于 $R \times 1 \Omega$ 挡（数字式万用表置于 OHM $\times 200 \Omega$ 挡），两只表笔分别连接点火线圈端子"+15"与"-1"，测得电阻值应为 $0.5 \sim 1.0 \Omega$。

如果电阻值为无穷大,则说明初级绕组断路,应予更换新品。

(2) 次级绕组的检修。将万用表置于 $R \times 1 \text{ k}\Omega$ 挡(数字式万用表置于 OHM $\times 20 \text{ k}\Omega$ 挡),一只表笔接点火线圈的高压插孔,另一只表笔接"+15"与"-1"中任意一个端子,测得电阻值应为 $2.5 \sim 4 \text{ k}\Omega$。如果电阻值为无穷大,则说明次级绕组断路;如果电阻值过小,则说明次级绕组短路。无论断路或短路,都应更换点火线圈。

2. 点火控制器

点火控制器又称点火器或点火电子组件,其性能直接影响点火系统的工作性能。

点火控制器普遍采用混合集成电路制成,并用导热树脂封装在铸铝散热板上以利散热。不同厂商的设计思路不同,他们所设计的控制器电路也不相同,大众与奥迪轿车用点火控制器的外形结构如图 3-15 所示。

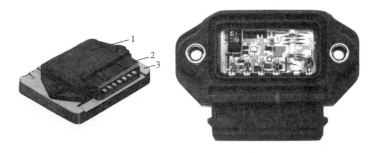

图 3-15 点火控制器的外形结构
1—控制器壳体;2—线束插座;3—散热板

在非微机控制的电子点火系统中,点火控制器除具有控制点火线圈初级电路的接通与切断功能之外,还具有限流控制、导通角控制、停车断电控制和过压保护控制等功能,其附加电路比较复杂,普遍采用混合集成电路制成。

> 在微机控制点火系统中,因为单片机具有数学计算和逻辑判断功能,对初级电流、导通角、点火提前角等能够十分方便地实现精确控制,所以其点火控制器的主要功能是在电控单元 ECU 的控制下,直接控制点火线圈初级电路的接通与切断,并起到功率放大作用,其主要组成部分是大功率三极管或达林顿三极管,附加电路主要是保护电路。

3. 火花塞

火花塞的作用是将点火线圈产生的高压电引入发动机燃烧室内,并在其电极间隙中形成电火花点燃混合气。

1) 发动机对火花塞的要求

火花塞的工作条件极为恶劣,受高温、高压以及燃烧产物的强烈腐蚀,因此我们对其有较高的要求。

(1) 绝缘性能好。火花塞承受冲击性高电压的作用,因此要求绝缘体应有足够的绝缘强度,能承受 30 kV 的高压。

(2) 耐高温且热特性好。混合气燃烧时,火花塞的下部将受到 1 500 ~ 2 000 ℃ 高温燃气的作用,而进气时,又要受到50~60℃进气的突然冷却,因此要求火花塞能承受这种温度的剧烈变化,且有适当的热特性,使其裙部保持一定的温度,做到既不能有局部过热的现象,也不能有温度过低的现象。

(3) 机械强度高。混合气燃烧时,火花塞下部将突然受到气体压力的冲击,其压力可达 5.88~6.86 MPa,因此我们要求火花塞的主要零件应有足够的机械强度。

(4) 耐腐蚀性能好。发动机工作时,火花塞的裙部将受到高温燃烧产物的作用,由于燃烧产物中含有的多种活性气体和物质(如臭氧、氧气、一氧化碳、氧化硫和氧化铅等)会使电极腐蚀,因此火花塞的电极应采用难熔、耐腐蚀的材料制作。

2) 火花塞的构造

火花塞的功用是将点火线圈产生的高压电引入气缸,其构造与零部件组成如图 3-16 所示,主要包括壳体、绝缘体和电极 3 部分。

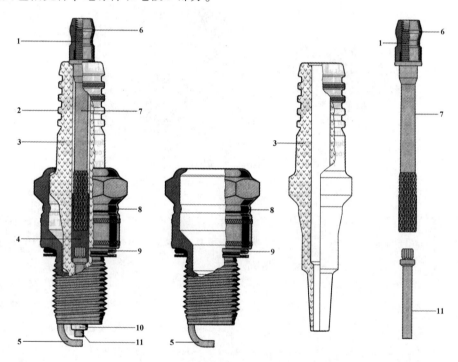

图 3-16 火花塞的构造与零部件组成

1—接线端子连接螺纹;2—泄流障栅;3—绝缘体;4—电阻填料;5—侧电极;6—接线端子连接螺母;
7—金属杆;8—钢质壳体与固定螺纹;9—密封垫圈;10—绝缘体裙部;11—中心电极

在钢质壳体的内部装有耐高温的氧化铝陶瓷绝缘体,绝缘体中心孔中装有中心电极和金属杆,金属杆上端安装有接线端子,用于连接高压线。金属杆与中心电极之间加装电阻填料或氧化铝陶瓷绝缘材料进行密封,铜质密封垫圈起密封和导热作用。为了便于拆装,壳体上部制有六角平面,下部制有固定螺纹,螺纹下端焊接弯曲的侧电极。

火花塞电极用镍-锰合金制成,具有较好的耐高温、耐腐蚀性能。为了提高耐热性能,有的采用镍包铜电极。普通火花塞的电极间隙为 0.6~0.8 mm,高能点火系统火花塞的电极间隙为 1.1~1.3 mm。

火花塞与气缸盖上的火花塞安装孔之间应密封良好。密封方式有平面密封和锥面密封两种。用平面密封时，在火花塞与安装孔之间，应安装铜包石棉垫圈；锥面密封是利用火花塞壳体的锥面与气缸盖上的火花塞安装孔的锥面进行密封，无须再安装垫圈。

顶置气门式发动机大都采用绝缘体突出型火花塞，其绝缘体裙部较长，电极间隙伸到燃烧室内部，混合气容易被点燃。由于突出型火花塞裙部较长，吸热量大，直接受进气冷却，降低裙部温度，因此不会引起炽热点火。其突出优点是热值范围广、抗污染能力强。

> 当今汽车使用的火花塞还有能抑制电磁干扰的电阻型和屏蔽型火花塞、具有多个旁电极的多电极火花塞以及采用贵金属制作电极的贵金属电极火花塞等。火花塞的发展方向是提高着火性能、延长电极寿命、提高抗污染能力和抗干扰能力。

3）火花塞的热特性

火花塞的热特性是指火花塞绝缘体裙部的温度特性和热传导性能。为了保证火花塞正常工作，其绝缘体裙部的温度应保持在 500~750 ℃，这样才能使落在绝缘体上的油滴立即被烧掉而不致形成积炭。通常将油滴落在绝缘体裙部上能被立即烧掉的温度称为火花塞的自净温度。若裙部温度低于自净温度，油雾就会聚积在绝缘体裙部形成油污或积炭而导致火花塞不能跳火；若裙部温度高于这个温度，则当混合气与炽热的绝缘体接触时，可能早燃而引起爆燃，甚至在进气行程中燃烧而引起回火现象。

> 绝缘体裙部温度取决于裙部受热和散热情况。要使裙部经常保持在自净温度，就必须使火花塞吸收的热量与散发的热量处于平衡状态，并在发动机转速和功率正常变化的范围内保持稳定。火花塞壳体下部的内径越大、绝缘体裙部越长，吸收的热量就越多。绝缘体吸收的热量，除一小部分（20%左右）被进气时的新鲜混合气带走外，其余大部分都要经火花塞壳体与绝缘体之间的密封垫圈传给火花塞壳体，然后再传给发动机气缸盖，还有一小部分则由中心电极传出。所以裙部越长，传热路径就越长，散热就越困难。

影响火花塞裙部温度的主要因素是绝缘体裙部长度。绝缘体裙部越长，受热面积就越大，传热路径也越长，散热就越困难，裙部温度就越高，这种火花塞称为热型火花塞，如图 3-17（a）所示；反之，裙部温度就越低，这种火花塞称为冷型火花塞，如图 3-17（b）所示。

> 火花塞热特性的标定方法各国不尽相同。国产火花塞是用热值 1、2、3、4、5、6、7、8、9、10、11、12 等阿拉伯数字表示。其中，热值 1、2、3 表示低热值火花塞，该火花塞为热型；热值 4、5、6 表示中热值火花塞，该火花塞为中热型；在 7 及以上的热值表示高热值火花塞，该火花塞为冷型。数字越小，表示火花塞越热；数字越大，表示火花塞越冷。

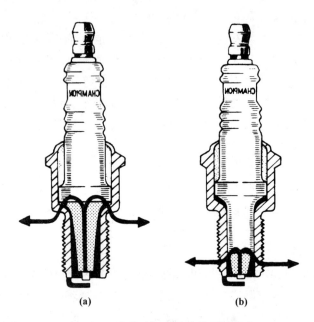

图 3-17 火花塞裙部温度的影响因素

(a) 热型火花塞；(b) 冷型火花塞

火花塞裙部温度高低还与气缸工作温度有关。对于大功率、高压缩比和高转速发动机，由于其燃烧室温度相对较高，为了防止产生炽热点火，应当采用冷型火花塞；对于小功率、低压缩比和低转速发动机，由于其燃烧室温度相对较低，为了防止形成积炭，应采用热型火花塞。

4）火花塞的型号规格

根据汽车行业标准《道路车辆　火花塞产品型号编制方法》（QC/T 430—2014）规定：汽油机电火花点火系统以及压缩天然气（Compressed Natural Gas, CNG）、液化石油气（Liquefied Petroleum Gas, LPG）、液化气（Liquefied Natural Gas, LNG）、甲醇、乙醇等新型能源点火系统用火花塞产品型号的编制方法如图 3-18 所示。

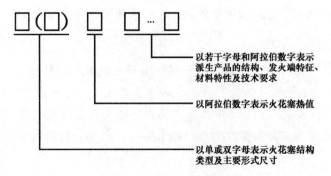

图 3-18 火花塞产品型号的编制方法

第一部分：首位单或双字母按表 3-1 规定，表示火花塞结构类型及主要形式尺寸。

表 3-1　火花塞结构类型及主要形式尺寸

代表字母	螺纹规格	安装座形式	螺纹旋合长度/mm	六角对边/mm
J	M8×1	平座	19	16
A	M10×1	平座	12.7	16
AC	M10×1	矮型平座	12.7	16
AM	M10×1	矮型平座	9.5	16
B	M10×1	平座	19	16
BS	M10×1	平座	20.5	16
BH	M10×1	平座	26.5	16
BL	M10×1	平座	28	16
BM	M10×1	平座	19	14
BN	M10×1	平座	26.5	14
W	M10×1	平座	19	12 双六角
WH	M10×1	平座	26.5	12 双六角
CZ	M12×1.25	锥座	11.2	16
DZ	M12×1.25	锥座	17.5	16
C	M12×1.25	平座	12.7	17.5
D	M12×1.25	平座	19	17.5
DS	M12×1.25	平座	20.5	17.5
DH	M12×1.25	平座	26.5	17.5
DL	M12×1.25	平座	28	17.5
DE	M12×1.25	平座	12.7	16
DK	M12×1.25	平座	19	16
XS	M12×1.25	平座	20.5	16
XH	M12×1.25	平座	26.5	16
XL	M12×1.25	平座	28	16
V	M12×1.25	平座	19	14
VS	M12×1.25	平座	20.5	14
VH	M12×1.25	平座	26.5	14
VL	M12×1.25	平座	28	14
U	M12×1.25	平座	19	14 双六角
US	M12×1.25	平座	20.5	14 双六角
UH	M12×1.25	平座	26.5	14 双六角
UL	M12×1.25	平座	28	14 双六角
E	M14×1.25	平座	12.7	20.8
F	M14×1.25	平座	19	20.8
FH	M14×1.25	平座	26.5	20.8

续表

代表字母	螺纹规格	安装座形式	螺纹旋合长度/mm	六角对边/mm
H	M14×1.25	平座	11	20.8
KE	M14×1.25	平座	12.7	16
K	M14×1.25	平座	19	16
KS	M14×1.25	平座	20.5	16
KH	M14×1.25	平座	26.5	16
KL	M14×1.25	平座	28	16
G	M14×1.25	平座	9.5	20.8
GL	M14×1.25	矮型平座	9.5	20.8
L	M14×1.25	矮型平座	9.5	19
Z	M14×1.25	平座	11	19
M	M14×1.25	矮型平座	11	19
N	M14×1.25	矮型平座	7.8	19
P	M14×1.25	锥座	11.2	16
PS	M14×1.25	锥座	12.3	16
Q	M14×1.25	锥座	17.5	16
QS	M14×1.25	锥座	20.5	16
QH	M14×1.25	锥座	25	16
R	M18×1.5	平座	12	26
RF	M18×1.5	平座	19	26
RH	M18×1.5	平座	26.5	26
SE	M18×1.5	平座	12.7	20.8
S	M18×1.5	平座	19	20.8
SH	M18×1.5	平座	26.5	20.8
T	M18×1.5	锥座	10.9	20.8
TF	M18×1.5	锥座	17.5	20.8
TH	M18×1.5	锥座	25	20.8

第二部分：首位单或双字母之后的阿拉伯数字表示火花塞热值，由热型至冷型，分别以1、2、3、4、5、6、7、8、9、10表示；数字越大，代表热值越高。

第三部分：末尾若干字母和阿拉伯数字表示火花塞派生产品的结构、发火端特性、材料特性及技术要求，按表3-2先后顺序排列，代表电极材料的字母连用，前表示中心电极，后表示侧电极。

表3-2 火花塞特征及其代表字母或数字

字母或数字	代表特征	字母或数字	代表特征
R	电阻型火花塞	Q	四侧极
L	电感型火花塞	C	镍铜复合电极
B	半导体型火花塞	U	U形槽侧电极

续表

字母或数字	代表特征	字母或数字	代表特征
V	环状电极火花塞	P	铂金电极
Y	沿面放电型火花塞	I	铱金电极
F	V形槽中心电极	E	钇金电极
H	半螺纹	S	银电极
T	绝缘体突出型<3 mm	U	U形槽侧电极
K	绝缘体突出型≥5 mm	-11	跳火间隙1.1 mm
D	双侧极	-G	燃气火花塞
J	三侧极		

注："-"后面为一位或两位阿拉伯数字，其数值除以10代表跳火间隙，单位为mm。

型号中间以"-"分隔，"-"只起分隔号的作用；用户有特殊要求的产品，宜以字母或阿拉伯数字代表型号。为了便于使用，下面举例说明。

 应用案例

例1："A7T"型火花塞：螺纹旋合长度12.7 mm，壳体六角对边16 mm，热值代号7，螺纹规格M10×1，标准突出型平座火花塞。

例2："K6RF-11"型火花塞：螺纹旋合长度19 mm，壳体六角对边16 mm，热值代号6，螺纹规格M14×1.25，带电阻，中心电极开V形槽，跳火间隙1.1 mm，标准平座火花塞。

例3："K8RTPP-G"型火花塞：螺纹旋合长度19 mm，壳体六角对边16 mm，热值代号8，螺纹规格M14×1.25，带电阻，中心电极和侧电极焊铂金，突出型平座燃气专用火花塞。

5）火花塞的检修

火花塞的检修包括检查火花塞的技术状态、绝缘电阻值和检查调整火花塞的电极间隙。

（1）检查火花塞的技术状态。火花塞的技术状态正常时，绝缘体裙部呈褐色或棕褐色，电极只有轻微的损耗，如图3-19（a）所示。

在使用过程中，火花塞可能出现各种各样的故障现象，分别如图3-19（b）~图3-19（i）所示。当火花塞出现绝缘体破碎、电极熔化、电极烧蚀或过热（绝缘体发白并有疱状突起、电极腐蚀）现象，或有严重油污、结垢或积炭时，应当更换火花塞。

当火花塞出现轻微油污、结垢或积炭时，可在清除后继续使用。清除油污、结垢或积炭时，先用汽油或酒精浸泡，然后用毛刷进行清洗。导致火花塞积炭或油污的原因主要有以下几个方面。

①火花塞型号选择不当，即火花塞热值偏高，其裙部温度偏低。
②混合气过浓或混合气中润滑油过多。
③发动机起动频繁或经常长时间起动。
④发动机长时间低速运转。

⑤曲轴箱润滑油过多。
⑥活塞环磨损过多。
⑦点火时间过迟。

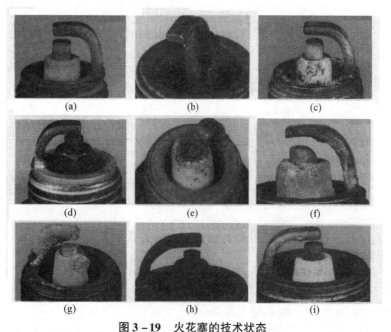

图 3-19　火花塞的技术状态

(a) 正常；(b) 绝缘体破碎；(c) 炭迹；(d) 严重油污；(e) 电极熔化；
(f) 电极烧蚀；(g) 结垢；(h) 严重积炭；(i) 过热

(2) 检查火花塞的绝缘电阻值。汽车普遍采用电阻型火花塞，其绝缘电阻值为 3～15 kΩ。检查方法是将万用表拨到 $R×1$ kΩ 挡（数字式万用表拨到 OHM×20 kΩ 挡），两只表笔分别连接中心电极和高压线插头进行测量。如果阻值为无穷大，说明电阻断路，应予更换火花塞；如果阻值过小，则不能抑制无线电干扰信号，亦应更换火花塞。

(3) 检查调整火花塞的电极间隙。实践证明，汽车每行驶 1 600 km，火花塞电极烧蚀约为 0.025 mm。因此，汽车行驶一段时间后，应当检查调整电极间隙。在一般情况下，汽车每行驶 15 000～20 000 km（长效火花塞 30 000 km）或电极严重烧蚀时，应检查调整火花塞的电极间隙，方法如图 3-20 所示。

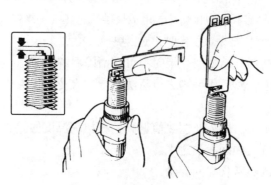

图 3-20　火花塞间隙的检查调整

电极间隙应当使用火花塞专用量规进行测量和调整。发动机型号不同，火花塞的标准间隙不尽相同，可参照各车型的"维修手册"规定进行调整。微机控制点火系统有无故障，应当使用故障检测仪进行诊断。

3.3 汽油机爆燃控制系统

汽油机获得最大功率和最佳燃油经济性的有效方法之一是增大点火提前角。但是，点火提前角过大又会引起发动机爆燃。爆燃是指气缸内的可燃混合气在火焰前锋尚未到达之前自行燃烧，导致压力急剧上升而引起缸体振动的现象。爆燃的主要危害：一是导致发动机输出功率降低；二是导致发动机使用寿命缩短甚至损坏。

> 理论与实践证明：剧烈的爆燃会使发动机的动力性和经济性严重恶化，而当发动机工作在爆燃的临界点时，发动机热效率最高，动力性和经济性最好。利用爆燃控制系统对点火提前角实施闭环控制，就能控制发动机工作在爆燃的临界状态。

3.3.1 汽油机爆燃控制系统的组成

汽油机爆燃控制系统是在点火控制系统的基础上，增设爆燃传感器及其信号处理电路组成的点火提前角闭环控制系统，如图3-21所示。爆燃信号处理电路与发动机 ECU 内部电路制作在一起，其包括带通滤波电路、信号放大电路、整形滤波电路、比较基准电路、积分电路、爆燃判别电路和点火提前角控制电路等。

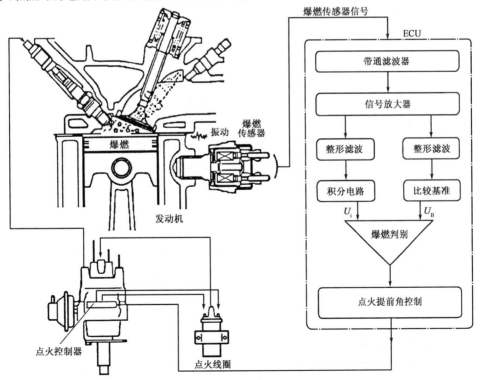

图 3-21 发动机爆燃控制系统的组成及爆燃控制过程

爆燃传感器用于检测发动机是否产生爆燃,每台发动机一般安装1~2只。带通滤波器只允许发动机爆燃信号(频率为6~9 kHz的信号)或接近爆燃的信号输入ECU进行处理,其他频率的信号则被衰减。信号放大器的作用是对输入ECU的信号进行放大,以便对整形滤波电路进行处理。接近爆燃的信号经过整形滤波和比较基准电路处理后,形成判定是否产生爆燃的基准电压U_B。爆燃信号经过整形滤波和积分电路处理后,形成的积分信号用于判定爆燃强度。

3.3.2 汽油机爆燃的检测方法

汽油发动机爆燃的检测方法有3种:一是检测发动机缸体的振动频率;二是检测发动机燃烧室压力的变化;三是检测混合气燃烧的噪声。

> 检测混合气燃烧噪声为非接触式检测,其耐久性较好,但测量精度和灵敏度较低,实际应用很少。
>
> 通过直接检测燃烧室压力变化来检测发动机振动的测量精度较高,但传感器安装困难,且耐久性较差,一般用于测量仪器,实际应用的压力检测传感器均为间接检测式。
>
> 通过检测发动机缸体振动频率来检测爆燃的主要优点是测量精度较高、传感器安装方便(一般都安装在缸体侧面)且输出电压较高,因此,在当今汽车上得到广泛采用。

3.3.3 爆燃传感器的结构原理

发动机爆燃传感器是点火提前角闭环控制必不可少的传感器,其功用是将发动机爆燃信号转换为电信号输入发动机ECU,以便ECU修正点火提前角来消除爆燃。

车用爆燃传感器是一种振动加速度传感器。按检测方式不同,可分为共振型与非共振型两种;按结构不同,可分为磁致伸缩式和压电式两种。

> 共振型爆燃传感器的显著特点是传感器的共振频率与发动机爆燃的固有频率相匹配,其内部设有共振体,并使共振体的共振频率与爆燃频率协调一致。其优点是输出电压高,不需要滤波器,信号处理比较方便。由于机械共振体的频率特性尖且频带窄,因此,无法响应发动机结构变化引起的爆燃频率变化。换句话说,共振型爆燃传感器只适用于特定的发动机,不能与其他发动机互换使用,装车自由度很小。美国通用和日本日产汽车采用的磁致伸缩式爆燃传感器就属于共振型爆燃传感器。
>
> 非共振型爆燃传感器的突出优点是适用于各种型号的发动机,装车自由度很大,但其输出电压较低,频率特性平坦且频带较宽,需要配用带通滤波器(只允许特定频带的信号通过、对其他频率的信号进行衰减的滤波器。带通滤波器一般由线圈和电容器组合而成),信号处理比较复杂。中国、日本和欧洲汽车大都采用非共振型爆燃传感器。

1. 压电式爆燃传感器

压电式爆燃传感器是利用1880年发现的压电效应制成的。国内外轿车普遍采用了非共振型压电式爆燃传感器。

1) 压电式爆燃传感器的结构特点

压电式爆燃传感器主要由套筒底座、压电元件、惯性配重、塑料壳体和接线插座等组成，其结构如图3-22所示。

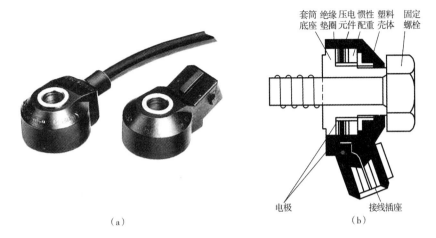

图3-22 压电式爆燃传感器的结构

(a) 外形；(b) 内部结构

压电元件是爆燃传感器的主要部件，由压电材料制成垫圈形状，在其两个侧面上安放有金属垫圈作为电极，并用导线引到接线插座上。惯性配重与压电元件以及压电元件与传感器套筒之间安放有绝缘垫圈，套筒中心制作有螺孔，传感器用螺栓安装固定在发动机缸体上，调整螺栓的拧紧力矩便可调整传感器输出的信号电压（注意：传感器的输出特性出厂时已经调好，使用中拧紧力矩不得随意调整）。

惯性配重用来传递发动机振动产生的惯性力。惯性配重与塑料壳体之间安装有盘形弹簧，借弹簧张力将惯性配重、压电元件和绝缘垫圈等部件压紧在一起。

传感器插座上有三根引线，其中两根为信号线，一根为屏蔽线。

压电式爆燃传感器也可制作成共振型爆燃传感器，其结构与非共振型基本相同，不同的是在共振型爆燃传感器的壳体内设有一个共振体。

爆震传感器原理V2

2) 压电式爆燃传感器的工作原理

> 压电效应是指某些晶体（如石英、陶瓷、酒石酸盐等）薄片受到压力或机械振动之后产生电荷的现象。当晶体受到外力作用时，在晶体的某两个表面上就会产生电荷（输出电压）；当外力去掉时，晶体又恢复到不带电状态；晶体受力产生的电荷量与外力大小成正比。

当发动机缸体振动时，传感器套筒底座及惯性配重随之产生振动，套筒底座和配重的振动作用在压电元件上。由压电效应可知，压电元件的信号输出端会输出与振动频率和振动强度有关的交变电压信号，如图3-23所示。试验证明：发动机爆燃产生的压力冲击波频率在6~9 kHz时振动强度较大，所以信号电压较高。发动机转速越高，信号电压幅值越大。

发动机爆燃是在活塞运行到压缩上止点附近时产生的，此时缸体振动强度最大，所以爆燃传感器在活塞运行到压缩上止点前后产生的输出电压较高。爆燃传感器输出信号与曲轴转角的对应关系如图3-24所示，传感器的灵敏度约为 20 mV/g（$g = 9.8 \text{ m/s}^2$）。

2. 磁致伸缩式爆燃传感器

磁致伸缩式爆燃传感器为共振型爆燃传感器。

1）磁致伸缩式爆燃传感器的结构特点

磁致伸缩式爆燃传感器的结构如图3-25所示，主要包括弹性元件、传感线圈、伸缩杆、永久磁铁和壳体。伸缩杆用高镍合金制成，在其一端设置有永久磁铁，另一端安放在弹性元件上。传感线圈绕制在伸缩杆的周围，传感线圈两端引出电极与控制线路连接。

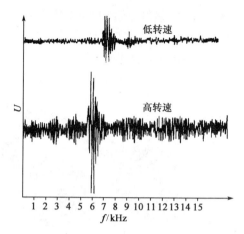

图3-23 不同转速时压电式爆燃传感器输出波形

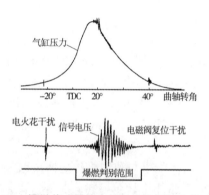

图3-24 爆燃传感器输出信号与曲轴转角的对应关系

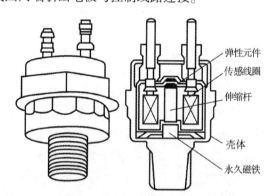

图3-25 磁致伸缩式爆燃传感器的结构

> 磁致伸缩式爆燃传感器的外形结构与机油压力传感器相似，其不同之处在于爆燃传感器旋入发动机缸体的部分为整体结构，而机油压力传感器则设计有进油孔。

2）磁致伸缩式爆燃传感器的工作原理

当发动机缸体振动时，传感器的伸缩杆就会随之产生振动，传感线圈中的磁通量就会发生变化。由电磁感应原理可知，线圈中会感应产生交变电动势，即传感器有信号电压输出，输出电压的高低取决于发动机的振动强度和振动频率。

当发动机缸体振动频率达到 6～9 kHz 时，传感器产生共振，振动强度最大，传感线圈中产生的电压最高，如图3-26所示。

3. 压力检测式爆燃传感器

通过直接检测燃烧压力来检测发动机爆燃是测量精度最高的测量方法，但传感器安装困难且耐久性较差。汽车使用的是一种间接检测燃烧压力的方

磁致伸缩式爆震传感器工作原理

非共振型压电式爆震传感器的工作原理

法，检测燃烧压力的传感器安装在火花塞垫圈下面，如图 3-27 所示。这种传感器称为垫圈式爆燃传感器，它在奥迪轿车上已被采用。

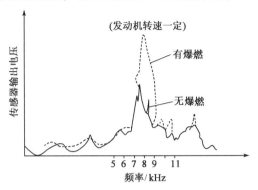

图 3-26 共振型爆燃传感器信号波形

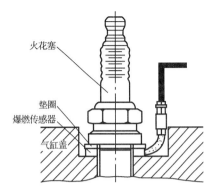

图 3-27 垫圈式爆燃传感器安装位置

> 垫圈式爆燃传感器实际上是一种非共振型压电效应式传感器，结构原理与前述压电式爆燃传感器相同。传感器安装在火花塞垫圈与发动机气缸盖之间，燃烧压力作用到火花塞上，经过火花塞垫圈再传递给传感器。当作用力变化时，传感器信号电压随之变化，从而间接地测量燃烧压力。

3.3.4 汽油机爆燃的判别方法

> 发动机爆燃一般仅在大负荷、中低转速（小于 3 000 r/min）时产生。由于爆燃传感器输出电压的振幅随发动机转速高低不同而有很大的变化，因此，判定发动机是否产生爆燃不能根据爆燃传感器输出信号电压的绝对值进行判别。常用方法是：将发动机无爆燃时传感器输出的电压信号与产生爆燃时输出的电压信号进行比较，从而做出判定结论。

1. 基准电压的确定

判定爆燃的基准电压通常利用发动机即将产生爆燃时的传感器输出信号电压来确定。基准电压的确定方法如图 3-28 所示。首先对传感器输出的信号进行滤波和半波整流，利用平均电路求得信号电压的平均值，然后再乘以常数倍即可形成基准电压 U_B，平均值的倍数由设计制造时通过试验确定。因为发动机转速升高时爆燃传感器输出电压的幅值增大，所以基准电压并不是一个固定值，而是随发动机转速升高而增大。

图 3-28 基准电压的确定方法

2. 爆燃强度的判别

发动机爆燃的强度取决于爆燃传感器输出信号电压的振幅和持续时间。爆燃信号电压值超过基准电压值的次数越多,爆燃强度越大;反之,超过基准电压值的次数越少,爆燃强度越小。爆燃强度的判定方法如图 3-29 所示。

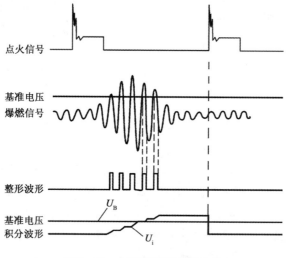

图 3-29 爆燃强度的判定方法

首先利用基准电压值对传感器输出信号进行整形滤波处理,然后对整形后的波形进行积分处理,求得积分值 U_i。爆燃强度越大,积分值 U_i 越大;反之,积分值 U_i 越小。当积分值 U_i 超过基准电压值 U_B 时,ECU 将判定发动机产生爆燃。

3.3.5 汽油机爆燃的控制过程

爆燃控制系统是一个典型的闭环控制系统。当发动机工作时,ECU 首先根据各传感器信号,从预先试验测得并存储在 ROM 中的点火提前角三维数据 MAP 中查寻得到点火提前角;然后根据凸轮轴位置传感器 CIS、曲轴位置传感器 CPS 以及其他传感器信号控制点火时刻,控制结果由爆燃传感器反馈到 ECU 输入端,再由 ECU 对点火提前角进行修正。爆燃反馈控制的点火提前角曲线如图 3-30 所示。

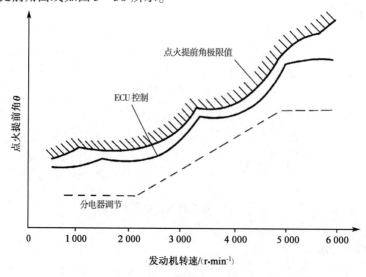

图 3-30 爆燃反馈控制的点火提前角曲线

爆燃传感器信号被输入 ECU 后，ECU 便将积分值 U_i 与基准电压 U_B 进行比较。当积分值 U_i 高于基准电压 U_B 时，ECU 立即发出指令，控制点火时刻推迟（减小点火提前角），每次推迟 $0.5°\sim1.0°$ 曲轴转角，修正速度为 $0.7°/s$ 左右，直到爆燃消除为止。爆燃强度越大，点火时间推迟越多；爆燃强度越小，点火时间推迟越少。

当积分值 U_i 低于基准电压 U_B 时，爆燃已经消除，ECU 又递增一定量的点火提前角控制点火，直到再次产生爆燃时，ECU 再重复上述控制过程。如此循环往复，便将发动机控制在爆燃的临界状态工作。

> 发动机工作时，缸体振动频繁剧烈，为使监测得到的爆燃信号准确无误，监测在爆燃过程中并非随时都在进行，而是在发出点火信号后的一定范围内进行，这是因为发动机产生爆燃的最大可能性是在点火后的一段时间之内。

 本章小结

本章主要介绍了汽油机的点火条件、点火与爆燃的控制原理，点火与爆燃控制系统的功用、组成、结构原理与控制过程，点火系统的配电方式与分类方法，点火线圈、点火控制器和火花塞等点火装置的结构与检修等内容。

下列概述覆盖了本章的主要学习内容，利用以下线索可对所学内容做一次简要的回顾：

（1）点火系统的功用、分类及汽油机对点火系统的要求。点火电压应限制在 30 kV 以内，点火能量应在 50 mJ 以上，点火时机必须满足最佳点火提前角要求并适应发动机的工作顺序。

（2）点火高压电的产生原理。利用互感原理，先由点火线圈将低压电源转变为高压电源，然后再将高压电分配到各缸火花塞产生电火花以点着可燃混合气。

（3）微机控制点火系统（MCI）的组成与点火控制原理。最佳点火提前角的影响因素以及微机控制的点火提前角的确定。

（4）点火提前角和点火导通角的控制过程、高压电的分配方式、双缸同时点火和各缸单独点火。

（5）点火线圈、点火控制器和火花塞的构造与检修。初级绕组的电阻值为 $0.5\sim1.0\ \Omega$，次级绕组的电阻值为 $2.5\sim4\ k\Omega$。普通火花塞的电极间隙为 $0.6\sim0.8$ mm，高能点火系统火花塞的电极间隙为 $1.1\sim1.3$ mm。

（6）火花塞的型号规格、技术状态检查和电极间隙调整方法。

（7）汽油机爆燃控制系统的组成，爆燃传感器的分类方法与结构原理。

（8）汽油机爆燃的检测与判别方法以及爆燃的控制过程。

复 习 题

一、单选题

1. 汽车点火系统的功用是把 $10\sim15$ V 的低压电源转变成高压电源，其高压值为（　　）。

A. 1.5~2.0 kV　　B. 15~20 kV　　C. 150~200 kV　　D. 15~20 V

2. 为了保证汽油机可靠点火且成本可控，点火高压应当限制在下述哪个值以内？（　　）
   A. 10 kV　　B. 20 kV　　C. 30 kV　　D. 100 kV

3. 为了保证汽油机可靠点火，任何点火系统提供的点火能量值都必须达到（　　）。
   A. 50 mJ　　B. 5 mJ　　C. 100 mJ　　D. 200 mJ

4. 当电控汽油机的转速低于下述哪项时，其实际点火提前角等于初始点火提前角？（　　）
   A. 30 r/min　　B. 40 r/min　　C. 300 r/min　　D. 400 r/min

5. 当四缸电控汽油机采用双缸同时点火时，火花塞同时跳火的两个气缸是（　　）。
   A. 1、2缸　　B. 1、3缸　　C. 1、4缸　　D. 2、4缸

6. 在微机控制点火系统初级绕组电流接通瞬间，次级绕组产生的感应电动势为（　　）。
   A. 1 000 V　　B. 10 kV　　C. 20 kV　　D. 30 kV

7. 汽油机爆燃产生的压力冲击波的频率一般为（　　）。
   A. 1~3 kHz　　B. 4~5 kHz　　C. 6~9 kHz　　D. 10~12 kHz

8. 电控汽油机产生爆燃时，ECU 每次推迟点火提前角的大小为（　　）。
   A. 0.1°~0.5°　　B. 0.5°~1°　　C. 1°~1.5°　　D. 1.5°~5.0°

9. 在微机控制点火系统中，其点火线圈初级绕组的电阻值一般为（　　）。
   A. 0.5~1.0 kΩ　　B. 0.5~1.0 Ω　　C. 2.5~4 Ω　　D. 2.5~4 kΩ

10. 汽油机爆燃控制系统修正点火提前角的速度约为（　　）。
    A. 7°/s　　B. 5°/s　　C. 3°/s　　D. 0.7°/s

二、多选题

1. 按结构形式不同，点火系统可分为下述哪几种类型？（　　）
   A. 传统点火　　B. 电子点火　　C. 微机控制点火　　D. 自燃点火

2. 按点火信号发生器的类型不同，电子点火系统可分为下述哪几种类型？（　　）
   A. 触点式　　B. 霍尔式　　C. 磁感应式　　D. 光电式

3. 为了保证汽油机可靠工作，在下述指标哪几个方面对点火系统都有特殊要求？（　　）
   A. 点火电压　　B. 点火能量　　C. 点火顺序　　D. 点火时刻

4. 微机控制点火系统控制的点火提前角是由以下哪几种点火提前角组成的？（　　）
   A. 初始提前角　　B. 最佳提前角　　C. 基本提前角　　D. 修正提前角

5. 微机控制点火与爆燃控制能够提高发动机的下述哪些性能？（　　）
   A. 动力性　　B. 经济性　　C. 排放性　　D. 安全性

6. 车用爆燃传感器是一种振动加速度传感器，这种传感器有以下哪几种形式？（　　）
   A. 共振型　　B. 非共振型　　C. 磁致伸缩式　　D. 压电式

三、判断题

1. 汽油的燃点较高，气缸内的汽油混合气需用高压电火花点着才能燃烧。（　　）
2. 击穿火花塞时的电压，称为击穿电压。（　　）
3. 当汽油发动机工作时，其点火能量将储存在蓄电池中。（　　）
4. 当负荷一定时，发动机发出功率最大和油耗最多时的点火提前角，称为最佳点火提前角。（　　）

5. 微机控制点火的实质是控制点火提前角。（   ）

6. 微机控制点火系统不仅能够显著提高汽油机的动力性，而且还能提高汽油机的燃油经济性和排放性。（   ）

7. 在微机控制点火系统中，大多数传感器都是与燃油喷射系统共用的。（   ）

8. 当起动发动机时，微机控制点火系统将按预先设定的控制程序控制点火。（   ）

9. 汽油机爆燃控制系统是一个点火提前角开环控制系统。（   ）

10. 当ECU根据爆燃传感器信号判定汽油机产生爆燃时，将立即增大点火提前角。（   ）

三、简答题

1. 为了保证汽油机在各种工况下都能可靠适时点火，点火系统必须满足哪些要求？
2. 什么是点火提前角？影响最佳点火提前角的因素有哪些？
3. 微机控制点火系统由哪些部件组成？
4. 试说明微机控制点火系统控制点火的基本原理。
5. 微机控制点火系统在哪些情况下是按固定的点火提前角控制点火的？为什么？
6. 汽油发动机爆燃的主要危害是什么？爆燃控制系统由哪些部件组成？
7. 汽油发动机爆燃的检测方法有哪些？各有什么特点？
8. 爆燃传感器有哪些类型？共振型与非共振型爆燃传感器各有什么特点？
9. 压电式爆燃传感器怎样检测发动机爆燃？
10. 试分析说明汽油机产生爆燃时，爆燃控制系统的控制过程。

第 4 章

柴油机电控喷油技术

1. 认知目标

(1) 了解柴油机燃油喷射系统的分类方法与控制策略。

(2) 熟悉高压共轨式柴油喷射系统的组成与特点,高压共轨式电控系统关键部件的结构组成与工作原理。

(3) 掌握高压共轨式电控系统喷油量、喷油压力和多段喷油的控制方法。

2. 技能目标

(1) 能够说明高压共轨式柴油喷射系统的组成与特点。

(2) 能够说明高压共轨式电控系统关键部件的结构原理。

(3) 能够熟练地阐述高压共轨式电控系统喷油量和喷油压力的控制过程。

汽车用柴油发动机为压燃式发动机,电控柴油机的喷油压力高达 160~200 MPa。因此,研究柴油机电控喷油技术主要是研究喷油压力电控技术和燃油喷射电控技术。本章主要介绍柴油机喷油系统的分类方法与控制策略,高压共轨式电控柴油喷射系统的组成与特点,高压共轨式电控喷油系统的关键技术、喷油量和喷油压力以及多段喷油的控制等内容。本章学习内容力求使学生掌握柴油机电控技术的相关知识,为使用维修奠定坚实的基础。

4.1 柴油机电控喷油技术基础

柴油机电子控制燃油喷射系统又称电子控制柴油机系统(Electronic Control Diesel Engine System, ECD,日本电装公司)、电子式柴油机控制系统(Electronic Diesel Engine Control System, EDC,德国博世公司)和计算机控制柴油喷射系统(Computed Diesel Injection System, CDI,奔驰公司)。为了区别于汽油机电控燃油喷射系统,我们通常称其为柴油机电控喷油系统、电控柴油喷射系统或柴油机电控燃油喷射系统。

4.1.1 柴油机电控燃油喷射系统的分类

柴油机燃油喷射系统可分为机械式燃油喷射系统和电子控制式燃油喷射系统两大类。由于柴油机产品的多样性(在机械控制时代就已开发应用直列泵、分配泵、单体泵和泵喷嘴等结构形式、适用范围和自身特点完全不同的燃油系统），在其基础上开发研制的柴油机电控燃油喷射系统种类繁多、形式各异。准确分类十分困难，大致可按下述情况进行分类。

按控制方式不同，柴油机电控燃油喷射系统可分为位置控制式柴油喷射系统、时间控制式柴油喷射系统和共轨（公共油轨）式电控柴油喷射系统三种类型。

按控制对象不同，柴油机电控燃油喷射系统可分为电控喷油泵系统和共轨（公共油轨）式电控喷油系统两大类。对于前者，ECU 的控制对象是喷油泵；对于后者，ECU 则直接控制喷油器和共轨压力。

按喷油泵供油机构的结构形式不同，柴油机电控燃油喷射系统可分为直列泵式、分配泵式、泵喷嘴式和单体泵式四种类型。

共轨式电控柴油喷射系统可分为高压共轨和中压共轨式喷油系统两种类型。当今柴油车普遍使用的是高压共轨式喷油系统。

> 高压共轨式喷油系统的全称是高压共轨式电子控制柴油喷射系统，一般被称为高压共轨式柴油喷射系统，其基本控制原理与汽油喷射系统相似，由电动燃油泵（输油泵）将燃油箱内的柴油输送到高压油泵，高压油泵在发动机驱动下将柴油加压到 160~200 MPa 后供入共轨 CR（Common Rail，俗称"共轨"，相当于电控汽油喷射系统的燃油分配管或燃油总管）内，在电控单元 ECU 的控制下，高压燃油经电控喷油器喷射到相应的气缸内燃烧做功。

中压共轨式喷油系统的基本原理是：输油泵输出的燃油为中、低压燃油，压力为 10~30 MPa，中低压燃油由燃油泵输送到共轨后再送入喷油器。在中压共轨式喷油系统的喷油器中，设置有液压放大机构（增压器或增压机构），中低压燃油的压力由液压放大机构增大到 120 MPa 以上，然后在电控单元 ECU 的控制下，高压燃油经电控喷油器喷射到相应的气缸内燃烧做功。在中压共轨式电控柴油喷射系统中，高压区域仅局限在喷油器中。

> 高压共轨式电控喷油系统与传统的喷油泵供油系统以及电控喷油泵系统的显著区别在于：燃油高压的产生和喷油量的控制是由 ECU 分别独立控制的，即燃油压力的产生与柴油机转速、负荷无关，是由 ECU 控制压力控制阀调节高压油泵的供油量来控制燃油压力的；喷油量则由 ECU 控制电控喷油器进行控制。因此，高压共轨式喷油系统能够自由改变喷油压力、喷油量、喷油定时（何时开始喷油）和喷油特性（实现引导喷射、预喷射、主喷射、后喷射和次后喷射等多段喷射，目前已可实现 3 次、5 次或更多次喷射）。通过预喷射，可降低柴油机噪声；通过后喷射，可减小发动机氮氧化物 NO_x 和颗粒物（Particulate Matter，PM，即炭烟微粒或浮游微粒）的排放量。因此，柴油机采用高压共轨式电控喷油技术，能使柴油雾化良好，提高燃烧效率，从而达到降低油耗、减少排放、降低噪声和减小振动之目的。

> 在上述电控柴油喷射系统中,只有高压共轨式电控喷油系统是一种新型的电子控制柴油喷射系统,其他系统都是在罗伯特·博世(Robert Bosch)公司1926年开发成功的喷油泵的基础上增设电子控制系统而构成的,在技术上没有实质性的进步。

在柴油机喷油系统中,各种传感器的功用、组成及其结构原理与汽油机喷油系统使用的传感器基本相同。鉴于执行器是柴油机喷油系统的关键技术,以及柴油机技术发展的必然趋势是采用高压共轨式电控柴油喷射技术,所以本书重点介绍高压共轨式柴油喷射系统的执行器技术、喷油压力控制技术和喷油量控制技术。

4.1.2 柴油机喷油系统的控制策略

20世纪70年代以来,在满足柴油机排放法规和提高燃油经济性等要求的背景下,柴油机电控喷油技术先后被各汽车生产厂家用来控制喷油量和喷油定时等控制参数,经历了位置控制、时间控制和高压共轨控制三代控制技术的变化。柴油机燃油喷射系统的控制策略与技术特征如表4-1所示。

表4-1 柴油机燃油喷射系统的控制策略与技术特征

技术类别	控制策略	柴油喷射系统名称	控制项目				技术特征
			喷油量	喷油定时	喷油压力	喷油特性	
第一代	凸轮压油 + 位置控制	COVEC-F	●	●	○	○	喷油量由ECU控制油量调节齿杆或滑套的位移量进行控制;喷油定时由定时控制阀TCV通过控制液压提前器活塞高压腔与低压腔之间的压差来控制
		ECD-V1	●	●	○	○	
		TICS	●	●	○	○	
第二代	凸轮压油 + 电磁阀时间控制	ECD-V3	●	●	○	○	喷油量由ECU控制电磁阀进行控制;喷油定时控制方法与第一代相同,但反馈控制信号不同
		VP	●	●	○	○	
第三代	燃油蓄压 + 喷油器时间控制	ECD-U2 ECD-U2P UNIJET CRS	●	●	●	●	喷油量和喷油定时均由ECU通过控制各缸喷油器的电磁机构来控制;喷油压力由ECU通过控制压力控制阀PCV来控制,燃油压力的产生与发动机转速和负荷无关

注:符号"●"表示具有该项控制功能,符号"○"表示没有该项控制功能。

4.1.3 柴油机喷油量的计算方法

喷油量是柴油机工作过程中最重要的参数之一。柴油机设计师们的最大理想就是根据柴油机的实际工况,自由控制每循环的喷油量。随着高压共轨式电控柴油喷射技术的应用,设计师们的梦想已经成为现实。

柴油机每循环的基本喷油量可用下述公式进行计算。

$$Q_j = \frac{98 \, p_e V_h g_e}{27 \, \gamma_m} = \frac{50 \, N_e g_e}{3 \, n_t \gamma_m} \qquad (4-1)$$

式中　Q_j——基本（标定工况）喷油量，mm^3；

　　　p_e——平均有效压力，kPa；

　　　V_h——每缸排量，L；

　　　g_e——比油耗，g/(kW·h)；

　　　γ_m——燃油密度（轻质柴油：$\gamma_m = 0.82 \sim 0.89 \, g/cm^3$）；

　　　N_e——每缸标定功率，kW；

　　　n_t——标定工况凸轮转速，r/min。

标定工况的喷油量是柴油机工作过程中最基本的喷油量。式（4-1）说明，基本喷油量 Q_j 与凸轮转速 n_t 成反比。因为发动机转速 n_e 与凸轮转速 n_t 为一定比值关系，所以基本喷油量 Q_j 与发动机转速 n_e 也成反比关系。当转速升高时，发动机在一个工作循环内所占的时间缩短，其进气量将减小，所以基本喷油量 Q_j 减小。柴油机在各种工况下工作时，每循环喷油量的变化范围是 $(1.0 \sim 1.5) Q_j$。其他工况下的喷油量与基本喷油量之间的关系如下：

起动喷油量为

$$Q_q = (1.3 \sim 1.5) Q_j \qquad (4-2)$$

怠速喷油量为

$$Q_d = (0.2 \sim 0.25) Q_j \qquad (4-3)$$

式（4-2）和式（4-3）都是经验公式，用其计算的喷油量具有一定的精度，曾被广泛应用于机械式供油系统喷油量的计算。由于柴油机各具特点，因此需要在此基础上，根据具体发动机进行试验修正后，才能得到较为理想实用的喷油量数据。

4.2　高压共轨式柴油喷射系统

高压共轨式柴油喷射技术是一种全新的电子控制柴油喷射技术，其基本原理与电控汽油喷射技术相似。输油泵（电动燃油泵）将柴油从燃油箱输送到高压泵（高压油泵）内，高压泵在发动机的驱动下将柴油压缩成高压燃油（油压高达 160~200 MPa）后供入共轨，在 ECU 控制下，共轨中的适量高压燃油经各缸喷油器直接喷射到气缸内燃烧做功。

4.2.1　高压共轨式柴油喷射系统的组成

博世公司高压共轨式柴油喷射系统（Common Rail System，CRS）的组成如图 4-1 所示，其控制部件在四缸柴油机上的安装位置如图 4-2 所示。

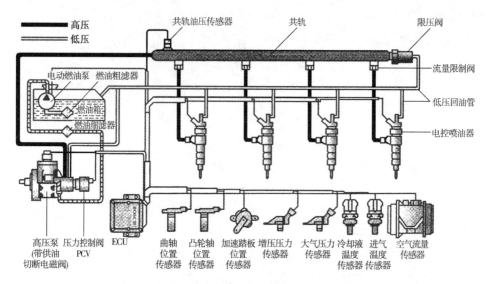

图4-1 博世公司高压共轨式柴油喷射系统的组成

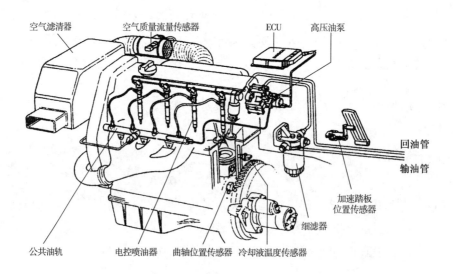

图4-2 博世公司高压共轨式柴油喷射系统控制部件在四缸柴油机上的安装位置

高压共轨式柴油喷射系统采用的控制策略是：喷油量和喷油定时均由ECU通过控制各缸喷油器的电磁机构进行控制，喷油压力（共轨中的燃油压力）由ECU通过控制压力控制阀（Pressure Control Valve，PCV）进行控制。在电控汽油喷射系统中，电动燃油泵供给到共轨（燃油总管）中的汽油压力较低（250~350 kPa），燃油压力（喷油压力）可用机械式油压调节器进行调节。在高压共轨式电控柴油喷射系统中，高压燃油泵供给到共轨中的柴油压力（喷油压力）高达160~200 MPa，用机械式油压调节器难以实现精确调节，因此，喷油压力采用了压力控制阀（PCV）进行控制。同电控汽油喷射系统一样，燃油压力的产生同样与发动机转速和负荷无关。

高压共轨式柴油喷射系统的组成与电控汽油喷射系统相同，也是由空气供给系统、燃油供给系统和电子控制系统三大系统组成的。

1. 空气供给系统

空气供给系统（供气系统）的功用及组成与电控汽油喷射系统基本相同，主要是向发动机提供燃油燃烧所需空气并检测出进入气缸的空气量。供气系统配装的传感器主要有空气流量传感器（空气流量计）、进气温度传感器、大气压力传感器和增压压力传感器。

空气流量传感器安装在进气管道上，用于检测增压器增压后的空气量。进气温度传感器一般都安装在空气流量传感器内，用于检测进入气缸的空气温度；大气压力传感器一般都安装在 ECU 内部的印刷电路板上，用于检测海拔高度不同时的大气压力；增压压力传感器安装在进气管道上，用于检测增压器增压后的空气压力。进气温度、大气压力和增压压力三种传感器信号都是用于对空气量进行修正计算，以便得到进入气缸空气量的精确数值。因为柴油机的理想空燃比为 14.3，所以 ECU 根据空气量的精确数值，即可在每个燃烧循环调整每只喷油器的喷油量，从而大大减小有害物质的排放量。

2. 燃油供给系统

燃油供给系统的功用是向共轨供给压力足够高和油量足够大的燃油。燃油的实际压力值和供油量取决于发动机转速高低与负荷大小，由系统设计与试验确定。最高油压可达 200 MPa 甚至更高，供油量可达 1 600 mm^3/r（立方毫米每转）。燃油供给系统可分为低压通道与高压通道两个部分。低压通道部分由燃油箱、输油泵（电动燃油泵）、柴油滤清器（粗滤器和细滤器）、低压输油管以及低压回油管等部件组成。高压通道部分由高压泵（供油泵或高压油泵）、高压油管、共轨、限压阀、流量限制阀（流量限制器）和电控喷油器等部件组成。其中，限压阀和流量限制阀为安全装置。

3. 电子控制系统

高压共轨式柴油喷射系统的控制策略是将喷油量和喷油压力分别进行控制，所以，其电子控制系统又分为电子控制喷油系统和电控油压系统两个子控制系统。

电子控制喷油系统主要由曲轴位置传感器、凸轮轴位置传感器、加速踏板位置传感器、冷却液温度传感器、电控单元 ECU 和电控喷油器等部件组成。电控喷油器是电控喷油系统的执行器。电子控制喷油系统的功用是根据各种传感器信号提供的柴油机转速、负荷等工况信息，控制喷油量、喷油定时和喷油特性（喷油量与喷油时间之间的关系）等参数，实现预喷射、主喷射、后喷射和多段喷射（已可实现 5 次或更多次喷射），提高柴油机的动力性、经济性和排放性。

电控油压系统又称喷油压力电控系统或共轨压力电控系统，主要由共轨油压传感器、电控单元 ECU 和共轨压力控制阀 PCV 等部件组成。压力控制阀 PCV 是电控油压系统的执行器。电控油压系统的功用是控制共轨中的燃油压力（喷油压力），实现高压喷射，使柴油良好雾化，提高燃烧效率，从而达到降低油耗、减少排放、降低噪声和减小振动之目的。

4.2.2 高压共轨式柴油喷射系统的优点

高压共轨式柴油喷射技术是 20 世纪 90 年代中后期研究成功的柴油机电控技术。该技术的显著特点是：喷油压力与喷油过程由 ECU 分别独立进行控制，能够自由调节喷油压力、喷油量、喷油定时和喷油特性。实践证明，高压共轨式柴油喷射系统具有以下优点。

（1）喷油压力高。喷油压力（共轨压力）一般都维持在 160 MPa 以上，最高可达 200 MPa，比一般直列泵的喷油压力（60～95 MPa）高出一倍。由于喷油压力高、燃油雾化好、燃烧过程得以改善，因此，发动机的油耗、排放及噪声等性能得到明显改善，并可改善发动机转矩特性，提高发动机的动力性。

（2）喷油压力自由调节。喷油压力的产生与发动机转速、负荷无关，电动燃油泵（输油泵）将燃油箱内的柴油输送到高压油泵之后，由 ECU 控制压力控制阀 PCV 调节高压油泵供入共轨管内的燃油量来调节喷油压力。喷油压力调节范围为 20～200 MPa。

（3）喷油量自由调节。喷油量和喷油定时的数据图谱在电控喷油系统设计制作后通过台架试验测试确定，并预先编程存储在 ROM 中，发动机 ECU 根据发动机转速和加速踏板位置等传感器信号，从数据图谱中查询得到最佳参数直接控制各缸喷油器的电控机构（电磁线圈或压电元件）实现精确控制。喷油量的大小由 ECU 控制喷油器电磁线圈或压电元件的通电时间决定。通电时间越长，喷油量越大；通电时间越短，喷油量越小。

（4）喷油特性满足排放要求。在发动机的一个工作循环内，能够实现引导喷射、预喷射、主喷射、后喷射和次后喷射以及更多次喷油控制，柴油雾化良好、混合均匀，燃烧效率提高，能够减少氮氧化物 NO_x 和颗粒物 PM（炭烟或浮游微粒）排放、降低噪声和节约燃油。

（5）适用于旧柴油机升级改造。应用实践证明，共轨式电控柴油喷射系统代表着柴油机燃油喷射技术的发展方向。与分配泵只能用于小型发动机或泵喷嘴、单体泵需要改动发动机不同，共轨式电控柴油喷射系统既能与小型、中型和重型柴油机匹配使用，也适用于现有柴油机的升级改造。共轨沿发动机纵向布置，高压泵、共轨和喷油器各自的安装位置相互独立，便于在发动机上安装和布置。对旧柴油机进行改造时，对缸体和缸盖的改动很小。

4.3 高压共轨式电控系统的关键技术

在高压共轨式柴油喷射系统中，各种传感器和供气系统部件的功用、结构原理与汽油机电控燃油喷射系统基本相同，仅因柴油喷射压力高而技术性能要求更高而已，故不一一赘述。下面主要介绍输油泵、高压泵、压力控制阀、共轨组件、限压阀、流量限制阀、共轨油压传感器和电控喷油器等关键部件的功用、结构组成与工作原理。

> 在高压共轨式柴油喷射系统的燃油供给子系统中，燃油箱、粗滤器、细滤器、低压油管、低压回油管和高压油管等部件的结构原理及功用与机械式柴油系统基本相同，不同之处有：用高压泵取代了原来的喷油泵，新增了输油泵（电动燃油泵）以及储存高压燃油的共轨组件，用电控喷油器取代了原来的机械式喷油器，高压油管的直径略有加大。例如，电装公司的 ECD－U2 型电控高压共轨式喷油系统各缸高压油管的外径由 6.35 mm 增大到了 8 mm，内径由 2 mm 增大到了 4 mm。

4.3.1 输油泵

在高压共轨式电控柴油喷射系统中，输油泵为电动燃油泵，其结构原理与电控汽油喷射系统基本相同。在安装方式上，电动燃油泵既可安装在燃油箱内部，也可安装在燃油箱外面的低压油路上。安装在燃油箱内部易于散热，故普遍采用内装式。

> 输油泵的功用是向高压泵提供具有一定压力（一般为250 kPa）和数量（最大供油量为3 L/min）的燃油。输油泵受ECU控制，点火开关一旦接通，ECU便控制输油泵继电器接通输油泵电路，输油泵就开始供油。如果在规定时间内（9 s左右）仍未接通起动开关来起动发动机，ECU将自动切断输油泵电源电路，输油泵将停止运转。

4.3.2 高压泵

高压泵又称高压油泵，是燃油供给系统低压通道与高压通道之间的接口部件。高压泵的功用是：在柴油机各种工况下，将低压柴油压缩，向共轨管内供入压力足够高、油量足够大的高压燃油。

> 高压泵与普通喷油泵一样安装在柴油机缸体上，通过离合器、齿轮、链条或齿带由发动机驱动。但安装高压泵时，只需考虑供油功能，无须考虑定时位置。

1. 高压泵的结构特点

高压泵种类繁多、形式各异，结构原理大同小异，都是利用凸轮转子驱动柱塞运动，将低压柴油压缩成为高压燃油。高压泵主要由偏心轮、柱塞组件、进油阀、出油阀、壳体和油道等组成，其轴向剖面结构如图4-3所示。

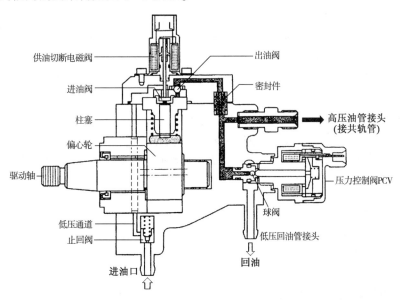

图4-3 博世高压共轨系统CP3系列高压泵的轴向剖面结构

高压泵由偏心轮驱动，在泵内径向设有3套柱塞组件，柱塞相互间隔120°排列，如图4-4所示。偏心轮驱动平面与柱塞垫块之间的接触形式为面接触，比传统的凸轮与滚轮之间为线接触形式的接触应力要小得多，有利于燃油升压和延长使用寿命。由于高压泵每旋转一转有3个供油行程，故驱动装置受载均匀，驱动峰值转矩小（博世高压泵为

16 N·m），仅为分配泵驱动转矩的 1/9 左右。因此，高压共轨式燃油喷射系统对高压泵端驱动装置的要求远远低于机械式燃油系统。泵端驱动装置所需功率随共轨压力和高压泵转速的增加而成正比增加。

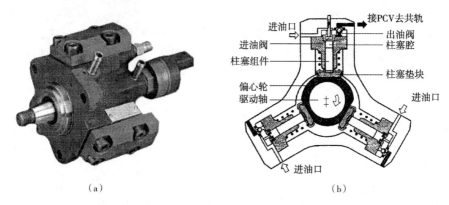

图 4-4 博世高压共轨系统 CP3 系列高压泵的结构
(a) 外形结构；(b) 径向结构

对一台排量为 2 L 的发动机而言，当设定转速下的共轨压力为 135 MPa 时，高压泵（机械效率约为 90%）消耗功率仅为 3.8 kW。如果考虑喷油器的喷油量和低压回油量以及压力控制阀的回油量等，那么高压泵的消耗功率应更高一些。高压泵转速较高（最高转速为 4 000 r/min），因此采用了柴油润滑与散热。

2. 高压泵的工作原理

输油泵（电动燃油泵）运转时，将燃油箱内的柴油经低压油管、高压泵进油口、止回阀和低压通道输送到进油阀处。当柴油机转动时，高压泵按一定速比随柴油机一同旋转。高压泵转动时，偏心轮便使柱塞径向移动。当柱塞下行时 [图 4-4 (b)]，柱塞腔容积增大，压力降低使进油阀阀门打开，低压燃油由进油阀进入柱塞腔，对高压泵进行充油。

共轨高压泵工作原理

当柱塞上行时，柱塞腔容积减小，压力增大使进油阀阀门关闭（图 4-3），燃油被压缩而压力升高。当柱塞上行行程增大使柱塞腔内压力高于共轨中的燃油压力时，出油阀阀门打开，柱塞腔内的高压燃油便在压力控制阀 PCV 的控制下，经高压油管供入共轨管中。

3. 供油切断电磁阀的功用

高压泵在柱塞腔上设有供油切断电磁阀，又称断油电磁阀，如图 4-3 所示。该电磁阀的功用是当发动机怠速和部分负荷时通电切断高压供油，使供油量适应喷油量变化的需要，减少高压泵的功率消耗。

> 高压泵的供油量是按最大供油量进行设计的。在发动机怠速和部分负荷时，柱塞压缩的燃油量将超过喷油器所需的喷油量，多余的燃油经压力控制阀 PCV 和共轨管上的限压阀等流回燃油箱。由于已被压缩的燃油又流回到燃油箱并再次降压，所以不仅损失压缩能量，而且会使燃油升温。设置供油切断电磁阀后，当发动机怠速和部分负荷时，电磁阀适时通电使进油阀处于打开状态，使供油行程吸入的燃油不受压缩又流回低压通道，柱塞腔内不会建立高压。

当供油切断电磁阀工作时,柱塞不再连续压油,高压泵处于间歇供油状态,从而减少功率损失。可见,高压泵传动比的设计一方面要满足发动机全负荷工作时需要的燃油量,另一方面要使多余供油量不要太多。

> 高压泵的供油量与其转速成正比,高压泵的转速取决于发动机转速,高压泵与发动机之间可选取的传动比为 2∶1 或 5∶2,具体数值视曲轴最高转速而定。

4. 止回阀的功用

在高压泵的低压通道上设有一只止回阀,如图 4-3 所示。该止回阀的功用是在高压泵停止转动时,关闭燃油回流通道,使低压通道内保留一定压力的燃油(止回阀量孔直径约 2.3 mm,保持油压在 50 kPa 以上),以保证发动机再次起动时能可靠起动。

4.3.3 压力控制阀

压力控制阀(Pressure Control Valve,PCV)又称调压阀、共轨压力控制阀或供油泵控制阀(Pump Control Valve,PCV),其功用是根据发动机转速和负荷变化,自动调节供入共轨管内的燃油压力(包括压力升高、降低或保持不变)。

1. 压力控制阀 PCV 的结构特点

各型压力控制阀 PCV 的结构原理大同小异,博世公司 CRS 采用 PCV 的结构如图 4-5 所示,它主要包括电磁线圈(电阻值为 3.2 Ω)、衔铁、球阀和复位弹簧等。球阀焊接在衔铁一端,衔铁周围有燃油流过,可保证衔铁润滑和线圈散热。

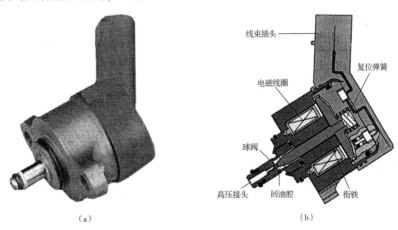

图 4-5 博世压力控制阀 PCV 的结构
(a)外形结构;(b)内部结构

2. 压力控制阀 PCV 的工作原理

> PCV 调节油压的原理是调节高压泵供入共轨管内的燃油量。供油量越大,燃油压力越高;反之,供油量越小,燃油压力越低。如果不计高压管路的油压损失(实际压降也很小),则共轨管内的燃油压力以及喷油器的喷油压力就等于高压泵高压接头出口处的燃油压力。

在 PCV 中，球阀是控制共轨燃油压力（喷油压力）的关键部件。球阀一侧承受高压泵供给共轨的燃油压力，另一侧连接衔铁并与回油腔相通，回油腔与低压回油管连接。球阀受共轨的燃油压力、复位弹簧的预紧力以及电磁线圈在衔铁中产生的电磁力三个力的作用。

当电磁线圈断电时，复位弹簧的预紧力（张力）使球阀紧压在阀座上。当电磁线圈通电，共轨燃油压力超过弹簧预紧力（弹簧设计负荷一般为 10 MPa）与衔铁电磁力之和时，球阀打开溢流，燃油从回油腔经低压回油管路流回燃油箱；反之，球阀保持关闭。

> 对结构一定的 PCV 而言，其复位弹簧的预紧力是常量，所以，共轨燃油压力的高低取决于电磁线圈产生的电磁力的大小。PCV 的电磁线圈受 ECU 控制，线圈产生电磁力的大小与流过线圈平均电流的大小成正比，所以 ECU 通过控制占空比的大小，即可控制线圈平均电流的大小，从而控制共轨燃油压力（喷油压力）的高低。

当占空比增大时，线圈平均电流增大，衔铁产生的电磁力增大，使其一端的球阀对阀座的压力增大，共轨燃油压力随油量增大而升高。

当占空比减小时，线圈平均电流减小，衔铁产生的电磁力减小，使球阀对阀座的压力减小，共轨燃油压力降低。

同理，当占空比不变时，共轨燃油压力则保持不变。试验证明：当占空比控制信号的频率为 1 kHz 时，可以避免衔铁脉动和共轨管内的燃油压力波动。

4.3.4 共轨组件

共轨（Common Rail，CR）就是公共油轨，相当于电控汽油喷射系统的燃油分配管、燃油总管或油架。在共轨上连接有高压燃油入口接头、共轨油压（高压）传感器、限压阀和流量限制阀等，这些部件与共轨一起组成的总成称为共轨组件，如图 4-6 所示。其中，限压阀和流量限制阀为安全装置，防止供油系统部件发生故障导致共轨燃油压力过高而损坏机件或高压燃油泄漏。

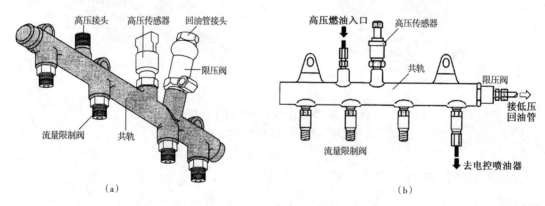

图 4-6 共轨组件的结构
(a) 立体图；(b) 平面结构

共轨的功用是储存一定数量和一定压力的燃油，一方面保证柴油机起动和怠速时燃油迅速升压，满足起动和急速工况对燃油压力的需求；另一方面是利用燃油液体的可压缩性，减小电控喷油器阀门开闭以及高压泵工作时引起的油压波动。

4.3.5 限压阀

限压阀又称压力限制阀或压力限制器。限压阀相当于一只安全阀，连接在共轨与低压回油管之间，其功用是限制共轨管内燃油的最高压力。当共轨中的燃油压力超过限压阀设定的最高压力值时，限压阀阀门打开溢流卸压，防止燃油供油系统损坏。博世公司限压阀的结构原理如图4-7所示，主要包括阀体、锥形活塞、复位弹簧和限位套等。

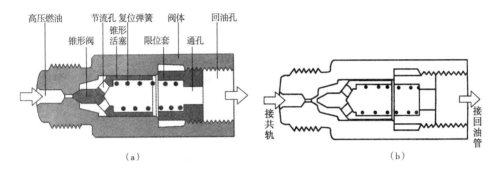

图4-7 博世公司限压阀的结构原理
(a) 正常工作状态；(b) 锥形阀打开，节流卸压

限压阀阀体的一端设有外螺纹，用其将阀安装在共轨管上，另一端设有内螺纹，用以连接限位套和通往燃油箱的低压回油管接头。调节限位套拧入阀体的位置，即可调节复位弹簧的预紧力，从而调节限压阀限定的最高压力。

锥形活塞相当于阀芯，其头部设有锥形阀，锥面上设有节流孔。当锥形阀打开时，共轨中的高压燃油从该节流孔溢流卸压。

阀体通往共轨的连接端相当于阀座，阀座轴向中心设有一个节流小孔。在正常工作压力下，弹簧预紧力使锥形阀压在阀座上，节流小孔被关闭[图4-7(a)]。此时，共轨压力随供油压力的升高而升高。

当共轨中的燃油压力超过规定的最高压力时，锥形活塞在高压燃油压力作用下压缩复位弹簧并向右移[图4-7(b)]，高压燃油从共轨中经节流小孔和锥面节流孔节流卸压后流回燃油箱，使共轨中的燃油压力降低，从而限定最高压力，防止供油系统部件或发动机损坏。燃油流经的通道为：共轨→阀座节流小孔→活塞锥面节流孔→活塞内腔→限位套内腔→通孔→低压回油管接头→回油管→燃油箱。

4.3.6 流量限制阀

流量限制阀又称流量限制器，连接在共轨与喷油器高压油管之间，其功用是在喷油器及其高压油管泄漏燃油时，使高压油路关闭、供油停止，防止燃油持续泄漏。

1. 流量限制阀的结构特点

流量限制阀的结构与工作特性如图4-8所示，它主要包括阀体（壳体）、阀芯（活塞）和复位弹簧等。

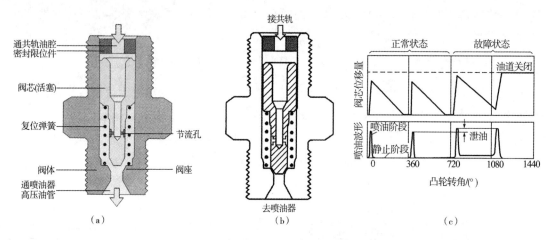

图 4-8 流量限制阀的结构与工作特性
(a) 正常工作状态；(b) 保护状态；(c) 工作特性

阀体由金属壳体制成，两端制作有外螺纹，其中，一端拧在共轨上，另一端与各缸喷油器的高压油管连接。阀体内腔为中空结构，与共轨内腔和喷油器高压油管一起构成高压通道。阀体连接喷油器高压油管一端的内腔孔径较小而形成阀座。

> 阀芯是一个截面直径不同的活塞，密封安放在阀体腔内。阀芯轴向设有直径不同的内孔，孔径较大一端（图4-8）为进油孔，连接共轨内腔；孔径缩小一端（图4-8）的径向设有节流孔（出油孔）。在静止状态下，复位弹簧将阀芯压向共轨方向的密封限位件一端。

2. 正常喷油时流量限制阀的工作原理

在正常工作状态下，阀芯（活塞）处于静止位置，上端靠在共轨方向的密封限位件上，高压燃油经节流孔（出油孔）流出。燃油通道为：共轨油腔→流量限制阀进油口→阀芯内孔→节流孔→流量限制阀出油口→各缸高压油管→各缸喷油器。当喷油器喷射一次燃油后，流量限制阀出口油压略有下降，阀芯向喷油器方向略有位移[图4-8（a）]，阀芯（活塞）下移压出的容积等于喷油器喷出燃油的容积。此时，阀芯并未移到阀座上，燃油通道仍然畅通。

当喷油终了时，阀芯停止移动，复位弹簧将阀芯压回到静止位置，并保持到下一次喷油。

> 复位弹簧和节流孔尺寸的设计原则是：在最大喷油量（包括安全储备量）时，阀芯并不位移到阀座上关闭出油通道，但能复位到共轨端的密封限位体上。

3. 燃油泄漏时流量限制阀的保护原理

当从共轨流向某只喷油器的燃油量超过最大流量时，流量限制阀将自动关闭通向该喷油器的燃油通道，使该喷油器停止喷油，防止高压油管泄漏燃油而发生火灾。

当某只喷油器泄漏油量过大或其高压油管发生漏油故障，导致流过流量限制阀的燃油流量远远超过最大流量时，由于阀芯（活塞）下移量过大，因此，阀芯将从静止位置移动到出油端的阀座上关闭油道停止供油［图4-8（b）］，并一直保持到发动机停机为止。

当某只喷油器泄漏油量不大或其高压油管发生漏油故障，导致流过流量限制阀的燃油流量超过最大流量不多时，泄漏燃油使流量增大，阀芯位移量增大［图4-8（c）］。因此，阀芯不能复位到静止位置。经过几次喷油后，阀芯便移动到阀座上关闭出油通道停止供油，直到发动机停机时为止。

4.3.7 共轨油压传感器

共轨油压传感器又称共轨压力传感器、喷油压力传感器和高压传感器。该传感器安装在共轨上，其功用是检测共轨管内的燃油压力。因为喷油器内部的油压与共轨管内的油压相等，所以共轨油压传感器检测的燃油压力即为喷油器的喷油压力。

1. 共轨油压传感器的结构特点

共轨油压传感器普遍采用电阻应变计式压力传感器。博世公司共轨油压传感器的结构与特性如图4-9所示，它主要由弹性传感元件、信号处理电路、接线端子和安装接头等组成。弹性传感元件由金属膜片和电阻应变片组成。金属膜片焊接在安装接头上，并与高压燃油通道相通，直接承受共轨管内高压燃油的压力，电阻应变片紧贴在金属膜片上，并连接成惠斯登电桥电路，然后再与信号处理电路连接。

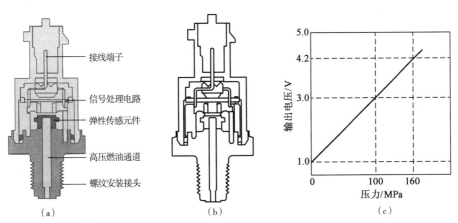

图4-9 博世公司共轨油压传感器的结构与特性

（a）立体图；（b）平面图；（c）工作特性

2. 共轨油压传感器的工作原理

当共轨管内油压经传感器的高压燃油通道作用到传感元件时，传感元件的金属膜片和电阻应变片一同产生变形（油压150 MPa时，变形量约1 mm），应变片上的应变电阻阻值随之发生变化，电桥电路的电压改变（电源电压为5 V时，电压在0～70 mV变化，具体数值由压力决定），经信号处理电路放大处理后可得到传感器的输出电压（0.5～4.5 V），实测高压传感器的输出特性如图4-9（c）所示。当油压为0时，传感器输出电压为1.0 V；当油压为100 MPa时，输出电压为3.0 V；当油压为160 MPa时，输出电压为4.2 V。

> 精确测量共轨管内的燃油压力是电控共轨系统正常工作的必要条件。为此，要求压力传感器测量压力的允许偏差很小，在柴油机工作范围内，测量精度约为最大值的2%。当共轨压力传感器失效时，PCV以固定的预设值控制油压，使发动机在应急状态下运行。

4.3.8 电控喷油器

电控喷油器又称电动喷油器，其功用是将燃油以雾状形式喷射到气缸内燃烧，并计量燃油喷射量。

在高压共轨式柴油喷射系统中，设计和工艺难度最大的部件就是电控喷油器。高压共轨式柴油喷射系统用电控喷油器的基本参数如表4-2所示。虽然电控喷油器种类繁多、形式各异，但其结构原理基本相同，仅外形有所不同。

表4-2 高压共轨式柴油喷射系统用电控喷油器的基本参数

生产公司名称		德国博世		日本电装		英国卢卡斯 Lucas	西门子 Siemens	Temic
电控机构形式		电磁线圈	压电晶体	电磁线圈	电磁线圈	电磁线圈	压电晶体	电磁线圈
喷油压力	最高喷油压力/MPa	180	160	160	200	160	150	180
	最低喷油压力/MPa	20	20	20	20	20	20	25
引导喷射	喷油量/(mm^3·行程$^{-1}$)	1.0	1.0	1.5~2.5	1.5~2.5	0.6	0.6	4~6
	时间间隔/ms	0.3	0.2	0.4	0.4	0.3	0.1	0.4
	允许喷油次数/次	5	5	3	5	—		
电控机构外形尺寸	最大外径/mm	33	17	26.5	28.5	17	28	26
	高度/mm	45	45	45	68	45	35	70
	喷油机构外径/mm	17、18、19		17、18、19	18、19	17	17	14、17

电控喷油器由电控机构、液压伺服机构和孔式喷油器（俗称喷油嘴）3部分组成。电控机构分为电磁控制机构和压电晶体两种结构。因此，电控喷油器可分为电磁控制式喷油器和压电晶体式喷油器两种。液压伺服机构和孔式喷油器与柴油机用普通喷油器基本相同。

1. 电磁控制式喷油器

电磁控制式喷油器简称电磁喷油器，是电控柴油喷射系统使用的第一代喷油器。

1）电磁控制式喷油器的结构特点

电磁控制式喷油器主要由电磁控制机构、液压伺服机构和孔式喷油器组成，如图4-10所示。

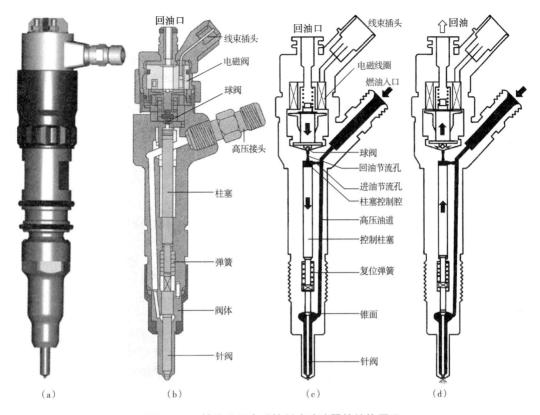

图4-10 博世公司电磁控制式喷油器的结构原理
(a) 喷油器外形；(b) 内部结构；(c) 线圈断电针阀关闭；(d) 线圈通电针阀打开喷油

> 值得注意的是，电控柴油喷射系统电磁喷油器的结构原理与汽油喷射系统电磁喷油器的结构原理大不相同，这是因为柴油喷射系统的燃油压力高、控制难度大，即电磁执行机构难以直接产生迅速打开针阀所需的电磁力，必须增设具有液力放大作用的液压伺服机构。
>
> 电磁控制机构实际上是一只高速电磁阀，该电磁阀安装在喷油器的顶部，主要由电磁线圈、铁芯、复位弹簧和球阀等部件组成。球阀焊接在铁芯下端，当电磁线圈无电流流过时，在复位弹簧张力作用下，铁芯向下移动到极限位置，球阀处于关闭状态。

液压伺服机构由控制柱塞、柱塞控制腔、进油节流孔、回油节流孔、针阀锥面以及针阀复位弹簧组成。

孔式喷油器俗称喷油嘴或喷嘴，由针阀和阀体组成。

喷油器的高压接头为燃油入口，经高压油管与共轨连接。共轨管内的高压燃油经进油节流孔送入柱塞控制腔内，并经高压油道送入喷油器针阀锥面及阀座盛油槽内。控制腔经回油节流孔和球阀与回油口连接。回油口为低压燃油回流口，用低压油管与燃油箱连接。

2) 电磁控制式喷油器的工作原理

电磁控制式喷油器的基本原理是：利用电磁阀控制针阀偶件的背压来间接控制针阀的开

启,即高速电磁阀使球阀打开接通回油通道,燃油回流使柱塞控制腔压力降低,针阀锥面燃油压力使针阀上升将阀门打开喷油。

(1) 当电磁阀断电时,喷油器不喷油。当电磁阀线圈断电时,球阀在弹簧张力作用下紧压在阀座上,球阀阀门关闭使低压回油通道关闭〔图 4-10 (c)〕。此时,共轨管内的高压燃油经各缸高压油管、喷油器高压接头、进油节流孔、柱塞控制腔作用于柱塞顶部,使控制腔内建立起共轨高压,同样的共轨高压也作用于针阀盛油槽之中。柱塞顶部压力和针阀复位弹簧张力之和克服针阀盛油槽内高压燃油作用在针阀锥面(承压面)的向上分力,使柱塞和针阀向下移动到极限位置,针阀紧压在阀座上将阀门关闭,喷油器不喷油。

> 针阀关闭速度取决于进油节流孔的流量。进油节流孔流量越大,针阀关闭时间越短,关闭速度就越快;反之,关闭速度就越慢。

(2) 当电磁阀通电时,喷油器喷射燃油。当电磁阀线圈通电时,铁芯在极短时间(120 μs)内产生电磁力并克服弹簧预紧力迅速向上移动,使球阀阀门立即打开将回油通道接通,部分高压燃油经回油通道流回燃油箱。回油通道为:共轨→高压油管→喷油器高压接头→进油节流孔→柱塞控制腔→回油节流孔→球阀→回油口→低压回油管→燃油箱。在球阀打开使高压燃油流回燃油箱时,柱塞控制腔压力随之下降。当作用在控制柱塞顶部的压力与针阀复位弹簧张力之和小于针阀盛油槽内高压燃油作用在针阀锥面(承压面)的向上分力时,柱塞与针阀迅速上移,针阀阀门立即打开,高压燃油从喷油孔喷入燃烧室〔图 4-10 (d)〕。

> 针阀开启速度取决于回油节流孔与进油节流孔之间的流量差。流量差越大,回油量越大,柱塞控制腔压力降低越快,针阀开启速度就越快;反之,针阀开启速度就越慢。当柱塞到达上限位置处于进、回油节流孔之间时,针阀全开,喷油压力接近于共轨压力,燃油得到良好雾化喷入燃烧室燃烧,有利于减少排放、提高经济性和动力性。

综上所述,电磁阀通电时间等于喷油持续时间,电磁阀断电时间等于停止喷油时间。当燃油压力一定时,通电时间越长,喷油量越大;通电时间越短,喷油量越小。控制电磁阀线圈通电时间的长短,即可控制喷油器喷油量的大小。

> 由上述分析可见,由于电磁阀不能产生足够的电磁力来克服高压燃油作用力使针阀向上移动将阀门开启,因此,巧妙地采用了液力放大机构(控制柱塞、针阀承压面、复位弹簧、进油节流孔和回油节流孔等),利用电控机构(电磁阀)控制针阀偶件的背压来间接控制针阀的开启,即利用进油节流孔和回油节流孔使共轨燃油节流降压,通过电磁阀控制少量燃油回流,从而实现高压燃油喷射。尽管如此,电磁阀线圈的控制电流也高达 30 A 左右,如博世公司 CRIN2 型电磁控制式喷油器的控制参数为:针阀开启电流为 30 A,保持电流为 12 A;针阀开启时间为 (110±10) μs,针阀关闭时间为 (30±5) μs;电磁阀线圈静态电阻值为 0.23 Ω。

2. 压电控制式喷油器

压电是指由机械压力引起电介质晶体放电，或应用电压使电介质晶体产生压力。

> 压电控制式喷油器又称压电晶体（Piezoelectric Crystal，PZT）式喷油器或压电跃变（Piezoelectric Transition，PZT）式喷油器，是电控柴油喷射系统使用的第二代喷油器。

在压电晶体式喷油器（简称 PZT 式喷油器）的研究方面，德国西门子公司和博世公司一直处于领先地位，分别于 1996 年和 2003 年开始批量生产。实际上电磁控制式喷油器是在柴油机用普通喷油器的基础上增设电磁控制机构（电磁阀）而制成的，PZT 式喷油器则是用压电晶体替代电磁阀而制成的。

> 三种喷油器的本质区别在于控制方式不同：普通喷油器由液压伺服机构直接控制，电磁式喷油器由电磁阀控制，PZT 式喷油器则由压电晶体控制。

1）压电控制式喷油器的结构特点

压电控制式（PZT 式）喷油器由压电控制机构、液压伺服机构和孔式喷油器组成。液压伺服机构和孔式喷油器的结构原理与上述电磁控制式喷油器相同。压电控制机构主要由压电晶体、大活塞、小活塞、球阀、止回阀和线束插头组成，如图 4-11 所示。

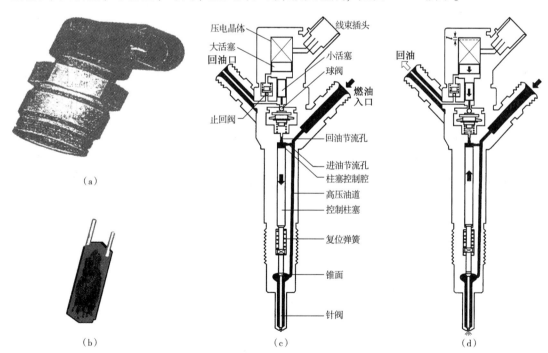

图 4-11　压电晶体式喷油器的结构原理
(a) 控制机构外形；(b) 压电晶体堆芯；(c) 堆芯断电针阀关闭；(d) 堆芯通电针阀打开喷油

压电晶体采用多层陶瓷（每层厚度20～200 μm）烧结成压电晶体堆芯，结构如图4-11 (b) 所示，层与层之间设有电极，生产技术与多层电容器相似。因为压电晶体具有受电压作用而伸长的特性，所以将其集成化制作成晶体堆芯作为喷油器的执行元件，是一种十分理想的结构。汽车高压共轨式电控喷油系统对压电晶体的基本要求是环境温度在 -40 ～ +150 ℃、工作电压为100～200 V、压电晶体作用升程为其厚度的1/1 000、开关迅速（全升程动作时间约30 μs）、耐久性好（大于10亿个循环）和强度高等。

小活塞下端设有一根顶杆，用于顶开球阀，以便燃油回流。回油口为低压燃油回流口，用低压油管与燃油箱连接。

共轨管内的高压燃油进入喷油器后分成两路：一路经进油节流孔送入柱塞控制腔、回油节流孔和球阀腔室，另一路经高压油道送入喷油器针阀锥面及阀座盛油槽。

2) 压电控制式喷油器的工作原理

> 压电晶体式喷油器的基本原理是：利用压电晶体控制针阀偶件的背压来间接控制针阀的开启。压电晶体受电压作用而伸长，并推动大活塞向下移动使球阀打开接通回油通道，燃油回流使柱塞控制腔压力降低，针阀锥面燃油压力使针阀上升将其阀门打开喷油。可见，其原理与电磁控制式大同小异，仅仅是将球阀打开的控制方式不同。

（1）当压电晶体断电时，喷油器不喷油。当压电晶体断电时，球阀在弹簧力作用下紧压在阀座上，球阀阀门关闭使低压回油通道关闭 [图4-11 (c)]。此时，共轨管内的高压燃油经各缸高压油管、喷油器高压接头、进油节流孔、柱塞控制腔作用于柱塞顶部，使控制腔内建立起共轨高压，相同的共轨油压也作用于针阀阀座盛油槽中。柱塞顶部压力和针阀复位弹簧张力之和克服针阀阀座盛油槽内高压燃油作用在针阀锥面向上的分力，使柱塞和针阀向下移动到极限位置，针阀紧压在阀座上将阀门关闭，喷油器不喷油。

（2）当压电晶体通电时，喷油器喷射燃油。当压电晶体通电时，晶体堆芯伸长，推动大活塞压缩油腔中的燃油，再推动小活塞向下移动，小活塞顶杆将球阀（钢球）推离座面并接通回油通道，部分高压燃油流回燃油箱。回油通道为：共轨→高压油管→喷油器高压接头→进油节流孔→柱塞控制腔→回油节流孔→球阀→小活塞油腔→回油口→低压回油管→燃油箱。在球阀打开燃油流回燃油箱时，柱塞控制腔压力随之下降。当作用在控制柱塞顶部的压力与针阀复位弹簧张力之和小于针阀阀座盛油槽内高压燃油作用在针阀锥面向上的分力时，控制柱塞与针阀迅速上移，针阀阀门立即开启，高压燃油从喷油孔喷入燃烧室 [图4-11 (d)]。

止回阀用于补充大活塞压缩燃油时油腔中泄漏的燃油，保证喷油器可靠工作。

综上所述，压电晶体通电时间等于喷油持续时间，断电时间等于停止喷油时间。当燃油压力一定时，通电时间越长，喷油量越大；通电时间越短，喷油量越小。控制压电晶体通电时间的长短，即可控制喷油器喷油量的大小。

> 压电控制式（PZT式）喷油器的显著优点是响应速度快（开关动作时间约30 μs）、喷油时间间隔小（喷油间隔角度越大，喷油控制越容易实现）、每行程喷油量小。喷射时间间隔与引导喷射喷油量：西门子PZT式喷油器分别为100 μs和0.6 mm³/行程；博世PZT式喷油器分别为200 μs和1.0 mm²/行程。因此，能够实现多段喷射（引导喷射、

预喷射、主喷射、后喷射和次后喷射），从而减少有害物质的排放和降低燃烧噪声（引导喷射可通过预混合燃烧来减少颗粒物排放；预喷射可缩短主喷射的着火延迟时间，从而降低氮氧化物排放和燃烧噪声；后喷射可促进扩散燃烧来降低颗粒排放；次后喷射可使排气温度升高，增加催化剂的活性）。PZT 式喷油器还有重复性好、消耗能量小和耐久性好等优点。因为喷油时间间隔小，所以控制脉冲周期短、各缸喷油始点和喷油量变动很小，重复控制精度高，发动机运转平稳。

4.4 高压共轨式柴油喷射系统的控制

高压共轨式柴油喷射系统的控制包括喷油量的控制、喷油压力的控制、多段喷射（引导喷射、预喷射、后喷射和次后喷射）控制和起动喷油控制。

4.4.1 喷油量的控制

在高压共轨式柴油喷射系统中，喷油量主要由喷油压力（共轨压力）和喷油器电控机构（电磁线圈或压电晶体）的通电时间决定。因为喷油压力和喷油器都是由电控单元 ECU 独立进行控制，所以在喷油压力一定的情况下，喷油量取决于喷油器电磁线圈或压电晶体的通电时间。因此，高压共轨式柴油喷射系统又称"时间—压力调节系统"。

1. 喷油量的控制原理

在高压共轨式柴油喷射系统中，电动燃油泵将燃油箱内的燃油输送到高压泵，发动机驱动高压泵将燃油加压后供入共轨管内，喷油器在 ECU 的独立控制下，将高压燃油直接喷射到相应的气缸内燃烧做功。喷油量的大小由 ECU 控制喷油器电磁线圈或压电晶体通电时间的长短决定，即喷油器喷油量的控制实际上是喷油时间的控制，控制原理如图 4-12 所示。

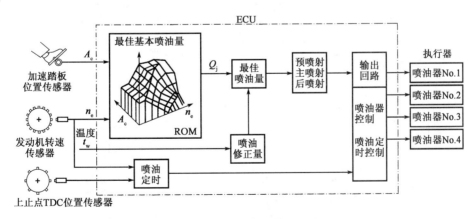

图 4-12 高压共轨式柴油喷射系统喷油量的控制原理

当柴油机工作时,电控单元 ECU 根据加速踏板位置传感器信号(齿杆位置信号)A_c 和发动机转速传感器信号 n_e,从三维数据 MAP 中查寻得到相应的最佳基本喷油量数值 Q_j;再根据冷却液温度信号 t_w、进气温度和电源电压等信号,计算确定喷油修正量、最佳喷油量以及预喷射、主喷射和后喷射的喷油量,并根据凸轮轴位置传感器提供的上止点 TDC 位置信号计算确定喷油定时,并向执行器(电控喷油器)发出控制指令;喷油器在 ECU 输出回路的驱动下按最佳喷油量和喷油时刻喷射柴油,从而完成一次喷油过程。

2. 喷油时间的控制过程

在高压共轨式柴油喷射系统中,喷油器电磁线圈或压电晶体通电时间的控制过程与电控汽油喷射系统喷油时间的控制过程完全相同,也是由 ECU 喷油脉冲控制信号(占空比信号)的高电平宽度决定(或低电平宽度决定。视喷油器驱动电路而定,因为喷油器一般都采用 NPN 型晶体管驱动,所以大都由高电平宽度决定)。因此,改变占空比信号高电平的宽度(喷油脉宽或喷油时间),即可控制喷油量的大小,且由 ECU 中预先编制的软件程序进行控制。

当发动机转速一定时,喷油脉宽(喷油时间)对应于曲轴转过一定的转角。因此,喷油时间(喷油量)的控制事实上转变为喷油角度的控制。

 应用案例

当四缸发动机转速 $n = 4\ 000$ r/min、喷油提前角 $\theta = 18°$、喷油时间 $t = 1$ ms [对应的喷油角度 $\alpha = (4\ 000 \times 360) \times 1 \div 60\ 000 = 24°$] 时,喷油时间(或喷油角度)的控制过程如图 4-13 所示。

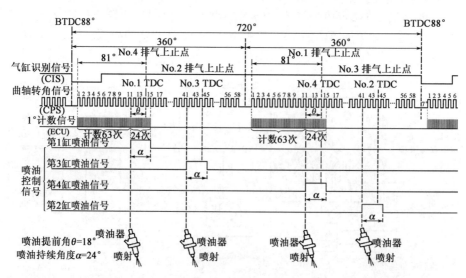

图 4-13 高压共轨式柴油喷射系统喷油时间 1 ms(喷油角度 24°)的控制过程

图4-13中，气缸识别信号由凸轮轴位置传感器CIS提供，曲轴转角信号由曲轴位置传感器CPS提供，1°计数信号由ECU内部晶振产生，用于对曲轴转角信号进行计数运算，以便控制喷油提前角θ和喷油持续角度α。凸轮轴位置传感器CIS信号转子每转一转（相当于曲轴旋转720°）提供一个低电平信号，该低电平信号的下降沿对应于第1缸活塞压缩上止点前88°（BTDC88°）；曲轴位置传感器CPS信号转子每转一转提供58个高电平信号（每个信号占曲轴转角均为3°）、57个低电平信号（每个信号占曲轴转角也为3°）和1个较宽的低电平信号（占曲轴转角15°，相当于2个高电平和3个低电平信号所占曲轴转角）。宽低电平信号后的第一个高电平信号对应于1缸或4缸活塞上止点前81°。这些条件均为已知条件，由设计和安装保证，控制过程如下。

在发动机工作过程中，ECU根据曲轴位置传感器CPS、加速踏板位置传感器和其他传感器信号确定最终喷油量的同时，还要从三维数据MAP中查寻确定最佳喷油提前角θ（本例$\theta=18°$）、根据油压控制系统控制的喷油压力和喷油器流量参数计算喷油持续时间t（本例$t=1$ ms），再根据曲轴位置传感器CPS提供的转速信号计算喷油持续角度α（本例$\alpha=24°$）。

当ECU接收到凸轮轴位置传感器CIS输入的低电平信号下降沿时，说明1缸活塞即将到达压缩上止点（处于BTDC88°），ECU开始监测曲轴位置传感器CPS提供的信号，当CPS输入宽低电平信号后的上升沿时，ECU内部的1°计数信号开始对CPS信号进行计数；因为喷油提前角$\theta=18°$，所以计数到63［81°-18°=63°］次结束，从第64次开始接通喷油器电路并对曲轴转角（喷油持续角度）进行计数，喷油器电路接通开始喷油；因为喷油持续角度$\alpha=24°$，所以ECU计数到第24次时切断喷油器电路，喷油器停止喷油。

从ECU对第1缸喷油持续角度进行计数开始，到计数180次后，从第181次（CPS第41个脉冲信号下降沿）开始接通下一缸（第3缸）喷油器电路，并对喷油持续角度进行计数控制，从而实现喷油持续角度24°（喷油时间1 ms）、喷油提前角18°的实时控制。

> 由此可见，高压共轨式柴油喷射系统喷油时间的控制方法与汽油机电控喷油系统喷油时间的控制方法相同，也是根据曲轴位置传感器和凸轮轴位置传感器等信号之间的相位关系进行控制。但是，由于柴油喷射还有引导喷射、预喷射、后喷射和次后喷射等，因此，喷油时间的控制过程比汽油喷油要复杂得多。

4.4.2 喷油压力的控制

车用汽油和柴油主要是炼油厂使用炼油塔将原油加热蒸馏得来。车用轻质柴油的沸点较高（300~365 ℃，车用汽油为75~200 ℃），所以很难得到均匀的混合气。在燃油浓度高的区域（一般是大负荷工况），由于局部高温缺氧，燃油被裂解成炭，因此，柴油就会产生炭烟（俗称"冒黑烟"）。

1. 喷油压力控制的目的

控制柴油机喷油压力的目的是：使柴油良好雾化，提高燃烧效率、降低油耗和减少排放。

在实施排放法规之前，追求高喷油压力的目的是提高燃油的雾化质量。实施排放法规以后，追求高喷油压力的目的在于减少炭烟和颗粒物的排放量。炭烟和颗粒物排放值与喷油压力之间的关系如图4-14所示。可见，喷油压力升高时，炭烟和颗粒物的排放值均可降低。

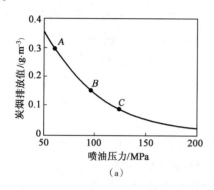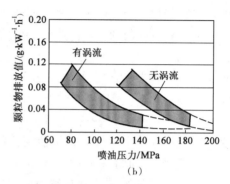

图4-14 炭烟和颗粒物排放值与喷油压力之间的关系
(a) 炭烟排放值与喷油压力的关系；(b) 颗粒物排放值与喷油压力的关系

柴油机燃烧的关键技术就是使燃油均匀地雾化，在气缸内形成均匀的喷雾。也就是做到喷入气缸中的燃油一边不停地雾化，一边使之燃烧。这就要求燃油喷射装置始终具有足够高的喷油压力。随着柴油机排放要求的不断提高，改善缸内混合气的燃烧条件，提高混合气的燃烧质量，除了改进空气运动方式和燃烧室几何形状之外，提高喷油压力是改善柴油机排放的有效措施之一。

2. 喷油压力的控制过程

> 试验研究表明：当燃烧系统的结构一定时，最佳的喷油压力随柴油机工况不同而发生变化。因此，喷油压力应随柴油机的工况变化而实时进行控制。

在机械式燃油系统和电控喷油泵系统中，喷油压力随发动机转速变化而升高或降低。特别是在低转速、大负荷工况时，难以产生较高的喷油压力，这正是柴油机起动时柴油燃烧不完全而大量冒黑烟的根本原因。此外，提高喷油压力还会导致氮氧化物NO_x的排放量增加。

> 高压共轨式柴油喷射系统与电控喷油泵系统不同的是，燃油高压的产生和喷油量的控制是由ECU分别且独立进行的。因此，可据发动机转速与负荷等不同工况，在一定油压（20~200 MPa）范围内，改变喷油压力，实现多段喷射（引导喷射、预喷射、主喷射、后喷射和次后喷射），从而提高燃烧效率，改善柴油机的经济性与排放性。

在高压共轨式柴油喷射系统中，配有共轨油压传感器、压力控制阀PCV、限压阀和流量限制阀等组成的独立控制喷油压力的控制系统，喷油压力的控制过程如图4-15所示。

当柴油机工作时，电控单元ECU根据加速踏板位置传感器信号（齿杆位置信号）A_c和发动机转速传感器信号n_e，利用计算机的查询功能，从三维数据MAP中查询得到相应工况的目标喷油压力值p_f，再根据共轨油压传感器信号计算出共轨管内燃油的实际喷油压力值p_s；

再将目标喷油压力值p_f与实际喷油压力值p_s进行比较运算并求出压力差值，然后向压力控制阀 PCV 的驱动电路发出控制信号，将实际喷油压力值p_s控制在目标喷油压力值p_f。

当实际喷油压力值p_s小于目标喷油压力值p_f时，ECU 向压力控制阀 PCV 发出占空比增大的控制信号，使 PCV 线圈的平均电流增大，共轨燃油压力随供油量增大而升高。当实际喷油压力值p_s升高到目标喷油压力值p_f时，ECU 向压力控制阀 PCV 发出占空比保持不变的控制信号，从而使共轨燃油压力保持在目标喷油压力值p_f。

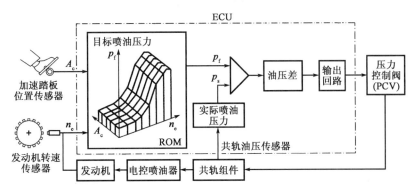

图 4-15　高压共轨式柴油喷射系统喷油压力的控制过程

当实际喷油压力值p_s大于目标喷油压力值p_f时，ECU 将向压力控制阀 PCV 发出占空比减小的控制信号，使 PCV 线圈的平均电流减小，线圈的电磁力减小，当电磁力与复位弹簧张力之和小于燃油压力时，PCV 球阀阀门打开泄油，使共轨燃油压力（喷油压力）降低。当实际喷油压力值p_s降低到目标喷油压力值p_f时，ECU 再向 PCV 发出占空比保持不变的控制信号，使共轨燃油压力保持目标喷油压力值p_f。

综上所述，当柴油机负荷和转速变化时，ECU 通过调节控制信号的占空比，改变压力控制阀 PCV 的开度和高压泵的供油量大小，从而实现喷油压力的控制。

4.4.3　多段喷油控制

> 在高压共轨式柴油喷射系统中，高压泵提供的高压燃油存储在共轨管内，共轨油压（喷油压力）与发动机转速和负荷无关，由 ECU 调节压力控制阀 PCV 阀门的开度进行控制；喷油量的大小由 ECU 调节喷油器电控机构（电磁阀或压电晶体）的通电与断电时间的长短进行控制。因此，高压共轨式电控系统不仅能够独立地、自由地控制喷油压力和喷油量，而且具有良好的喷油特性。

喷油特性是指喷油量与喷油时间之间的关系。高压共轨式电控系统实现引导喷射、预喷射、主喷射、后喷射和次后喷射等多段喷油，五段喷油特性曲线如图 4-16 所示。

多段喷油又称多段喷射，是指将一个工作循环中的喷油过程分成若干阶段进行喷射。多

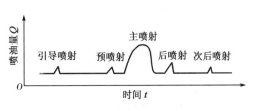

图 4-16　五段喷油特性曲线

段喷油理论是 1994 年美国威斯康星大学瑞兹（Reiz）教授研究提出的，目的是控制燃烧速率，减小颗粒物和氮氧化物的排放量与降低燃烧噪声。

在多段喷油过程中，依次进行的引导喷射、预喷射、主喷射、后喷射和次后喷射等各个阶段是相互联系且又各自独立的喷油阶段，各段喷油的作用与目的各不相同。

当发动机转速为 100 r/min、喷油压力为 160 MPa 时，喷油器在各阶段的驱动电流、针阀升程和喷油特性试验结果如图 4-17 所示。

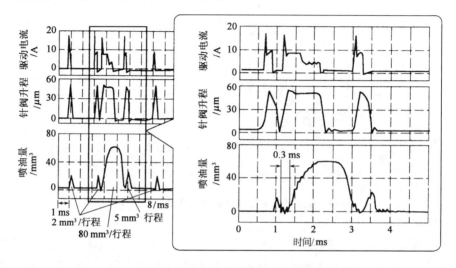

图 4-17　五段喷油特性试验结果

（1）引导喷射。引导喷射是在主喷射开始之前，进行一次提前角度较大、喷油量较小的喷射。通过引导喷射使柴油预混合燃烧，能够明显减小颗粒物的排放量和降低燃烧噪声。引导喷射越提前，烟度和噪声越低。

（2）预喷射。预喷射是在紧靠主喷射之前进行一次喷油量较小的喷射。通过预喷射来缩短主喷射的着火延迟期，当预喷射与主喷射之间的时间间隔约 1 ms 时，能够明显减小氮氧化物的排放量和降低燃烧噪声，但颗粒物的排放量会有所增加。因此，应当尽可能缩短预喷射与主喷射之间的时间间隔（≤0.4 ms），以便减小颗粒物 PM 的排放量。

（3）主喷射。主喷射是紧接着预喷射后的一次喷射，其喷油量较大，目的是保证柴油机的动力性。

（4）后喷射。后喷射是在紧靠主喷射之后进行一次喷油量稍大一点的喷射。后喷射的作用是加快扩散燃烧，减小颗粒物 PM 的排放量。在发动机中速、中等负荷时，当后喷射紧靠主喷射（时间间隔≤0.7 ms）时，能够减小颗粒物 PM 的排放量，但是氮氧化物 NO_x 的排放量会稍有增加。

（5）次后喷射。次后喷射是在后喷射之后进行一次喷油量较小的喷射。次后喷射可使排气温度升高，通过供给还原剂，则可增加催化剂的活性，有利于排气净化。次后喷射不能过迟，以免燃油附着在气缸壁上。后喷射与次后喷射之间的时间间隔一般控制在 2 ms 左右。

4.4.4　起动喷油控制

无论电控汽油机汽车还是电控柴油机汽车，它们起动时的喷油量都由 ECU 依据发动机冷却液温度等信号进行调节,起动困难的现象十分罕见。电控柴油机起动时喷油量的控制过程如图 4-18 所示。

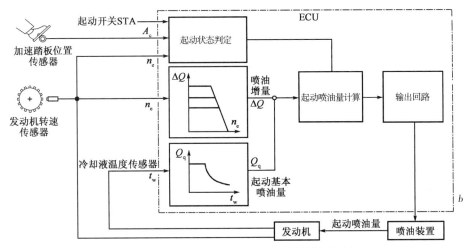

图 4-18 电控柴油机起动时喷油量的控制过程

> 柴油机的起动过程由初始发火、完全发火、转速上升到起动完成等几个阶段组成。从开始起动到完全发火之间的时间越短,则起动性能越好。从发动机开始起动到速度开始上升经历的时间越短,则起动响应特性越好,即反应速度越快。在低温起动时,由于发动机机件摩擦产生的阻力矩较大,起动性能和响应特性都会变差。所以,起动时必须增大喷油量,使发动机产生的驱动转矩大于发动机自身的阻力转矩。

在柴油机电控喷油系统中,起动喷油量的控制过程与汽油机基本相同。ECU 首先根据起动开关信号、发动机转速传感器和加速踏板位置(齿杆位置)传感器等信号判断发动机是否处于起动状态。

当判定为起动状态时,ECU 首先根据冷却液温度传感器信号在数据 MAP 中查询得到起动基本喷油量,然后根据发动机转速传感器信号在数据 MAP 中查询确定喷油增量(补偿油量)ΔQ,基本喷油量与喷油增量二者之和即为起动喷油量,最后向喷油器发出控制指令。执行器在 ECU 输出回路的驱动下,按起动喷油量进行喷油。因为起动喷油量相对较大(起动喷油量为基本喷油量的 1.3~1.5 倍),且以发动机温度为基准,并辅之以喷油增量进行控制,所以电控发动机都能顺利起动。

 本章小结

本章主要介绍了柴油机喷油系统的分类方法与控制策略,高压共轨式柴油喷射系统的组成与特点,高压共轨式柴油喷射系统的高压泵、压力控制阀、共轨组件、限压阀、流量限制阀、共轨油压传感器和电控喷油器等关键部件的功用、结构组成与工作原理,喷油量和喷油压力以及多段喷油的控制等内容。

下列概述覆盖了本章的主要学习内容,利用以下线索可对所学内容做一次简要的回顾:

(1) 柴油机喷油系统的分类方法、控制策略和喷油量计算方法。
(2) 高压共轨式柴油喷射系统的组成与优点。
(3) 高压泵、压力控制阀、共轨组件、限压阀、流量限制阀、共轨油压传感器和电控喷油器等高压共轨式电控系统关键部件的功用、结构组成及工作原理。
(4) 高压共轨式柴油喷射系统喷油量、喷油压力、多段喷射的控制原理与控制过程。

复习题

一、单选题

1. 车用柴油机控制技术发展的必然趋势是采用下述哪种形式的喷油技术？（　　）
   A. 位置控制式　　B. 时间控制式　　C. 高压共轨式　　D. 喷油泵式
2. 柴油机起动时的喷油量，是其每循环基本喷油量的（　　）。
   A. 0.2～0.25 倍　　B. 1.0～1.5 倍　　C. 1.3～1.5 倍　　D. 2.0～2.5 倍
3. 高压共轨式柴油喷射系统的喷油压力可达（　　）。
   A. 100 kPa　　B. 250 kPa　　C. 100 MPa　　D. 200 MPa
4. 在高压共轨式柴油喷射系统中，压力控制阀 PCV 调节的喷油压力范围为（　　）。
   A. 10～200 kPa　　B. 10～200 MPa　　C. 250～300 kPa　　D. 20～300 MPa
5. 高压共轨式柴油喷射系统要求压电晶体式喷油器的工作环境温度在（　　）。
   A. 10～100 ℃　　B. -40～150 ℃　　C. -10～150 ℃　　D. 0～150 ℃
6. 在高压共轨式柴油喷射系统中，输油泵向高压泵提供的油压一般为（　　）。
   A. 100 kPa　　B. 250 kPa　　C. 100 MPa　　D. 200 MPa
7. 压力控制阀 PCV 的核心部件是电磁线圈，其电阻值约为（　　）。
   A. 32 kΩ　　B. 320 Ω　　C. 32 Ω　　D. 3.2 Ω
8. 在高压共轨式柴油喷射系统中，共轨油压传感器的电源电压为（　　）。
   A. 5 V　　B. 12 V　　C. 24 V　　D. 28 V
9. 在高压共轨式柴油喷射系统中，其喷油器电磁阀线圈的控制电流高达（　　）。
   A. 1 A　　B. 10 A　　C. 20 A　　D. 30 A
10. 高压共轨式柴油喷射系统减小柴油机氮氧化物NO_x和颗粒物 PM（炭烟微粒或浮游微粒）的排放量，主要是通过采取下述哪一种燃油喷射来实现的？（　　）
    A. 引导喷射　　B. 预喷射　　C. 后喷射　　D. 次后喷射

二、多选题

1. 按控制方式不同，柴油机电控燃油喷射系统可分为下述哪几种形式？（　　）
   A. 位置控制式　　B. 时间控制式　　C. 共轨式　　D. 喷油泵式
2. 高压共轨式柴油喷射系统是由下述哪几个子系统组成的？（　　）
   A. 供气系统　　B. 供油系统　　C. 电控系统　　D. 液压系统
3. 高压共轨式柴油喷射系统能够自由控制下述哪几个参数？（　　）
   A. 喷油压力　　B. 喷油量　　C. 喷油定时　　D. 喷油特性
4. 高压共轨式柴油喷射系统的喷油特性包括下述哪几种燃油喷射？（　　）

A. 引导喷射　　　B. 预喷射　　　C. 后喷射　　　D. 次后喷射
5. 高压共轨式柴油喷射系统能够改善柴油机的下述哪几种性能？（　　）
A. 经济性　　　B. 排放性　　　C. 安全性　　　D. 动力性
6. 压力控制阀PCV主要由以下哪些部件组成？（　　）
A. 电磁线圈　　B. 衔铁　　　C. 球阀　　　D. 复位弹簧
7. 高压共轨式柴油喷射系统采用的电磁控制式喷油器是由下述哪些部件组成的？（　　）
A. 电磁阀　　　B. 压电晶体　　C. 孔式喷油器　　D. 液压伺服机构
8. 高压共轨式柴油喷射系统采用的压电晶体式喷油器是由下述哪些部件组成的？（　　）
A. 电磁阀　　　B. 压电晶体　　C. 孔式喷油器　　D. 液压伺服机构
9. 高压共轨式柴油喷射系统的关键部件包括下述哪几种？（　　）
A. 油压调节器　B. 压力控制阀　C. 电控喷油器　　D. 喷油压力传感器
10. 在高压共轨式柴油喷射系统中，电控油压系统主要是由下述哪些部件组成的？（　　）
A. 油压传感器　B. ECU　　　C. 压力控制阀　　D. 油压调节器

三、判断题

1. 高压共轨式柴油喷射系统喷油压力的产生与发动机转速和负荷无关。（　　）
2. 共轨式喷油系统可分为高压共轨式和中压共轨式喷油系统两种类型。（　　）
3. 压力控制阀PCV的功用是根据发动机转速和负荷变化，自动调节喷油压力。（　　）
4. 高压共轨式柴油喷射系统的喷油压力是由ECU控制油压调节器进行调节的。（　　）
5. 在高压共轨式喷油系统中，ECU控制喷油量的方法是控制喷油持续时间。（　　）
6. 高压共轨系统限压阀的功用是限制输油泵的最高压力，防止损坏供油部件。（　　）
7. 流量限制阀的功用是限制喷油量，防止喷油器的喷油量过大。（　　）
8. 共轨油压传感器检测的燃油压力即为喷油器的喷油压力。（　　）
9. 喷油特性是指喷油量与喷油时间之间的关系。（　　）
10. 柴油机"冒黑烟"的根本原因是局部高温缺氧，燃油被裂解生成炭烟。（　　）

四、问答题

1. 高压共轨式柴油喷射系统与传统的喷油泵供油系统的显著区别是什么？
2. 高压共轨式柴油喷射系统具有哪些优点？
3. 压力控制阀PCV的工作原理是什么？怎样调节喷油压力？
4. 电控柴油喷射系统采用的电控喷油器有何特点？
5. 简述电磁控制式喷油器的工作原理。
6. 分析说明高压共轨式柴油喷射系统喷油量的控制过程。
7. 分析说明高压共轨式柴油喷射系统喷油压力的控制过程。
8. 为什么高压共轨式柴油喷射系统要采用多段喷油？各段喷油的目的是什么？

第 5 章

汽车电控自动变速技术

1. 认知目标

（1）了解电控自动变速系统的功能与组成、电控自动变速原理、齿轮变速系统的结构原理、换挡时机控制原理、锁止时机控制原理与解除锁止状态的条件，电控无级变速器（CVT）结构组成与控制原理。

（2）熟悉电控变速器齿轮变速机构、换挡执行机构、停车锁止机构、液压传动与控制装置以及电子控制装置的结构原理，自动变速器的换挡规律。

（3）掌握行星齿轮变速机构的运动规律和变速原理，电控变速器自动换挡和自动锁止的控制过程以及控制部件失效保护的控制原理。

2. 技能目标

（1）能够说明汽车电控自动变速系统的组成和电控无级变速器的变速原理。

（2）能够说明电控自动变速系统齿轮变速、液压控制和电子控制等装置的结构原理。

（3）能够熟练地阐述汽车电控变速器自动换挡和自动锁止的控制过程。

汽车电控自动变速技术是在机械式变速器、液力传动技术和电子控制技术的基础上发展而成的综合控制技术，又称电子控制液力机械自动变速技术。本章的主要内容包括汽车电控自动变速系统的组成与控制原理，锁止式液力变矩器的结构原理，行星齿轮变速机构的运动规律和变速原理，换挡执行机构和停车锁止机构的结构原理，液压传动和控制机构的结构原理，变速电控系统传感器、控制开关和执行机构的结构特点，自动变速器的换挡规律、自动换挡、自动锁止以及控制部件失效的保护控制，电控无级变速器（CVT）的结构组成与控制原理，等等。通过对本章内容的学习，要求学生掌握汽车电控自动变速技术的相关知识，为使用维修奠定坚实的基础。

5.1 电控自动变速系统的组成

汽车电控自动变速是相对于手动换挡变速而言的，是指电子控制系统根据道路条件和负载变化，自动改变驱动车轮的转速与转矩来满足汽车行驶要求的控制过程。

电控自动变速系统（Electronic Controlled Automatic Transmission System，ECT）是由齿轮变速系统、液压控制系统和自动变速电控系统3个子系统组成的。装备有电控自动变速系统的变速器称为电控自动变速器（Electronic Controlled Automatic Transmission，ECT），丰田雷克萨斯LS400型轿车装备的A341E、A342E型电控四挡自动变速器的组成如图5-1所示。

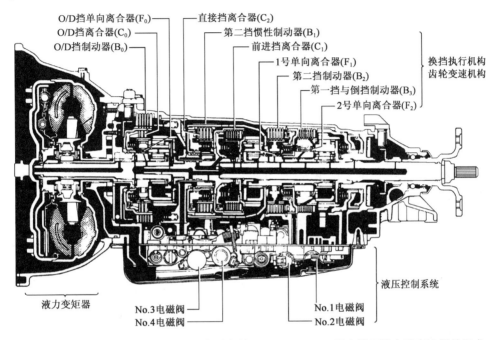

图5-1 丰田雷克萨斯LS400型轿车装备的A341E、A342E型电控四挡自动变速器的组成

5.1.1 齿轮变速系统

齿轮变速系统由液力变矩器、齿轮变速机构、换挡执行机构和停车锁止机构组成。

> 液力变矩器安装在发动机飞轮的一端，其主要功用是将发动机输出的动力传递给齿轮变速机构的输入轴。此外，液力变矩器不仅具有防止发动机过载的功能，而且能实现无级变速（传动比在一定范围内连续变化），具有一定的减速增扭作用。

齿轮变速机构又称齿轮变速器，其功用是实现由起步至最高车速范围内的传动比变化。

换挡执行机构包括换挡离合器和换挡制动器，其功用是改变齿轮变速机构的传动比，从而获得不同的挡位。

停车锁止机构的功用是通过锁止变速器的输出轴实现停车（驻车）。

5.1.2 液压控制系统

液压控制系统由液压传动装置（油泵、传动液）、液压控制装置（电磁阀、换挡阀、锁止阀和调压阀等）以及连接这些液压装置的油道组成。

液压控制系统的功用：根据电磁阀的工作状态，控制换挡执行元件（换挡离合器和换挡制动器）和动力传递元件（锁止离合器）的油路，从而改变齿轮变速机构的传动比以实现自动换挡和改变液力变矩器的工作状态来接通或切断动力传递。

5.1.3 电控自动变速系统

电控自动变速系统与其他电子控制系统一样，也是由传感器与各种控制开关、自动变速电控单元（ECT ECU）和执行器三部分组成的。其主要功能是控制自动换挡和动力传递。

传感器包括节气门位置传感器（TPS）、车速传感器（VSS）、冷却液温度传感器（Coolant Temperature Sensor，CTS）等；控制开关包括换挡规律选择开关（或驱动模式选择开关）、超速行驶（Over-Drive，O/D）开关、空挡起动开关、制动灯开关等。

> 执行器包括换挡电磁阀和锁止电磁阀。换挡电磁阀一般设有两只，即 No.1 电磁阀和 No.2 电磁阀；锁止电磁阀一般设有一只，即 No.3 电磁阀。此外，液压控制系统的换挡阀和锁止阀，齿轮变速系统的液力变矩器、换挡离合器、换挡制动器以及齿轮变速机构都是电控自动变速系统的执行元件。

5.2 电控自动变速系统的控制原理概述

汽车电控自动变速系统的主要功能是：根据汽车车速和发动机负荷变化，自动控制换挡和动力传递（自动控制变速机构的换挡时机和液力变矩器的锁止时机），使汽车获得良好的动力性和经济性。此外，该系统还有失效保护功能和故障自诊断功能。

> 失效保护功能是指电控自动变速系统的个别重要部件（如电磁阀、车速传感器）失效或其线路发生故障时，继续控制变速机构挂入个别挡位（一般挂入抵挡或一挡），以便汽车继续行驶回家或行驶至维修站修理。
> 故障自诊断功能是指车速传感器和电磁阀等控制部件或其线路发生故障时，控制系统能将故障类型和故障部位编成代码存储在存储器中，以便设计与维修时参考。

5.2.1 电控自动变速系统的控制原理

> 在装备电控自动变速系统（ECT）的汽车上，变速机构自动换挡和液力变矩器自动锁止仅仅在前进挡（D、3 和 2）时才能实现；在 N（空挡）、P（停车挡）和 R（倒挡）时，执行器将保持初始状态，变速器为纯机械与液压控制。

电控自动变速控制包括变速器换挡时机控制和液力变矩器锁止时机控制，其控制原理如图 5-2 所示。

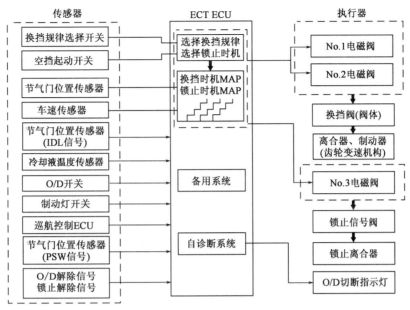

图 5-2 电控自动变速系统的控制原理

> 自动变速电控单元 ECT ECU 是电控自动变速系统的控制核心。在 ECT ECU 的只读存储器（ROM）中，除了存储进行数学计算和逻辑判断的控制程序之外，还存储变速器换挡时机 MAP 和变矩器锁止时机 MAP。这些数据 MAP 在电控自动变速系统设计制作完成后，经反复试验测试获得，并预先存储在 ROM 中，以供 ECT ECU 在汽车行驶时查寻调用。
>
> 换挡规律又称驱动模式，是指汽车发动机节气门开度与车速（或变速器输出轴转速）之间的关系。电控自动变速系统常用的换挡规律有普通型（Normal Mode，NORM）、动力型（Power Mode，PWR）和经济型（Economy Mode，ECON）3 种。如果自动变速系统只提供有普通型与动力型，那么其普通型换挡规律就相当于经济型换挡规律。

在 ECT ECU 的控制下，当选挡操纵手柄（俗称变速杆）处于 D、L、2、R 位置时，空挡起动开关的触点断开，起动继电器线圈不能接通，发动机不能起动。当选挡操纵手柄处于 P 或 N 位置时，空挡起动开关的触点闭合，起动继电器线圈电路接通，发动机才能起动。

发动机一旦起动，各种传感器（车速传感器、节气门位置传感器等）信号和控制开关信号就不断输入 ECT ECU，经过输入回路和模/数转换器电路转换成 CPU 能够识别的电信号，CPU 按照一定频率对其进行采样，并将采样信号与预先存储在 ROM 中的换挡时机 MAP 和锁止时机 MAP 进行比较运算或逻辑判断，从而确定变速器是否换挡和变矩器是否锁止。

当选挡操纵手柄拨到前进挡（D、L 或 2）位置时，ECT ECU 首先根据换挡规律（驱动模式）选择开关输入的信号选择相应的换挡规律；然后根据节气门开度信号、车速信号和控制开关信号，在换挡时机 MAP 中查寻确定变速机构的换挡时机、在变矩器锁止时机 MAP 中查寻确定液力变矩器的锁止时机。当 ECT ECU 确定为换挡（或变矩器锁止）时，CPU 立即向相应的电磁阀发出控制指令，电磁阀再控制换挡阀（或锁止阀）动作，换挡阀（或锁止阀）阀芯移动改变换挡离合器或制动器（或锁止离合器）的控制油路，使离合器或制动器的工作状态（接合或分离）发生改变，从而实现自动换挡（或液力变矩器锁止）。

5.2.2 换挡时机的控制原理

换挡（升挡或降挡）时机是指变速器自动切换挡位（速比）的时机，又称换挡点。ECT 换挡（升挡或降挡）时机的控制原理如图 5-3 所示。

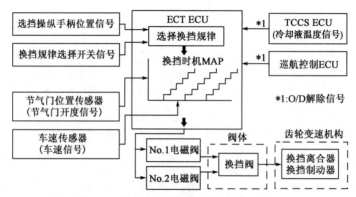

图 5-3　ECT 换挡（升挡或降挡）时机的控制原理

> 在汽车行驶过程中，ECT ECU 确定换挡时机的信息包括：选挡操纵手柄（俗称变速杆）提供的位置（D、2 或 L 位）信号，换挡规律选择开关提供的驾驶员选择的换挡规律（NORM、PWR 或 ECON）信号，节气门位置传感器提供的发动机节气门开度（发动机负荷）信号，车速传感器提供的汽车行驶速度信号。此外，还有发动机 ECU 和巡航控制 ECU 提供的解除超速行驶信号。

当驾驶员将选挡操纵手柄拨到 D、2 或 L 位置时，ECT ECU 便接收到一个表示选挡操纵手柄位置的信号。此时，ECT ECU 首先根据换挡规律选择开关信号选择相应的换挡规律，然后根据节气门位置传感器和车速传感器信号与 ROM 中的换挡时机 MAP 进行比较，并确定变速机构的升挡或降挡时机。

当节气门开度和车速达到选定换挡规律的最佳升挡或降挡时机时，ECT ECU 立即向换挡电磁阀（No.1 电磁阀和 No.2 电磁阀）发出通电或断电指令，控制换挡阀动作。换挡阀阀芯移动时，就会接通或关闭行星齿轮变速机构中换挡离合器和制动器的控制油路，使离合器和制动器接合或分离，从而实现自动升挡或降挡，即改变速比和车速。

> 自动变速的控制策略：传感器→ECT ECU→换挡电磁阀→换挡阀→换挡执行机构→齿轮变速机构→改变车速。

5.2.3 锁止时机的控制原理

汽车电控自动变速系统普遍装备锁止式液力变矩器（带有锁止离合器的液力变矩器）。当汽车在路面不好的道路上行驶时，为了发挥液力传动自动适应行驶阻力剧烈变化的优点，锁止离合器应当分离，使变矩器起作用；当汽车在路面良好的道路上行驶时，为了提高行驶速度和改善燃油经济性，锁止离合器应当接合，使变矩器的输入轴与输出轴连接成一体，将发动机动力直接传递至齿轮变速机构。当汽车高速行驶、变矩器速比增大至一定值（具体数值由液力变矩器的结构决定，三元件变矩器一般为 0.8）时，变矩器将锁止传递动力。

> 锁止时机控制就是何时锁止液力变矩器，将发动机动力直接传递至变速器，从而提高传动效率（提高车速），并改善燃油经济性。

ECT ECU 在根据节气门位置传感器信号和车速传感器信号确定变速机构换挡时机的同时，还要在变矩器锁止时机 MAP 中查寻确定液力变矩器的锁止时机。ECT 液力变矩器锁止时机的控制原理如图 5-4 所示。

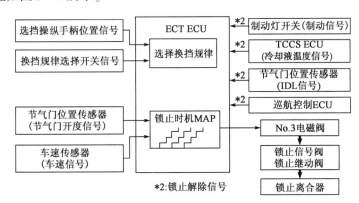

图 5-4 ECT 液力变矩器锁止时机的控制原理

当 ECT ECU 在变矩器锁止时机 MAP 中查寻确定锁止液力变矩器时，立即向锁止电磁阀（No.3 电磁阀）发出通电或断电指令，控制锁止阀（锁止信号阀和锁止继动阀）动作。当锁止信号阀和锁止继动阀阀芯移动时，就会改变液力变矩器内锁止离合器的控制油路而使离合器接合，将液力变矩器与发动机飞轮锁成一体。当液力变矩器锁止时，发动机输入变矩器的动力将直接传递至变速器输入轴，传动效率达 100%。

> 动力传递的控制策略：传感器→ECT ECU→锁止电磁阀→锁止阀→锁止离合器→液力变矩器→锁止传递动力（传动效率达 100%）。

解除锁止则由制动灯开关、巡航控制 ECU、冷却液温度传感器、节气门位置传感器怠速触点 IDL（IDLE）等输入 ECT ECU 的信号决定。

5.3 齿轮变速系统的结构原理

电控自动变速器的齿轮变速系统由锁止式液力变矩器、行星齿轮变速机构、换挡执行机构和停车锁止机构四部分组成。

在装备电控自动变速系统的汽车上，发动机输出的动力由液力变矩器和齿轮变速机构传递给驱动轮。齿轮变速机构传动比的改变受控于换挡执行机构（换挡离合器和换挡制动器），换挡执行机构受控于换挡阀，换挡阀受控于电子控制系统的换挡电磁阀（No.1 电磁阀和 No.2 电磁阀），换挡电磁阀又受控于 ECT ECU。液力变矩器中的锁止离合器受控于锁止阀（锁止信号阀和锁止继动阀），锁止阀受控于锁止电磁阀（No.3 电磁阀），锁止电磁阀受控于 ECT ECU。

5.3.1 锁止式液力变矩器

液力变矩器是一种典型的柔性传递转矩的液力传动装置，是自动变速器必不可少的动力传递装置。此处仅介绍锁止式液力变矩器的结构特点和控制原理。

1. 锁止式液力变矩器的结构特点

锁止式液力变矩器的结构如图 5-5 所示，由三元件（涡轮、泵轮和导轮）液力变矩器、单向离合器（滚柱式和楔块式）和锁止离合器（变矩器前盖、锁止压盘与减振盘）组成，又称闭锁式液力变矩器。其显著优点是能够直接传递动力，即传动效率可达 100%。

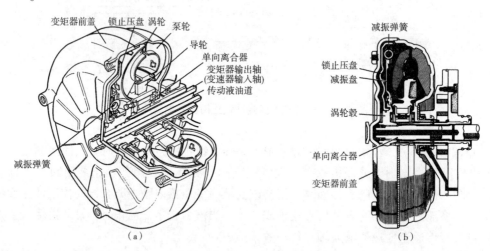

图 5-5 锁止式液力变矩器的结构
(a) 零部件组成；(b) 剖面图

锁止离合器为湿式离合器，安装在涡轮与变矩器壳体前盖之间，由主动部件、从动部件和液压控制部件组成。液力变矩器壳体的前盖为主动部件，锁止压盘（又称锁止活塞）与减振盘为从动部件，可沿轴向移动。变矩器前盖的后端面和锁止压盘的前端面均黏附有摩擦材料，即均有摩擦面。锁止压盘与减振盘外缘采用键与键槽连接，压盘与减振盘内缘均采用铆钉与涡轮毂铆接，减振盘和减振弹簧能够衰减离合器接合时的扭振。液压控制部件由控制油液和油道组成。

2. 锁止式液力变矩器的控制原理

锁止式液力变矩器的工作状态以及锁止离合器的接合与分离状态，由自动传动液（Automatic Transmission Fluid，ATF，简称传动液）及其流向进行控制，控制油道分为内油道和外油道，如图5-6所示。

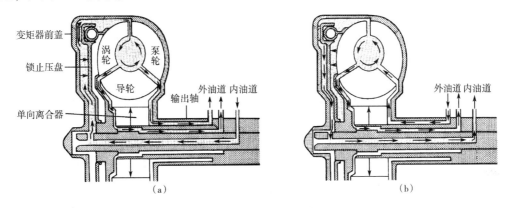

图5-6 锁止式液力变矩器的控制原理
(a) 分离状态；(b) 接合状态

汽车低速行驶时速比较小，变矩器处于变矩工况工作。液压控制系统控制传动液由变速器输入轴的中心油道（内油道）流入锁止压盘左侧［图5-6 (a)］，锁止压盘在油压作用下向后移动，离合器处于分离状态。传动液由变速器轴中心的油道（内油道）流入，经变矩器从外油道流出至冷却器冷却。此时动力传递路径为：发动机→曲轴上的驱动盘→变矩器前盖→泵轮→涡轮→涡轮毂→变矩器输出轴（变速器输入轴）。

当汽车高速行驶、速比增大到一定值（$i=0.8$）时，变矩器转换成液力偶合器工况。此时液压控制系统控制传动液流向反向，传动液由导轮固定套中的油道（外油道）流入变矩器，从变速器输入轴中心油道（内油道）和导轮固定套与变速器轴之间的油道（外油道）流出［图5-6 (b)］。由于传动液从变速器输入轴的中心油道流出，锁止压盘左侧油压降低，而压盘右侧仍为变矩器油压。锁止压盘在左、右两侧的压力差作用下前移并压在变矩器壳体前盖上，锁止离合器处于接合状态。因为锁止压盘内缘铆接在涡轮毂上，所以离合器接合便将涡轮与泵轮接合成一体，发动机输入的动力由变矩器壳体前盖、锁止压盘和涡轮毂直接传递至变速器输入轴，传动效率为100%。

> 动力传递路径为：发动机→曲轴上的驱动盘→变矩器前盖→锁止压盘→涡轮毂→变矩器输出轴（变速器输入轴）。
>
> 锁止式液力变矩器传递的动力大小既能自动适应汽车行驶阻力的变化，又能提高传动效率。因此，当今汽车普遍采用。

5.3.2 行星齿轮变速机构

> 汽车必须满足从停止到起步、从低速行驶到高速行驶和倒退行驶的使用要求。虽然液力变矩器在一定范围内能够自动无级地改变输出转矩和转速,但是,其变矩系数较小(一般为2~3),难以满足使用要求。因此,汽车必须设置齿轮变速机构,且应具有速比可变(具有变速挡)、转向可逆(具有倒挡)和切断动力(具有空挡)的功能。

齿轮变速机构主要有平行轴式齿轮变速机构和行星齿轮式变速机构两种。行星齿轮变速机构简称行星齿轮机构,主要有辛普森(Simpson)式、拉维奈尔赫(Ravigneaux,又译为纳文脑)式和阿里森(Arnoldson)式行星齿轮变速机构3种形式。汽车自动变速器采用的行星齿轮变速机构大都是由辛普森式双排行星齿轮变速机构或拉维奈尔赫式复合行星齿轮变速机构组成的。

> 辛普森式行星齿轮变速机构的显著特点:前后两个行星排的太阳轮连成一体,即"前后行星排共用一个太阳轮"。辛普森式行星齿轮变速机构组成的变速器举世闻名,是以其设计者霍华德·辛普森(Howard Simpson)的名字命名的,能够提供3个前进挡(三速或三挡)和一个倒挡的行星齿轮变速器。欧、美、日工业发达国家采用的自动变速器大都是辛普森式行星齿轮变速器,仅美国汽车采用的就有近20个型号。

1. 行星齿轮变速机构的结构特点

行星齿轮变速机构是指在齿轮机构中,至少有一个轴线可以绕共同的固定轴线转动的齿轮机构。自动变速器是由多个行星排组成的,行星排多少取决于排挡数量。最简单的行星齿轮变速机构称为单排行星齿轮变速机构,其结构如图5-7所示,其由太阳轮、内齿圈、行星架(行星齿轮架)、行星轮(行星齿轮)和行星轮轴组成。

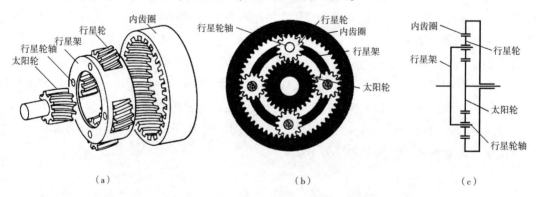

图5-7 单排行星齿轮变速机构的结构
(a)零部件组成;(b)结构简图;(c)传动关系

太阳轮为中心齿轮;行星轮有3~6个,对称布置在太阳轮与内齿圈(环形齿圈)之间,行星轮轴上安装有滚针轴承。各行星轮用行星架连接成为一个整体。因为各行星轮与太阳轮和内齿圈保持啮合，所以行星轮既能绕行星轮轴自转，又能围绕太阳轮公转。这种关系如同太阳系中地球与太阳的关系，因此，这样的齿轮机构称为行星齿轮变速机构。

2. 行星齿轮变速机构的运动规律

> 在行星齿轮变速机构中，虽然将不是齿轮的行星架虚拟成一个具有明确齿数的齿轮（齿数 = 太阳轮齿数 + 内齿圈齿数）之后，其传动比也可按平行轴式齿轮变速机构传动比的计算公式来计算。但是，由于行星齿轮的轴线是转动的，且虚拟齿轮及其齿数来源不便于理解，这就需要利用行星齿轮变速机构的运动规律方程式来计算其传动比。此外，我们通过分析单排行星齿轮变速机构的运动规律，便可了解双排、多排或其他形式组合而成的行星齿轮变速器的变速原理。

根据单排行星齿轮变速机构的受力情况建立力矩平衡方程式后，再根据能量守恒定律得到太阳轮、内齿圈和行星架3个部件上输入与输出功率的代数和等于零的方程式，即可得到单排行星齿轮变速机构的运动规律方程式，即

$$n_1 + \alpha n_2 - (1+\alpha)n_3 = 0$$

式中 n_1，n_2，n_3——分别为太阳轮、内齿圈和行星架的转速；

α——内齿圈齿数Z_2与太阳轮齿数Z_1之比。

3. 行星齿轮变速机构的变速原理

> 由运动规律方程式可见，将太阳轮、内齿圈和行星架三者中的任意元件与主动轴相连作为输入主动件，第二元件与被动轴相连作为输出从动件，再将第三元件强制固定（称为"制动"）使其转速为零，或约束其运动使其转速为某一定值，则整个轮系就能以一定的传动比传递动力，实现不同挡位和速度的变化。

在行星齿轮变速机构中，行星轮对传动比没有任何影响，在传递动力过程中只起过渡作用，决定传动比的仍然是主动齿轮、从动齿轮的齿数或转速。为了便于定量分析变速传动速比，设太阳轮齿数$Z_1 = 24$，内齿圈齿数$Z_2 = 56$，则$\alpha = \dfrac{Z_2}{Z_1} = \dfrac{56}{24} \approx 2.33$。

1）内齿圈固定

（1）太阳轮为主动件（输入），行星架为从动件（输出）——减速传动。在内齿圈固定（$n_2 = 0$）的前提下，由行星齿轮变速机构的运动规律方程式可得传动比i_{13}为

$$i_{13} = \frac{n_1}{n_3} = 1 + \alpha = 1 + \frac{Z_2}{Z_1} \approx 3.33$$

当太阳轮按顺时针方向转动时［图5-8（a）］，各行星齿轮既要分别绕各自的轴沿逆时针方向转动（自转），还要沿内齿圈并绕太阳轮沿顺时针方向滚动（公转），同时带动行星架绕太阳轮沿顺时针方向旋转。太阳轮旋转3.33转，行星架旋转1转。因为从动件（行星架）与主动件（太阳轮）旋转方向相同，且从动件转速低于主动件转速，因此，这种传动方案可以实现减速传动。

(2) 行星架为主动件（输入），太阳轮为从动件（输出）——超速传动。在内齿圈固定（$n_2=0$）的前提下，由行星齿轮变速机构的运动规律方程式可得传动比i_{31}为

$$i_{31}=\frac{n_3}{n_1}=\frac{1}{1+\alpha}\approx 0.30$$

当行星架按顺时针方向转动时[图5-8（b）]，各行星轮也将分别绕各自的轴沿逆时针方向转动（自转），同时驱动太阳轮沿顺时针方向转动。行星架旋转0.3转，太阳轮旋转1转。因为从动件（太阳轮）与主动件（行星架）旋转方向相同，且从动件转速高于主动件转速，所以此种传动方案可以实现超速传动。

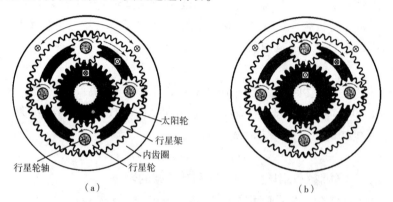

图5-8 内齿圈固定时变速机构的工作情况（⊕表示输入，⊙表示输出）
(a) 太阳轮输入，行星架输出；(b) 行星架输入，太阳轮输出

2）太阳轮固定

(1) 内齿圈为主动件（输入），行星架为从动件（输出）——减速传动。在太阳轮固定（$n_1=0$）的前提下，由行星齿轮变速机构的运动规律方程式可得传动比i_{23}为

$$i_{23}=\frac{n_2}{n_3}=\frac{1+\alpha}{\alpha}\approx 1.43$$

当内齿圈按顺时针方向转动时[图5-9（a）]，各行星轮既要分别绕各自的轴沿顺时针方向转动（自转），还要绕太阳轮沿顺时针方向滚动（公转），同时带动行星架沿顺时针方向旋转。内齿圈旋转1.43转，行星架旋转1转。从动件（行星架）与主动件（内齿圈）旋转方向相同，且从动件转速低于主动件转速，因此这种方案可以实现减速传动，但其转速降低和转矩增加比上述内齿圈固定时的减速传动方案少，如果将上一种方案作为减速传动低挡，则此种方案可作为减速传动高挡。

(2) 行星架为主动件（输入），内齿圈为从动件（输出）——超速传动。在太阳轮固定（$n_1=0$）的前提下，由行星齿轮变速机构的运动规律方程式可得传动比i_{32}为

$$i_{32}=\frac{n_3}{n_2}=\frac{\alpha}{1+\alpha}\approx 0.70$$

当行星架绕固定不动的太阳轮按顺时针方向转动时[图5-9（b）]，就会带动各行星轮绕太阳轮沿顺时针方向滚动（公转）和绕各自的轴沿顺时针方向转动（自转），与此同时，带动内齿圈沿顺时针方向转动。行星架旋转0.70转，内齿圈旋转1转。从动件（内齿圈）与主动件（行星架）旋转方向相同，且从动件转速高于主动件转速，这种方案可以实

现超速传动。

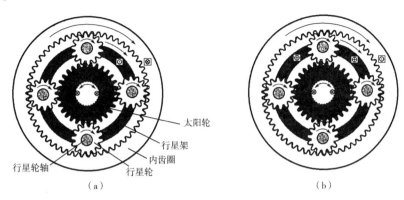

图 5-9　太阳轮固定时变速机构的工作情况（⊕表示输入，⊙表示输出）
(a) 内齿圈输入，行星架输出；(b) 行星架输入，内齿圈输出

3）行星架固定

（1）太阳轮为主动件（输入），内齿圈为从动件（输出）——倒挡减速传动。在行星架固定（$n_3=0$）的前提下，由行星齿轮变速机构的运动规律方程式可得传动比i_{12}为

$$i_{12} = \frac{n_1}{n_2} = -\alpha \approx -2.33$$

式中，负号表示从动件与主动件的旋转方向相反。当行星架固定不动时 [图 5-10（a）]，各行星轮只能自转而无公转。此时行星轮作为惰轮使从动轮（内齿圈）与主动轮（太阳轮）反向转动。太阳轮旋转 2.33 转，内齿圈旋转 1 转。此种方案可以实现减速、倒挡传动。

（2）内齿圈为主动件（输入），太阳轮为从动件（输出）——倒挡升速传动。在行星架固定（$n_3=0$）的前提下，由行星齿轮变速机构的运动规律方程式可得传动比i_{21}为

$$i_{21} = \frac{n_2}{n_1} = -\frac{1}{\alpha} \approx -0.43$$

行星架固定不动、内齿圈为主动轮时的传动关系如图 5-10（b）所示。同理，行星轮作为惰轮使从动轮（太阳轮）与主动轮（内齿圈）反向转动。内齿圈旋转 0.43 转，太阳轮旋转 1 转。此种方案可以实现升速、倒挡传动。

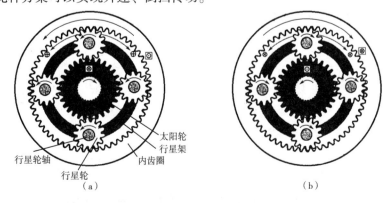

图 5-10　行星架固定时变速机构的工作情况（⊕表示输入，⊙表示输出）
(a) 太阳轮输入，内齿圈输出；(b) 内齿圈输入，太阳轮输出

4) 连锁任意两个元件——直接挡传动

如将太阳轮、内齿圈和行星架 3 个元件中的任意两个元件连接成一体（$n_1 = n_2$ 或 $n_1 = n_3$ 或 $n_2 = n_3$），各齿轮间就没有相对运动，由行星齿轮变速机构的运动规律方程式可得 $n_1 = n_2 = n_3$，即整个行星齿轮变速机构将成为一个整体而旋转。此种方案可作为直接挡传动。

5) 所有元件都不受约束——空挡

在太阳轮、内齿圈和行星架 3 个元件中，如果所有元件都不受约束（固定），任何两个元件也没有连接成一体，则各元件将自动转动，即当输入轴转动时，输出轴可以不动，行星齿轮变速机构将不传递动力，此种方案可作为空挡。

综上所述，单排行星齿轮变速机构的运动规律可归纳为 5 种（减速、超速、反向、直接、空挡）传动方式和 8 种工作状态，如表 5-1 所示。

表 5-1 单排行星齿轮变速机构的运动规律

序号	固定件	主动件	从动件	传动比 i	工作状态	挡位应用
1	内齿圈	太阳轮	行星架	$i_{13} = \dfrac{n_1}{n_3} = 1 + \alpha \approx 3.33$	减速传动 低挡	一挡
2	内齿圈	行星架	太阳轮	$i_{31} = \dfrac{n_3}{n_1} = \dfrac{1}{1+\alpha} \approx 0.30$	超速传动	未被采用
3	太阳轮	内齿圈	行星架	$i_{23} = \dfrac{n_2}{n_3} = \dfrac{1+\alpha}{\alpha} \approx 1.43$	减速传动 高挡	二挡
4	太阳轮	行星架	内齿圈	$i_{32} = \dfrac{n_3}{n_2} = \dfrac{\alpha}{1+\alpha} \approx 0.70$	超速传动	超速挡
5	行星架	太阳轮	内齿圈	$i_{12} = \dfrac{n_1}{n_2} = -\alpha \approx -2.33$	倒挡减速传动	倒挡
6	行星架	内齿圈	太阳轮	$i_{21} = \dfrac{n_2}{n_1} = -\dfrac{1}{\alpha} \approx -0.43$	倒挡升速传动	不合实用 未被采纳
7	三个元件中任意两个连接成一体，第三个元件与前两个元件等速			$i = 1$	直接挡传动	直接挡（三挡）
8	所有元件不受约束			自动转动	失去传动作用	空挡

注：① α 为内齿圈齿数 Z_2 与太阳轮齿数 Z_1 之比，$\alpha = \dfrac{Z_2}{Z_1} = \dfrac{56}{24} \approx 2.33$。

② 负号表示从动件与主动件转动的方向相反。

> 单排行星齿轮变速机构的变速范围有限，不能满足汽车的实际需要，汽车用行星齿轮变速器是由两个或多个单排行星齿轮变速机构组成的，其变速原理与单排行星齿轮变速机构相同，传动比可根据上述单排行星齿轮变速机构的运动规律方程式推导得出。

5.3.3 换挡执行机构

自动变速器的换挡执行机构有换挡离合器（简称离合器）和换挡制动器（简称制动器）两种。换挡离合器有单向离合器与片式离合器两种，换挡制动器有片式制动器和带式制动器两种。单向离合器的类型以及结构原理与液力变矩器以及起动系统使用的单向离合器基本相同,故不赘叙。

> 片式离合器或片式制动器是一种利用自动传动液压力来推动活塞移动,从而使离合器片(或制动器片)接合的离合器(或制动器),故又称活塞式离合器(或制动器)。

1. 换挡离合器

在自动变速器中,换挡离合器的功用是将行星齿轮变速机构的输入轴与行星排的某一个元件或将行星排的某两个元件连接成一体,以实现变速传动。

1) 片式离合器的结构特点

自动变速器采用的片式离合器的零部件组成如图 5-11 所示,其主要由活塞、复位弹簧、离合器片、离合器毂等组成。

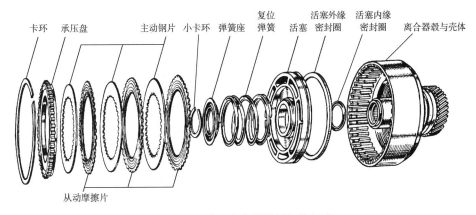

图 5-11 片式离合器的零部件组成

在离合器毂的内圆上制作有若干个键槽,用于安放离合器片。离合器片由若干钢片(称为主动片)和摩擦片(称为从动片)组成。主动片与离合器主动件相连,从动片与离合器从动件相连。在离合器片的外圆或内圆上制有若干个凸缘,以便与离合器毂或花键毂连接并传递动力。

> 在自动变速器中,具有离合器毂和花键毂的部件都可与变速器输入轴或行星排的某个元件连接。与输入轴相连的部件为主动件,与行星排相连的部件为从动件。

在图 5-11 中,主动片的内圆制有若干个凸缘并安放在主动部件花键毂(图中未画出)外圆的键槽中,从动片的外缘制有若干个凸缘并安放在离合器毂内圆的键槽中。从动片由两个表面黏附有摩擦片的钢片制成。摩擦片由合成纤维、酚醛树脂和富有弹性的纸质材料经过硬化与浸渍处理后制成,具有很高的摩擦系数,其摩擦性能受压力和温度影响很小。因为自动变速器的离合器片都浸泡在传动液中,故又称湿式摩擦片离合器。

2) 片式离合器的工作原理

片式离合器的工作原理如图 5-12 所示,输入轴为主动件,驱动齿轮与输入轴制成一体,主动片内圆的凸缘安放在驱动齿轮的键槽中,从而实现滑动连接。主动片既能随驱动齿轮转动,又能做少量轴向移动。

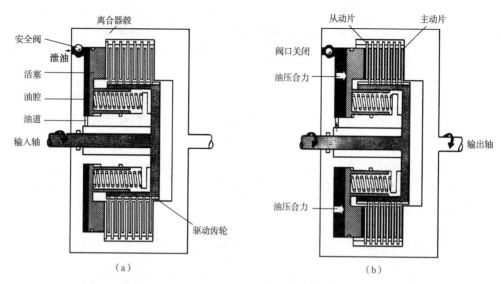

图5-12 片式离合器的工作原理(驱动齿轮为主动件,离合器毂为从动件)
(a)分离状态;(b)接合状态

离合器毂为从动件,从动片外圆上的凸缘安放在离合器毂内圆的键槽中,从而实现滑动连接。从动片也可做少量轴向移动。离合器的活塞安装在离合器毂内,活塞与离合器毂之间形成一个环状油腔,该油腔与液压控制油道相通。环形油腔由活塞内、外圆上的O形密封圈保证密封。

当液压控制系统的传动液经控制油道进入环形油腔时,活塞在油压作用下,克服复位弹簧弹力向右移动,将主动片与从动片压紧在一起,离合器接合并传递动力,如图5-12(b)所示。动力传递路线为:输入轴→驱动齿轮→主动钢片→从动摩擦片→离合器毂→输出轴。因此,当离合器处于接合状态时,便可将驱动齿轮和离合器毂连接的机件(变速器轴和行星排的基本元件)连接成一体,从而实现变速传动。

当液压控制系统的油压解除后,活塞在弹簧弹力的作用下复位,离合器又处于分离状态,如图5-12(a)所示。

3)安全阀的作用

> 在离合器的油腔内,由于结构限制,仅设有一条控制油道,通常设在活塞旋转的中心部位。离合器接合与分离时,传动液均从同一油道流入与流出。因此当离合器分离时,残留在油腔中的传动液在离心力的作用下就会甩向油腔外缘,使油腔外缘产生一定的油压。这一油压作用在活塞上会使离合器分离不彻底,导致离合器从动片与主动钢片磨损加剧而缩短其使用寿命。为此,在油腔周围的离合器毂外缘或活塞外缘上设有一个球阀,称为安全阀或甩油阀。

为了保证离合器工作时能够彻底分离,必须满足以下两个条件。

（1）当离合器处于分离状态时，主动片与从动片之间必须具有足够的间隙，标准间隙为 0.25~0.38 mm。间隙不当时，可选用不同厚度的止推垫圈或从动片进行调整。

（2）当液压控制系统的油压解除后，离合器环形油腔内不能残存传动液。当传动液流入环形油腔时，具有一定压力的传动液将球阀压紧在阀座上［图 5-12（b）］，安全阀阀口处于关闭状态。传动液充入油腔使油压升高。

当需要离合器分离时，液压控制系统接通回油油道，油腔内的传动液流出，油压降低，球阀在离心力作用下离开阀座［图 5-12（a）］，安全阀阀口处于开启状态，残留在油腔中的传动液在离心力的作用下便可从安全阀阀口流出，使离合器快速并彻底分离。

2. 换挡制动器

换挡制动器是换挡执行机构中的锁止元件，其功用是锁定行星排中的任意一个或两个元件，以实现变速传动。换挡制动器分为片式制动器和带式制动器两种。

1）片式制动器的结构原理

片式制动器的结构原理与片式离合器基本相同，仅零部件的名称有所不同。片式制动器由制动器毂、制动器片（主动片、从动片）、活塞和复位弹簧等组成。当液压控制系统的传动液使活塞移动时，主动片与从动片压紧在一起，便将制动器连接的行星排元件与变速器壳体等部件锁定，从而实现变速传动。

2）带式制动器的结构原理

带式制动器由制动带及其伺服装置（控制油缸）组成。

（1）制动带。制动带是内表面镀有一层摩擦材料的开口式环形钢带。

按照制动带的变形能力不同，可将其分为刚性制动带和挠性制动带两种。刚性制动带比挠性制动带厚，具有较高的强度和较大的热容量，其缺点是不能产生与制动毂相适应的变形。挠性制动带可与制动毂完全贴合，因此制动效果好，且价格低廉。

按照制动带的结构不同，可将其分为单边制动带和双边制动带两种，如图 5-13 所示。双边制动带制动效果比单边制动带好，双边制动带大都用于转矩较大的低挡和倒挡制动器。

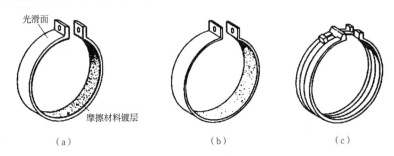

图 5-13 带式制动器制动带的结构
(a) 刚性单边制动带；(b) 挠性单边制动带；(c) 双边制动带

相同类型的制动带用于不同挡位时，其内表面的摩擦材料镀层不尽相同。低挡、倒挡制动带镀层大都采用金属摩擦材料，其目的是保证制动器具有足够的制动力矩；高挡制动带镀层一般采用有机耐磨材料，其目的是防止制动毂过度磨损。

（2）伺服装置。伺服装置分为直接作用式和间接作用式两种。

直接作用式伺服装置的结构如图5-14所示，其由制动带、活塞、复位弹簧和顶杆等组成。制动带开口的一端固定在调整螺杆前端的推杆上，调整螺杆固定在与变速器壳体相连的支座上，另一端支承在与油缸活塞相连的顶杆上。制动器不工作时，活塞在复位弹簧弹力作用下右移到极限位置。

当液压控制系统的传动液从控制油道进入活塞的工作油腔（活塞右面无弹簧一侧油腔）时，在油压作用下，活塞克服弹簧弹力推动顶杆左移，制动带以左侧顶杆支撑点为支点收紧。在制动力矩的作用下，制动带将制动毂抱死并停止转动，此时行星齿轮变速机构与制动毂连接的元件便处于锁止状态，从而实现变速传动。

当工作油缸泄压时，活塞在复位弹簧弹力作用下，带动顶杆一同复位，制动解除。如果仅靠弹簧弹力，活塞复位速度较慢，这种结构多用于早期生产的自动变速器以及换入空挡用制动器。目前，大多数制动器设置了左侧油腔进油道，当右侧油腔回油使压力降低时，活塞在左侧油腔压力和复位弹簧弹力共同作用下复位，制动可迅速解除。

间接作用式伺服装置的结构如图5-15所示。其与直接作用式伺服装置的区别在于增设了一套杠杆机构，杠杆一端与活塞推杆连接，另一端与制动带顶杆连接。活塞移动时，活塞推杆通过杠杆使制动带顶杆动作，从而使制动带收紧。由于采用了杠杆机构将活塞作用力放大，因此可以增大制动力矩。

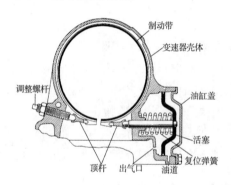 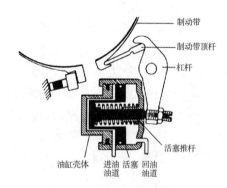

图5-14　直接作用式伺服装置的结构　　图5-15　间接作用式伺服装置的结构

3）带式制动器间隙的调整

带式制动器在解除制动后，制动带与制动毂之间应有一定间隙，以便制动毂旋转，否则就会导致制动毂与制动带加速磨损，影响行星齿轮变速机构正常工作。

制动带与制动毂间隙的调整方法有两种：一是通过调节调整螺杆进行调整（图5-14）；二是通过调节活塞推杆进行调整（图5-15）。调整方法是，先将调整螺杆或活塞推杆拧紧到维修手册中规定的力矩，然后拧回规定的圈数即可。

5.3.4　停车锁止机构

自动变速器大都是通过锁止输出轴实现停车（驻车）的。

停车锁止机构的结构如图 5-16（a）所示，它主要由停车棘爪、停车齿圈和锁止杆等组成。停车棘爪上制作有一个锁止凸齿，一端支承在变速器壳体的支承销上，且可绕支承销转动。锁止杆的一端制作成直径大小不同的圆柱杆 [图 5-16（b）]，另一端经连杆机构与选挡操纵手柄连接。

当将选挡操纵手柄拨至 P 位以外的任意一个位置时，手柄连杆机构带动锁止杆向离开停车棘爪方向移动，使锁止杆直径较小的圆柱杆与停车棘爪接触，停车棘爪在复位卡簧弹力的作用下复位，其锁止凸齿与外齿圈分离，变速器输出轴可以自由旋转。

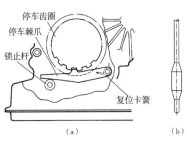

图 5-16 停车锁止机构的结构
（a）机构组成；（b）锁止杆结构

当将选挡操纵手柄拨至 P 位时，手柄连杆机构推动锁止杆向接近停车棘爪方向移动，使锁止杆直径较大的圆柱杆部分与停车棘爪接触，将停车棘爪顶向停车齿圈。当锁止凸齿嵌入齿圈的齿槽时，便将输出轴与变速器壳体连成一体而无法转动，使汽车停止不动。

5.4 液压控制系统的结构原理

> 自动变速器的变速机构是由换挡执行机构（换挡离合器或换挡制动器）的接合与分离来实现变速的。由于换挡执行机构的接合与分离受控于液压控制系统，因此，在学习电子控制自动变速系统控制过程之前，必须熟悉液压控制系统的组成与工作结构原理。

各型汽车自动变速器液压控制系统的结构大同小异，丰田凯美瑞（Camry）5S-FE 燃油喷射式发动机轿车和赛利卡（Celica）轿车采用的 A140E 型电控自动变速器液压控制系统的组成如图 5-17 所示，它主要由液压传动装置（燃油泵、传动液）、液压控制装置（包括主、副调压阀，节气门油压修正阀、换挡阀、手控阀、电磁阀和锁止阀等）以及连接这些液压装置的油道等组成。

5.4.1 液压传动装置

电控自动变速器液压控制系统的液压传动装置主要包括液压燃油泵和传动液。

1. 液压燃油泵的特点

> 液压燃油泵通常安装在液力变矩器的后面，由发动机飞轮通过液力变矩器壳体直接驱动，其功用：一是为液力变矩器和液压控制系统提供具有一定压力的传动油液；二是为齿轮变速机构和变速器运动部件提供润滑油液。油泵作为液压控制系统的动力源将油底壳中的传动液泵出，经过调压阀将油压调节到规定值后，一部分输送到液力变矩器，其余输送到液压控制系统的控制机构、换挡执行机构和齿轮变速机构，以便实现挡位变换和润滑运动部件。

自动变速器常用燃油泵有内啮合齿轮泵、摆线转子泵和变量叶片泵 3 种，分别简称齿轮

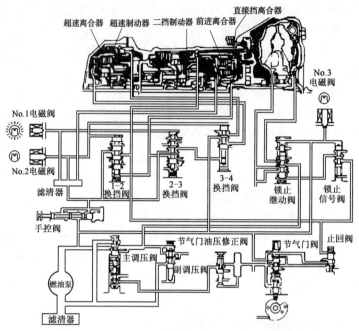

图 5-17 A140E 型电控自动变速器液压控制系统的组成

泵、转子泵和叶片泵。3 种燃油泵的共同特点是：主动部件（内转子）通过液力变矩器泵轮轴套上的花键毂由发动机曲轴驱动，从动部件与主动部件之间具有一定的偏心距。因此，一旦发动机转动，就会驱动燃油泵泵油。

2. 传动液的要求

> 电控自动变速器的传动挡位和工况不同，所需传动液压力的大小也不同。丰田车系电控自动变速器在不同挡位和工况时，液压传动管路传动液的压力如表 5-2 所示。当自动变速器工作时，需要液压燃油泵提供压力高达 1 900 kPa（约 19 个大气压）的传动液。

表 5-2 丰田车系电控自动变速器液压传动管路传动液的压力

变速器型号		挡位	管路传动液的压力/kPa		变速器结构特点	应用车型
			怠速	失速（涡轮转速为零）		
前桥驱动的电控自动驱动桥	A140E	D	373～422	902～1 049	电控、四速、带锁止离合器	凯美瑞赛利卡
		R	550～707	1 412～1 648		
	A240E	D	373～422	902～1 049	电控、四速、带锁止离合器	花冠科罗纳
		R	550～707	1 412～1 648		
	A241E	D	373～422	903～1 050	电控、四速、带锁止离合器	花冠科罗纳
		R	638～795	1 560～1 893		
	A540E	D	353～412	992～1 040	电控、四速、带锁止离合器	雷克萨斯凯美瑞
		R	637～745	1 608～1 873		

续表

变速器型号		挡位	管路传动液的压力/kPa		变速器结构特点	应用车型
			怠速	失速（涡轮转速为零）		
后桥驱动的电控自动变速器	A340E	D	363~422	902~1 147	电控、四速、带锁止离合器	皇冠赛利卡
		R	500~598	1 236~1 589		
	A341E	D	363~422	902~1 147	电控（智能型）、四速、带锁止离合器	雷克萨斯
		R	500~598	1 236~1 589		
	A342E	D	363~422	902~1 147	电控（智能型）、四速、带锁止离合器	雷克萨斯
		R	500~598	1 236~1 589		
	A43DE	D	353~402	1 030~1 196	电控、三速、带锁止离合器	克雷西达
		R	550~569	1 422~1 785		

> 传动液是自动传动液的简称，具有传递能量、润滑、清洗和冷却等功用，是一种特殊的高级润滑油。在液力变矩器中，它是传递动力的介质；在液压控制系统中，它既是操纵油液，也是润滑油液。在自动驱动桥中，传动液还用来润滑主减速器和差速器等。

电控自动变速器使用的传动液必须满足以下要求。

（1）适当的黏度和良好的黏度稳定性。自动变速器的工作温度变化范围较大，一般为 $-40 \sim +170$ ℃，其黏度变化范围也较大。就提高液力变矩器的传动效率和控制系统动作的灵敏度以及汽车低温顺利起步而言，传动液黏度低较为有利；就满足行星齿轮变速机构的润滑要求和防止泄漏而言，传动液黏度又不能过低。为了满足自动变速器各部件的使用要求，传动液在不同温度条件下，必须达到规定的黏度值，如表 5-3 所示。

表 5-3 PTF-1 类传动液的黏度特性

项目	温度/℃	通用汽车公司 GM Dexron 型 /(mm²·s⁻¹)	通用汽车公司 GM Dexron Ⅱ 型 /(mm²·s⁻¹)	福特汽车公司 Ford M2C33-E/F 型 /(mm²·s⁻¹)	克莱斯勒汽车公司 Chrysler MS-4228 型 /(mm²·s⁻¹)
黏度	99	7.0（最小）	—	7.0（最小）	7.25（最小）
	-17.8	—	—	1 400（最大）	—
	-23.3	4 000（最大）	4 000（最大）	—	—
	-29	—	—	—	2 300（最大）
	-40	55 000（最大）	50 000（最大）	55 000（最大）	—
黏度稳定性（耐久性试验）	90	5.5（最小）	5.5（最小）	6.2（最小）	6（最小）
	-17.8	—	—	1 400（最大）	—

（2）良好的热氧化稳定性。传动液工作时的最高温度可达 170 ℃，若热氧化稳定性不好，就会生成高温氧化沉淀物，使各种液压控制阀和换挡元件工作失灵。

（3）良好的抗磨性。自动变速器齿轮变速机构的工作条件比较苛刻，且其零部件分别采用钢、铜等不同金属材料制成。因此,传动液要求能够保证不同材料制成的零部件均不易磨损。

(4) 良好的抗泡性。传动液产生泡沫,不仅会降低液力变矩器的传动效率和液压控制机构动作的灵敏度,还会导致液压传动系统油压波动,严重时会导致供油中断。因此,传动液要求具有良好的抗泡性,机械搅拌时产生的泡沫应能迅速消失。

(5) 对橡胶密封材料具有良好的适应性。自动变速器的密封件采用丁腈橡胶、丙烯橡胶和硅橡胶(合成橡胶的一种,原料是二甲基二氯硅烷,能耐高温和低温,主要用来制造飞机和宇宙飞船的密封件、薄膜、胶管和绝缘材料)等密封材料制成。传动液应不会使这些密封件产生明显的膨胀、收缩和硬化现象,否则就会导致传动液泄漏。

5.4.2 液压控制装置

电控自动变速液压控制系统的控制装置主要有调压阀和控制阀。调压阀和控制阀以及电子控制系统的电磁阀都安装在阀体中,阀体一般都安装在变速器下部或侧面,由上阀体、下阀体、阀体板(阀板)组成。丰田雷克萨斯 LS400 型轿车装备的 A341E、A342E 型电控四速自动变速器阀体的结构如图 5-18 所示。

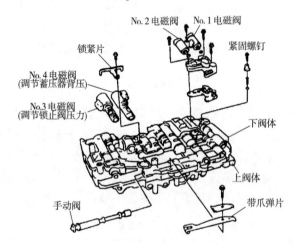

图 5-18 丰田 A341E、A342E 型电控四速自动变速器阀体的结构

液压阀安装在上、下阀体之间,各种液压阀的控制油道分别制作在上、下阀体和阀板上。丰田 A341E、A342E 型电控自动变速器上阀体剖面图如图 5-19 所示。下阀体结构及剖面与上阀体类似,篇幅所限不再附图。当上阀体、下阀体和阀板组装成一体时,便形成密密麻麻、弯弯曲曲、形似"迷宫"的控制油道。

1. 调压阀

> 发动机一旦转动,液压燃油泵就在曲轴的带动下运转,将变速器壳体中的传动液泵入主油路,使主油路油压升高。如果主油路油压过高,就会导致换挡冲击或传动液产生泡沫,影响变速器正常工作。调压阀的功用就是将主油路油压控制在一定范围内。

根据总体结构不同,调压阀可分为球阀式调压阀、活塞式调压阀和滑阀式调压阀三种类型。

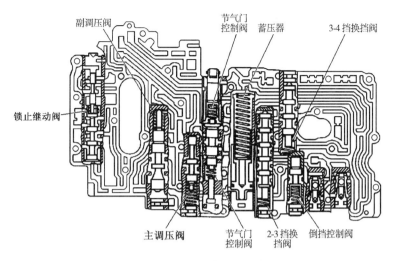

图 5-19 丰田 A341E、A342E 型电控自动变速器上阀体剖面图

1) 球阀式调压阀

球阀式调压阀由球阀、弹簧和阀座组成，其结构原理如图 5-20 所示。油路规定的油压由弹簧预紧力决定。当油路油压 F_1 低于弹簧预紧力 F_2 时，弹簧将球阀压紧在阀座上[图 5-20（a）]，油路油压随燃油泵转速升高和油量增加而升高。

当油路压力 F_1 高于弹簧预紧力 F_2 时，弹簧被压缩，球阀打开[图 5-20（b）]，部分传动液从球阀阀口排出，使油路压力降低至规定油压。

2) 活塞式调压阀

活塞式调压阀由活塞、弹簧和阀体组成，其结构原理如图 5-21 所示。油路规定的油压由弹簧预紧力决定。来自燃油泵的液压油液从进液口进入阀体并作用至活塞的上端面上。当油路压力 F_1 低于弹簧预紧力 F_2 时，弹簧伸长，活塞将泄压的进排液口关闭[图 5-21（a）]，油路油压随燃油泵转速升高和油量增加而升高。

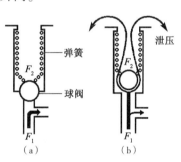

图 5-20 球阀式调压阀的结构原理
（a）$F_1 < F_2$；（b）$F_1 > F_2$

当油路压力 F_1 高于弹簧预紧力 F_2 时，弹簧被压缩，活塞移动将进排液口打开[图 5-21（b）]，部分传动液从进排液口排出泄压，使油路压力降低至规定油压。

3) 滑阀式调压阀

普通滑阀式调压阀由滑阀、弹簧和阀体组成，其结构原理如图 5-22 所示，其工作原理与活塞式调压阀相似。弹簧预紧力 F_2 作用在滑阀底部端面 B 上，来自燃油泵的液压油液从进液口进入阀体并作用至滑阀上端面 A 上。

当油路压力对端面 A 的作用力 F_1 低于弹簧预紧力 F_2 时，弹簧伸长，滑阀上移并将进液口关闭[图 5-22（a）]，油路油压随燃油泵转速升高和油量增加而升高。

当油路压力对端面 A 的作用力 F_1 高于弹簧预紧力 F_2 时，弹簧被压缩，滑阀向下移动并将进排液口打开[图 5-22（b）]，部分传动液从进排液口排出泄压，使油路压力降低至规定油压。

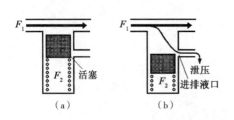

图 5-21 活塞式调压阀的结构原理

(a) $F_1 < F_2$; (b) $F_1 > F_2$

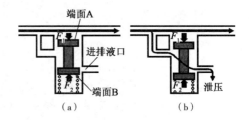

图 5-22 滑阀式调压阀的结构原理

(a) $F_1 < F_2$; (b) $F_1 > F_2$

4) 改进滑阀式调压阀

改进滑阀式调压阀的结构原理如图 5-23 所示,其工作原理是根据传动液压力暂时升高或降低来调节油压的,工作状态有保压、调压、降压、升压四种。在滑阀上作用有两个力,弹簧安装在滑阀底部,其预紧力 F_2 始终作用在滑阀上。来自燃油泵的传动液通过进排液口 1 加到滑阀端面 A 和端面 B 上,因为端面 B 的面积大于端面 A 的面积,所以在端面 B 上将作用一个使滑阀向下移动的力 F_1(作用力 F_1 等于端面 B 上的压力减去端面 A 上的压力)。

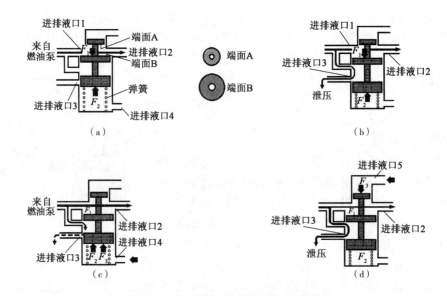

图 5-23 改进滑阀式调压阀的结构原理

(a) $F_1 < F_2$,保压; (b) $F_1 > F_2$,调压; (c) $F_1 < F_2 + F_3$,升压; (d) $F_1 + F_3 > F_2$,降压

当传动液压力低于规定值时,作用力 F_1 小于弹簧预紧力 F_2,进排液口 3 保持关闭[图 5-23 (a)],来自燃油泵的传动液经过进排液口 1 直接从进排液口 2 排出,传动液压力不会改变,从而实现"保压"功能。

当传动液压力超过规定值时,作用力 F_1 就会超过弹簧预紧力 F_2 并推动滑阀向下移动,将进排液口 3 打开[图 5-23 (b)],来自燃油泵的部分传动液就会从进排液口 3 排出泄压,使进排液口 2 排出传动液的压力降低,从而实现"调压"功能。

如果将进排液口 4 与具有一定压力的油路接通,使滑阀底部增加一个向上的推力 F_3 [相当于弹簧预紧力增大 F_3,图 5-23 (c)],那么进排液口 3 的开启面积和传动液流量就会减小，进排液口 2 处传动液的流量相应地就会增大，使进排液口 2 处传动液的压力升高，从而起到"升压"作用。

同理，如果将进排液口 5 与具有一定压力的油路接通，使滑阀顶增加一个向下的推力 F_3 [图 5-23 (d)]，那么进排液口 3 的开启面积和传动液流量就会增大，进排液口 2 处传动液的流量相应地就会减小，使进排液口 2 处传动液的压力降低，从而起到"降压"作用。

5）调压阀的应用

在自动变速器中，一般都设有主调压阀和副调压阀（第二调压阀）两只调压阀。丰田 A140E 型 ECT 液压控制系统的主调压阀和副调压阀的结构原理如图 5-24 所示。

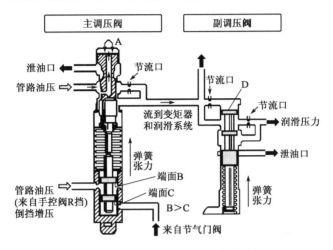

图 5-24 主调压阀和副调压阀的结构原理

主调压阀功用：根据节气门开度和选挡操纵手柄的位置，将燃油泵输入至管路的油压调节至规定数值。管路油压是操纵换挡离合器、制动器以及液压控制装置的动力源。如果主调压阀工作异常，就会导致管路油压不稳定。管路油压过高会导致换挡产生冲击现象和发动机功率损失，管路油压过低会导致离合器、制动器打滑磨损或烧蚀而缩短变速器的使用寿命。

副调压阀的功用：调节供给液力变矩器和各摩擦副的润滑油压，并在发动机停止转动时关闭液力变矩器的油路，保证再次起动时变矩器具有足够的传动液传递动力。

（1）主调压阀工作情况。主调压阀阀芯上部端面 A 受管路油压作用（燃油泵油液从主调压阀入口，经阀芯内部油道作用至阀芯上部端面 A）。阀芯下部受三个力作用：第一个是弹簧张力；第二个是来自节气门阀并作用于端面 C 的液体压力；第三个是来自手控阀并作用于端面 B 的液体压力。主调压阀阀芯的位置取决于上述 3 个力的平衡结果。

当燃油泵压力升高时，管路油压升高，阀芯上部作用力增大，推动阀芯下移，使泄油口开度增大，传动液泄流量增大，从而使管路油压稳定在规定值。

当踩下加速踏板，节气门开度增大，使发动机负荷以及输出转矩增大时，来自节气门阀的传动液压力升高，阀芯端面 C 上的作用力增大，阀芯就会向上移动使泄油口开度减小，从而使管路油压升高，变矩器可传递的额定转矩增大，用以满足传递发动机输出转矩的要求。

当将选挡操纵手柄拨到 R 位置时,来自手控阀的传动液压力作用于阀芯端面 B。因为端面 B 的面积大于端面 C,所以在阀芯上将增加一个向上的推力(该推力等于管路油压对端面 B 的作用力减去对端面 C 的作用力),使阀芯向上移动,管路油压进一步升高,从而使管路油压在 R 挡位时比其他任何挡位都高,具体数值如表 5-2 所示。这是因为倒挡传动比较大,需要换挡元件(换挡离合器、换挡制动器)传递更大的转矩。

(2)副调压阀工作情况。副调压阀实际上是一个限压阀。其阀芯受到两个力的作用:一个是弹簧向上的张力;另一个是来自主调压阀并流到液力变矩器和润滑系统的传动液压力,作用力方向向下。当供给液力变矩器的传动液压力升高时,阀芯上端面 D 受到向下的液体作用力增大,阀芯将向下移动,部分传动液从泄油口泄流,使供给液力变矩器的传动液压力保持不变。由此可见,液力变矩器和润滑系统的传动液压力是由副调压阀弹簧预紧力决定的。

2. 控制阀

控制阀的功用是转换通向各换挡执行元件(换挡离合器、换挡制动器)的油路,以便实现挡位变换。控制阀分为手动控制阀(手控阀)、液压控制阀(液压阀)和电磁控制阀(电磁阀)3 种类型。

1)手控阀

手控阀是一种由人工手动操作选挡元件控制的换向阀,其基本结构如图 5-25 所示,滑阀(阀芯)通过连杆机构或缆索与操纵手柄连接。当操纵手柄处于不同位置时,滑阀随阀杆移动至相应位置,从而接通相应的控制油路。

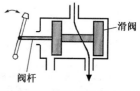

图 5-25 手控阀的基本结构

(1)选挡元件。选挡元件有手柄式和按钮式两种,手柄式选挡元件的布置如图 5-26 所示。选挡手柄(选挡操纵手柄或变速杆)既可布置在驾驶室地板上,也可布置在转向柱管或仪表台上。按钮式选挡元件一般布置在仪表台上,通过操纵按钮来选择挡位。

(2)手控阀的功用。手控阀的功用是根据选挡手柄或操作按钮位置的不同,接通主调压阀与不同挡位(R、D、2 和 1)之间的油路。

各型汽车自动变速系统中的选挡阀就是一只多路手控阀。该手控阀通过连杆机构与驾驶室内的选挡元件连接,并由选挡元件选择挡位,其结构及油路如图 5-27 所示。

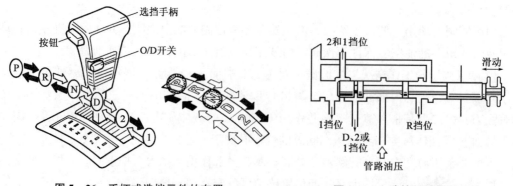

图 5-26 手柄式选挡元件的布置　　图 5-27 选挡阀结构及油路

当驾驶员操纵选挡手柄时,连杆机构便带动选挡阀的阀芯移动,从而接通不同的油路。与此同时,还要接通点火开关至换挡位置指示灯和 ECT ECU 之间的电路(见后述空挡起动开关的结构简图及连接电路)。

(3) 挡位代号的含义。选挡操纵手柄一般都有 P、R、N、D、2、1 6 个挡位供驾驶员选择，各挡位代号的含义如下。

> 对于自动变速器而言，选挡操纵手柄所处的挡位（位置）与变速器所处的挡位是两个完全不同的概念。实际上，选挡操纵手柄只改变自动变速器阀体总成中手控阀的位置，而变速器所处的挡位是由手控阀和换挡执行元件（换挡离合器、制动器等）的工作状态决定的，即不仅取决于手控阀的位置，还与汽车车速、发动机节气门开度等因素有关。

①代号 P 位置（"停车挡"位置）。当将选挡操纵手柄拨至 P 位置时，自动变速器中的停车锁止机构（机械机构）将变速器的输出轴锁止，使驱动轮不能转动，从而防止汽车移动。与此同时，换挡执行机构使自动变速器处于空挡状态。

②代号 R 位置（"倒车挡"位置）。当将选挡操纵手柄拨至 R 位置时，换挡执行机构将接通自动变速器倒挡传动的油路，使倒挡的动力传递路线接通，汽车驱动轮反转而实现倒退行驶。

③代号 N 位置（"空挡"位置）。当将选挡操纵手柄拨至 N 位置时，换挡执行机构使自动变速器处于空挡状态，发动机的动力虽然能够经过输入轴输入变速器，但各齿轮只是空转，变速器输出轴不能输出动力。在使用过程中，只有当选挡操纵手柄处于 N 位置或 P 位置时，发动机才能起动（此功能由空挡起动开关控制）。

④代号 D 位置（"前进挡"位置）。当将选挡操纵手柄拨至 D 位置时，大部分轿车的自动变速器可以获得 4 个不同的传动比传递动力，即一挡、二挡、三挡和超速（O/D）挡。在汽车行驶过程中，如果选挡操纵手柄位于 D 位置，则自动变速器的控制系统（液压控制系统或电子控制系统）将根据汽车速度、节气门开度等电信号（电子控制式自动变速器）或液压信号（液压控制式自动变速器），按照预先设定的换挡规律自动变换挡位，使汽车以不同车速行驶。在道路条件良好的情况下行驶时，选挡操纵手柄应当拨至 D 位置。

⑤代号 2 位置（"高速发动机制动挡"位置）。当将选挡操纵手柄拨至 2 位置时，自动变速器的控制系统（液压控制系统或电子控制系统）将限制前进挡的变化范围，只能接通一、二挡的油路，自动变速器只能在一、二挡之间变换挡位，无法升入更高挡位，从而使汽车具有足够的驱动力而稳定地上坡，下坡时可利用发动机制动，故此挡位称为"高速发动机制动挡"。

⑥代号 1 位置（"低速发动机制动挡"位置）。当将选挡操纵手柄拨至 1 位置时，自动变速器的控制系统（液压控制系统或电子控制系统）只能接通一挡油路，自动变速器只能在一挡行驶，无法升入高挡。因此，当将选挡操纵手柄拨至 1 位置时，可以获得比将选挡操纵手柄拨至 2 位置更强的发动机制动效果，故此挡位又称"低速发动机制动挡"。此挡位适用于汽车在山区、上坡或下坡行驶时，使汽车具有足够的驱动力而稳定地上坡，下坡时又可利用发动机制动。

2) 液压阀

(1) 液压阀的结构原理。液压阀是一种由液压控制的换向阀，其结构原理如图 5-28 所示。滑阀的一端作用有弹簧预紧力，另一端作用有传动液压力。

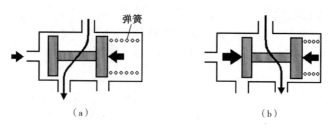

图 5-28 液压阀的结构原理

当传动液对滑阀的作用力低于弹簧预紧力时,弹簧伸长,滑阀左移,使控制阀左边油路接通、右边油路关闭,如图 5-28(a)所示;当传动液压力高于弹簧预紧力时,滑阀压缩,弹簧右移,使控制阀右边油路接通、左边油路关闭[图 5-28(b)],从而实现油路转换。

改进型液压阀滑阀(阀芯)的两端都可施加传动液压力,如图 5-29 所示。当传动液从进排液口 1 流入控制阀时,液体对阀芯的作用力 F_1 克服弹簧预紧力 F_2 推动滑阀右移,使控制阀右边的油路 A 接通,如图 5-29(a)所示。当在进排液口 1 和 2 处都施加相同压力的传动液压力 F_1 时[图 5-29(b)],滑阀两端的液体压力相等,在弹簧预紧力 F_2 作用下,滑阀就会向左移动,使控制阀左边的油路 B 接通,从而实现油路转换。

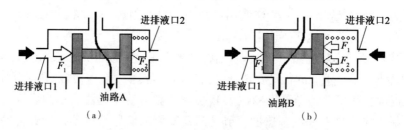

图 5-29 改进型液压阀滑阀的结构原理
(a) $F_1 < F_2$;(b) $F_1 < F_1 + F_2$

电控自动变速器常用的液压阀有节气门控制阀、节气门油压修正阀、锁止信号阀、锁止继动阀和换挡阀等。

节气门控制阀的功用是:根据节气门开度大小建立一个控制管路油压(主油路油压)的节气门油压,使主调压阀调节的管路油压随节气门开度增大而升高,或随节气门开度减小而降低,用以满足发动机负荷变化时换挡元件工作和零部件润滑对主油路油压的要求。

节气门油压修正阀的功用是:将作用于主调压阀的节气门油压转换成随节气门开度变化而呈非线性变换的油压。其目的是在节气门开度较大时,使主调压阀调节的管路油压增长幅度减小,以满足传递发动机动力的需要,防止主油路油压过高而导致换挡冲击。

锁止信号阀的功用是:控制二挡制动器至锁止继动阀之间液压油路的接通与关闭。

锁止继动阀的功用是:根据锁止信号阀的锁定信号,通过改变传送至液力变矩器传动液的流向,使液力变矩器内部的锁止离合器结合与分离。

换挡阀的功用是：控制换挡元件（换挡离合器和制动器）油路的接通与关闭。换挡阀受控于换挡电磁阀（No.1、No.2 电磁阀），No.1、No.2 电磁阀又受控于 ECT ECU。

下面以锁止信号阀和 1-2 换挡阀的工作情况说明上述液压控制阀的控制原理。

(2) 锁止信号阀。液力变矩器的锁定与分离受锁止离合器控制，锁止离合器的接合与分离受锁止继动阀控制，锁止继动阀受锁止信号阀控制，锁止信号阀受锁止电磁阀 No.3 控制，No.3 电磁阀又受控于 ECT ECU。

锁止信号阀的结构原理如图 5-30 所示，阀芯受到两个力作用：上端面 A 与管路油压、No.3 电磁阀阀门相通，受到的作用力随管路油压变化而变化；下端面受弹簧预紧力作用。

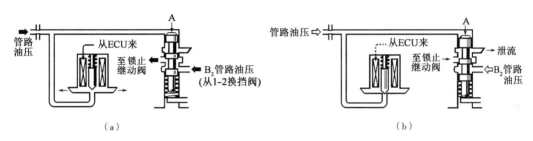

图 5-30 锁止信号阀的结构原理
(a) No.3 电磁阀通电，管路接通；(b) No.3 电磁阀断电，管路关闭

当 No.3 电磁阀接收到 ECT ECU 发出的接通指令时，电磁线圈电流接通，产生电磁吸力使阀芯向上移动，电磁阀阀门开启泄压 [图 5-30 (a)]，使管路油压对锁止信号阀阀芯上端面 A 的作用力减小。锁止信号阀阀芯在弹簧预紧力推动下向上移动，将二挡制动器 B_2 至锁定继动阀之间的液压管路接通。此时锁止继动阀接通液力变矩器的锁止离合器油路，锁止离合器接合，将液力变矩器锁定而直接传递发动机动力。

当 ECT ECU 发出指令切断 No.3 电磁阀线圈电流时，电磁阀的电磁吸力消失，其阀芯在复位弹簧弹力作用下复位，电磁阀阀门关闭 [图 5-30 (b)]。电磁阀阀门一旦关闭，管路油压就会升高，锁止信号阀阀芯上端面 A 上的作用力增大，端面 A 上的作用力克服弹簧预紧力使阀芯向下移动，将二挡制动器 B_2 至锁止继动阀之间的液压管路关闭。

(3) 换挡阀。自动变速器一般设有 3 只换挡阀用于换挡控制，分别用 1-2 换挡阀、2-3 换挡阀和 3-4 换挡阀表示，各种挡位之间的变换依靠 3 只换挡阀相互配合工作才能实现。换挡阀的工作状态受换挡电磁阀（No.1 电磁阀和 No.2 电磁阀）控制，丰田 A140E 型辛普森式四速自动变速器换挡电磁阀及换挡执行元件的工作情况如表 5-4 所示，表中各换挡执行元件代号的含义分别为：C_0——超速离合器，F_0——超速单向离合器，B_0——超速制动器，C_1——前进离合器，C_2——直接挡离合器，B_1——二挡滑行制动器，B_2——二挡制动器，B_3——低挡、倒挡制动器，F_1——No.1 单向离合器，F_2——No.2 单向离合器。3 只换挡阀的工作原理相同，下面以图 5-31 所示 1-2 换挡阀的工作情况为例进行说明。

表 5-4 丰田 A140E 型辛普森式四速自动变速器换挡电磁阀及换挡执行元件的工作情况

挡位	传动挡位	No.1电磁阀	No.2电磁阀	换挡执行元件									
				C_0	F_0	B_0	C_1	C_2	B_1	B_2	B_3	F_1	F_2
P	停车挡	通电	断电	●									
R	倒挡	通电	断电	●	●			●			●		
N	空挡	通电	断电	●									
D	一挡	通电	断电	●	●								●
D	二挡	通电	通电	●	●					●		●	
D	三挡	断电	通电	●	●		●	●		●			
D	O/D 挡	断电	断电			●	●	●					
2	一挡	通电	断电	●	●								●
2	二挡	通电	通电	●	●					●		●	
2	三挡*	断电	通电	●	●		●	●	●	●			
1	一挡	通电	断电	●	●						●		●
1	二挡*	通电	通电	●	●		●		●	●		●	

注：① 符号"●"表示该元件投入工作。
② 符号"*"表示仅下行换挡至2或1位时才能换入该挡，在2或1位不能换入该挡。

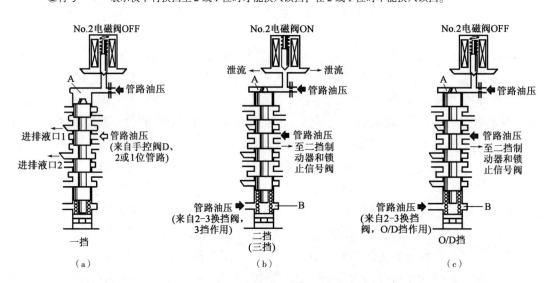

图 5-31 1-2 换挡阀的工作情况
(a) 挂入一挡；(b) 挂入二挡或三挡；(c) 挂入 O/D 挡

（4）1-2 换挡阀工作情况。当变速器挂入一挡时，由表 5-4 可知，ECT ECU 将控制 No.2 电磁阀断电，其阀门关闭并将泄流回路关闭。此时，主调压阀调节的管路油压作用至 1-2 换挡阀阀芯上部 A 处，管路油压对阀芯上端面的作用力克服弹簧张力使阀芯向下移动，此时 1-2 换挡阀工作状态如图 5-31（a）所示。

当变速器挂入二挡或三挡时，由表 5-4 可知，ECT ECU 向 No.2 电磁阀发出通电指令，No.2 电磁阀线圈通电，阀门开启泄流降压，1-2 换挡阀阀芯上部 A 处的管路油压降低。在换挡阀下部 B 处来自 2-3 换挡阀的管路油压以及弹簧张力作用下，1-2 换挡阀阀芯向上移动，从而接通二挡制动器 B_2 油路，此时 1-2 换挡阀工作状态如图 5-31（b）所示。

当变速器挂入超速挡（O/D 挡）时，由表 5-4 可知，ECT ECU 将向 No.2 电磁阀发出断电指令。虽然 No.2 电磁阀断电时阀门关闭，管路油压将作用在 1-2 换挡阀上部 A 处，但是由于来自 2-3 换挡阀的管路油压和弹簧张力一直作用在 1-2 换挡阀阀芯下部 B 处，因此 1-2 换挡阀阀芯保持在上述二挡或三挡时所处位置不变，二挡制动器 B_2 油路保持接通，此时 1-2 换挡阀工作状态如图 5-31（c）所示。

3）电磁阀

电磁阀是一种用电磁力控制其阀门打开或关闭的机电一体阀。电磁阀一般安装在变速器阀体内部，有的安装在阀体外面，其结构原理如图 5-32 所示。它由电磁铁机构、阀芯和复位弹簧组成。阀芯受控于电磁铁机构，从而控制传动液油路的接通与关闭。

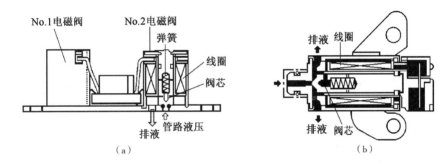

图 5-32　电磁阀的结构原理
（a）No.1 电磁阀、No.2 电磁阀；（b）No.3 电磁阀

当电磁线圈断电时，阀芯在弹簧弹力作用下将阀门关闭，油路切断。当电磁线圈接通电流时，阀芯在电磁吸力作用下，克服弹簧张力离开阀座将阀门打开，接通换挡执行元件或锁止离合器油路，从而实现挡位变换或离合器锁定。

电磁阀既是电子控制系统的执行元件，也是液压控制系统的始控元件。电控自动变速器一般设有 3 只（No.1、No.2、No.3）电磁阀。在高性能变速器上，设有 4 只或更多只电磁阀。No.1 电磁阀、No.2 电磁阀控制挡位变换，No.3 电磁阀控制液力变矩器的锁止（锁定）离合器，No.4 或其他电磁阀用于提高换挡品质，使换挡离合器和制动器接合柔和。电磁阀越多，换挡品质越高，变速器的性能越好。

5.5　电控自动变速系统的结构原理

电控自动变速系统由传感器与控制开关、自动变速电控单元（ECT ECU）和执行机构三部分组成。丰田凯美瑞、赛利卡轿车装备的 A140E 型电控自动变速系统部分控制部件的安装位置如图 5-33 所示。其执行器有 No.1 电磁阀、No.2 电磁阀和 No.3 电磁阀。

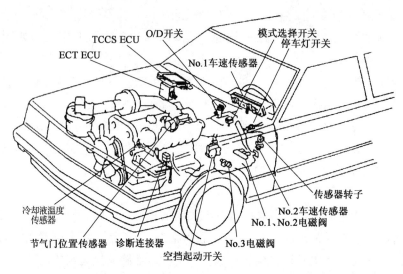

图 5-33 丰田 A140E 型电控自动变速系统部分控制部件的安装位置

5.5.1 传感器的结构原理

电控自动变速器常用传感器与控制开关有节气门位置传感器、车速传感器、冷却液温度传感器等。以下对前两种进行详细介绍。

1. 节气门位置传感器

> 汽车电控自动变速器一般都与电控发动机同时装备或作为选装总成,节气门位置传感器(TPS)是电控发动机或电控变速器必不可少的传感器之一。在装备电控自动变速器的汽车上,TPS 将发动机负荷(对应于节气门开启角度)转换为电压信号之后,除输入发动机 ECU 之外,还要输入 ECT ECU 作为确定变速器换挡时机(换挡点)和变矩器锁止时机的主要信号之一。

(1) 节气门位置传感器的结构特点。在装备或选装自动变速器的汽车上,电控发动机和电控变速器一般都共用一只 TPS。为了较为精确地反映发动机负荷的大小,以便精确控制变速器的换挡时机和变矩器的锁止时机,可选用触点式 TPS,其结构要复杂一些(触点较多),如图 5-34 所示为丰田车系用开关量输出型 TPS 的结构原理。其安装在节气门轴的一端,内部设有一个凸轮,套装在节气门轴上,随节气门开度变化而转动。传感器有 8 个输出端子,分别与传感器内部触点连接,端子 IDL、ACC_1、ACC_2、PSW 提供发动机控制信号,端子 L_1、L_2、L_3 提供自动变速器控制信号,E_2 为搭铁端子。

(2) 传感器的输出特性。丰田车系用开关量输出型 TPS 的输出特性如图 5-35 所示,当节气门完全关闭,凸轮使急速 IDL 触点接通时,IDL 端子输出低电平 0。ECT ECU 接收到 IDL 端子输出的低电平信号时,将判定发动机处于急速状态,丰田 Toyota 开关量输出型节气门位置传感器的输出特性如表 5-5 所示。

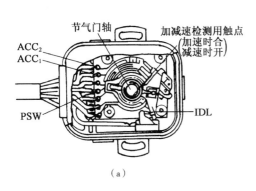 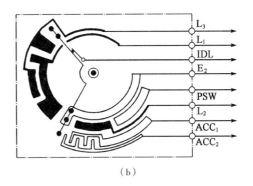

(a) 结构；(b) 原理

图 5-34 丰田车系用开关量输出型 TPS 的结构原理

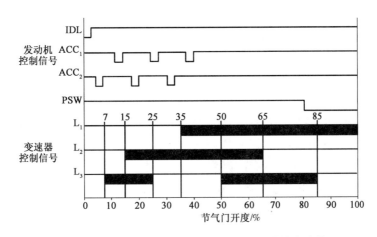

图 5-35 丰田车系用开关量输出型 TPS 的输出特性

表 5-5 丰田 Toyota 开关量输出型节气门位置传感器的输出特性

节气门开度 (发动机负荷)/%	传感器输出信号			
	IDL	L_1	L_2	L_3
0	0	1	1	1
0~7	1	1	1	1
7~15	1	1	1	0
15~25	1	1	0	0
25~35	1	1	0	1
35~50	1	0	0	1
50~65	1	0	0	0
65~85	1	0	1	0
85~100	1	0	1	1

注：输出信号 0 表示触点闭合，输出为低电平（0 V）；输出信号 1 表示触点断开，输出为高电平（5 V）。

当 ECT ECU 接收到 IDL、L_1、L_2、L_3 输出均为高电平 1 时，将判定发动机负荷为 0~

7%。当 ECT ECU 接收到 IDL、L_1、L_2 输出为高电平 1，L_3 输出为低电平 0 时，将判定发动机负荷为 7%~15%。

当 ECT ECU 接收到 IDL、L_1 输出为高电平 1，L_2、L_3 输出为低电平 0 时，将判定发动机负荷为 15%~25%。节气门在其他开度时，传感器输出信号依次类推。

2. 车速传感器

在电控自动变速系统中，车速传感器（VSS）的功用是产生频率与车速成正比的信号电压，并输入 ECT ECU 作为确定变速器换挡时机和变矩器锁止时机的主要信号之一。

> 车速传感器一般都采用磁感应式和舌簧开关式。为了实现车速传感器失效保护功能，电控自动变速器（如丰田 A140E、A340E、A341E、A342E 和 A540E 型等）上配装有主车速传感器（No.2 车速传感器）和辅助车速传感器（No.1 车速传感器）。两只车速传感器的安装位置依车型而异，丰田雷克萨斯 LS400 型轿车用 A341E、A342E 型 ECT 和科罗纳轿车用 A240E、A241E 型 ECT 的 No.1、No.2 车速传感器均安装在自动变速器上。丰田凯美瑞、赛利卡轿车用 A140E 型 ECT、克雷西达轿车用 A43DE 型等 ECT 的 No.2 车速传感器安装在变速器上，No.1 车速传感器安装在组合仪表盘内。

当两只车速传感器工作都正常时，ECT ECU 只采用 No.2 车速传感器的脉冲信号来控制换挡。当 No.2 车速传感器发生故障，其输出信号的频率或幅值超出正常值范围时，ECT ECU 将自动切换运行程序，采用 No.1 车速传感器信号控制换挡。如果两只车速传感器都发生故障，则 ECT ECU 将停止自动换挡。No.2 车速传感器定子安装在变速器延伸壳体上，信号转子安装在变速器输出轴上。转子上的磁铁随输出轴一同转动，从而使传感器定子中的舌簧开关产生频率与车速成正比的脉冲信号并输送至 ECT ECU。

5.5.2 控制开关

电控自动变速器常用控制开关有换挡规律选择开关（驱动模式选择开关）、超速开关、空挡起动开关、制动灯开关和驻车制动灯开关等。

1. 换挡规律选择开关

换挡规律又称驱动模式，换挡规律选择开关用于选择换挡规律（或驱动模式），该开关安装在仪表台或选挡手柄上，其外形如图 5-36 所示。

> 换挡规律（或驱动模式）有普通型、动力型和经济型三种。在汽车行驶过程中，驾驶员可据行驶条件选择不同的换挡规律。

2. 超速开关

超速开关又称 O/D（Over Drive）开关，其功用是控制自动变速器是否升至超速挡行驶。O/D 开关一般都为按钮式开关，设在选挡操纵手柄上。同时在组合仪表盘上设有相应的指示灯，称为超速切断指示灯（O/D OFF 指示灯），该指示灯受 O/D 开关控制，控制电路如图 5-37 所示。

当按下 O/D 开关按钮（O/D 开关 ON）时，其触点断开，超速切断指示灯电路不通而熄灭[图 5-37（a）]。电源电压（12 V）经超速切断指示灯加至 ECT ECU 上，此时如选挡操纵手柄处于 D 位，ECT ECU 控制变速器升挡时，最高可以升至超速挡（相当于四挡）。

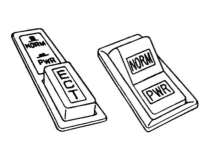

图 5-36 换挡规律选择开关的外形

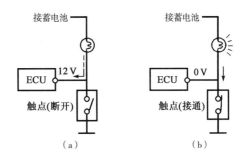

图 5-37 O/D 开关及其指示灯电路
(a) O/D 开关 ON，O/D 挡可接通；(b) O/D 开关 OFF，O/D 挡断开

当再按一下 O/D 开关按钮（O/D 开关 OFF）时，其触点接通，超速切断指示灯（O/D OFF 指示灯）电路接通而发亮[图 5-37（b）]，此时 ECT ECU 接收到的信号电压为 0 V，无论汽车在什么条件下行驶，变速器都不能挂入超速挡，最高只能升至三挡。

> 当 O/D 开关置于 ON 位置，其触点断开时，如果变速控制系统发生故障，自诊断系统将控制超速切断（O/D OFF）指示灯闪亮报警。

3. 空挡起动开关

空挡起动开关（Neutral Start Switch，NSW）是一个由选挡操纵手柄控制的多位多功能开关，其结构简图及连接电路如图 5-38 所示。

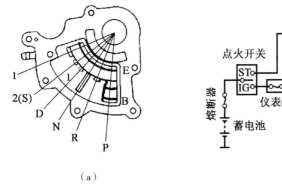

(a)

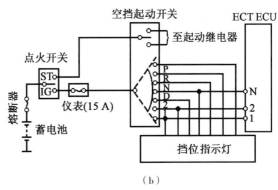

(b)

图 5-38 空挡起动开关的结构简图及连接电路
(a) 结构简图；(b) 连接电路

当将选挡操纵手柄拨至某一位置时，选挡操纵手柄使开关上相应的触点闭合，从而接通点火开关至 ECT ECU 和挡位指示灯之间的相应电路。与此同时，选挡操纵手柄的连杆机构

带动选挡阀的阀芯移动，接通选挡阀的不同控制油路。

ECT ECU 根据空挡起动开关输入的 N、2、1 3 个（或 N、2、1、R 4 个）位置信号（高电平信号）来判断选挡操纵手柄所处位置。如果 N、2、1 3 个（或 N、2、1、R 4 个）端子都无信号输入，ECT ECU 则判定选挡操纵手柄处于 D 位。空挡起动开关的具体功用如下。

（1）当将选挡操纵手柄拨至停车挡 P 位或空挡 N 位时，起动继电器线圈电路才能接通，发动机才能被起动，与此同时接通停车挡 P 或空挡 N 的挡位指示灯电路，故空挡起动开关又称空挡安全开关。

（2）当将选挡操纵手柄拨至倒车挡 R 位时，接通倒车灯和倒车挡挡位指示灯电路。

（3）当将选挡操纵手柄拨至前进挡 D 位时，变速器可由一挡顺序升至高挡。

（4）当将选挡操纵手柄拨至前进挡 2 位时，允许变速器从三挡降至一挡，或由一挡升至二挡。

（5）当将选挡操纵手柄拨至前进挡 1 位时，变速器被锁止在一挡。

4. 制动灯开关

制动灯开关安装在制动踏板下面的支架上。当驾驶员踩下制动踏板时，制动灯开关接通，制动灯发亮，并从制动灯开关信号输入端子 STP（或 BK）向 ECT ECU 输入一个高电平（电源电压）信号。ECT ECU 接收到该高电平信号时，便知已经使用制动，立即发出解除液力变矩器锁止指令，使锁止离合器分离。其目的是在车轮抱死制动时，防止发动机突然熄火。

当驾驶员未踩下制动踏板时，STP（或 BK）端没有信号输入，ECT ECU 将按正常控制程序控制液力变矩器锁止与分离。

5. 驻车制动灯开关

驻车制动灯开关又称停车制动灯开关，受驻车制动（手制动）手柄控制。当驻车制动手柄放松时，停车制动开关断开，制动报警灯熄灭，电源电压经制动报警灯从驻车制动灯开关信号输入端子 PKB 向 ECT ECU 输入一个高电平（12 V）信号。ECT ECU 接收到这一信号后，在起步和换挡时，将控制减少车尾的下坐量。当驾驶员拉紧驻车制动手柄制动时，停车制动开关接通，制动报警灯发亮，ECT ECU 的 PKB 端将接收到一个低电平（0 V）信号，此信号告知 ECT ECU 驻车制动手柄已经拉紧。

5.5.3 执行机构

执行机构又称执行器，其功用是根据 ECT ECU 的控制指令，完成变速机构自动换挡和变矩器锁止动作。

> 电控自动变速系统的执行机构包括电磁阀和液压控制系统的换挡阀、换挡离合器与换挡制动器、齿轮变速机构、锁止信号阀、锁止继动阀、锁止离合器等。其中，电控自动变速系统的直接执行机构是电磁阀。

在电控自动变速系统工作过程中，电磁阀接收到 ECT ECU 的控制指令后，再控制液压控制系统的各个执行机构，利用液压驱动换挡离合器和换挡制动器实现自动换挡功能、驱动锁止离合器实现变矩器锁止功能。

5.6 自动变速器的控制

自动变速器型号不同，其控制电路也不尽相同。下面以丰田凯美瑞和赛利卡等轿车用A140E型自动变速器的电控系统为例进行说明。

5.6.1 自动变速器的控制电路

丰田凯美瑞轿车A140E型电控自动变速器的控制电路如图5-39所示，ECT ECU各接线端子的代号及其含义如下。

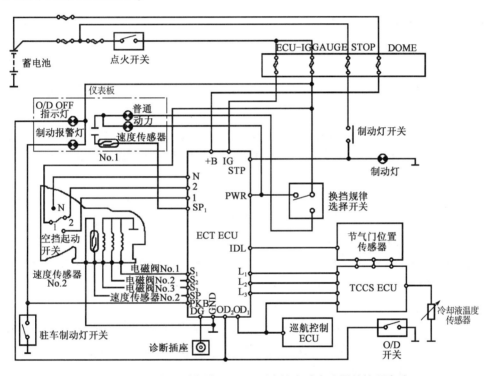

图5-39 丰田凯美瑞轿车A140E型电控自动变速器的控制电路

(1) +B：ECT ECU备用电源端子。该端子为随机存储器等提供电源。

(2) IG：ECT ECU电源端子。该端子受点火开关控制，开关接通时ECT ECU接通12 V电源。

(3) STP（或BK）：制动信号输入端子。当踩下制动踏板时，STP端子从制动灯开关向ECT ECU输入高电平（12 V）信号，ECT ECU立即发出解除液力变矩器锁止指令，防止发动机在车轮抱死制动时突然熄火。

(4) PWR：换挡规律（驱动模式）选择开关信号输入端子。PWR端有信号电压（电源电压）输入时，ECT ECU选用PWR换挡规律控制换挡，组合仪表盘上的PWR指示灯发亮；PWR端无信号电压输入时，ECT ECU选用NORM换挡规律控制换挡，组合仪表盘上的PWR指示灯熄灭，NORM指示灯发亮。

(5) IDL：TPS 怠速触点闭合信号输入端子。当发动机怠速或汽车急减速行驶时，节气门将关闭，TPS 怠速触点闭合，IDL 端子将向 ECT ECU 输入一个高电平信号。此时，ECT ECU 将向 No. 3 电磁阀发出解除变矩器锁止状态指令，防止发动机在怠速或驱动轮抱死时突然熄火。

(6) L_1、L_2、L_3：节气门开度信号输入端子。这3个端子分别输入节气门不同开度时的信号电压。

(7) OD_1：超速与锁止解除信号输入端子。当发动机冷却液温度低于60 ℃时，丰田汽车发动机的计算机电控单元（TCCS ECU）将向 ECT ECU 发出一个解除超速行驶信号，防止 ECT 自动升入超速挡行驶。此外，当使用巡航控制功能使汽车在超速挡行驶时，若因行驶条件或其他情况使实际车速降低至低于巡航控制系统预先设定的车速 4 km/h 以上时，巡航控制 ECU 将向 ECT ECU 发出一个解除超速行驶信号，ECT ECU 将控制变速器换入超速挡以外的挡位行驶；在实际车速达到巡航控制系统预先设定的车速以前，ECT ECU 不会控制 ECT 换回超速挡。

(8) OD_2：超速切断信号输入端子。当 O/D 开关置于 ON 位置（按下 O/D 开关按钮）时，OD_2 端子将接收到电源电压（12 V），如果此时选挡操纵手柄处于 D 位，ECT 最高可以升至超速挡（相当于四挡）。如再按一下 O/D 开关（O/D 开关置于 OFF 位置），OD_2 端子将接收到低电平 0 V，此时无论汽车在什么条件下行驶，变速器都不能升入超速挡，最高只能升至三挡。

(9) GND：ECT ECU 搭铁端子。

(10) DG（或 ECT）：故障自诊断测试触发端子。

(11) PKB：驻车制动信号输入端子。当驻车制动手柄放松时，制动报警灯熄灭，PKB 端子将接收到一个高电平（12 V）信号，在起步和换挡时，ECT ECU 将控制减少车尾的下坐量。当驾驶员拉紧驻车制动手柄制动时，制动报警灯发亮，PKB 端将接收到一个低电平（0 V）信号，通知 ECT ECU 驻车制动手柄已经拉紧。

(12) SP_1、SP_2：No. 1、No. 2 车速传感器信号输入端子。ECT ECU 优先采用 SP_2 端由 No. 2 车速传感器输入的车速信号。当 SP_2 端子无信号或信号异常时，ECT ECU 再采用 SP_1 端由 No. 1 车速传感器输入的车速信号。

(13) S_1、S_2、S_3：电磁阀控制信号输出端子。ECT ECU 从 S_1、S_2 端子输出的控制指令控制 No. 1、No. 2 电磁阀通电与断电，从而控制行星齿轮变速器自动换挡；S_3 端子输出的控制指令控制 No. 3 电磁阀通电与断电，从而控制液力变矩器的锁止离合器接合与分离。

(14) 1、2、N：空挡起动开关输入信号端子。当 1、2、N 端子分别输入信号电压（电源电压）时，ECT ECU 判定变速器分别处于 1、2、N 挡位；当 1、2、N 端子无信号输入时，ECT ECU 判定变速器处于 D 挡位。

5.6.2 自动变速器的换挡规律

换挡规律又称驱动模式，是指汽车发动机节气门开度与变速器输出轴转速（或车速）之间的关系。电控自动变速系统常用的换挡规律有普通型（Normal Mode，NORM）、动力型（Power Mode，PWR）和经济型（Economy Mode，ECON）三种。如果自动变速系统只提供普通型与动力型，那么其普通型换挡规律就相当于经济型换挡规律。

各种电控自动变速系统的硬件结构大同小异,但软件程序千差万别。变速器的换挡规律不同,其换挡时机亦不同。丰田 A140E 型电控自动变速器的换挡规律如表 5-6 所示。

表 5-6 丰田 A140E 型电控自动变速器的换挡规律　　　　　　　　　km/h

挡位	模式选择开关	节气门全开(或全关)							
		1→2	2→3	3→O/D	(3→O/D)	(O/D→3)	O/D→3	3→2	2→1
D挡	NORM	53~61	104~115	164~176	(35~40)	(21~25)	159~171	97~107	43~48
	PWR	53~61	104~115	164~176	(35~40)	(21~25)	159~171	97~107	43~48
2挡	NORM	53~61	—	—			—	97~107	43~48
	PWR								
1挡	NORM	—	—	—			—	—	54~59
	PWR								

注:括号内数字表示节气门全关(减速)时的车速。

1. 普通型换挡规律

普通型换挡规律(NORM)是指动力性和经济性介于经济型与动力型之间的换挡规律,其曲线如图 5-40 所示。普通型换挡规律适用于一般道路驾驶汽车时选用,以便兼顾汽车的动力性和经济性。

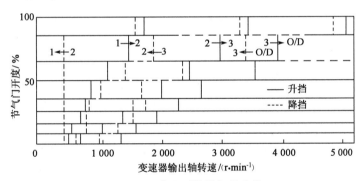

图 5-40 普通型换挡规律曲线

> 汽车在行驶过程中,车速升高时升挡,车速降低时降挡。由换挡规律可见,在节气门开度相同的情况下,相同挡位的升挡车速(如二挡升至三挡时的车速)比降挡车速(三挡降至二挡时的车速)要高,即降挡曲线均处在升挡曲线左侧,其目的是充分利用发动机的动力和提高燃油经济性。

2. 动力型换挡规律

动力型换挡规律(PWR)是指以汽车获得最大动力为目的的换挡规律,其曲线如图 5-41 所示。动力型换挡规律适用于坡道和山区驾驶汽车时选用,能够通过改变变速器换挡时机和液力变矩器锁止时机,充分利用液力变矩器增加转矩的功能来提高汽车的动力性。

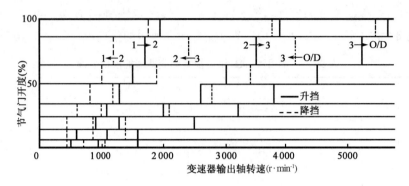

图 5-41 动力型换挡规律曲线

由图 5-40 和图 5-41 所示曲线可见,节气门开度为 65%~85% 的换挡参数如表 5-7 所示。

表 5-7 动力型与普通型换挡规律比较　　　　　　　　　　r/min

挡位	模式选择开关	变速器输出轴转速（节气门开度 65%~85%）					
		1→2	2→3	3→O/D	O/D→3	3→2	2→1
D挡	NORM	1 500	3 000	3 900	3 400	1 900	400
	PWR	1 700	3 600	5 100	4 100	2 400	1 200

> 在节气门开度（发动机负荷）相同的情况下，当变速器换入相同挡位时，动力型换挡规律的变速器输出轴转速（或车速）比普通型要高得多。这是因为在节气门开度相同的情况下，车速越高动力性就越好，所以动力型换挡规律的动力性比普通型换挡规律的动力性要好。反之，升挡车速（或降挡车速）越低，则燃油经济性越好。换句话说，动力型换挡规律是牺牲一定的燃油经济性来提高动力性，而普通型换挡规律则是牺牲一定的动力性来提高燃油经济性。由于二者的目的各不相同，因此在使用中，应当根据行驶条件（如坡度大小、风阻大小、路面好坏等）选择适当的换挡规律。

3. 经济型换挡规律

经济型换挡规律（ECON）是指以汽车获得最佳燃油经济性为目的的换挡规律，其曲线如图 5-42 所示。因为经济型换挡规律是以提高燃油经济性为目的，汽车基本上都是以经济车速行驶，所以特别适用于道路条件良好的城市和高速公路驾驶汽车时选用。

5.6.3 自动换挡的控制过程

> 各种电控自动变速器的换挡控制过程大同小异，控制方法基本相同，都是 ECT ECU 根据节气门开度和车速传感器信号，在换挡时机 MAP 中查寻确定换挡时机，然后向换挡电磁阀（No.1 电磁阀、No.2 电磁阀）发出控制指令，换挡电磁阀再控制液压控制系统的换挡阀动作，使换挡离合器和换挡制动器的控制油路改变来实现挡位自动变换。

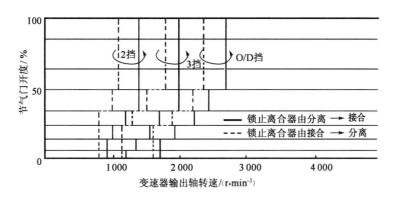

图 5-42 经济型换挡规律曲线

下面分别以 A140E 型电控自动变速器挂入二挡和挂入三挡为例,说明自动变速系统的换挡控制过程。

1. 自动挂入二挡

丰田 A140E 型电控自动变速器的换挡规律如表 5-6 所示,这些数据预先以数据地图的形式存储在 ECT ECU 的 ROM 中,称为换挡时机 MAP 或换挡时机图谱。

1)电子控制系统工作情况

当驾驶员将选挡操纵手柄拨到 D(或 2)位置、换挡规律选择开关置于 NORM(或 PWR)位置、节气门传感器信号表示节气门全开、车速传感器信号表示车速为 53~61 km/h 时,ECT ECU 根据这些信号从换挡时机 MAP(表 5-6)中查寻确定结果为从一挡挂入二挡。由表 5-4 所示自动变速器换挡电磁阀及换挡执行元件的工作情况可知,此时 ECT ECU 将向换挡电磁阀 No.1、No.2 发出通电指令,控制换挡阀接通前进离合器 C_1、超速离合器 C_0 和二挡制动器 B_2 油路。

2)液压控制系统工作情况

由 1-2 换挡阀、2-3 换挡阀和 3-4 换挡阀工作情况可知,当 No.2 电磁阀通电、变速器挂入二挡时,超速离合器 C_0、前进离合器 C_1 和二挡制动器 B_2 油路接通而接合,使行星齿轮变速器自动挂入二挡。

超速离合器 C_0 油路由 3-4 换挡阀接通,如图 5-17 所示,其控制油路为:燃油泵→3-4 换挡阀→超速离合器 C_0。

二挡制动器 B_2 油路由 1-2 换挡阀接通,如图 5-17 和图 5-31(b)所示,其控制油路为:燃油泵→手控阀→1-2 换挡阀→二挡制动器 B_2。

前进离合器 C_1 油路由手控阀接通,如图 5-17 所示,其控制油路为:燃油泵→手控阀→滤清器→前进离合器 C_1。

当 No.1 电磁阀通电、变速器挂入二挡时,2-3 换挡阀将 3-4 换挡阀下部油路接通,保证 3-4 换挡阀向上移动接通 C_0 油路。

2. 自动挂入三挡

1)电子控制系统工作情况

在汽车挂入二挡行驶的条件下,如果选挡操纵手柄在 D 位置不变,那么,当车速升高到 104~115 km/h 时，ECT ECU 根据节气门传感器全开信号和车速传感器信号从换挡时机 MAP（表 5-6）中查寻确定结果将为从二挡挂入三挡。

由表 5-4 可知，此时 ECT ECU 将发出 No.1 电磁阀断电、No.2 电磁阀通电指令，控制换挡阀接通超速离合器 C_0、前进离合器 C_1、直接挡离合器 C_2 和二挡制动器 B_2 油路。

2) 液压控制系统工作情况

由 1-2 换挡阀、2-3 换挡阀和 3-4 换挡阀工作情况可知，当 No.1 电磁阀断电时，2-3 换挡阀将接通直接挡离合器 C_2 油路；No.2 电磁阀通电时，3-4 换挡阀将接通超速离合器 C_0 油路；1-2 换挡阀将接通二挡制动器 B_2 油路；前进离合器 C_1 油路由手控阀接通。C_1、C_2、C_0 和 B_2 油路接通而接合，使变速器自动挂入三挡。各控制油路如图 5-17 所示，分别如下：

(1) 直接挡离合器 C_2 油路为：燃油泵→手控阀→2-3 换挡阀→直接挡离合器 C_2。

(2) 超速离合器 C_0 油路为：燃油泵→3-4 换挡阀→超速离合器 C_0。

(3) 二挡制动器 B_2 油路为：燃油泵→手控阀→1-2 换挡阀→二挡制动器 B_2。

(4) 前进离合器 C_1 油路为：燃油泵→手控阀→滤清器→前进离合器 C_1。

5.6.4 自动锁止的控制过程

液力变矩器的控制分为锁止时机控制和解除锁止状态控制两种情况。下面以丰田 A140E 型 ECT 液力变矩器的控制为例，说明锁止时机的控制过程。

丰田 A140E 型 ECT 液力变矩器的锁止时机如表 5-8 所示。这些数据预先以数据地图的形式存储在 ECT ECU 的 ROM 中，称为锁止时机 MAP 或锁止数据地图。

表 5-8 丰田 A140E 型 ECT 液力变矩器的锁止时机   km/h

挡位	模式选择开关	车速（节气门开度5%）					
		变矩器锁止			变矩器不锁止		
		二挡	三挡*	O/D 挡	二挡	三挡*	O/D 挡
D 挡	NORM	—	59~65	55~61	—	54~58	54~59
	PWR	—	59~65	55~61	—	54~58	54~59

注："*"号表示 O/D 开关处于 OFF 位置。

1. 电子控制系统工作情况

汽车在行驶过程中，当驾驶员将换挡规律开关置于 NORM 或 PWR 位置、将 O/D 开关置于 ON 位置时，如果节气门传感器信号表示节气门开度为 5%、车速传感器信号表示车速为 55~61 km/h，ECT ECU 根据这些信号从锁止时机 MAP 中查寻确定结果就为变矩器锁止。

当 ECT ECU 判定为变矩器锁止时，立即向 No.3 电磁阀发出通电指令，控制锁止信号阀和锁止继动阀的控制油路接通。

2. 液压控制系统工作情况

No.3 电磁阀通电时，线圈产生电磁吸力使阀门开启泄压 [图 5-30（a）]，使管路油压对锁止信号阀阀芯上端面 A 的作用力减小，锁止信号阀阀芯在弹簧预紧力推动下向上移动，将二挡制动器 B_2 至锁止继动阀之间的液压管路接通，油压信号传送至锁止继动阀阀芯（参见图 5-17，传送至锁止继动阀阀芯下端面处，油压对阀芯下端面的作用力将克服油压对上端面的作用力与复位弹簧弹力之和，使阀芯向上移动），此时锁止继动阀阀芯将向上移动，将副调压阀输出油压经锁止继动阀阀芯传送至液力变矩器，使液力变矩器的锁止离合器接合，液力变矩器锁定而直接传递发动机动力，从而提高车速和燃油经济性。如图5-17所示，各控制元件的油路如下：

（1）锁止继动阀阀芯下端面油路为：燃油泵→手控阀→1-2换挡阀→锁止信号阀→锁止继动阀阀芯下端面。

（2）液力变矩器油路为：燃油泵→主调压阀→副调压阀→锁止继动阀→液力变矩器。油路接通使液力变矩器锁止离合器的锁止压盘压在壳体前盖上［图5-6（b）］，锁止离合器接合，将涡轮与泵轮接合成一体，发动机输入动力由液力变矩器壳体前盖、锁止压盘和涡轮毂直接传递至液力变速器输入轴，传动效率为100%。

5.6.5 解除锁止的控制过程

在行星齿轮变速器升挡或降挡时，ECT ECU将发出暂时解除液力变矩器锁止状态指令，使换挡离合器或制动器接合柔和，防止或减轻换挡冲击。

1. 液力变矩器解除锁止状态的条件

在出现下列情况之一时，ECT ECU将向锁止电磁阀No.3发出断电（OFF）指令，并通过锁止信号阀和锁止继动阀切换锁止离合器油路，强制解除液力变矩器的锁止状态。

（1）当制动灯开关接通时。当踩下制动踏板时，ECT ECU的STP（或BK）端子将输入一个高电平（电源电压）信号，ECT ECU接收到该信号时，立即发出解除液力变矩器锁止状态指令，以便制动器制动将车速降低，并防止发动机在驱动轮抱死制动时突然熄火。

（2）当节气门位置传感器TPS怠速触点闭合表示节气门完全关闭时。当发动机怠速或汽车急减速行驶时，TPS怠速触点接通，IDL端子将向ECT ECU输入一个高电平信号。此时，ECT ECU将向No.3电磁阀发出解除变矩器锁止状态指令，防止在驱动轮不转或抱死时发动机突然熄火。

（3）当巡航控制ECU向ECT ECU发出解除锁止信号时。当使用巡航控制功能使汽车巡航行驶，行驶条件（如坡道阻力、迎风阻力、路面阻力等）使实际车速降低至低于巡航控制系统设定的车速4 km/h以上时，巡航控制ECU将向ECT ECU发出一个解除锁止信号，以便解除巡航控制状态。

（4）当发动机冷却液温度低于60 ℃时。此时，发动机ECU将向ECT ECU发出一个解除锁止信号，ECT ECU将强制解除液力变矩器锁止状态，以便发动机加速预热并达到正常工作温度。

2. 液力变矩器解除锁止状态的控制

当自动变速器升挡或降挡以及在其他条件下需要解除液力变矩器锁止状态时，ECT ECU将向No.3电磁阀发出断电指令，并通过锁止信号阀和锁止继动阀切换锁止离合器油路，使液力变矩器解除锁止状态。

解除液力变矩器锁止状态时，ECT ECU向No.3电磁阀发出断电指令，电磁阀线圈电流切断，电磁吸力消失，其阀芯在复位弹簧弹力作用下复位，电磁阀阀门关闭［图5-30

(b)]。电磁阀阀门关闭后,管路油压升高,锁止信号阀阀芯上端面 A 上的作用力增大,克服弹簧预紧力使阀芯向下移动,将二挡制动器 B_2 至锁止继动阀之间的液压管路关闭,锁止继动阀阀芯在燃油泵输出的管路油压和复位弹簧张力作用下迅速(向下)移动,使液力变矩器传动液的流动方向迅速改变,锁止离合器迅速分离,从而解除液力变矩器锁止状态。

如图 5-17 所示,此时液力变矩器油路为:燃油泵→主调压阀→副调压阀→锁止继动阀→液力变矩器。如图 5-6(a)所示,锁止压盘在油压作用下向后移动,使锁止离合器分离,液力变矩器解除锁止状态。

5.6.6 部件失效的保护控制

车速传感器和电磁阀是 ECT 电控系统的重要部件。当电磁阀或车速传感器及其电路出现故障时,ECT ECU 将利用其备用功能,配合选挡操纵手柄和手控阀工作,以使汽车能够继续行驶回家或驾驶到维修站进行维修,这一功能称为电控自动变速系统的失效保护功能。其中,ECT 换挡电磁阀 No.1、No.2 失效保护功能如表 5-9 所示。

表 5-9 ECT 换挡电磁阀 No.1、No.2 失效保护功能

挡位	正常状态			1号电磁阀故障			2号电磁阀故障			1号、2号电磁阀故障
	传动挡位	电磁阀		电磁阀		传动挡位	电磁阀		传动挡位	手动操纵时换挡执行元件的排挡
		1号	2号	1号	2号		1号	2号		
D	一挡	通电	断电	×	通电	三挡	通电	×	一挡	O/D 挡
	二挡	通电	通电	×	通电	三挡	断电	×	O/D 挡	O/D 挡
	三挡	断电	通电	×	通电	三挡	断电	×	O/D 挡	O/D 挡
	O/D 挡	断电	断电	×	断电	O/D 挡	断电	×	O/D 挡	O/D 挡
2 或 S	一挡	通电	断电	×	通电	三挡	通电	×	一挡	三挡
	二挡	通电	通电	×	通电	三挡	断电	×	三挡	三挡
	三挡	断电	通电	×	通电	三挡	断电	×	三挡	三挡
1	一挡	通电	断电	×	断电	一挡	通电	×	一挡	一挡
	二挡	通电	通电	×	通电	二挡	通电	×	一挡	一挡

注:"×"号表示失效。

1. 电磁阀及其电路失效的保护控制

当 No.1、No.2 电磁阀正常时,在汽车行驶过程中,ECT ECU 通过控制 No.1 和 No.2 电磁阀通电或断电,即可控制换挡阀切换换挡元件油路,使变速器从一挡升至 O/D 挡或从 O/D 挡降至一挡。

当 No.1、No.2 电磁阀中的某一只电磁阀电路发生故障(短路、断路或搭铁)而失去油路控制作用时,ECT ECU 仍能继续控制另一只电磁阀通电或断电,使变速器进行部分挡位变换。

如果 No.1 电磁阀电路发生故障,ECT ECU 将继续控制 No.2 电磁阀通电或断电,使变速器按表 5-9 中 No.1 电磁阀故障时所示的挡位换挡。

如果 No.2 电磁阀电路发生故障，ECT ECU 将继续控制 No.1 电磁阀通电或断电，使变速器按表 5-9 中 No.2 电磁阀故障时所示的挡位换挡。

如果 No.1 和 No.2 电磁阀都发生故障，则电子控制系统不能控制换挡，此时只能由手动操纵换挡。手动换挡时，选挡操纵手柄将操纵手控阀按表 5-9 中 No.1、No.2 电磁阀故障时所示的挡位换挡。

> 由表 5-9 可知，当电磁阀或其电路发生故障时，多数排挡都比电磁阀正常时偏高。例如，当两只电磁阀都发生故障时，如果将选挡操纵手柄拨至 D 位，则排挡都为 O/D 挡；如果拨到 2（或 S）位，则挡位为三挡。因为排挡越高，传动比越小，车速越快，所以在使用中，必须根据行驶条件（平坦路面、坡道弯道、城市道路或野外公路等）慎重选择选挡操纵手柄位置，以免车速过高而发生交通事故。

2. 车速传感器及其电路失效的保护控制

在 No.1 和 No.2 车速传感器中，No.1 车速传感器为备用传感器。当 No.1、No.2 车速传感器正常时，ECT ECU 只利用 No.2 车速传感器信号控制换挡。

当 No.2 车速传感器或其电路发生故障时，ECT ECU 将利用 No.1 车速传感器信号控制变速器换挡和变矩器锁止。

当 No.1 和 No.2 车速传感器都发生故障时，ECT ECU 将无法进行控制，汽车只能用一挡行驶而无其他挡位；ECT ECU 既不会使 O/D OFF 指示灯闪亮报警，也不会存储任何故障码。

5.7 电控无级变速技术

20 世纪 90 年代终于攻克了"V"形驱动带（V 带）无级变速传动技术，先后开发成功了汽车电控连续可变传动比的自动变速系统（Electronic Controlled Continuously Variable Transmission System，CVT），又称电子控制无级自动变速系统或电控无级自动变速器，简称电控无级变速系统或电控无级变速器（CVT）。国产奥迪 A4、A6、A8 等轿车都已采用这种变速器。

5.7.1 电控无级变速系统的结构特点

电控无级变速系统 CVT 的组成与电控自动变速系统 ECT 基本相同，是由变速系统、液压控制系统和无级变速电控系统三大部分组成的，国产奥迪轿车电控无级变速系统 CVT 的结构组成简图如图 5-43 所示。其中，液压控制系统和无级变速电控系统的功能、组成和结构原理与 ECT 大同小异，但变速系统的结构组成和变速原理却大不相同。

电控无级变速系统（CVT）应用了 V 形链带无级变速传动技术，与电控自动变速系统（ECT）和手动变速器相比，具有以下显著优点。

（1）汽车经济性和排放性好。这是因为电控无级变速系统（CVT）能将汽车行驶条件与发动机负荷协调到最佳状态，使发动机总是工作在较高的效率区域。对装备 CVT 的汽车与装备 5 挡手动变速器的汽车进行的道路对比试验表明，装备 CVT 汽车的燃油消耗要少 11.5%，碳氢化合物 HC 排放量少 33%，一氧化碳 CO 排放量少 20%。

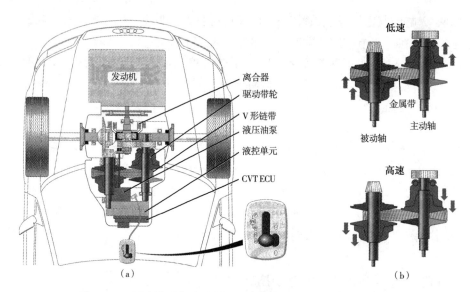

图 5-43 国产奥迪轿车电控无级变速系统 CVT 结构组成简图
(a) CVT 组成；(b) 变速传动机构

(2) 汽车动力性好。装备 CVT 后，因为传动比连续可变，没有动力间断，所以在变速过程中没有动力损失。与装备电控 4 挡自动变速器 ECT 的汽车相比，从 0 到 100 km/h 的加速时间缩短约 10%。

(3) 传递效率高。电控无级变速系统 CVT 采用 V 形链带传动技术，其传动比变化非常平滑，传动比曲线为光滑的曲线。因此，传动效率不仅优于电控液力自动变速系统，而且接近于手动变速器。此外，还有动力传递无间断、对动力传动系统冲击小等优点。其操作方便性和乘坐舒适性均可与电控液力自动变速系统相媲美。

5.7.2 变速系统的结构原理

电控无级变速器 CVT 的变速系统主要由动力传递装置、齿轮传动机构、换挡执行机构和变速传动机构四部分组成。

动力传递装置的功用是将发动机输出的动力直接传递到齿轮传动机构。该装置既可采用电磁离合器，也可采用液力变矩器。因为是直接传递动力，所以必须采用锁止式液力变矩器，如图 5-44 所示。

> 电磁离合器的结构原理与空调系统的电磁离合器基本相同，具有结构简单、控制方便等优点。因此，电控无级变速器 CVT 大都采用电磁离合器。

齿轮传动机构的功用是将发动机输出的动力由电磁离合器传递到机械变速机构，并在液压控制系统和电子控制系统的控制下，配合换挡执行机构（换挡离合器和换挡制动器）实现汽车前进和倒车的挡位变换。

换挡执行机构由换挡离合器和换挡制动器等换挡控制元件组成，其功用和结构原理与电控自动变速系统的换挡执行机构基本相同。

变速传动机构是实现无级变速的核心装置，其由主动带轮、被动带轮和 V 形驱动带组成，如图 5-45 所示。

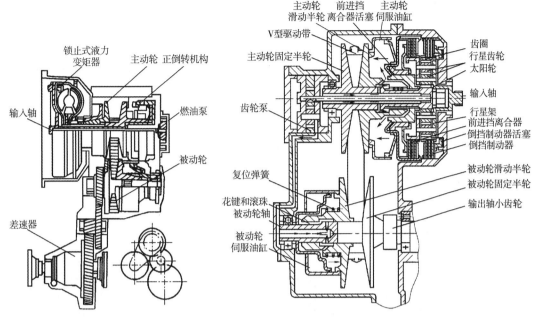

图 5-44　带锁止式液力变矩器的 CVT　　　图 5-45　无级变速传动机构的结构

1. 主动带轮与被动带轮

变速传动机构的主动带轮和被动带轮都是由制有锥面的两个半轮组成的。其中，一个半轮是固定的（固定半轮），另一个半轮可以通过液压伺服油缸推动其沿轴向移动（滑动半轮）。每对半轮之间构成的槽为 V 形槽，V 形驱动带能够紧贴在带轮的锥面上。主动带轮轴（输入轴）轴线与被动带轮轴（输出轴）轴线之间的距离固定不变，因此，主动轮与被动轮之间的传动比取决于驱动带与主动轮和从动轮的传动半径（接触半径）。

当液压控制机构推动滑动半轮轴向移动时，滑动半轮与固定半轮之间的轴向相对位置发生改变，主动轮与从动轮的传动半径发生变化，从而改变主动轮与被动轮之间的传动比。

2. V 形驱动带

V 形驱动带是无级变速器 CVT 的关键部件，简称 V 带，主要由多条柔性钢带和多块金属片组成，其结构与连接关系如图 5-46 所示。

一条 V 带由 2~11 条柔性钢带和 300 片左右金属片组成，总长约 600 mm。其中，每条柔性钢带厚约 0.18 mm；每块金属片厚约 2 mm，宽约 25 mm，高约 12 mm。

金属片为工字形，夹紧在两侧钢带之间 [图 5-46（b）]。工字下横部分（钢带下面）的金属片侧面为斜面，该斜面与带轮的锥面相接触 [图 5-46（c）]。金属片加在滑动半轮与固定半轮之间，并利用金属片斜面与带轮锥面之间的摩擦力传递动力。柔性钢带起到连接与保持作用。

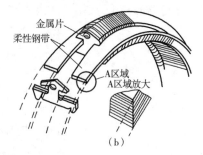

图 5-46 无级变速器 V 带的结构与连接

(a) 带与半轮的连接；(b) V 带的结构；(c) 带与半轮的接触面

5.7.3 变速传动机构无级变速原理

汽车电控无级变速器 CVT 的传动比是连续变化的，传动比变化曲线为连续平滑的曲线，其无级变速传动原理如图 5-47 所示。

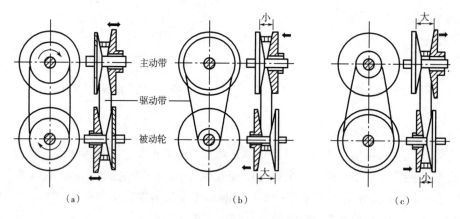

图 5-47 无级变速传动原理

(a) 传动比 $i=1$；(b) 传动比 $i=0.385$；(c) 传动比 $i=2.47$

> 电控系统的执行元件（控制传动比的电磁阀），通过逐渐改变 V 带滑动半轮液压伺服油缸的压力，使滑动半轮移动的位移量逐渐改变，从而使主动带轮和被动带轮的传动半径逐渐改变来实现无级变速。

当 CVT ECU 根据各种传感器信号从传动比数据 MAP 中查寻确定的传动比 $i=1$ 时，CVT ECU 分别向主动轮滑动半轮的传动比控制电磁阀和被动轮滑动半轮的传动比控制电磁阀发出占空比控制指令，电磁阀再控制液压阀调节两个滑动半轮液压伺服油缸的压力，液压缸同时推动两个滑动半轮位移到主、被动轮传动半径相等的位置 [图 5-47 (a)]，从而使传动比 $i=1$。CVT ECU 还可根据变速器输出轴转速传感器信号（车速传感器信号）对传动比进行反馈控制，通过调节电磁阀控制信号的占空比，修正滑动半轮的位移量，使传动比精确控制在 CVT ECU 查寻确定的数值。

当 CVT ECU 根据各种传感器信号从传动比数据 MAP 中查寻确定的传动比 i 小于 1 时，CVT ECU 将控制主、被动轮的滑动半轮向左滑移 [图 5 – 47（b）]，使主动半轮之间的距离减小、传动半径增大；同时也使被动半轮之间的距离增大、传动半径减小，从而使汽车行驶速度升高。在 CVT ECU 改变占空比大小控制电磁阀时，电磁阀电流连续变化，电磁阀控制液压伺服油缸的压力也连续变化，使滑动半轮连续向左滑移，主动轮和被动轮的传动半径亦连续变化。当主动轮传动半径逐渐增大时，因为主动轮轴（输入轴）轴线与被动轮轴（输出轴）轴线之间的距离固定不变，所以被动轮传动半径逐渐减小，使传动比逐渐减小。由于主、被动轮半径连续变化，因此，所形成的传动比也连续无级地减小，直到主动轮半径达到最大而从动轮半径达到最小为止，相当于汽车处于高挡加速行驶。

同理可知，当 CVT ECU 根据各种传感器信号从传动比数据 MAP 中查寻确定的传动比 i 大于 1 时，CVT ECU 将控制主、被动轮的滑动半轮向右滑移 [图 5 – 47（c）]，使主动半轮之间的距离逐渐增大、传动半径逐渐减小；同时也使被动半轮之间的距离逐渐减小、传动半径逐渐增大，传动比也连续增大，从而使汽车行驶速度逐渐降低，直到主动轮半径达到最小而从动轮半径达到最大为止，相当于汽车处于抵挡减速行驶。

汽车起步时，主动轮的传动半径较小，变速器可以获得较大的传动比，保证驱动桥具有足够大的驱动转矩，从而保证汽车稳定起步。随着车速的增加，主动轮的传动半径逐渐增大，被动轮的传动半径逐渐减小，CVT 的传动比减小，汽车能够稳步加速行驶。

5.7.4 电控无级变速系统的控制

汽车电控无级变速系统（CVT）的控制项目主要有控制电磁离合器、带轮油压和传动比。

> 传动比控制流程为：传感器→CVT ECU→电磁阀→液压控制阀→滑动半轮位移→传动半径改变→传动比连续变化。

确定电控无级变速器 CVT 传动比（变速比或速比）的方法有两种：一种是由曲轴位置传感器提供的发动机转速信号（或主动带轮转速传感器信号）和反映发动机负荷大小的加速踏板位置信号（柴油机或汽油机）或节气门位置传感器信号（汽油机）、空调开关信号等决定；另一种是由主、被动轮转速信号和加速踏板位置信号决定。后者引入主、被动轮转速信号直接控制传动比，对主、被动轮的滑动半轮分别进行控制，其控制方法更加灵活，控制原理如图 5 – 48 所示。

在电控无级变速系统 CVT 中，传动比数据 MAP 由预先试验测定并存储在 CVT ECU 的 ROM 之中。发动机起动后，CVT ECU 首先根据变速杆位置（一般 CVT 只设有 P、R、N、D 四个位置）信号判定是否控制变速。

当 CVT ECU 接收到变速杆 D 和 R 位置信号时，立即控制电磁离合器接合，然后根据各种传感器信号从传动比数据 MAP 中查寻确定传动比，再向电磁阀发出占空比控制指令，电磁阀控制液压控制阀动作，通过调节滑动半轮液压伺服油缸的压力，改变滑动半轮移动的位移量，使主动带轮和被动带轮的传动半径改变，从而将传动比控制在最佳数值。

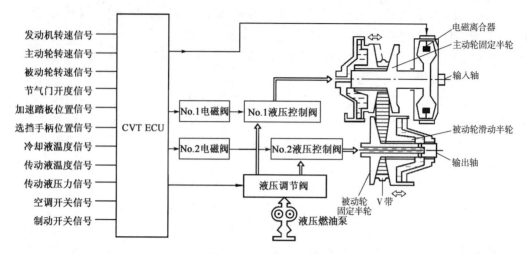

图 5-48 电控无级变速系统 CVT 的控制原理

 本章小结

本章主要介绍了电控自动变速系统的组成，换挡时机和锁止时机的控制原理，行星齿轮变速机构的结构组成、运动规律和变速原理，锁止式液力变矩器、换挡执行机构、停车锁止机构、液压传动和控制机构的结构原理，自动变速电控系统传感器、控制开关和执行机构的结构特点，自动变速器的换挡规律、自动换挡、自动锁止以及部件失效的保护控制等内容。

下列概述覆盖了本章的主要学习内容，利用以下线索可对所学内容做一次简要的回顾：

（1）电控自动变速系统（ECT）的组成。ECT 由齿轮变速系统、液压控制系统和自动变速电控系统 3 个子系统组成。齿轮变速系统由液力变矩器、行星齿轮变速机构、换挡执行机构和停车锁止机构四部分组成。液压控制系统由液压传动装置（燃油泵、传动液）、阀体（电磁阀、换挡阀、锁止阀和调压阀等）以及连接这些液压装置的油道组成。自动变速电控系统由传感器与控制开关、自动变速电控单元（ECT ECU）和执行机构三部分组成。

（2）锁止式液力变矩器的结构组成与控制原理。

（3）行星齿轮变速机构的结构组成、运动规律和变速原理。

（4）换挡离合器、换挡制动器和停车锁止机构的结构组成与控制原理。

（5）液压燃油泵、换挡阀、锁止阀、调压阀和电磁阀的结构组成与控制原理。

（6）自动变速电控系统的节气门位置传感器、控制开关和执行机构的结构特点。

（7）自动变速器的换挡规律及其适用条件。换挡规律有普通型（NORM）、动力型（PWR）和经济型（ECON）三种。如果自动变速系统只提供有普通型与动力型，那么其普通型换挡规律就相当于经济型换挡规律。

（8）电控自动变速器挂入二挡和挂入三挡的控制过程。

（9）液力变矩器自动锁止和解除锁止的控制过程以及解除锁止的条件。

（10）车速传感器和电磁阀失效保护控制功能的实现。

（11）电控无级变速器（CVT）的结构组成与控制原理。

复 习 题

一、单选题

1. 在电控变速器汽车上,当变速杆处于下列哪一位置时才能起动发动机?(   )
   A. N 位　　　　　B. 2 位　　　　　C. 3 位　　　　　D. D 位
2. 如果自动变速系统没有提供经济型换挡规律,那么下面哪一种就相当于经济型?(   )
   A. KOEO　　　　B. NORM　　　　C. PWR　　　　　D. KOER
3. 在装备电控自动变速系统的汽车上,控制液力变矩器锁止的电磁阀是(   )。
   A. 1 号电磁阀　　B. 2 号电磁阀　　C. 3 号电磁阀　　D. 1、2 号电磁阀
4. 当电控自动变速系统的液力变矩器锁止时,其传动效率为(   )。
   A. 65%　　　　　B. 80%　　　　　C. 95%　　　　　D. 100%
5. 锁止式液力变矩器的显著优点是能够直接传递动力,即传动效率可达(   )。
   A. 65%　　　　　B. 80%　　　　　C. 95%　　　　　D. 100%
6. 汽车电控自动变速系统设有不同的换挡规律。其中,动力型换挡规律适用于(   )。
   A. 山区驾驶　　　B. 越野驾驶　　　C. 一般道路驾驶　D. 高速公路驾驶
7. 汽车电控自动变速系统设有不同的换挡规律。其中,普通型换挡规律适用于(   )。
   A. 山区驾驶　　　B. 越野驾驶　　　C. 一般道路驾驶　D. 高速公路驾驶
8. 汽车电控自动变速系统设有不同的换挡规律。其中,经济型换挡规律适用于(   )。
   A. 山区驾驶　　　B. 越野驾驶　　　C. 一般道路驾驶　D. 高速公路驾驶
9. 当变速杆处于下列哪一个位置时,电控自动变速系统不能自动换挡?(   )
   A. N 位　　　　　B. 2 位　　　　　C. 3 位　　　　　D. D 位
10. 汽车电控无级变速器 CVT 的传动比变化曲线为(   )。
    A. 矩形波曲线　　B. 连续平滑曲线　C. 三角波曲线　　D. 脉冲波曲线

二、多选题

1. 电控自动变速系统是由下述哪几个子控制系统组成的?(   )
   A. 动力控制系统　B. 齿轮变速系统　C. 液压控制系统　D. 变速电控系统
2. 电控自动变速器的齿轮变速系统是由下述哪几部分组成的?(   )
   A. 液力变矩器　　B. 齿轮变速机构　C. 换挡执行机构　D. 停车锁止机构
3. 电控自动变速器常用的行星齿轮变速机构有下述哪几种形式?(   )
   A. 辛普森式　　　B. 霍尔式　　　　C. 纳文脑式　　　D. 阿里森式
4. 行星齿轮变速机构包括下述哪几种部件?(   )
   A. 太阳轮　　　　B. 内齿圈　　　　C. 行星轮　　　　D. 行星轮轴
5. 电控自动变速器的液压控制装置包括下述哪几种部件?(   )
   A. 电磁阀　　　　B. 换挡阀　　　　C. 液压油泵　　　D. 锁止阀
6. 自动变速器的换挡执行机构包括下述哪几种部件?(   )
   A. 片式离合器　　B. 片式制动器　　C. 带式制动器　　D. 锁止离合器
7. 汽车电控自动变速系统的执行器包括(   )。

　　　　A. 换挡电磁阀　　　B. 锁止电磁阀　　　C. 换挡离合器　　　D. 换挡制动器
8. 电控自动变速系统是由下述哪几部分组成的？（　　　）
　　　　A. 传感器　　　　　B. ECT ECU　　　　C. 执行器　　　　　D. 控制开关
9. 当变速杆处于下列哪几个位置时，电控自动变速系统不能起动发动机？（　　　）
　　　　A. 1（L）位　　　　B. P 位　　　　　　C. R 位　　　　　　D. D 位
10. 汽车电控自动变速系统常用的换挡规律有（　　　）。
　　　　A. NORM　　　　　 B. PWR　　　　　　 C. ECON　　　　　　D. KOER

三、判断题

1. 当变速杆处于 D、1（L）、3 等位置时，电控自动变速器汽车不能起动。（　　　）
2. 当电控自动变速系统的 1 号电磁阀发生故障时，汽车就不能前行。（　　　）
3. 汽车电控自动变速系统控制液力变矩器锁止的电磁阀是 2 号电磁阀。（　　　）
4. 汽车电控系统的故障代码通常都存储在 ECU 的只读存储器 ROM 中。（　　　）
5. 当变速杆处于"3"位置时，电控自动变速系统最高能够换入 3 挡。（　　　）
6. 换挡（升挡或降挡）时机是指变速器自动切换挡位（速比）的时机。（　　　）
7. 电控无级变速器 CVT 能够提高汽车的动力性，不能提高经济性。（　　　）
8. 汽车电控无级变速器 CVT 传动比的变化曲线为连续平滑的曲线。（　　　）
9. 在汽车电控无级变速器 CVT 中，一旦 V 形驱动带折断，就不能实现无级变速。（　　　）
10. 在电控无级变速器 CVT 中，变速传动机构是实现无级变速的核心装置。（　　　）

四、问答题

1. 电控自动变速系统由哪些子系统组成？
2. 电控自动变速系统的换挡执行机构有哪些？分析说明其结构原理。
3. 电控自动变速系统的液压控制装置有哪些？分析说明其结构原理。
4. 汽车电控自动变速系统控制换挡的基本原理是什么？
5. 分析说明行星齿轮变速机构的变速原理。
6. 分析说明电控自动变速器自动换挡的控制过程。
7. 液力变矩器解除锁止状态的条件有哪些？
8. 当所有车速传感器都发生故障时，ECT ECU 能否继续进行自动换挡控制？为什么？
9. 电控无级变速器 CVT 的变速系统主要由哪几部分组成？
10. 电控无级变速器 CVT 的变速传动机构怎样实现无级变速？

第 6 章

汽车行驶安全电控技术

1. 认知目标

(1) 了解汽车行驶安全控制系统的功用与分类方法。
(2) 熟悉汽车防抱死制动等主动安全控制系统的结构组成与控制原理。
(3) 掌握汽车行驶主动安全控制系统的控制过程。

2. 技能目标

(1) 能够说明汽车行驶安全系统的功用与分类方法。
(2) 能够说明汽车防抱死制动等主动安全控制系统的结构组成与控制原理。
(3) 能够熟练地阐述汽车防抱死制动的控制过程。

汽车安全控制系统可分为行驶安全控制系统和财产安全控制系统两大类。其中,行驶安全控制系统又可分为主动安全控制系统与被动安全控制系统两种类型。主动安全控制系统的功用是避免车辆发生交通事故,被动安全控制系统的功用是减轻交通事故导致的伤害程度。本章主要介绍汽车防抱死制动控制、制动力分配控制、制动辅助控制、驱动轮防滑转调节、车身稳定性控制和汽车安全辅助驾驶等主动安全控制系统。本章学习内容力求使学生掌握汽车行驶主动安全电子控制技术的相关知识,为使用维修奠定坚实的基础。

6.1 防抱死制动技术

汽车防抱死制动系统的英文名称是 Anti-lock Braking System(防锁死制动系统)或 Anti-skid Braking System(防滑移制动系统),缩写均为 ABS。

6.1.1 防抱死制动系统的功用

在汽车制动过程中,当车轮制动器制动力(轮胎周缘为了克服制动器摩擦力矩所需施加的力)小于或等于轮胎—道路附着力(地面阻止车轮滑动所能提供的切向反作用力的极限值,通常简称附着力,附着力取决于地面对轮胎的法向反作用力与轮胎—道路附着系数)时,车轮将滚动运动,如图 6-1 (a) 所示。当制动器制动力大于附着力时,车轮就会抱死滑移,如图 6-1 (b) 所示。

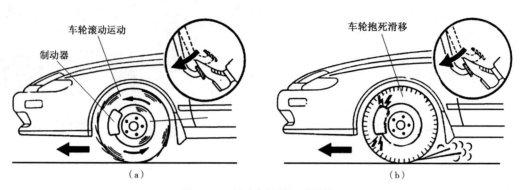

图 6-1 制动车轮的运动状态
(a) 车轮滚动运动；(b) 车轮抱死滑移

当车轮抱死时，汽车就会失去转向控制能力和行驶稳定性，其危害程度极大。因为如果前轮抱死，虽然汽车能沿直线向前行驶，但是失去转向控制能力。由于维持前轮转弯运动能力的横向附着力丧失。因此，汽车仍将按原行驶方向滑行，可能冲入其他车道与迎面车辆相撞或冲出路面与障碍物相撞而发生恶性交通事故。如果后轮抱死，汽车的制动稳定性就会变差，抵抗横向外力的能力很弱，后轮稍有外力（如侧向风力或地面障碍物阻力）作用就会发生侧滑（甩尾），甚至出现调头（突然出现180°转弯）等危险现象。

防抱死制动系统的功用是：在汽车制动过程中，自动调节车轮的制动力，防止车轮抱死滑移，从而获得最佳制动性能（缩短制动距离、增强转向控制能力、提高行驶稳定性），减少交通事故。

防抱死制动系统是汽车最基本的主动安全系统。电子控制制动力分配系统、电子控制制动辅助系统、车身稳定性控制系统和自动紧急制动系统等都是在其基础上拓展安全功能的主动安全系统。

6.1.2 防抱死制动的基本原理

当汽车匀速行驶时，实际车速 v（车轮中心的纵向速度）与车轮速度 v_w（车轮滚动的圆周速度）相等，车轮在路面上的运动为纯滚动运动。然而，在汽车实际运行过程中，当驾驶员踩下制动踏板后，在制动器摩擦力矩的作用下，车轮的角速度减小，实际车速与车轮速度之间就会产生一个速度差，轮胎与地面之间就会产生相对滑移。

1. 车轮滑移率 S

轮胎滑移的程度用滑移率 S 来表示。车轮滑移率是指实际车速 v 与车轮速度 v_w 之差同实际车速 v 的比率，其表达式为

$$S = \left(\frac{v - v_w}{v}\right) \times 100\% = \left(1 - \frac{v_w}{v}\right) \times 100\% = \left(1 - \frac{r\omega}{v}\right) \times 100\% \qquad (6-1)$$

式中　S——车轮滑移率,%;
　　　v——车速(车轮中心纵向速度),m/s;
　　　v_w——车轮速度(车轮瞬时圆周速度,$v_w = r\omega$),m/s;
　　　r——车轮半径,m;
　　　ω——车轮转动角速度($\omega = 2\pi n$),rad/s;
　　　n——车轮转速,r/min。

当 $v = v_w$ 时,滑移率 $S = 0$,车轮自由滚动;当 $v_w = 0$ 时,滑移率 $S = 100\%$,车轮完全抱死滑移;当 $v > v_w$ 时,滑移率 $0 < S < 100\%$,车轮既滚动又滑移。滑移率越大,车轮滑移程度越大。

2. 车轮滑移率 S 的影响因素

在汽车制动过程中,车轮抱死滑移的根本原因是制动器制动力大于轮胎附着力。因此,影响车轮滑移率的因素包括:汽车载客人数或载物量,前、后轴的载荷分布情况,轮胎种类及轮胎与道路的附着状况,路面种类和路面状况,制动力大小及其增长速率。

3. 车轮滑移率 S 与附着系数 φ 的关系

> 在汽车制动过程中,除车轮旋转平面的纵向附着力外,还有垂直于车轮旋转平面的横向附着力。纵向附着力决定汽车纵向运动,影响汽车的制动距离;横向附着力则决定汽车的横向运动,影响汽车的转向控制能力和行驶稳定性。

汽车纵向附着系数和侧向附着系数对滑移率有很大影响。试验证明,在地面附着条件差(如在冰雪路面上制动)的情况下,道路附着力很小,使可以得到的最大地面制动力减小。因此,在制动踏板力(或制动轮缸压力)很小时,地面制动力就会达到最大附着力,车轮就会抱死滑移。在不同路面上附着系数与滑移率之间的关系如图 6 - 2 (a) 所示(图中虚线与实线标注的上下顺序一一对应)。

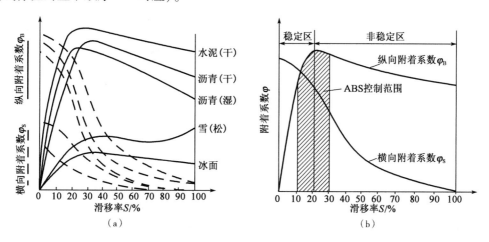

图 6 - 2　附着系数与滑移率的关系
(a) 不同路面时;(b) 干燥硬实路面时

(1) 附着系数取决于路面性质。一般说来，干燥路面附着系数大，潮湿路面附着系数小，冰雪路面附着系数更小。

(2) 在各种路面上，附着系数都随滑移率的变化而变化。

(3) 在各种路面上，当滑移率为20%左右时，纵向附着系数最大，制动效果最好。

纵向附着系数最大时的滑移率称为理想滑移率或最佳滑移率。当滑移率超过理想滑移率时，纵向附着系数减小，产生的地面制动力随之下降，制动距离将增长。滑移率大于理想滑移率后的区域称为非稳定制动区域或非稳定区，如图6-2（b）所示。

横向附着系数是研究汽车行驶稳定性的重要指标之一。横向附着系数越大，汽车制动时的行驶稳定性和保持转向控制的能力越强。当滑移率为零时，横向附着系数最大；随着滑移率的增加，横向附着系数逐渐减小。

> 综上所述，为了获得最佳的制动性能，应将车轮滑移率控制在10%~30%，采用防抱死制动系统即可达到这一目的。

 应用案例

防抱死制动系统防止前轮抱死制动的效果如图6-3所示。在装备ABS的情况下，因为前轮不会抱死，所以汽车具有转向控制能力，能够躲避前方的障碍物。在无ABS的情况下，由于汽车失去转向控制能力，维持前轮转弯运动能力的横向附着力丧失，因此，汽车仍按原行驶方向滑行而将前方障碍物撞倒。

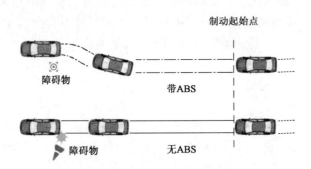

图6-3 防抱死制动系统防止前轮抱死制动的效果示意

6.1.3 防抱死制动系统的组成

尽管各型汽车防抱死制动系统的结构形式各不相同，但它们都是在常规制动系统（液压制动系统或气压制动系统）的基础上，增设一套电子控制系统而构成的。可见，防抱死制动系统是由压力调节系统和防抱死制动电子控制系统两个子系统组成的，如图6-4所示。

1. 压力调节系统

压力调节系统由常规制动系统和制动压力调节器组成。常规制动系统主要由制动主缸、制动助力器、制动轮缸、制动管路和制动器（盘式或鼓式制动器）等组成。因为汽车制动

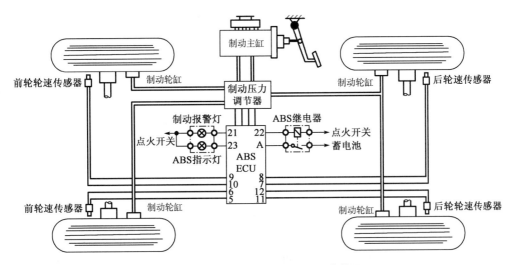

图 6-4 防抱死制动系统 ABS 组成简图

动力源分为液压和气压两种,所以压力调节系统相应地有液压调节系统和气压调节系统。小轿车普遍采用液压调节系统,载货汽车普遍采用气压调节系统。本书仅介绍液压调节系统。

2. 制动电子控制系统

防抱死制动电子控制系统由传感器、制动灯开关、防抱死制动电控单元(ABS ECU)、ABS 指示灯和制动压力调节器等组成,其控制部件的安装位置如图 6-5 所示。其中,制动压力调节器既是电子控制系统的执行元件,也是压力调节系统的始控元件。

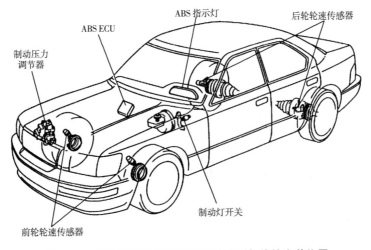

图 6-5 防抱死制动电子控制系统控制部件的安装位置

ABS 采用的传感器有车轮速度(轮速)传感器和减速度传感器两种。减速度传感器仅在控制精度较高的 ABS 中采用,其功用是检测汽车车身的减速度,以供 ABS ECU 判别路面状况并采取相应的控制策略。减速度传感器又分为纵向和横向两种减速度传感器。

车轮速度传感器又称车轮转速传感器,简称轮速传感器。轮速传感器是 ABS 必需的传感器,其功用是检测车轮的运动状态,将车轮转速变换为电信号输入 ABS ECU,以便 ABS

ECU 计算车轮速度和滑移率。一个防抱死制动系统设有 2~4 只轮速传感器，轿车一般采用 4 只，载货汽车一般采用 2 只。

防抱死制动电控单元（ABS ECU）又称防抱死制动电子控制器，主要功用是接收轮速传感器、减速度传感器和控制开关信号，计算汽车的轮速、车速、加减速度和滑移率，并输出控制指令控制制动压力调节器等执行元件工作。

制动压力调节器的功用是根据 ABS ECU 的控制指令，驱动其电磁阀和回液泵电动机等液压控制部件工作，使制动压力"升高""保持""降低"，从而实现防抱死制动。

ABS ECU 具有失效保护和故障自诊断功能。一旦发现故障，ABS ECU 就会终止电子控制系统工作，恢复到常规制动状态。与此同时，还将控制 ABS 故障指示灯（或 Anti-lock 故障指示灯）发亮指示，警告驾驶员系统发生故障。

3. 防抱死制动与常规制动的关系

防抱死制动系统是在常规制动系统的基础上增设一套电控系统而构成的，控制过程也是在常规制动过程的基础上进行的。

> 在制动过程中，当车轮尚未抱死时，制动过程与常规制动完全相同。只有当车轮趋于抱死时，ABS 才对制动压力进行调节。因此，当防抱死制动系统发生故障时，如果常规制动装置正常，那么常规制动系统照样具有制动功能。但是，如果常规制动装置发生故障，那么防抱死制动系统将随之失效。

4. 防抱死制动系统的优点

汽车在雨后、冰雪及泥泞等各种路面上制动时，ABS 在车轮趋于抱死即滑移率进入非稳定区时能迅速调节制动压力，使滑移率恢复到靠近理想滑移率的稳定区域内。通过自动调节制动力，使车轮滑移率保持在理想滑移率附近的狭小范围内，每个车轮尽可能获得较大的地面制动力，防止车轮抱死滑移，从而获得最佳制动性能。ABS 的优点如下：

（1）缩短制动距离。
（2）保持汽车制动时的转向控制能力。
（3）保持汽车制动时的行驶稳定性。
（4）减少汽车制动时轮胎的磨损。在制动过程中，ABS 能减轻轮胎与地面剧烈摩擦而产生深深的拖痕，从而延长轮胎的使用寿命。
（5）减小驾驶员的疲劳强度，特别是制动时的紧张情绪。

6.1.4 防抱死制动系统的分类

ABS 分为机械式 ABS 和电子式 ABS 两大类。纯机械式 ABS 早已被淘汰，目前主要采用机电一体化控制的电子控制式 ABS。电子控制式 ABS 的种类很多，分类方法大致如下。

1. 按结构形式分类

按 ABS 制动压力调节器与制动主缸的结构形式分为分离式和整体式两种。

分离式 ABS 的制动压力调节器为独立总成，通过制动管路与制动主缸和制动轮缸相连，其突出优点是零部件安装灵活，适合于 ABS 作为选装部件时采用。

整体式 ABS 的制动压力调节器与制动主缸以及制动助力器组合为一个整体，其优点是结构紧凑、节省安装空间，一般都作为汽车的标准装备。整体式 ABS 结构复杂、成本较高，高级轿车采用较多。

2. 按车轮控制方式分类

按车轮控制方式的不同，防抱死制动系统可分为轮控式与轴控式两种。轴控式又分为低选控制（Select Low，SL）和高选控制（Select High，SH）两种。

> 在制动系统中，制动压力能够独立进行调节的制动管路称为控制通道。每个车轮各占用一个控制通道的称为"轮控式"（又称独立控制式或单轮控制式）；两个车轮占用同一个控制通道的称为同时控制。当同时控制的两个车轮在同一轴上时，则称为"轴控式"。
>
> 在采用轴控式 ABS 的汽车上，当左、右车轮行驶在附着系数不同的路面上时，由于左、右车轮与路面之间的附着力不同，因此，左、右车轮在制动时抱死的时机就会不同，附着系数小的车轮先抱死，附着系数大的车轮后抱死。如果以保证附着系数较小的车轮不发生抱死为原则来调节制动压力，这两个车轮就是按低选原则进行控制，简称"低选控制"（SL）；如果以保证附着系数较大的车轮不发生抱死为原则来调节制动压力，这两个车轮就是按高选原则进行控制，简称"高选控制"（SH）。

当今部分小轿车（如奥迪轿车）采用了三通道 ABS，即对两前轮采用独立控制，对两后轮采用低选控制（SL）。这是因为对两后轮采用"低选控制"可以保证汽车在各种条件下左、右两个后轮的制动力相等。即使两侧车轮的附着力相差较大，两个车轮的制动力也能限制在附着力较小的水平上，使两个后轮的制动力始终保持平衡，从而保证汽车在各种条件下制动时都具有良好的行驶稳定性。虽然两后轮按低选原则控制存在后轮附着系数较大一侧的附着力不能充分利用、汽车的总制动力有所减小的问题，但是，在紧急制动时，由于汽车轴荷前移，在总制动力中，后轮的制动力所占比重较小，尤其是小轿车，前轮的附着力比后轮的附着力大得多，后轮制动力通常只占总制动力的 30% 左右，因此，后轮附着力未能充分利用对汽车的总制动力影响不大。

> 对两前轮进行独立控制，主要是考虑小轿车（特别是前轮驱动轿车）前轮的制动力占总制动力比例较大（可达 70% 左右），可以充分利用两前轮的附着力，这一方面使汽车获得尽可能大的总制动力，有利于缩短制动距离；另一方面可使两前轮在制动过程中始终保持较大的横向附着力，使汽车保持良好的转向控制能力。尽管两前轮独立控制可能导致两前轮制动力不平衡，但是两前轮制动力不平衡对汽车的行驶稳定性影响相对较小，并可通过驾驶员操纵转向盘进行修正。

3. 按控制通道和传感器数量分类

根据控制通道和传感器数量的不同，防抱死制动系统 ABS 可分为如图 6-6 所示的 8 种类型。即四通道四传感器 ABS（形式 1、2）、三通道四传感器 ABS（形式 3）、三通道三传感器 ABS（形式4）、两通道三传感器 ABS（形式5）、两通道两传感器 ABS（形式6、7）、单通道一传感器 ABS（形式8）、六通道六传感器 ABS（适用于带挂车的汽车，图中未画）。

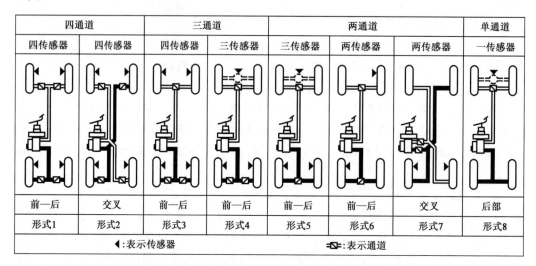

图 6-6 ABS 的类型与分布形式

4. 按控制车轮数量分类

按控制车轮数量的不同，防抱死制动系统可分为两轮 ABS 和四轮 ABS。两轮 ABS 只控制两个后轮，结构简单、价格低廉，适用于轻型载货汽车和客货两用汽车。四轮 ABS 又分为四通道 ABS 和三通道 ABS。四通道 ABS 的分布形式可参见图 6-6 中形式 1、2，三通道 ABS 的分布形式可参见图 6-6 中形式 3、4。

除此之外，按制动压力调节器的动力源可分为液压式和气压式，按制动压力调节器的调压方式可分为流通式和变容式等。

6.1.5 防抱死制动系统的结构原理

大众 MK20-Ⅰ型 ABS 的控制电路如图 6-7 所示。其制动压力调节器称为 ABS/EBD 液压控制单元，由 8 只两位两通电磁阀和回液泵电动机组成，电子控制系统由 4 只轮速传感器、各种控制开关、防抱死制动电控单元 ABS ECU（称为 ABS/EBD 电子控制单元）、制动压力调节器和 ABS 指示灯等组成。其中，制动压力调节器的电磁阀和回液泵电动机既是电子控制系统的执行元件，也是压力调节系统的始控元件。

1. 车轮速度传感器

车轮速度传感器简称轮速传感器，其功用是检测车轮转速，并转换为电信号输入 ABS ECU，用以计算车轮速度。

轮速传感器有磁感应式和差动霍尔式两种。磁感应式轮速传感器由传感元件和信号转子组成。传感元件为静止部件，由永久磁铁、信号线圈和线束插头等组成，安装在车轮附近的静止部件（如转向节、半轴套管、悬架构件等）上，不随车轮转动。信号转子由铁磁材料制成带齿的圆环，又称齿圈转子，安装在与车轮一同转动的部件（如轮毂、半轴等）上。

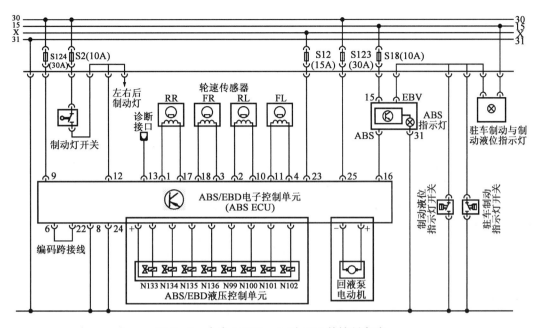

图 6-7 大众 MK20-Ⅰ型 ABS 的控制电路

MK20-Ⅰ型 ABS 用 4 只轮速传感器在信号转子的圆周上制作有 43 个凸齿，安装位置如图 6-8 所示，前轮速度传感器的传感元件安装在转向节上，信号转子安装在传动轴上，随前轮传动轴转动而转动，如图 6-8（a）所示。后轮速度传感器的传感元件安装在固定支架上，信号转子安装在与车轮一同转动的后轮毂上，如图 6-8（b）所示。

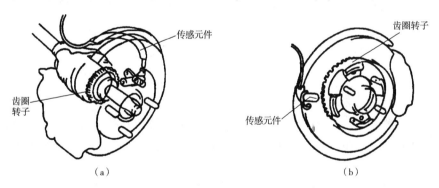

图 6-8 MK20-Ⅰ型 ABS 轮速传感器的安装位置
(a) 前轮轮速传感器；(b) 后轮轮速传感器

传感元件与信号转子之间留有一定的间隙，一般为 0.4~2.0 mm，如 MK20-Ⅰ型 ABS 前轮传感器间隙为 1.10~1.97 mm，后轮传感器间隙为 0.42~0.80 mm。传感器安装必须牢靠，否则就会影响传感器正常输出信号或在汽车行驶振动时受到损伤。为了避免灰尘和飞溅的水、泥等影响传感器工作，安装前应在传感器上涂敷防锈液。

2. 减速度传感器

减速度传感器又称加速度传感器，其功用是：检测汽车的减速度大小，并转换为电信号输入 ABS ECU，以便 ABS ECU 判别路面状况并采取相应的控制措施。

> 汽车在高附着系数路面上制动时，减速度很大；在低附着系数路面上制动时，减速度很小，ABS ECU 根据减速度传感器信号即可判断路面状况，如当判定汽车是在附着系数很小的冰雪路面上行驶时，它就会按照低附着系数路面的控制方式进行控制，以便提高制动性能。

减速度传感器按结构不同，可分为光电式、水银式、差动变压器式和半导体式等。按用途不同可分为纵向减速度传感器和横向减（加）速度传感器两种。横向加速度传感器在高级轿车和赛车上采用较多。减速度传感器的安装位置依车而异，有的安装在后备厢内（如丰田赛利卡和凯美瑞轿车），有的安装在发动机舱内。

光电式减速度传感器由两只发光二极管 LED、两只光电晶体管、一块透光板和信号处理电路等组成，结构如图 6-9（a）所示。

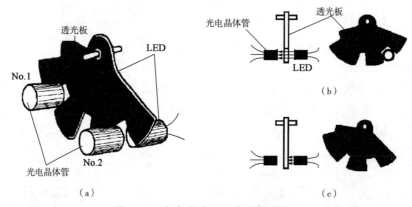

图 6-9　光电式减速度传感器的结构

> 光电管是把光能变成电能的器件，内部装有能够产生光电效应的电极，受到光线照射就会向外发射电子。广泛用于无线电传真、自动控制和电影领域。光电效应是指某些物质因受到光的照射而发出电子的现象。光电管有光电二极管和光电晶体管两种。

光电式减速度传感器透光板的作用是透光或遮光。当透光板上的开口位于发光二极管与光电晶体管之间时，发光二极管发出的光线能够照射到光电晶体管上，使光电晶体管导通，如图 6-9（b）所示。当透光板上的齿扇位于发光二极管与光电晶体管之间时，发光二极管发出的光线被透光板上的齿扇挡住而不能照射到光电晶体管上，光电晶体管处于截止状态，如图 6-9（c）所示。

当汽车匀速行驶时，透光板静止不动，传感器无信号输出。当汽车减速行驶时，透光板沿汽车纵向摆动，如图 6-10 所示。减速度大小不同，透光板摆动角度就不同，两只光电晶体管导通与截止状态也就不同。减速度越大，透光板摆动角度越大。根据两只光电晶体管的输出信号，就可将汽车减速率区分为四个等级，如表 6-1 所示。ABS ECU 接收到传感器信号后，就可判定出路面状况，从而采取相应的控制措施。

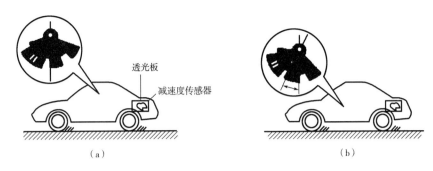

图 6-10 光电式减速度传感器工作情况

(a) 匀速行驶；(b) 减速行驶

表 6-1 减速率的等级

减速率的等级	低减速率 1	低减速率 2	中等减速率	高减速率
No.1 晶体管	导通	截止	截止	导通
No.2 晶体管	导通	导通	截止	截止

3. 控制开关

控制开关可分为制动灯开关、制动液位指示灯开关和驻车制动指示灯开关。

（1）制动灯开关。制动灯开关安装在制动踏板旁边。当驾驶员踩下制动踏板时，制动灯开关接通，将制动信号输入 ABS ECU，同时接通汽车尾部的制动灯电路。

（2）制动液位指示灯开关。当制动液液面位置降低到一定位置时，制动液位指示灯开关接通，同时接通制动液位指示灯和 ABS 指示灯电路，指示灯发亮提醒驾驶员及时添加制动液。

（3）驻车制动指示灯开关。当驾驶员拉紧驻车制动手柄时，驻车制动指示灯开关接通，同时接通驻车制动指示灯和 ABS 指示灯电路，指示灯发亮；当驻车制动手柄放松时，指示灯熄灭，ABS 可以投入工作。

4. 防抱死制动电子控制单元

防抱死制动电子控制单元（ABS ECU）的主要功用是接收轮速传感器、减速度传感器信号和各种控制开关信号，根据设定的控制逻辑，通过数学计算和逻辑判断发出控制指令，控制液压调节器调节制动轮缸的制动压力。

各种车型 ABS ECU 内部电路及控制程序各不相同，但其基本组成大致相同，如图 6-11 所示，主要由主控 CPU、辅控 CPU、稳压模块电路、电磁阀电源模块电路、电磁阀驱动模块电路、回液泵电动机驱动模块电路、信号处理模块电路和安全保护电路等组成。

> ABS ECU 的显著特点是采用了两个微处理器 CPU，其中一个为主控 CPU，另一个为辅控 CPU，主要目的是保证 ABS 的安全性。两个 CPU 接收同样的输入信号，在运算处理过程中，通过通信对两个微处理器的处理结果进行比较。如果两个微处理器处理结果不一致，微处理器立即发出控制指令使 ABS 退出工作，防止系统发生逻辑错误。

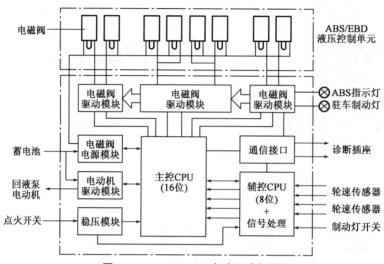

图 6-11 ABS ECU 电路组成框图

(1) 信号处理电路。信号处理电路由低通滤波电路和整形放大电路等组成，其功用是对轮速传感器输入的交变电压信号进行处理，并传送给主控 CPU 和辅控 CPU。与此同时，信号处理电路还要接收点火开关、制动灯开关、液位开关等外部信号。

(2) 计算电路。计算电路是 ABS ECU 的核心，主要由微处理器构成。其功用是根据轮速传感器和控制开关信号，按照预先编制的程序进行数学计算和逻辑判断，形成相应的控制指令。计算电路按照设定的程序，根据轮速传感器输入的轮速信号，计算出车轮瞬时速度，然后得出加（减）速度、初始速度、参考车速和滑移率，最后根据加、减速度和滑移率形成相应的控制指令，再向电磁阀控制电路输出制动压力"降低""保持""升高"的控制信号。计算电路不仅能够监测自己内部的工作过程，而且还能监测系统控制部件的工作状况，如轮速传感器、回液泵电动机工作电路、电磁阀工作电路等。当监测到电路工作不正常时，立即向安全保护电路输出指令，使 ABS 停止工作。

(3) 驱动电路。驱动电路的主要功用是将 CPU 输出的数字信号（如控制压力升高、保持、降低信号）进行功率放大并驱动执行元件（电磁阀、电动机）工作，实现制动压力"升高""保持""降低"的调节功能。

(4) 安全保护电路。安全保护电路由电源监控、故障记忆和 ABS 指示灯驱动电路等组成。其主要功用是接收蓄电池（或发电机）的电压信号，监控电源电压是否在稳定范围内，同时将 12 V 或 14 V 电源电压变换为 ECU 工作需要的 5 V 电压。

> 微处理器具有监测功能，该电路能根据微处理器输出的指令，对有关继电器电路、ABS 指示灯电路进行控制。当发现影响 ABS 工作的故障（如电源电压、轮速传感器信号、计算电路、电磁阀控制电路等出现异常）时，CPU 就会发出指令使 ABS 停止工作，恢复常规制动功能，起到失效保护作用。同时接通仪表板上的 ABS 指示灯电路使 ABS 指示灯发亮，提醒驾驶员及时检修。ABS ECU 具有故障记忆功能，当 ECU 监测到 ABS 出现故障时，除控制执行上述动作外，还要将故障信息编成代码存储在存储器中，以备自诊断时读取故障代码，供维修诊断参考。

5. 压力调节系统

压力调节系统由液压调节器和常规制动装置的制动主缸、制动轮缸、制动助力器、制动管路等组成，图6-12所示为MK20-Ⅰ型ABS液压控制系统原理，液压调节器由电磁阀、储液器、电动机与回液泵（电动回液泵）组成。

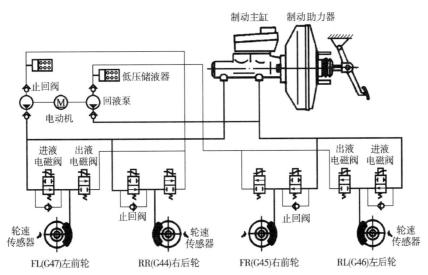

图6-12　MK20-Ⅰ型ABS液压控制系统原理

> 电磁阀是液压调节器的关键部件，通过电磁阀动作便可控制制动压力"升高""保持""降低"，从而实现防抱死制动。

ABS常用的电磁阀有两位两通电磁阀和三位三通电磁阀两种。

1）两位两通电磁阀

MK20-Ⅰ型ABS的液压调节器具有8只两位两通电磁阀。在通向每个制动轮缸的管路中，都设有一个进液电磁阀和一个出液电磁阀，4只进液电磁阀为常开电磁阀，4只出液电磁阀为常闭电磁阀。

（1）两位两通电磁阀的结构特点。两位两通常开电磁阀与常闭电磁阀的基本结构相同，如图6-13所示，其主要由电磁铁机构、球阀、复位弹簧、顶杆、限压阀和阀体等组成。在电磁线圈未通电时，常开电磁阀的球阀与阀座处于分离状态，常闭电磁阀的球阀与阀座处于接触状态。

在常开电磁阀中，设有一根顶杆，顶杆和限位杆与活动铁芯固定在一起，复位弹簧一端压在活动铁芯上，另一端压在与阀体相连的弹簧座上。限压阀的功用是限制电磁阀的最高压力。当制动液压力过高时，限压阀打开泄压，以免压力过高而损坏电磁阀。两位两通常闭电磁阀一般不设限压阀。

（2）两位两通电磁阀的工作原理。两位两通常开与常闭电磁阀的工作原理相同，下面以常开电磁阀为例说明其工作过程。

当电磁线圈未通电时，在复位弹簧弹力的作用下，活动铁芯带动顶杆和限位杆下移复位，直到限位杆与缓冲垫圈相抵为止。顶杆下移时，球阀随之下移，使电磁阀阀门处于开启状态，制动液从进液口经球阀阀门、出液口流出。

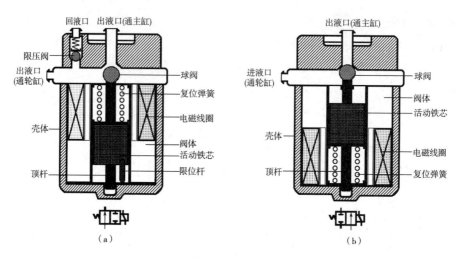

图 6-13 两位两通电磁阀的基本结构

(a) 常开电磁阀；(b) 常闭电磁阀

当电磁线圈有电流流过时，活动铁芯产生电磁吸力，压缩复位弹簧并带动顶杆一起上移，顶杆将球阀压在阀座上，电磁阀阀门处于关闭状态，进液口与出液口之间的制动液通道关闭。

> 由上可见，该电磁阀是根据电磁线圈通电和断电，使球阀处于开启和关闭两个位置或两种状态，同时又有进液口与出液口两条通路，因此被称为两位两通（二位二通）电磁阀。如果球阀在电磁线圈未通电时处于开启状态，则被称为两位两通常开电磁阀；如果电磁线圈未通电时，球阀处于关闭状态，那么就被称为常闭电磁阀。

2) 三位三通电磁阀

(1) 三位三通电磁阀的结构特点。奥迪 100/200 型和丰田系列轿车 ABS 都采用了三位三通电磁阀，其结构与符号如图 6-14 所示。

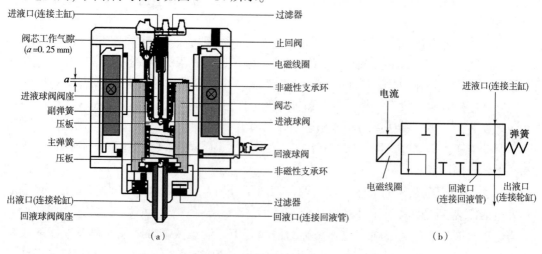

图 6-14 三位三通电磁阀的结构与符号

(a) 结构简图；(b) 表示符号

电磁阀的进液口通过制动管路与制动主缸相连，出液口通过制动管路与制动轮缸相连，回液口通过回液管与储液器相连，回液球阀焊接在压板上，进液球阀焊接在压板上。进液口和出液口的过滤器用于过滤制动液中的杂质，保证球阀密封良好。球阀与阀座的加工精度要求极高，在20 MPa压力下仍能保证密封良好。阀芯采用非磁性支承环导向，以便减小摩擦。止回阀的功用是在制动踏板放松时，使制动轮缸中的制动液保持一定的压力。

（2）三位三通电磁阀的工作情况。三位三通电磁阀的工作状态由 ABS ECU 通过控制电磁线圈中流过电流的大小进行控制。当电磁线圈未接通电流（$I=0$ A）时，在主、副弹簧预紧力的作用下，阀芯下移至极限位置，使进液球阀打开（进液口打开），回液球阀紧压在阀座上，回液阀处于关闭状态（回液口关闭）。因此，来自制动主缸的制动液经进液口、进液球阀、电磁阀腔室、出液口流入车轮制动轮缸［图6-15（a）］，从而使制动轮缸内的制动液压力随制动踏板力升高而升高。

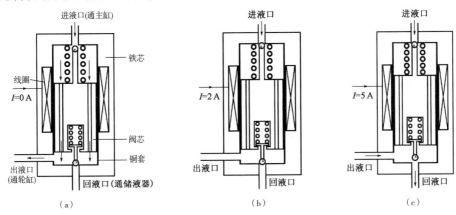

图6-15 三位三通电磁阀的工作原理
（a）升压位置；（b）保压位置；（c）降压位置

当电磁线圈通过电流较小（$I=2$ A）而且产生的电磁吸力较小时，阀芯向上位移量较小（约0.1 mm）。阀芯上移时，压缩刚度较大的主弹簧并推动压板压缩刚度较小的副弹簧，使进液球阀关闭（进液口关闭），但压板位移量很小，不足以使回液球阀打开。由于进液口和回液口都被关闭，制动液既不增加也不减少，因此制动轮缸中制动液的压力"保持"不变，如图6-15（b）所示。

当电磁线圈通过的电流较大（$I=5$ A）而且产生的电磁吸力较大时，阀芯向上的位移量较大（0.25 mm）。阀芯带动压板上移使回液阀开启（回液口打开），进液阀保持关闭状态。此时制动轮缸的制动液经回液口、回液管流入储液器，使制动轮缸压力降低，如图6-15（c）所示。

> 由上述可知，电磁阀在电磁线圈电流大小不同（较大电流、较小电流、零电流）时，其动作具有上、中、下3个工作位置。此外，由于该电磁阀具有进液口、出液口和回液口3个通路，所以被称为三位三通电磁阀，简写为3/3电磁阀，在工程图上的表示符号如图6-14（b）所示。

3）储液器与电动回液泵

储液器分为低压储液器和高压储液器两种，分别与不同形式的液压调节器配用。低压储液器主要用于储存 ABS 减压过程中从制动轮缸流回的制动液，同时衰减回流制动液的压力波动。高压储液器通常称为蓄压器，用于储存制动时所需的高压制动液。高压储液器大多为黑色气囊，它是制动系统的能源，故又称蓄能器。

电动回液泵由永磁式直流电动机与柱塞泵组成，简称电动泵或回液泵。电动机根据 ABS ECU 的控制指令，通过其轴上的凸轮驱动柱塞泵的柱塞在泵套内上下运动，如图 6-16 所示。低压储液器内设有活塞和弹簧。

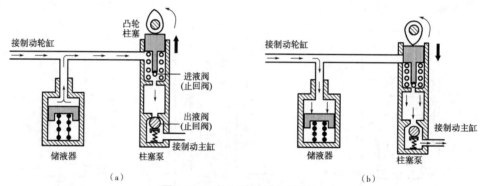

图 6-16　低压储液器与柱塞泵
(a) 柱塞上行时储液；(b) 柱塞下行时加液

在 ABS 工作过程中，当需要制动压力降低时，液压调节器的回液阀打开，具有一定压力的制动液就会从制动轮缸经液压调节器的回液阀流入储液器和柱塞泵。与此同时，ABS ECU 控制电动机转动，驱动柱塞泵上下运动。

当凸轮驱动柱塞上升时，柱塞泵的进液阀打开，泵腔内制动液压力降低，回液阀在弹簧弹力作用下关闭，制动轮缸和储液器内的制动液流入柱塞泵泵腔，如图 6-16（a）所示。

当柱塞下行时，泵腔内制动液压力升高，克服出液阀弹簧弹力将出液阀打开，制动液压入制动主缸，如图 6-16（b）所示。制动轮缸的制动液则流入储液器，并推动储液器活塞向下移动，使储液容积增大，暂时储存制动液，减小回流制动液的压力波动。因为电动机与柱塞泵的主要功用是将制动液泵回制动主缸，所以我们称其为电动回液泵。

6.1.6　防抱死制动的控制原理

汽车防抱死制动的控制原理是：根据车轮减速度和滑移率是否达到某一设定值来判定车轮工作在附着系数—滑移率曲线 [图 6-2（b）] 的稳定区域还是非稳定区域，并通过调节制动轮缸的压力，充分利用轮胎—道路附着力将车轮滑移率控制在 10%~30% 的稳定区域范围内，从而获得最佳制动性能。

轮胎—道路接触面之间的附着系数和滑移率是影响制动效果的重要参数。现有 ABS 实用技术还不能直接测量轮胎—道路附着系数和滑移率，这是因为测量轮胎—道路附着系数需用五轮仪，测量汽车实际速度需用价格昂贵的多普勒雷达或加速度传感器。所以防抱死制动普遍采用自适应控制方式来实现近似理想的控制。控制方法是预先设定车轮加、减速度以及滑移率阈值，通过检测车轮的角速度来计算车轮速度和加、减速度，再利用车轮速度和存储器中制动开始时的汽车速度来计算车轮的参考滑移率。ABS 工作时，将这些控制参数与预先设定的阈值（又称门限值）进行比较，根据比较结果控制电磁阀动作来改变制动压力的大小，同时存储前一控制周期（在制动过程中，从制动降压、保压到升压为一个控制周期）的各个控制参数，并将这些参数值作为下一个控制周期的控制条件。

在汽车行驶过程中，车轮速度传感器不断向 ABS ECU 输入车轮速度信号。ABS ECU 根据轮速信号计算车轮圆周速度，再对车轮圆周速度进行微分计算可得到车轮加、减速度。

当踩下制动踏板时，制动灯开关接通，并向 ABS ECU 输入一个高电平（电源电压）信号，ABS 开始投入工作。因为在制动条件相同的情况下，轮胎—道路附着系数不同，制动效果也不相同，所以 ABS 一般都将制动控制过程分为高附着系数、低附着系数和附着系数由高到低三种情况分别进行控制。ABS 工作时，ABS ECU 首先根据减速度信号判定路面状况，减速度大于一定值为高附着系数路面，小于一定值为低附着系数路面，然后根据判定结果调用相应的控制程序，通过控制电磁阀打开与关闭，使其处于"降压""保压""升压"状态来改变车轮制动轮缸的压力，从而实现防抱死制动。现以图 6-17 所示高附着系数路面的制动控制原理为例说明。

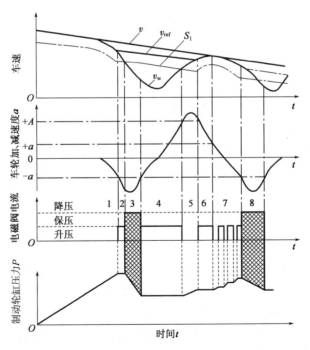

图 6-17　高附着系数路面的制动控制原理

v—车速；S_1—滑移率阈值；v_{ref}—参考车速；v_w—车轮圆周速度；

$+A$，$+a$—车轮加速度阈值；$-a$—车轮减速度阈值在制动初始阶段，车轮制动轮缸的制动液压力随制动踏板力升高而升高，车轮滚动的圆周速度 v_w 降低、减速度增加，如图 6-17 的第 1 阶段曲线所示。

当减速度增加到设定阈值 $-a$ 时，ABS ECU 发出指令使相应的电磁阀转换到"保持压力"状态，控制过程进入第 2 阶段，此时制动轮缸压力保持不变。因为减速度刚刚超过设定阈值时，车轮还工作在 $\varphi_B - S$ 曲线的稳定区域，所以滑移率较小，且小于设定阈值。滑移率利用参考车速 v_{ref} 计算求得，称为参考滑移率。参考车速由 ABS ECU 根据存储器中存储的制动开始时的车轮速度确定，并按设定的斜率（该斜率略大于纵向附着系数最大值所对应的汽车减速度值）下降。在制动过程中，任一时刻的参考滑移率都可由参考车速计算求得。

在保压过程中，参考滑移率会增大，当参考滑移率大于滑移率阈值时，ABS ECU 发出指令使相应的电磁阀转换到"压力降低"状态，控制过程进入第 3 阶段。

制动压力降低后，在汽车惯性力作用下车轮减速度开始回升。当减速度回升到高于减速度阈值 $-a$ 时，ABS ECU 发出指令使相应的电磁阀转换到"压力保持"状态，控制过程进入第 4 阶段。在制动部件以及制动液的惯性作用下，车轮开始加速，减速度由负值迅速增大到正值，直到超过加速度阈值 $+a$。在压力保持过程中，加速度继续升高，当加速度超过阈值 $+A$ 时，ABS ECU 发出指令使相应的电磁阀转换到"压力升高"状态，控制过程进入第 5 阶段。

制动压力升高后，车轮加速度降低。当加速度降低到低于加速度阈值 $+A$ 时，ABS ECU 发出指令使相应的电磁阀转换到"压力保持"状态，控制过程进入第 6 阶段。因为此时车轮加速度高于设定阈值 $+a$，说明车轮工作在附着系数—滑移率曲线的稳定区域，且制动力不足，所以当加速度降低到加速度阈值 $+a$ 时，ABS ECU 将发出指令使相应的电磁阀在"压力升高"和"压力保持"状态之间交替转换，使车轮速度降低，加速度减小，控制过程进入第 7 阶段。

当加速度降低到减速度阈值 $-a$ 时，控制过程进入第 8 阶段，ABS 进入第二个控制周期，控制过程与上述相同。在车轮加速度从设定阈值 $+A$ 减小到 $-a$ 期间，即在第 6、7 控制阶段，因为制动压力已经降低，所以 ABS ECU 不再考虑滑移率的变化情况。

> 在防抱死制动过程中，ABS ECU 控制压力调节器以 2~10 次/s 的频率调节制动轮缸压力，将各车轮的滑移率控制在理想滑移率 20% 附近，从而获得最佳制动性能。

6.1.7 两位两通电磁阀式 ABS 的控制过程

汽车装备两位两通电磁阀式制动压力调节器和装备三位三通电磁阀式制动压力调节器的 ABS 的控制过程基本相同。下面以大众 MK20-Ⅰ型 ABS 为例说明。

每当驾驶员在汽车行驶之前接通点火开关时，ABS 就会自动进入自检状态，并持续到汽车行驶过程中，因为某些已经存在的故障只有在行驶时才能被识别出来。在自检过程中，仪表板上的 ABS 指示灯发亮约 2 s 后自动熄灭，同时能够听到继电器触点断开与闭合的响声以及回液泵电动机起动时的响声，在制动踏板上也能感觉到轻微的振动。

当 ABS 在汽车行驶过程中发生故障时，ABS 将自动关闭，同时控制仪表板上的 ABS 指示灯发亮，此时常规制动系统将继续保持正常工作状态。

当控制系统的电源电压低于允许的最低电压值（10.5 V）时，ABS 将自动关闭，此时 ABS 指示灯将发亮指示。一旦电源电压恢复正常值，控制系统就再次起动 ABS，指示灯自动熄灭。当驾驶员踩下制动踏板时，防抱死制动系统 ABS 将投入工作。制动压力调节器各执行元件的工作状态如表 6 – 2 所示。

表 6 – 2　MK20 – Ⅰ型 ABS 制动压力调节器各执行元件的工作状态

执行元件名称	常规制动时	保压时	降压时	升压时
进液阀	打开	关闭	关闭	间歇开闭
出液阀	关闭	关闭	间歇开闭	关闭
回液泵电动机	不转动	运转	运转	运转

1. 常规制动时制动系统工作情况

在汽车进行常规制动（ABS 未投入工作）时制动系统的工作状态如图 6 – 18 所示。电子控制系统未投入工作，进液阀、出液阀和回液泵电动机均不通电，两位两通电磁阀在复位弹簧弹力作用下，进液阀阀门打开、出液阀阀门关闭。进液阀阀门打开将制动主缸与制动轮缸之间的油液管路构成通路，出液阀阀门关闭将制动轮缸与储液器之间的油液管路关闭。

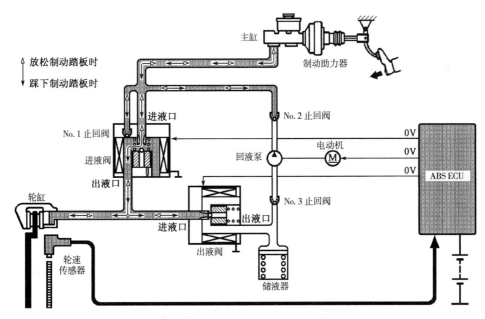

图 6 – 18　常规制动时 ABS 的工作状态

当踩下制动踏板时，制动主缸中制动液压力升高，制动液从制动主缸直接流入制动轮缸，制动液通道为：制动主缸→两位两通进液阀进液口→电磁阀阀门→进液阀出液口→制动轮缸。制动轮缸制动液的压力随制动主缸制动液的压力升高而升高。

当放松制动踏板时，制动轮缸中具有一定压力的制动液通过两条通道流回制动主缸。一条通道是：制动轮缸→两位两通进液阀出液口→电磁阀阀门→进液口→制动主缸；另一条通道是：制动轮缸→两位两通进液阀出液口→电磁阀腔室→No.1 止回阀→制动主缸。

在常规制动时，虽然 ABS 没有投入工作，其执行元件（制动压力调节器）处于初始状态（进液阀打开、出液阀关闭、回液泵不转动），但是 ABS 随时都在监测轮速传感器信号，判定其是否进入防抱死制动状态。

2. 制动压力保持时制动系统工作情况

当 4 个车轮中的任意一个车轮趋于抱死时，制动压力调节器的电磁阀就会根据 ABS ECU 的控制指令，通过调节该车轮制动轮缸的制动液压力"保持（保压）""降低（降压）""升高（升压）"，从而达到防抱死制动之目的。

当驾驶员踩下制动踏板的行程较大，使制动轮缸的制动力大于车轮与地面之间的附着力时，车轮就会抱死滑移，此时车轮减速度很大，并由轮速传感器将车轮即将抱死的信号输入电控单元 ABS ECU。当 ABS ECU 根据轮速传感器输入信号计算得到的车轮减速度达到设定阈值时，就会控制制动压力调节器进入"保压状态"，如图 6-19 所示。

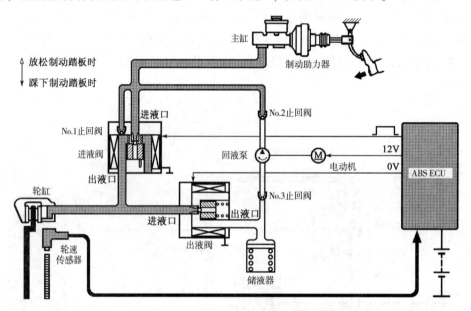

图 6-19 "保压"时 ABS 的工作状态

控制"保压"时，ABS ECU 向进液阀和回液泵电动机的驱动模块电路发出高电平控制指令、向出液阀的驱动模块电路发出低电平控制指令。进液阀（常开电磁阀）驱动模块电路接收到高电平控制指令时，便接通进液阀电磁线圈电流，进液阀阀芯产生电磁吸力并克服复位弹簧弹力而移动将其阀门关闭，从而使制动主缸与制动轮缸之间的液压油路关闭。控制出液阀的低电平指令使其阀门保持常闭状态。由于进液阀和出液阀均处于关闭状态，制动液在管路中不能流动，因此制动压力处于"保持"状态。回液泵电动机驱动模块电路接收到 ABS ECU 发出的高电平控制指令时，将使电动机接通电源，电动机运转的目的是将储液器中剩余的制动液泵回制动主缸。"保压"时各执行元件的工作状态如表 6-2 所示。

3. 制动压力降低时制动系统工作情况

在制动主缸与制动轮缸之间的液压油路关闭后，车轮滑移率将逐渐增大，并会超出 ABS 的控制范围（MK20 - Ⅰ型 ABS 设定为 15% ~ 30%），因此，需要降低制动轮缸内制动液的压力使滑移率减小。"降压"主要是通过将制动轮缸内的部分制动液泄流到低压储液器并利用电动回液泵将制动液泵回制动主缸来实现的。

在 ABS 进入"保压"控制状态后，ABS ECU 根据轮速传感器输入信号计算得到的车轮滑移率达到设定阈值时，就会控制制动压力调节器进入"降压状态"，如图 6 - 20 所示。

在"降压"过程中，ABS ECU 继续向进液阀（常开电磁阀）的驱动模块电路发出高电平控制指令，使进液阀保持关闭。同时向出液阀（常闭电磁阀）驱动模块电路发出一系列脉冲控制信号使其阀门间歇打开与关闭。当脉冲信号为高电平时，出液阀打开使制动轮缸降压；当脉冲信号为低电平时，出液阀关闭使制动轮缸保压，从而使制动轮缸的制动液压力逐渐降低，车轮抱死滑移逐渐减少，控制特性曲线如图 6 - 21 中"降压"线段所示。

当出液阀打开时，制动轮缸内的制动液便经出液阀泄流到低压储液器。与此同时，ABS ECU 还将向回液泵驱动模块电路发出高电平控制指令，使电动机接通电源运转。制动液流入储液器时，推动活塞并压缩弹簧向下移动，使储液器储液容积增大，暂时储存制动液，以减小回流制动液的压力波动。

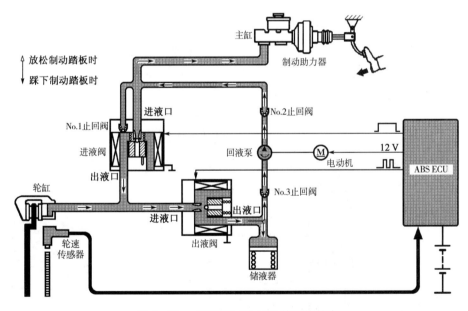

图 6 - 20 "降压"时 ABS 的工作状态

当储液器中的制动液达到一定量（储液器容量约为 3.6 mL）时，电动回液泵运转便将储液器中的制动液泵回制动主缸，回液通道为：制动轮缸→出液阀进液口→出液阀阀门→出液阀出液口→储液器→No. 3 止回阀→电动回液泵→No. 2 止回阀→制动主缸。随着制动轮缸中的制动液流回制动主缸，制动管路中制动液的压力随之降低，从而达到防止车轮抱死滑移之目的。降压时各执行元件的工作状态如表 6 - 2 所示。

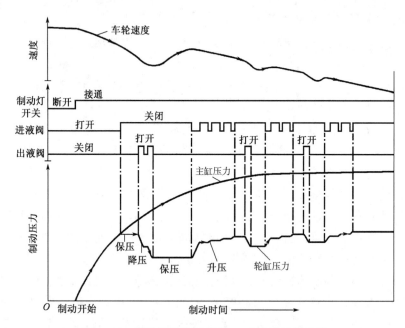

图 6-21 两位两通电磁阀式 ABS 控制特性曲线

4. 制动压力升高时制动系统工作情况

"降压"控制使制动轮缸内制动液压力降低后,车轮制动力越来越小,车轮加速度越来越大。为了得到最佳制动效果,需要 ABS 进入"升高压力(升压)"状态,如图 6-22 所示。

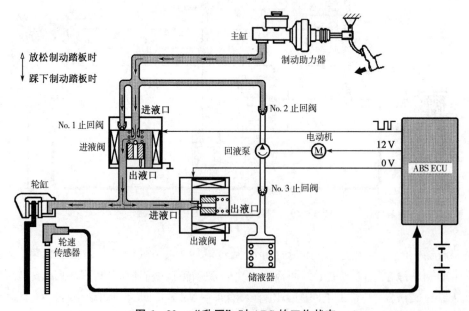

图 6-22 "升压"时 ABS 的工作状态

在"降压"控制后,当 ABS ECU 根据轮速传感器信号计算得到的车轮加速度达到设定阈值时，将向出液阀发出低电平控制指令，使出液阀保持常闭状态，将制动轮缸与储液器之间的油液管路关闭。与此同时，ABS ECU 向进液阀（常开电磁阀）驱动模块电路发出一系列脉冲控制信号使其阀门间歇打开与关闭，如图 6-21 所示的"升压"线段。当脉冲信号为低电平时，进液阀打开，将制动主缸与制动轮缸之间的管路构成通路，使制动轮缸的压力随制动主缸制动液压力升高而升高；当脉冲信号为高电平时，进液阀关闭，制动轮缸保压。制动轮缸内制动液压力将逐渐升高，以增强制动效果。

进液阀打开时制动液通道为：制动主缸→进液阀进液口→进液阀阀门→进液阀出液口→制动轮缸。此时回液泵电动机运转将储液器中剩余的制动液泵回进液管路。

当驾驶员踩下制动踏板后，ABS 不断重复上述"保压""降压""升压"过程，从而将车轮滑移率控制在设定阈值范围内，防止车轮抱死滑移。其控制曲线如图 6-21 所示。

> 当制动液从制动主缸流入制动轮缸（升压）时，制动踏板将下沉；当制动液从制动轮缸泵回制动主缸（降压）时，制动踏板将回升，制动踏板振动作用在脚掌上会有抖动感觉，这种感觉在装备 MK20-Ⅰ型 ABS 的大众轿车上为 2~7 次/s。驾驶员可据此现象判断 ABS 工作是否正常。

6.1.8 三位三通电磁阀式 ABS 的控制过程

各型汽车用三位三通电磁阀式防抱死制动系统 ABS 的工作情况大同小异，下面以奥迪 100/200 型轿车装备的 ABS 为例说明。

在装备三位三通电磁阀式 ABS 的汽车上，每次接通点火开关时 ABS 就会自动进入自检状态。在自检过程中，仪表板上的 ABS 指示灯发亮约 2 s 后自动熄灭，同时能够听到继电器触点断开与闭合的响声以及回液泵电动机起动时的响声，在制动踏板上也能感觉到轻微的振动。

在汽车行驶过程中，当 ABS 发生故障时，ABS 将自动关闭，同时控制仪表板上的 ABS 指示灯发亮指示，此时常规制动系统将继续保持正常工作状态。如果常规制动系统也失效，则汽车制动将失灵。

当控制系统的电源电压低于允许的最低电压值（10.5 V）时，ABS 也将自动关闭，此时 ABS 指示灯将发亮指示。一旦电源电压恢复正常值，ABS 就再次起动，指示灯自动熄灭。

当驾驶员踩下制动踏板时，ABS 将投入工作。制动压力调节器中各执行元件的工作状态如表 6-3 所示。

表 6-3 三位三通电磁阀式制动压力调节器中各执行元件的工作状态

执行元件名称	常规制动时	保压时	降压时	升压时
进液阀	打开	关闭	关闭	打开
出液阀	关闭	关闭	打开	关闭
回液泵电动机	不转动	运转	运转	运转

1. 常规制动时制动系统工作情况

汽车正常行驶或常规制动时，制动压力调节器的工作状态如图 6-23 所示。此时 ABS

未投入工作，电磁阀和回液泵电动机均不通电，三位三通电磁阀在复位弹簧预紧力的作用下，进液阀打开、回液阀关闭。进液阀打开将制动主缸与轮缸之间的制动液管路接通；回液阀关闭将制动轮缸与储液器之间的制动液管路关闭。各执行元件的工作状态如表6-3所示。

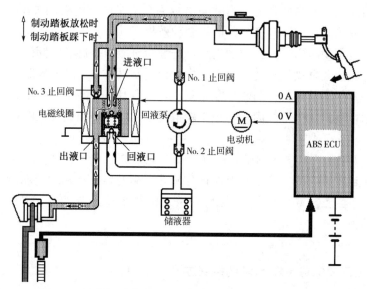

图6-23 常规制动时三位三通电磁阀式ABS的工作情况

当踩下制动踏板时，制动主缸中制动液压力升高，制动液从制动主缸流入制动轮缸，制动液通道为：制动主缸→三位三通常开电磁阀进液口→进液阀阀门→出液口→制动轮缸。制动轮缸中制动液的压力随制动主缸制动液压力的升高而升高。

当放松制动踏板时，制动轮缸中具有一定压力的制动液通过两条通道流回制动主缸。一条通道是：制动轮缸→三位三通电磁阀出液口→进液阀阀门→进液口→制动主缸；另一条通道是：制动轮缸→三位三通电磁阀出液口→电磁阀腔室→No.3止回阀→制动主缸。

回液泵管路中No.2止回阀的功用是：防止储液器和回液管路中的制动液流入回液泵。

2. 制动压力保持时制动系统工作情况

在汽车制动过程中，当四个车轮中的任意一个趋于抱死时，制动压力调节器就会根据ABS ECU的控制指令，通过调节该车轮制动轮缸的制动液压力"保压""降压""升压"，从而达到防抱死制动的目的。

当制动轮缸管路中的制动液压力升高、车速和车轮速度传感器信号表明车轮减速度或滑移率达到设定阈值需要保持制动压力时，ABS ECU便控制电磁阀线圈接通较小电流（约2 A），电磁阀阀芯克服复位弹簧弹力移动较小间隙（0.1 mm），使进液阀和回液阀均处于关闭状态，制动液在管路中不能流动（图6-24），压力处于"保持"状态。"保压"时各执行元件的工作状态如表6-3所示。此时回液泵电动机运转将储液器中剩余的制动液泵回制动主缸。

3. 制动压力降低时制动系统工作情况

当ABS ECU根据车速和车轮速度传感器信号计算并判定某个车轮制动趋于抱死需要降低制动轮缸压力时，ABS ECU便控制电磁阀线圈接通较大电流（约5 A），产生较强电磁吸力使三位三通电磁阀的阀芯移动较大间隙（0.25 mm），使进液阀阀门关闭、回液阀阀门打开（图 6-25），制动轮缸中的制动液便从出液口、电磁阀腔室、回液口流入储液器。与此同时，ABS ECU 还将接通回液泵电动机电源，使电动机和回液泵运转将储液器和回液管路中的制动液泵回制动主缸。各执行元件的工作状态如表 6-3 所示。

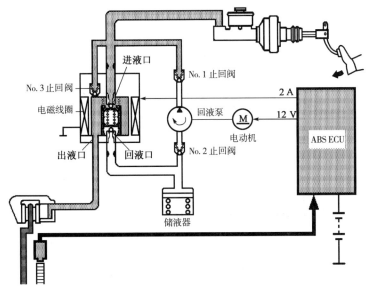

图 6-24 "保压"时三位三通电磁阀式 ABS 的工作状态

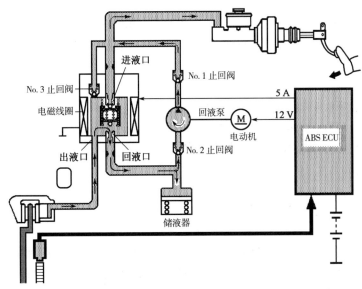

图 6-25 "降压"时三位三通电磁阀式 ABS 的工作状态

回液通道为：制动轮缸→出液口→电磁阀腔室→回液阀→储液器→No.2 止回阀→电动回液泵→No.1 止回阀→制动主缸。随着制动轮缸中的制动液流回制动主缸，轮缸中制动液的压力随之降低，从而达到防止车轮抱死之目的。

4. 制动压力升高时制动系统工作情况

当 ABS ECU 根据车速和车轮速度传感器信号计算并判定需要升高车轮制动轮缸制动液压力时，ABS ECU 将切断三位三通电磁阀线圈电流，电磁阀在复位弹簧弹力作用下复位，进液阀阀门打开、回液阀阀门关闭，如图 6-26 所示。

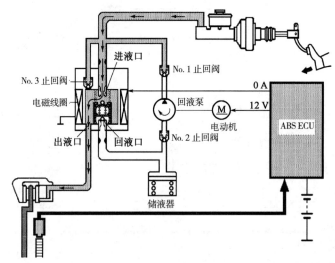

图 6-26 "升压"时三位三通电磁阀式 ABS 的工作状态

进液阀打开使制动主缸与制动轮缸之间的管路构成通路，回液阀关闭使制动轮缸与储液器之间的油液管路关闭。制动液从制动主缸流入制动轮缸，制动液通道为：制动主缸→进液口→进液阀阀门→电磁阀腔室→出液口→制动轮缸。制动轮缸的压力随制动主缸制动液压力升高而升高，各执行元件的工作状态如表 6-3 所示。回液泵电动机运转将储液器中剩余的制动液泵回制动主缸。

> 当驾驶员踩下制动踏板时，制动压力"升高"和"降低"的作用力在脚掌上会有抖动的感觉，这种感觉在装备三位三通电磁阀 ABS 的奥迪 100/200 型轿车上为 4~10 次/s。驾驶员据此现象即可判断 ABS 工作是否正常。

6.2 制动力分配技术

缩短制动距离的前提条件是具有足够的制动器制动力，同时地面又能提供较大的附着力。制动距离长短不仅与制动力大小有关，而且还与制动力的分配比例有关。

6.2.1 制动力分配系统的功用

当汽车紧急制动时，整车轴荷前移，后轮制动力占总制动力的比重较小，特别是小轿车，其后轮制动力通常只占总制动力的 30% 左右。因此，后轮附着力未能充分利用。此外，当轴荷前移时，地面对前轮的法向反作用力增大，在道路附着系数不变的情况下，前轮附着力将增大。因此，也需要增大制动力来充分利用前轮的附着力。

电子控制制动力分配系统（Electronic Control Brakeforce Distribution System，EBD）的功

用是：根据制动减速度和车轮载荷的变化，自动调节车轮制动器制动力的分配比例，从而提高制动性能。

6.2.2 制动力分配系统的组成

汽车电子控制制动力分配系统（EBD）由减速度传感器（制动减速度也可由轮速传感器提供的轮速变化率求得）、电控单元（EBD ECU）和制动压力调节器组成。因为 EBD 都是在 ABS 的基础上拓展开发的主动安全系统，其减速度传感器（或轮速传感器）、电控单元（EBD ECU）和制动压力调节器均可与 ABS 共用，所以在汽车已经装备 ABS 的基础上，无须增加任何硬件，只需增设制动力分配软件程序，就能实现制动力分配控制功能，所以又称电子控制制动力分配程序，相应的电控单元称为防抱死制动与制动力分配电控单元（ABS/EBD ECU）。

6.2.3 制动力分配的控制

在汽车前、后轮制动器制动力固定比值的制动系统中，其制动力不可能按照轻载或承载时的理想分配曲线进行分配，如图 6-27 所示。因此，前轮可能因抱死而丧失转向控制能力，后轮也可能因抱死而发生"甩尾"现象。

在汽车装备 EBD 的制动系统中，实际制动力兼顾制动稳定性和最短制动距离并优先考虑制动稳定性的原则进行分配，前、后车轮制动力的可调范围如图 6-27 中阴影范围所示。汽车不同制动减速度时的制动力数据经预先试验测得，并以制动力数据 MAP 形式存储在 ROM 之中。当汽车制动时，ABS/EBD ECU 首先根据制动减速度信号，从 ROM 存储的制动力数据 MAP 中查寻得到前、后车轮制动力的分配数值，然后向 ABS 的制动压力调节器（电磁阀）发出"升压"或"保压"控制指令，从而实现前、后车轮制动力的最佳分配。

> 汽车的 EBD 和 ABS 等主动安全技术是一个控制功能相互融合、工作时机相互协调的有机整体。当 EBD 分配给车轮的制动力大于轮胎附着力时，车轮就会抱死滑移，此时防抱死制动系统 ABS 就会投入工作，通过调节（减小）车轮的制动力将滑移率控制在 10%~30%，从而提高制动性能。
>
> 当汽车在弯道制动时，整车轴荷外移，内侧车轮轴荷减小，外侧车轮轴荷增大。因此，内侧车轮附着力减小，外侧车轮需要增大制动力来充分利用其附着力。为此，增设一只转向盘转角传感器（也可与车身稳定性控制系统共用），用其检测转向盘的转向方向与转动角速度，ABS/EBD ECU 即可实现弯道制动时内、外侧车轮制动力的最佳分配，如图 6-28 所示（图中箭头长短表示制动力的大小）。

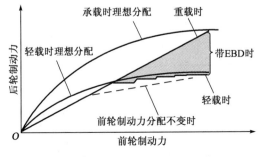

图 6-27 前后轮制动力数据 MAP

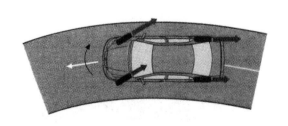

图 6-28 弯道制动时制动力的分配

为了保证汽车在弯道行驶时的制动稳定性，ABS/EBD ECU 即可分配给外侧车轮较大的制动力和内侧车轮较小的制动力，从而保证汽车沿弯道稳定行驶。

6.3 制动辅助技术

研究表明：当汽车紧急制动时，驾驶员操作制动踏板使车轮制动器产生足够制动力的分布情况如图 6-29 所示。在紧急制动时，由于驾驶技术水平和精神紧张程度等原因，约有 42% 的驾驶员不能使车轮制动器产生足够的制动力，能使车轮制动器产生充足制动力的驾驶员比例为 53%，高度紧张而未踩制动踏板的比例为 5%。

6.3.1 制动辅助系统的功用

电子控制制动辅助系统（Electronic Control Brake Assist System，EBA 或 BAS 或 BA）的功用是：根据制动踏板传感器和制动压力传感器信号，判定作用于制动踏板的速度和力量，并自动增大紧急制动时的制动力，从而缩短制动距离（时间）。

6.3.2 制动辅助系统的组成

制动辅助系统 EBA 是在 ABS 的基础上，增设一只制动踏板行程传感器和制动压力传感器，并在 ABS ECU（称为 ABS/EBA ECU）中增设相应的制动力调节软件程序而构成的。

制动踏板行程传感器用于检测驾驶员操作制动踏板的速度，制动压力传感器用于检测制动主缸的制动液压力，ABS/EBA ECU 根据制动踏板速度和制动液压力信号，计算判断本次制动属于常规制动还是紧急制动，并向 ABS 液压调节器发出控制制动力大小的控制指令。

6.3.3 制动辅助的控制

装备 EBA 后，ABS/EBA ECU 根据制动踏板行程传感器信号的变化率和制动压力传感器信号，计算驾驶员踩下制动踏板的速度和力量，并判定本次制动是常规制动还是紧急制动。

当判定为紧急制动时，即使驾驶员踩下制动踏板的力量不大，ABS/EBA ECU 也会自动控制制动压力调节器使车轮制动器产生较大的制动力，从而缩短制动距离，如图 6-30 所示。

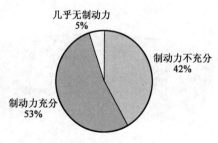

图 6-29 制动力充足程度分布

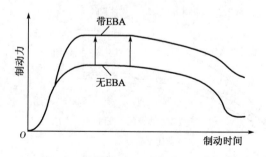

图 6-30 有无 EBA 时制动力的比较

当 EBA 调节的制动力大于轮胎附着力时，车轮会抱死滑移，此时 ABS 投入工作，通过减小制动力将滑移率控制在 10%～30%。

6.3.4 制动辅助控制的效果

研究表明：以 50 km/h 的制动初速度在干燥路面上紧急制动试验结果如图 6-31 所示。

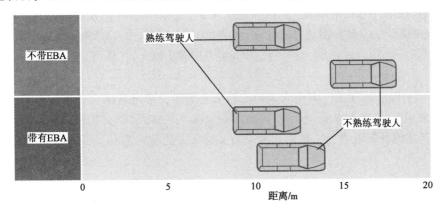

图 6-31　有无 EBA 汽车紧急制动时制动距离对比

试验表明：对驾驶技术熟练的驾驶员而言，有无制动辅助系统 EBA 时的制动距离均为 12.5 m 左右，EBA 的作用并不明显。但是，对驾驶技术不熟练的驾驶员而言，无 EBA 时的制动距离约为 18 m，有 EBA 时的制动距离仅为 14 m，EBA 可使行驶安全性大大提高。

6.4　驱动轮防滑转调节技术

汽车在起步、加速或冰雪路面上行驶时，容易出现打滑现象。这是因为汽车发动机传递给车轮的最大驱动力是由轮胎与路面之间的附着系数和地面作用在驱动轮上的法向反力的乘积（附着力）决定的。当驱动力超过附着力时，车轮就会打滑空转（滑转）。

当汽车在低附着系数路面（如泥泞路面、冰雪路面）上行驶时，由于地面对车轮施加的反作用转矩很小，因此在起步、加速时驱动轮很容易发生滑转现象。此外，当汽车在越野条件下行驶时，如果某个（或某些）驱动轮处在附着系数极低的路面（如冰雪路面或泥泞路面）上，那么地面对车轮施加的反作用转矩将很小，虽然另一个（或一些）车轮处在附着系数较高的路面上，但是根据差速器转矩等量分配特性，能够提供的驱动转矩只能与处在低附着系数路面上车轮的驱动转矩相等。因此，在驱动力不足的情况下，汽车将无法前进，发动机输出的功率大部分消耗在车轮的滑转上，不仅浪费燃油、加速轮胎磨损，而且降低车辆的通过性能和机动能力。虽然安装防滑链，使用雪地轮胎和带防滑钉的防滑轮胎等能够起到防滑转作用，但是实践证明，最有效的办法还是采用电子控制防滑转调节系统。

6.4.1 驱动轮防滑转调节系统的功用

汽车防滑转调节系统（Anti-Slip Regulation System，ASR）又称加速滑移调节系统（Acceleration Slip Regulation System），因为防止驱动轮滑转能够通过调节驱动轮的驱动力（牵引力）来实现，故又称牵引力控制系统（Traction Force Control System，TCS）。

驱动轮防滑转调节系统 ASR 的功用是：在车轮开始滑转时，降低发动机的输出转矩来减小传递给驱动轮的驱动力，防止驱动力超过轮胎与路面之间的附着力（或通过增大滑转驱动轮的阻力来增大未滑转驱动轮的驱动力，使所有驱动轮的总驱动力增大），从而提高车辆的通过性。

> ASR 与 ABS 密切相关，都是汽车的主动安全装置，两个系统通常同时采用。ABS 的作用是自动调节（增大或减小）制动力，防止车轮抱死滑移，提高汽车的制动性能；ASR 的作用是维持附着条件，增大总驱动力，防止车轮抱死滑转，提高汽车的通过性。

6.4.2 驱动轮防滑转的基本原理

当发动机输出转矩增大时，驱动力随之增大。但是，驱动力的增大受到附着力的限制，驱动力的最大值只能等于轮胎与路面之间的附着力。当驱动力超过附着力时，驱动轮将在路面上滑转。

> 在日常生活和影视警匪片中，经常看到驾驶员想使汽车快速起步而用力踩下加速踏板，尽管车轮快速打滑转动，然而汽车却原地不动，其原因就是发动机传递给车轮的驱动力超过了轮胎与路面之间的附着力。

1. 滑转率

汽车车轮"打滑"分为两种情况：一是汽车制动时车轮抱死"滑移"；二是汽车驱动时车轮"滑转"。防抱死制动系统 ABS 是防止车轮在制动时抱死而滑移，防滑转调节系统 ASR 则是防止驱动轮原地不动地滑转。驱动轮的滑转程度用滑转率 S_d 表示，其表达式为

$$S_d = \frac{v_w - v}{v_w} \times 100\% \tag{6-2}$$

式中　v_w——车轮速度，即车轮瞬时圆周速度，$v_w = r\omega$，m/s；
　　　r——车轮半径，m；
　　　ω——车轮转动角速度，$\omega = 2\pi n$，rad/s；
　　　n——车轮转速，r/min；
　　　v——车速（车轮中心纵向速度），m/s。

当 $v_w = v$ 时，滑转率 $S_d = 0$，车轮自由滚动；当 $v = 0$ 时，滑转率 $S_d = 100\%$，车轮完全处于滑转状态；当 $v_w > v$ 时，滑转率 $0 < S_d < 100\%$，车轮既滚动又滑转。滑转率越大，车轮滑转程度也就越大。

2. 滑转率 S_d 与附着系数的关系

车轮滑移率、滑转率与纵向附着系数的关系如图 6-32 所示，车轮制动时的滑移率分布在坐标系的第一象限，车轮滑转率分布在坐标系的第三象限。由图可见：

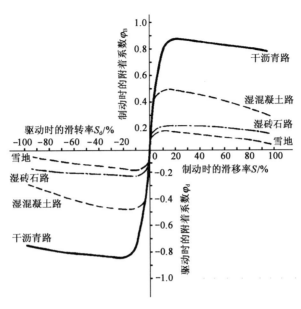

图 6-32 车轮滑移率、滑转率与纵向附着系数的关系

(1) 附着系数随路面性质的不同而发生较大幅度的变化。

(2) 在各种路面上,附着系数均随滑转率的变化而变化,且当滑转率为 20% 左右时,各种路面上的附着系数达到最大值。若滑转率继续增大,则附着系数逐渐减小。

防滑转调节系统 ASR 的基本原理是:将滑转率控制在最佳滑转率(10%~30%)范围内,从而获得较大的附着系数,使路面提供的附着力得到充分利用。

汽车装备 ASR 后,当起步、加速或在冰雪路面上行驶时,驾驶员踩加速踏板无须特别小心,因为 ASR 能根据路面状况将驱动轮的驱动力调节到最大值。

6.4.3 驱动轮防滑转的控制方式

> 防止驱动轮滑转的控制方式主要有:控制发动机的输出转矩、控制驱动轮的制动力以及控制差速器的锁止程度 3 种。这些控制方式的最终目的都是调节驱动轮的驱动力,并将驱动轮的滑转率控制在最佳滑转率范围内。

1. 控制发动机的输出转矩

通过调节发动机的输出转矩来调节驱动轮的驱动力是实现防滑转调节的方法之一。这种控制方式能够保证发动机输出转矩与地面提供的驱动转矩达到匹配,因此可以改善燃油经济性,减少轮胎磨损,使汽车具有良好的行驶稳定性和乘坐舒适性;对于前轮驱动汽车,能够得到良好的转向操作性。在装备电控燃油喷射系统 EFI 的汽车上,普遍采用这种控制发动机输出转矩的方法来实现防滑转调节。

控制发动机输出转矩的方法有控制点火时间、控制燃油供给量、控制节气门开度等。

(1) 控制点火时间。由内燃机原理可知:减小汽油机的点火提前角或切断个别气缸的点火电流,均可微量降低发动机的输出转矩。

在汽车行驶过程中,防滑转调节电控单元(ASR ECU)根据轮速传感器和车速传感器信号即可计算确定驱动轮滑转率的大小,通过减小点火提前角,即可微量降低发动机的输出转矩。当驱动轮滑转率较大,推迟点火时刻不能达到控制滑转率的目的时,则可中断个别气缸点火来进一步减小滑转率。

在中断个别气缸点火时,为了防止排放增加和三元催化转换器过热,中断点火必须同时中断燃油喷射。恢复点火时,点火时刻应缓慢提前,保证发动机输出转矩平稳增加。

(2)控制燃油供给量。短时间中断供油也可微量调节发动机的输出转矩,但响应速度没有减小点火提前角迅速。这种控制方式适用于电控汽油机或电控柴油机汽车,通过调节汽油机或柴油机的供油量,即可调节发动机的输出转矩。

(3)控制节气门开度。当今电控发动机汽车普遍采用了这种控制方式。控制节气门开度可以控制进入气缸的进气量,能够显著改变发动机的输出转矩。

在装备 EFI 的汽车上,ASR ECU 根据轮速传感器和车速传感器信号计算确定驱动轮滑转率的大小之后,通过控制节气门开度和燃油喷射量等即可调节发动机的输出转矩。当滑转率超出规定值范围时,ASR ECU 便向执行器发出控制指令,减小节气门的开度、缩短喷油时间或中断个别喷油器喷油,迅速降低发动机输出转矩,防止驱动轮滑转。

为了便于调节发动机的输出转矩,部分汽车(如丰田车系)的发动机设置了副节气门及其配套的副节气门位置传感器和副节气门位置调节器。副节气门也安装在节气门体上,与主节气门为串联关系,在 ASR 不起作用时处于全开状态。副节气门位置传感器用于检测副节气门的位置信号,结构原理与主节气门位置传感器相同。副节气门位置调节器一般采用步进电动机,与扇形齿轮配合对发动机副节气门的位置进行调节,称为副节气门位置调节步进电动机,安装在发动机节气门体旁边。当调节发动机输出转矩时,ASR ECU 首先向发动机 ECU 发送一个副节气门位置调节步进电动机即将动作使副节气门开度减小的指令,通知发动机 ECU 进气量需要选择主节气门和副节气门中开度较小者进行计算。然后,ASR ECU 控制副节气门位置调节步进电动机通电而步进转动,电动机轴一端的驱动齿轮便驱动副节气门轴上的扇形齿轮转动,使副节气门开度减小,减少发动机的进气量,使其输出转矩减小。因为副节气门与主节气门为串联关系,所以,即使主节气门开度不变,发动机的进气量也会因副节气门开度减小而减小,使发动机的输出转矩和驱动轮的驱动力减小。

---

2. 控制驱动轮的制动力

控制驱动轮的制动力实际上是利用差速器的差速作用(效能)来获得较大的驱动力,作用在驱动轮上的纵向力如图 6-33 所示。

右侧驱动轮处于高附着系数 φ_H 路面上,能够产生的驱动力为 F_H;左侧驱动轮处于低附着系数 φ_L 路面上,能够产生的驱动力为 F_L。根据差速器转矩等量分配特性,此时汽车的驱动力只取决于低附着系数路面上的驱动力 F_L。尽管右侧驱动轮能够产生的驱动力为 F_H,但

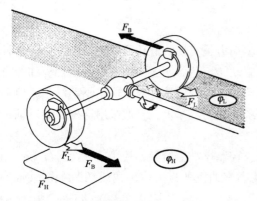

图 6-33 作用在驱动轮上的纵向力

是其获得的驱动力只能与左侧驱动轮能够产生的驱动力F_L相等（$F_H = F_L$），即两只驱动轮能够获得的驱动力为$F_{DH} = F_H + F_L = 2F_L$。为了阻止低附着系数路面上行驶的左侧驱动轮产生滑转，对其施加一个制动力F_B，通过差速器的差速作用，在右侧驱动轮上也会产生作用力F_B（$F_H = F_L + F_B$），此时两只驱动轮能够获得的驱动力就为$F_{DH} = F_H + F_L = 2F_L + F_B$，即驱动力增大了制动力$F_B$值，发动机的输出转矩就可按增大后的驱动力进行调节。

> 控制驱动轮制动力是保持最佳滑转率且响应速度较快的控制方式，一般作为仅采用控制节气门开度来调节发动机输出转矩的补充控制。
>
> 驱动轮制动力控制又称电子差速锁（Electronic Differential Lock，EDL）控制，大众轿车采用了这种控制方式。EDL利用ABS的传感器来检测驱动轮的转速，根据左右驱动轮的转速差进行控制。当车速达到80 km/h左右时，若一侧车轮的路面比较光滑（附着系数低），导致左右驱动轮之间产生的转速差约100 r/min，防抱死制动与电子差速锁电控单元（ABS/EDL ECU）就会通过对打滑车轮施加制动力，将大部分驱动力传递给另一侧车轮，使两侧车轮的转速达到平衡，从而增大两只驱动轮的总驱动力，便于汽车起步、加速和爬坡。

3. 控制差速器的锁止程度

控制差速器的锁止程度必须采用防滑转差速器进行控制。防滑转差速器是一种由电控单元控制的可锁止差速器，控制原理如图6-34所示。

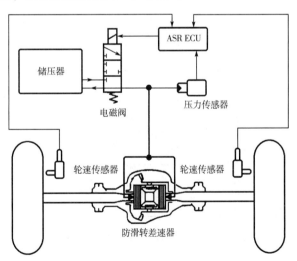

图6-34 防滑转差速器锁止控制原理

在防滑转差速器向车轮输出驱动力的输出端设置有一个离合器。调节作用在离合片上的油液压力，即可调节差速器的锁止程度。油压逐渐降低时，差速器锁止程度逐渐减小，传递给驱动轮的驱动力就逐渐减小；反之油压升高时，驱动力将逐渐增大。油液压力来自储压器的高压油液，压力大小由防滑转调节系统的电控单元（ASR ECU）通过控制电磁阀使压力"升高""保持""降低"进行调节，并由压力传感器和驱动轮上的轮速传感器反馈给ASR

ECU，从而实现反馈控制。通过调节防滑转差速器的锁止程度，即可调节传递给驱动轮的驱动力。汽车在各种附着系数不同的路面上起步和行驶时，都具有较好的稳定性和通过性。

> 在汽车实际装备的 ASR 中，为了充分发挥电控系统的控制功能并有效地防止驱动轮滑转，一般都将不同的控制方式组合在一起进行控制。常用的组合方式有组合控制发动机的输出转矩和驱动轮的制动力、组合控制发动机的输出转矩和控制差速器的锁止程度。

6.4.4 驱动轮防滑转调节系统实例

实践证明：在控制驱动轮的制动力时，将 ASR 与 ABS 结合在一起是控制驱动轮制动力的最佳方案。这是因为对于前驱动汽车，考虑到舒适性和操纵稳定性，ASR 和 ABS 对制动压力的建立速度有不同要求。一般说来，制动压力的建立速度 ASR 比 ABS 要慢，因此，驱动轮的制动力可直接使用 ABS 的液压系统进行调节，只需在 ABS 的液压控制系统中增设一些防滑转液压调节装置即可。下面以图 6-35 所示丰田雷克萨斯 LS400 型轿车防滑转调节系统（丰田公司称为牵引力控制系统 TRC）与 ABS 组合在一起的控制系统为例说明。

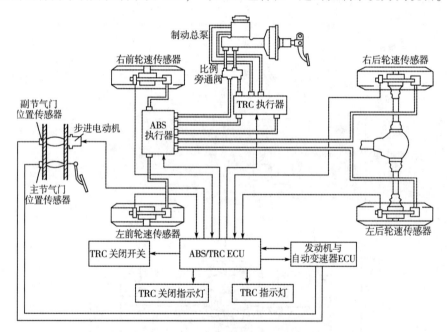

图 6-35 丰田汽车 ABS/TRC 组成简图

1. 驱动轮防滑转调节系统的组成

雷克萨斯 LS400 型轿车的牵引力控制系统（防滑转调节系统）TRC 与防抱死制动系统 ABS 控制部件的安装位置如图 6-36 所示。TRC 与 ABS 一样，也是由液压控制系统和电子控制系统两个子系统组成的。

1）防滑转液压控制系统

防滑转液压控制系统是在防抱死制动 ABS 液压控制系统的基础上，增设 TRC 执行器（TRC 液压调节器）构成的，如图 6-37 所示。

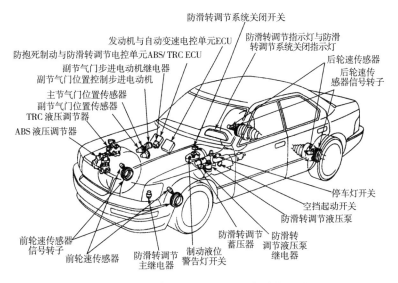

图 6-36 丰田汽车 ABS/TRC 控制部件的安装位置

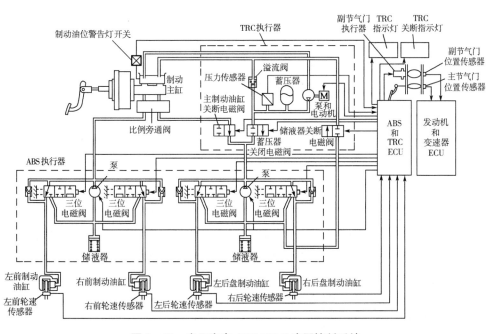

图 6-37 丰田汽车 ABS/TRC 液压控制系统

　　ABS 液压调节器采用了四只三位三通常开电磁阀。TRC 执行器由主制动油缸关断电磁阀、溢流阀、蓄压器、电动回液泵（回液泵和电动机）、蓄压器关闭电磁阀、储液器关断电磁阀以及压力传感器组成。三只电磁阀均为两位两通电磁阀，其中，主制动油缸关断电磁阀为常开电磁阀，用于控制制动主缸与 ABS 左、右后轮制动力控制电磁阀之间的液压油路；蓄压器关闭电磁阀为常闭电磁阀，用于控制 TRC 执行器的蓄压器与 ABS 左、右后轮制动力控制电磁阀之间的液压通道；储液器关断电磁阀也为常闭电磁阀，用于控制 ABS 左、右后轮制动力控制储液器与制动主缸之间的回油通道。蓄压器用于储蓄高压油液。

2) 防滑转电子控制系统

雷克萨斯 LS400 型轿车防抱死制动 ABS 与牵引力控制 TRC 电子控制系统如图 6-38 所示。因为是在 ABS 的基础上增加牵引力控制 TRC 功能，所以，部分控制部件为公用部件，如四个车轮（左前轮、右前轮、左后轮、右后轮）的四只轮速传感器、控制四个车轮轮缸压力的四只三位三通电磁阀等均为公用部件。牵引力控制电控单元 TRC ECU 与 ABS ECU 组合为一体，称为 ABS/TRC ECU。

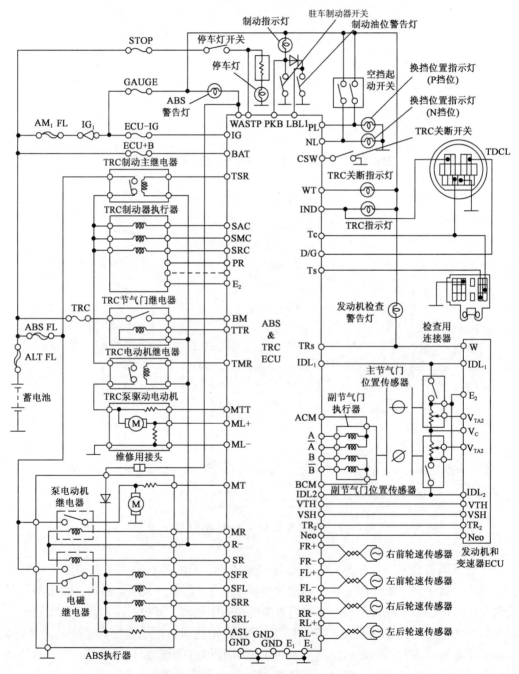

图 6-38 丰田汽车 ABS/TRC 电子控制系统

增设的传感器有发动机副节气门位置传感器、TRC 执行器中的压力传感器。增设的控制开关有 TRC 关断开关。增设的执行器有副节气门执行器（位置控制步进电动机）、主制动油缸关断电磁阀、电动回液泵、蓄压器关闭电磁阀、储液器关断电磁阀、TRC 指示灯、TRC 关断指示灯等。压力传感器用于检测蓄压器储蓄的制动油液压力，并将制动油液压力转换为电信号输入 ABS/TRC ECU。

2. 驱动轮防滑转调节系统的控制过程

发动机起动后，ABS/TRC ECU 便根据轮速传感器产生的车轮转速信号以及参考车速，计算确定驱动轮的滑移率和滑转率。在滑移率和滑转率未达到设定阈值时，ABS 执行器和 TRC 执行器中的电磁阀均不通电，各电磁阀处于图 6-37 所示的初始状态，蓄压器中制动液的压力保持在一定范围之内，控制副节气门的步进电动机不通电，副节气门保持全开。

1）防抱死制动过程

当驾驶员踩下制动踏板进行制动时，两前轮（左前轮和右前轮）的制动液从制动主缸，经比例旁通阀、控制前轮制动压力的三位三通常开电磁阀进入左前轮和右前轮的制动轮缸；两后轮（左后轮和右后轮）的制动液从制动主缸，经比例旁通阀、主制动油缸关断电磁阀（两位两通常开电磁阀）、控制后轮的三位三通常开电磁阀进入左后轮和右后轮的制动轮缸。各制动轮缸的压力随制动主缸的压力变化而变化。

当 ABS/TRC ECU 根据轮速传感器输入的信号判定某个车轮的滑移率达到设定阈值而趋于抱死时，ABS/TRC ECU 就会进入防抱死制动控制状态，通过控制 ABS 执行器中相应通道的电磁阀工作，使制动轮缸中的制动液压力"保持""降低""升高"来防止车轮抱死滑移。

2）防滑转调节过程

丰田汽车 TRC 系统采用了降低发动机的输出转矩和控制驱动轮的制动力两种方法来调节滑转率。副节气门执行器为步进电动机，利用步进电动机调节副节气门的开度，使发动机进气量减少来降低发动机的输出转矩；利用 TRC 执行器与 ABS 电磁阀联合工作，通过对驱动轮（后轮）施加制动力来增大总驱动力。两前轮不是驱动轮，不参与牵引力控制。

在汽车行驶过程中，当 ABS/TRC ECU 根据轮速传感器产生的车轮转速信号以及参考车速，计算驱动轮的滑转率超过设定阈值时，ABS/TRC ECU 就会进入防滑转调节状态，通过控制发动机输出转矩和对驱动轮施加制动力来避免发生滑转现象。当车速较低时，ABS/TRC ECU 通过增大驱动轮的制动力来防止驱动轮滑转；当车速较高时，ABS/TRC ECU 通过减小发动机输出转矩来防止驱动轮滑转。

控制发动机输出转矩时，ABS/TRC ECU 首先向发动机与变速器 ECU 发送一个即将控制副节气门步进电动机动作的指令，通知发动机与变速器 ECU 副节气门开度即将减小，发动机的进气量需要选择主节气门和副节气门中开度较小者进行计算。然后，ABS/TRC ECU 再控制副节气门的步进电动机通电，步进电动机步进转动，其轴一端的驱动齿轮就驱动副节气门轴上的扇形齿轮转动，使副节气门开度减小（副节气门在 TRC 不起作用时处于全开状态),发动机的进气量减少,输出转矩随之减小。因为副节气门与主节气门为串联关系,所以,即使主节气门开度不变,发动机的进气量也会因副节气门开度减小而减小,从而使发动机输出转矩减小,驱动轮的驱动力随之减小。

　　控制驱动轮的制动力时,ABS/TRC ECU 首先向主制动油缸关断电磁阀(两位两通常开电磁阀)发出通电指令,电磁阀线圈通电产生电磁吸力,其阀门关闭,使制动主缸与两后轮的三位三通调压电磁阀之间的液压通道关闭(断流)。其目的是利用 TRC 执行器中蓄压器储存的高压油液来增大驱动轮的制动力。然后,ABS/TRC ECU 再向 TRC 执行器和 ABS 执行器发出控制指令,使蓄压器关闭电磁阀和储液器关断电磁阀打开(通流),蓄压器中的高压油液直接流入某一只后驱动轮(低附着系数路面上的驱动轮)的制动轮缸,其制动压力迅速增大。与此同时,ABS/TRC ECU 再像控制防抱死制动一样,向 ABS 执行器发出控制指令,通过独立地调节两后轮调压电磁阀的工作状态,使两后轮制动轮缸的制动液压力"升高""保持""降低",将滑转率控制在设定范围内实现防滑转调节功能。

> 　　在防滑转调节过程中,如果驾驶员踩下制动踏板进行制动,ABS/TRC ECU 就会自动退出 TRC 控制状态,不会影响防抱死制动功能的发挥。

6.5　车身稳定性控制技术

　　当汽车在湿滑路面上行驶时,如果前轮受到侧向力的作用而发生侧滑,前轮就会失去路径跟踪能力(又称循迹能力);如果后轮受到侧向力的作用而发生侧滑(如转动转向盘用力过猛即转向过度,后轮产生较大的侧偏角),后轮就会侧滑甩尾而失去稳定性。

6.5.1　车身稳定性控制系统的功用

　　车身稳定性控制系统(Vehicle Stability Control System,VSC)又称车身动态稳定性控制系统(Dynamic Stability Control System,DSC),因为车身稳定性控制系统主要是在防抱死制动系统 ABS 和防滑转控制系统 ASR 的基础上,增设控制程序和个别传感器构成,所以又称电子控制稳定性程序(Electronically Controlled Stability Program,ESP)。

　　车身稳定性控制系统 VSC 的功用是:当汽车在湿滑路面上行驶,其前轮或后轮发生侧滑时,自动调节各车轮的驱动力和制动力,确保车辆稳定行驶。VSC 是在 ABS 和 ASR 的基础上拓展而来的主动安全控制系统。

6.5.2　车身稳定性控制系统的组成

　　车身稳定性控制系统 VSC 也是由传感器、电控单元(VSC ECU)和执行器三部分组成的。因为 VSC 是 ABS 和 ASR 的完善与补充,所以 VSC 的大部分控制部件都可与 ABS 和 ASR 共用,其组成与部件安装位置如图 6-39 所示。

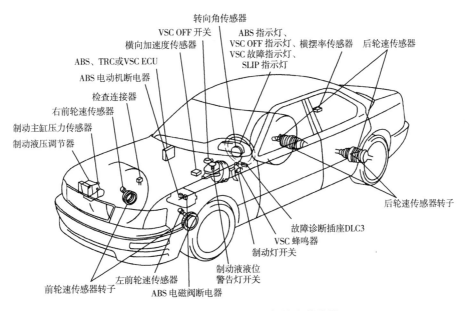

图 6-39 VSC 组成与控制部件安装位置

VSC 在 ABS 和 ASR 的基础上,传感器部分需要增设用于检测汽车状态的横摆率传感器、横向加速度传感器、转向盘转向与转角传感器以及检测制动主缸压力的制动液压力传感器。VSC ECU 需要增强运算能力、增加相应的信号处理电路、驱动放大电路和软件程序等。

VSC ECU 一般都与 ABS ECU 和 ASR ECU 组合为一体,称为 ABS/ASR/VSC ECU。

执行器部分既可像 ABS 或 ASR 那样单独设置压力调节器和发动机输出转矩调节装置(如设置副节气门及其配套的传感器和执行器),也可对液压通道进行适当改进、直接利用 ABS 和 ASR 已有调节装置对制动力与发动机输出转矩进行调节。除此之外,还需设置 VSC 故障指示灯、VSC 蜂鸣器等指示与报警装置。

1. VSC 传感器

(1) 横摆率传感器又称偏航率传感器,安装在汽车后备厢内、后轴上部中央位置,并与汽车车身中心垂直轴线平行,用于检测后轴绕车身中心垂直轴线旋转的角速度(横摆率)信号。横摆率传感器是反映后轮是否产生侧滑的关键部件。当横摆率传感器有信号输入 VSC ECU 时,说明后轮有侧滑现象。如果后轮向右侧滑时的横摆率传感器信号为正,则横摆率传感器信号为负时表示后轮向左侧滑。

(2) 横向加速度传感器简称加速度传感器或 G 传感器,功能与横摆率传感器相同。安装在汽车重心前方、前轴上部中央位置的地板下面,用于检测前轴的横向加速度信号,供 ABS/ASR/VSC ECU 判断车身状态以及前轮是否产生侧滑。

(3) 转向盘转动方向和转动角度传感器简称转向与转角传感器,安装在转向轴上,用于检测转向盘(转向轴)的转动方向与转动角度信号,供 ABS/ASR/VSC ECU 判断驾驶员操作转向盘的转向意图(向左转还是向右转)。

(4) 制动液压力传感器安装在 VSC 液压调节器的上部,用于检测制动主缸内制动液的压力,ABS/ASR/VSC ECU 根据制动液压力高低向液压调节器的电磁阀发出不同占空比的控制脉冲，以便控制车轮制动力的大小。

（5）副节气门位置传感器安装在节气门体上，用于检测副节气门开度大小的信号。副节气门与主节气门为串联，ASR 和 VSC 不调节发动机输出转矩时，副节气门处于全开状态。

2. VSC 执行器

（1）制动液压调节器。一般都直接利用 ABS 液压调节器来调节制动力。丰田系列将 ABS 液压调节器和 ASR 液压调节器组合制成一体，称为制动液压调节器，安装在发动机舱内右前侧。当汽车制动减速使车轮发生滑移时，液压调节器执行 ABS 功能；当车轮发生滑转时，液压调节器执行 ASR 功能；当车身发生侧滑时，液压调节器执行 VSC 功能，通过调节各车轮的制动力，实现 ABS、ASR 和 VSC 功能。

（2）副节气门位置调节器。一般采用步进电动机与扇形齿轮配合对发动机副节气门的位置进行调节，称为副节气门位置调节步进电动机，VSC 与 ASR 共用。当 VSC 调节发动机输出转矩时，VSC ECU 向步进电动机发出控制指令，步进电动机步进转动，电动机轴一端的驱动齿轮就驱动副节气门轴上的扇形齿轮转动，使副节气门开度减小（ASR 和 VSC 不起作用时，副节气门处于全开状态），减少发动机的进气量，使发动机输出转矩减小。

6.5.3 车身稳定性的控制原理与控制过程

> 汽车前轮侧滑就会失去路径跟踪能力（循迹能力），后轮侧滑就会发生甩尾或调头现象。车身稳定性控制主要是指侧滑控制，控制内容包括两个方面：一是抑制前轮侧滑，保持汽车的路径跟踪能力；二是抑制后轮侧滑，防止车身出现甩尾或调头现象，确保车辆稳定行驶。

1. 车身稳定性的控制原理

VSC 抑制车轮侧滑的原理是：利用左右两侧车轮制动力之差产生的横摆力矩，使车身产生一个与侧滑方向相反的旋转运动，从而防止前轮侧滑失去路径跟踪能力以及防止后轮侧滑甩尾失去行驶稳定性。

> 在汽车行驶（特别是在湿滑的路面上转弯）过程中，前轮发生侧滑时就会产生较大的侧向（横向）加速度，后轮发生侧滑时就会产生较大的侧偏角，横向加速度传感器和横摆率传感器分别将这两种侧滑产生的信号输入 ABS/ASR/VSC ECU 后，ABS/ASR/VSC ECU 就会向发动机输出转矩的调节装置（副节气门位置调节步进电动机）发出控制指令，使发动机的输出转矩减小来降低车速。与此同时，ABS/ASR/VSC ECU 还要根据制动液压力高低向液压调节器的电磁阀发出不同占空比的控制脉冲，控制相应车轮的制动力，使车身产生一个与侧滑方向相反的旋转运动，从而防止前轮侧滑而失去路径跟踪能力或防止后轮侧滑甩尾而失去行驶稳定性，减少交通事故。

2. 前轮侧滑的控制过程

当前轮向右侧滑时，控制过程如图 6-40（a）所示。ABS/ASR/VSC ECU 首先向发动机 ECU 发送一个副节气门位置调节步进电动机即将动作使副节气门开度减小的指令，通知发动机 ECU 进气量需要选择主节气门和副节气门中开度较小者进行计算。然后向副节气门位置调节步进电动机发出控制指令，步进电动机通电而步进转动，电动机轴一端的驱动齿轮便驱动副节气门轴上的扇形齿轮转动，使副节气门开度减小，减少发动机的进气量，使发动机输出转矩减小来降低车速。与此同时，ABS/ASR/VSC ECU 向制动液压调节器中左后轮液压通道的电磁阀发出占空比控制脉冲，向左后轮施加一个制动力，产生一个沿逆时针方向旋转的力矩使车身向内旋转微小角度，再对两前轮施加制动力，使车速降低并沿图 6 - 40 (a) 中左下方曲线所示路径行驶，从而保持路径跟踪能力。

如不进行调节，则车辆将按图 6 - 40 (a) 中右上方曲线所示路径行驶将路锥撞倒。

同理可知，当前轮向左侧滑时，控制过程如图 6 - 40 (b) 所示。ABS/ASR/VSC ECU 首先向发动机 ECU 发送一个副节气门位置调节步进电动机即将动作使副节气门开度减小的指令，通知发动机 ECU 进气量需要选择主节气门和副节气门中开度较小者进行计算。然后向副节气门位置调节步进电动机发出控制指令，使发动机输出转矩减小来降低车速。与此同时，向控制右后轮液压通道的电磁阀发出占空比控制脉冲，向右后轮施加一个制动力，以便产生一个沿顺时针方向旋转的力矩使车身向内旋转微小角度，再对两前轮施加制动力，使车速降低并沿图 6 - 40 (b) 中右下方曲线所示路径行驶，从而保持路径跟踪能力。

如不进行调节，则车辆将按图 6 - 40 (b) 中左上方曲线所示路径行驶将路锥撞倒。

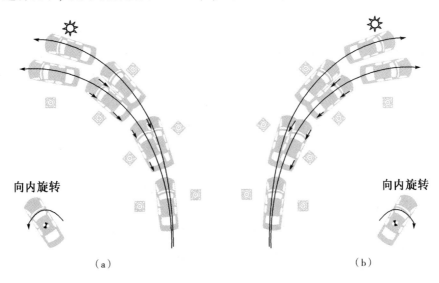

图 6 - 40 前轮侧滑抑制原理（图中箭头表示制动力）
(a) 右前轮侧滑的抑制；(b) 左前轮侧滑的抑制

3. 后轮侧滑的控制过程

当后轮向右侧滑时，控制过程如图 6 - 41 (a) 所示。ABS/ASR/VSC ECU 首先向发动机 ECU 发送一个副节气门位置调节步进电动机即将动作使副节气门开度减小的指令，通知发动机 ECU 进气量需要选择主节气门和副节气门中开度较小者进行计算。然后向副节气门位置调节步进电动机发出控制指令，使发动机输出转矩减小来降低车速。与此同时，向制动液压调节器中控制右前轮液压通道的电磁阀发出占空比控制脉冲，向右前轮施加一个制动力，产生一个沿顺时针方向旋转的力矩来使车身向外旋转运动，防止发生甩尾或调头现象。

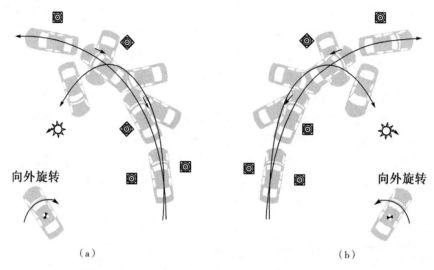

图 6-41 后轮侧滑抑制原理（图中箭头表示制动力）
（a）右后轮侧滑的抑制；（b）左后轮侧滑的抑制

同理，当后轮向左侧滑时，控制过程如图 6-41（b）所示。ABS/ASR/VSC ECU 首先向发动机 ECU 发送一个副节气门位置调节步进电动机即将动作使副节气门开度减小的指令，通知发动机 ECU 进气量需要选择主节气门和副节气门中开度较小者进行计算。然后向副节气门位置调节步进电动机发出控制指令，使发动机输出转矩减小来降低车速。与此同时，向控制左前轮液压通道的电磁阀发出占空比控制脉冲，向左前轮施加一个制动力，产生一个沿逆时针方向旋转的力矩使车身向外旋转运动，防止发生甩尾或调头现象，从而保证汽车稳定行驶。

> 对丰田汽车公司对三种丰田车型连续 5 年发生交通事故件数的统计结果表明：装备 VSC 后，在每 10 000 辆汽车中，由侧滑导致的事故率降低 35%，由侧滑导致正面冲撞的事故率降低 30%。

6.6 汽车安全辅助驾驶技术

近年来，机动车驾驶员疲劳驾驶、不礼让行人、闯红灯、随意接通前照灯等导致的道路交通事故时有发生，严重威胁着人们的生命与财产安全。为了提高汽车的行驶安全性，各国汽车公司相继开发了许多辅助驾驶技术，如汽车自动紧急制动系统、行驶车道偏离预警系统、汽车轮胎压力和温度监测系统、自动刮水系统和前照灯光束自动调节系统等。

6.6.1 汽车自动紧急制动系统

汽车自动紧急制动系统（Autonomous Emergency Braking，AEB）是指汽车在非自适应巡航的情况下正常行驶过程中，当遇到突发危险情况时自动紧急制动减速直至停车，从而提高行驶安全性的系统。汽车自动紧急制动系统是一种主动安全系统。本田公司将其称为碰撞缓解制动系统（Collision Mitigation Brake System，CMBS），沃尔沃公司将其称为碰撞警告与制动辅助系统（Collision Warning with Brake Assist，CWB）。

汽车自动紧急制动系统由测距装置、车速传感器、数据分析与处理单元（AEB ECU）、自动紧急制动（辅助驾驶）执行器和报警装置等组成。

测距装置一般由微波雷达、激光雷达或视频系统构成，其功用是提供前方车辆、行人或障碍物的实时信息；AEB ECU 的功用是对车速传感器和测距装置采集的信息进行计算处理，判定本车与前方目标（前车、行人或障碍物）的实际距离和相对车速等；自动紧急制动（辅助驾驶）执行器一般利用原车已有的电子控制制动装置（包括 ABS ECU、ABS 执行机构等）；报警装置一般利用液晶显示屏和语音报警系统发出声光报警信号。

汽车自动紧急制动系统的控制分为安全距离控制和安全速度控制两个方面，控制逻辑如图 6 – 42 所示，控制过程如下。

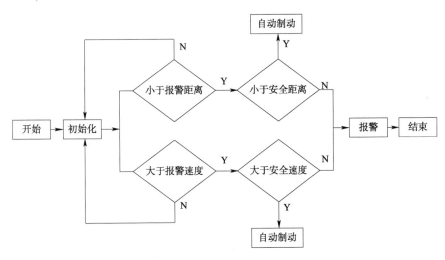

图 6 – 42 汽车自动紧急制动系统的控制逻辑

汽车在行驶过程中，AEB ECU 首先根据测距装置（测距雷达或摄像头）和车速传感器检测得到与前方目标（前车、行人或障碍物）之间的距离和相对速度，然后将实际距离和相对速度与预先设定的报警距离和报警速度进行比较判断。AEB ECU 发现本车与前方目标的距离正在缩小且逐渐接近报警距离时，或相对速度大于报警速度时，立即向报警装置发出控制指令，驱动报警装置发出声光报警信号，提醒驾驶员已有追尾危险，需要采取必要操作加以避免。

AEB ECU 判定本车与前方目标的实际距离小于安全距离，或相对速度高于安全速度时，就会采取自动紧急制动或减速控制，立即向 ABS ECU 或发动机 ECU 发出指令，ABS 立即紧急制动（增大制动力）缩短车距直至停车，发动机 ECU 则立即进行断油控制以降低车速直至停机，从而防止发生追尾（碰撞）事故。

 应用案例

2018 款奥迪（Audi）轿车就装备了这种自动紧急制动系统，当前方道路上有行人时，该型轿车能自动紧急制动并停止在距离行人约 1 m 的位置。可见，当汽车行驶到交通路口接近斑马线时，汽车自动紧急制动系统能够起到辅助驾驶员礼让行人、文明驾驶的作用。

6.6.2　行驶车道偏离预警系统

汽车行驶车道偏离预警系统（Lane Departure Warning System，LDWS 或 LDW）是一种通过报警来提醒驾驶员，预防汽车偏离车道而发生交通事故的系统。该系统可预防驾驶员过度疲劳或长时间单调驾驶以至于注意力不集中等情况而引发交通事故。

汽车行驶车道偏离预警系统由摄像头（一般设置在车身两侧或车内后视镜座前位置）、车辆状态传感器（采集车辆状态信息）、电控单元（LDWS ECU 包括图中的图像采集单元、中央处理单元）以及人机交互单元等组成，如图 6-43 所示。

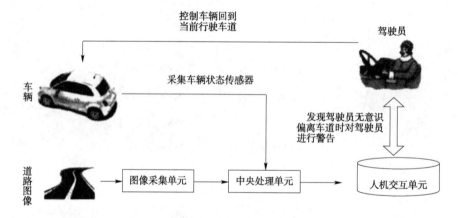

图 6-43　汽车行驶车道偏离预警系统的工作原理

在汽车行驶车道偏离预警系统接通电源的情况下，当汽车在未接通转向灯的情况下偏离行驶车道时，系统能在偏离车道 0.5 s 内，控制安装在转向盘中的微型电动机振动转向盘或控制仪表盘上的声光报警装置发出报警信号，提醒驾驶员保持在车道线内行车；当汽车在接通转向灯的情况下偏离行驶车道时，系统则判定为车辆正常变道行驶而不会报警。

当系统接通电源时，摄像头会随时采集格式道路（行驶车道）的标志线和标识等信息，并输送到 ECU 的图像处理软件进行图像信号处理，LDWS ECU 根据图像处理结果和车辆状态传感器采集的信号，计算确定汽车当前的位置参数，当位置参数超过设定的阈值时，LDWS ECU 则判定汽车已经或即将偏离车道，并立即发出指令控制转向盘振动和发出声光警报信号，为驾驶员提供更多的反应时间，避免发生交通事故。

由上述汽车安全辅助驾驶技术可知，车道偏离预警系统和自动紧急制动系统都采用了摄像技术或雷达技术，这为汽车无人驾驶技术奠定了基础。应用摄像技术能够自动识别格式道路，为汽车行驶方向的控制奠定基础。应用雷达技术能够测量本车与前方目标（前车、行人或障碍物）的距离，为行车安全控制奠定基础。如果将发动机动力与传动电子控制系统、底盘电子控制系统、车身电子控制系统、行驶安全电控系统和辅助驾驶系统等组合成一个综合控制系统，汽车就基本实现了无人驾驶控制。

综上所述，ABS、EBD、EBA、ASR、VSC和AEB等主动安全系统控制方式的共同点是：通过调节车轮制动器的制动力来提高制动性能（缩短制动距离、增强转向控制能力和提高行驶稳定性），从而减少交通事故。ASR和VSC在调节车轮制动器制动力的同时，还要调节发动机的输出转矩。虽然ABS、EBD、EBA、ASR、VSC和AEB都可调节制动力，但其控制目的各不相同，ABS是防止车轮制动力大于附着力而抱死滑移；EBD是增大前、后车轮的制动力；EBA是增大紧急制动时各个车轮的制动力；ASR是通过施加制动力来增大总驱动力；VSC是防止前、后轮发生侧滑；AEB是采取紧急制动（增大制动力）来缩短车距直至停车，防止发生追尾（碰撞）事故。

在汽车主动安全电控系统中，除汽车行驶车道偏离预警系统（LDWS）是起到报警作用之外，其余主动安全电控系统都是以ABS的轮速传感器和制动压力调节器为基础进行设计的。因此在学习过程中，首先熟悉ABS的结构原理与控制过程，然后再学习EBD、EBA、ASR、VSC和AEB等电控系统，能够起到事半功倍的效果。

本章小结

本章主要介绍了汽车防抱死制动控制、制动力分配控制、制动辅助控制、驱动轮防滑转调节、车身稳定性控制和汽车自动紧急制动控制等主动安全控制系统的功用、组成、分类、控制原理与控制过程等内容。

下列概述覆盖了本章的主要学习内容，利用以下线索可对所学内容做一次简要的回顾：

（1）防抱死制动的基本原理。为了获得最佳的制动性能（缩短制动距离、增强转向控制能力、提高行驶稳定性），应将车轮滑移率控制在10%~30%。

（2）防抱死制动系统的组成、功用、分类方法与工作原理。防抱死制动系统是由压力调节系统和防抱死制动电子控制系统两个子系统组成的。压力调节系统由常规制动系统和制动压力调节器组成。防抱死制动电子控制系统由传感器、制动灯开关、防抱死制动电控单元（ABS ECU）、ABS指示灯和制动压力调节器等组成。制动压力调节器既是电子控制系统的执行元件，也是压力调节系统的始控元件。

（3）两位两通和三位三通电磁阀式ABS的控制过程。当驾驶员踩下制动踏板后，ABS不断重复"保压""降压""升压"过程，从而将车轮滑移率控制在设定阈值范围内，防止车轮抱死滑移。

（4）制动力分配和制动辅助系统的组成与控制原理。为了保证汽车在弯道行驶时的制动稳定性，ABS/EBD ECU即可分配给外侧车轮较大的制动力和内侧车轮较小的制动力，从而保证汽车沿弯道稳定行驶。ABS/EBA ECU 判定为紧急制动时，就会自动控制车轮制动器产生较大的制动力，从而缩短制动距离。

（5）驱动轮防滑转的基本调节原理、控制方式与控制过程。将滑转率控制在最佳滑转率（10%~30%）范围内，从而获得较大的附着系数，使路面提供的附着力得到充分利用。防止驱动轮滑转的控制方式主要有：控制发动机的输出转矩、控制驱动轮的制动力以及控制防滑转差速器的锁止程度三种。这些控制方式的最终目的都是调节驱动轮的驱动力，并将驱动轮的滑转率控制在最佳滑转率范围内。

（6）车身稳定性控制系统的组成、控制原理与控制过程。VSC 抑制车轮侧滑的原理是：利用左右两侧车轮制动力之差产生的横摆力矩，使车身产生一个与侧滑方向相反的旋转运动，从而防止前轮侧滑失去路径跟踪能力以及防止后轮侧滑甩尾失去行驶稳定性。

（7）汽车自动紧急制动系统和行驶车道偏离预警系统的组成与控制原理。当 AEB ECU 判定本车与前方目标的实际距离小于安全距离或相对速度高于安全速度时，立即向 ABS ECU 或发动机 ECU 发出指令，立即紧急制动缩短车距直至停车，并进行断油控制以降低车速直至停机，防止发生追尾（碰撞）事故。当位置参数超过设定的阈值时，LDW ECU 则判定汽车已经或即将偏离车道，立即向驾驶员发出警报信号，避免发生交通事故。

复 习 题

一、单选题

1. 为了获得最佳的制动性能，防抱死制动系统 ABS 应将车轮滑移率控制在（　　）。
   A. 1%~10%　　　B. 10%~30%　　　C. 30%~60%　　　D. 60%~100%
2. 汽车防抱死制动系统 ABS 制动压力的调节频率一般为（　　）。
   A. 80~120 次/s　　B. 20~50 次/s　　C. 2~10 次/s　　D. 1~2 次/s
3. 在防抱死制动系统自检过程中，ABS 指示灯将发亮约几秒钟后自动熄灭？（　　）
   A. 120 s　　　　B. 60 s　　　　C. 10 s　　　　D. 2 s
4. 当 ABS 进行"升压"控制时，阀门处于间歇打开与关闭状态的电磁阀是（　　）。
   A. 进液阀　　　B. 出液阀　　　C. 止回阀　　　D. 单向阀
5. 防抱死制动系统 ABS 允许的最低工作电压值是（　　）。
   A. 6 V　　　　B. 10.5 V　　　C. 12 V　　　　D. 14 V
6. 在 ABS 基础上，不增加硬件，只增设软件程序就能实现的控制功能是（　　）。
   A. 防滑转控制　B. 制动辅助　　C. 制动力分配　D. 紧急制动
7. 电子控制制动辅助系统 EBA 控制的实质是自动增大紧急制动时的（　　）。
   A. 制动力　　　B. 附着力　　　C. 驱动力　　　D. 摩擦力
8. 防滑转调节系统 ASR 能够提高汽车的下述哪种性能？（　　）
   A. 动力性　　　B. 经济性　　　C. 操作性　　　D. 通过性
9. 为了获得较大的附着力，防滑转调节系统 ASR 应将车轮滑转率控制在（　　）。
   A. 60%~100%　B. 30%~60%　　C. 10%~30%　　D. 1%~10%

10. 在 ABS 和 ASR 基础上，增设控制程序和个别传感器，就能实现的控制功能是（　　）。
    A. 防抱死制动　　B. 制动辅助　　C. 制动力分配　　D. 车身稳定性

二、多选题

1. 汽车主动安全系统包括下述哪几个控制系统？（　　）
   A. 防抱死制动　　B. 制动力分配　　C. 制动辅助　　D. 安全气囊
2. 汽车防抱死制动电子控制系统是由下述哪些部件构成的？（　　）
   A. 传感器　　B. ABS ECU　　C. ABS 指示灯　　D. 压力调节器
3. 防抱死制动系统采用的减速度传感器按结构不同，可分为下述哪几种？（　　）
   A. 触点式　　B. 光电式　　C. 水银式　　D. 半导体式
4. 防抱死制动系统的液压调节器是由下述哪些部件构成的？（　　）
   A. 电磁阀　　B. 储液器　　C. 电动机　　D. 回液泵
5. 汽车防抱死制动时，电磁阀将处于下述哪几种状态来调节制动轮缸的压力？（　　）
   A. 泄压　　B. 保压　　C. 降压　　D. 升压
6. 发动机的输出转矩可以通过下述哪些方法进行控制？（　　）
   A. 控制点火时间　　　　　　B. 控制供油量
   C. 控制制动力　　　　　　　D. 控制节气门开度
7. 在主动安全系统中，通过调节车轮制动力来提高制动性能的系统有（　　）。
   A. EBD　　B. LDW　　C. ASR　　D. VSC
8. 在下列汽车行驶安全控制系统中，主动安全控制系统有（　　）。
   A. ABS　　B. EBD　　C. ASR　　D. SRS
9. 车身稳定性控制系统 VSC 是由下述哪几部分组成的？（　　）
   A. 传感器　　B. VSC ECU　　C. 执行器　　D. VSC 指示灯
10. 汽车自动紧急制动系统是由下述哪几部分组成的？（　　）
    A. 车速传感器　　B. AEB ECU　　C. 执行器　　D. 测距装置

三、判断题

1. 当制动器制动力大于附着力时，车轮就会抱死滑移。（　　）
2. 在汽车制动时，如果后轮抱死，就会发生侧滑（甩尾），甚至出现调头现象。（　　）
3. 车轮滑移率是实际车速 v 与车轮速度 v_w 之比。（　　）
4. 影响汽车转向控制能力和行驶稳定性的附着力是纵向附着力。（　　）
5. 防抱死制动系统是在常规制动系统的基础上，增设电子控制系统而构成的。（　　）
6. 当常规制动装置发生故障时，防抱死制动系统仍能起作用。（　　）
7. ABS ECU 采用两个 CPU（主辅控 CPU 各一个），目的是保证 ABS 的安全性。（　　）
8. 汽车电控制动力分配系统 EBD 的执行器是 ABS 的电磁阀。（　　）
9. 当驱动力超过附着力时，车轮就会打滑空转（滑转）。（　　）
10. ASR 的功用是防止驱动力超过轮胎与路面之间的附着力，提高车辆的通过性。（　　）

四、问答题

1. 汽车防抱死制动系统 ABS 具有哪些优点？

2. 影响车轮滑移率 S 的因素有哪些？
3. 在汽车防抱死制动系统 ABS 中，制动压力调节器常用的电磁阀有哪些？
4. 分析说明两位两通电磁阀式 ABS 在制动压力升高（"升压"）时的控制过程。
5. 当汽车起步、加速或在冰雪路面上行驶时，为什么车轮容易出现滑转现象？
6. 驱动轮防滑转调节系统 ASR 的功用是什么？
7. 驱动轮防滑转调节系统 ASR 防止驱动轮滑转的调节方法主要有哪些？
8. 车身稳定性控制系统 VSC 的功用是什么？当汽车前轮或后轮侧滑时，各有什么危害？
9. 车身稳定性控制系统抑制车轮侧滑的原理是什么？试说明汽车前轮侧滑的控制过程。
10. 汽车主动安全系统 ABS、EBD、EBA、ASR、VSC 和 AEB 的控制方式有何特点？控制目的有何异同？

第 7 章

汽车悬架与转向电控技术

1. 认知目标

(1) 了解汽车电控悬架和电控动力转向系统的功用、组成与类型。
(2) 熟悉车身高度与刚度、减震器阻尼调节及动力转向系统控制部件的结构原理。
(3) 掌握悬架调节、动力转向和四轮转向的控制原理与控制过程。

2. 技能目标

(1) 能够说明汽车电控悬架和电控动力转向系统的功用、组成与类型。
(2) 能够说明车身高度与刚度、减震器阻尼调节及动力转向系统控制部件的结构原理。
(3) 能够阐述变高度空气弹簧悬架和动力转向与四轮转向的控制原理。

本章的主要内容包括汽车电控悬架与转向系统的功用、组成与类型,变高度空气弹簧悬架系统的组成、车身高度调节原理与调节过程,变刚度空气弹簧悬架系统的组成、刚度调节原理与调节过程,变阻尼减震器悬架系统的组成、减震器阻尼调节原理与调节过程,电控动力转向和四轮转向系统的功用、类型、结构组成、控制原理与控制过程,等等。

通过对本章内容的学习,学生应掌握汽车悬架与转向电控技术的相关知识,为使用维修打下坚实的基础。

7.1 电子控制悬架系统

> 汽车悬架是车身与车轮之间所有传力装置的总称。悬架的功用是将路面作用于车轮的垂直反力(支承力)、纵向反力(牵引力、制动力)、侧向反力以及由这些反力形成的力矩传递至车身,保证汽车正常行驶。

汽车电子控制悬架系统又称电子调节悬架系统(Electronic Modulated Suspension System,EMS),其悬架称为电控悬架。汽车装备电控悬架后,在急转弯、急加速或紧急制动时,乘坐人员能够感到悬架较为"坚硬",而在正常行驶时又能感到悬架比较"柔软"。电子调节悬架系统还能平衡地面反力,将其对车身的影响降到最低程度。因此,大多数中高档轿车、大客车及越野汽车都装备了电子控制悬架系统。

7.1.1 电子控制悬架系统的功用

> 人体习惯的垂直振动频率是步行时身体上下运动的频率,为 1.0~1.6 Hz。汽车悬架刚度和悬架弹簧支承的质量(悬架簧载质量)所决定的车身自然振动频率(振动系统的固有频率),应当尽可能地处于或接近这一频率范围。

电子控制悬架系统的功用:在汽车行驶过程中,当载荷和速度变化时,自动调节车身高度、悬架刚度和减震器阻尼的大小,提高汽车的通过性和平顺性(乘坐舒适性)。

7.1.2 电子控制悬架系统的组成

汽车电子控制悬架系统的组成各不相同,丰田车系电子控制悬架系统的组成如图 7-1 所示,主要包括前后车身高度传感器、转向盘转向与转角传感器、高度调节开关、高度调节自动切断开关、驾驶模式选择开关、制动灯开关、EMS ECU、前后悬架调节执行器、前后高度调节继电器、前后高度调节阀、储气筒与调节阀、高度调节空气压缩机、干燥器与排气阀总成等。

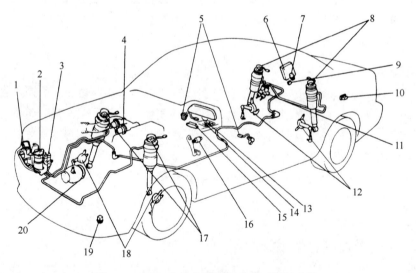

图 7-1 丰田车系电子控制悬架系统的组成

1—干燥器与排气阀总成;2—高度调节空气压缩机;3—No.1 高度调节阀;4—主节气门位置传感器;5—门控开关;6—EMS ECU;7—No.2 高度调节继电器;8—后悬架调节执行器;9—高度调节插接器;10—高度调节自动切断开关;11—No.2 高度调节阀与溢流阀;12—后车身高度传感器;13—驾驶模式选择开关;14—高度调节开关;15—转向盘转向与转角传感器;16—制动灯开关;17—前悬架调节执行器;18—前车身高度传感器;19—No.1 高度调节继电器;20—储气筒与调节阀

高度调节开关设有 High(车身高)和 Normal(车身高度正常)两个挡位,操纵高度调节开关能使车身的目标高度变为"正常"状态或"高"状态。但是由于高速行驶时,车身过高会降低稳定性，因此，当高度调节开关处于 High 位置且车速达到一定值时，高度调节系统能自动将车身高度降低至 Normal 状态，保证汽车行驶稳定性和减小行驶阻力。

高度调节自动切断开关能使空气弹簧悬架系统关闭，防止车身过高或拖车时产生意外。

驾驶模式选择开关用于选择减震器阻尼的工作模式，一般设有"自动""坚硬""柔软"等工作模式。

当点火开关断开后，如果车身高度因载荷量或乘员数变化而高于 Normal 高度，高度调节系统就能自动将车身降低至 Normal 高度，使汽车保持正常姿态。

当驾驶员踩下制动踏板时，制动灯开关信号将输入 EMS ECU，EMS ECU 将控制前部空气弹簧刚度和减震器阻尼变成"坚硬"状态，以便抑制汽车制动时的点头现象。

7.1.3　电子控制悬架系统的分类

电子控制悬架系统的控制方式有调节车身高度、调节空气弹簧刚度和调节减震器阻尼。根据电子控制悬架系统的功能及其组合形式不同，电子控制悬架系统主要分为以下几种类型。

（1）电子控制车身高度调节系统，即变高度空气弹簧悬架系统。

（2）电子控制悬架刚度调节系统，即变刚度空气弹簧悬架系统。

（3）电子控制减震器阻尼调节系统，即变阻尼减震器悬架系统。

（4）电子控制车身高度与悬架刚度调节系统，即变高度与变刚度空气弹簧悬架系统。

（5）电子控制车身高度、悬架刚度与减震器阻尼调节系统，即变高度、变刚度空气弹簧与变阻尼减震器悬架系统。

由此可见，上述丰田汽车电子控制悬架系统是一个变高度、变刚度空气弹簧与变阻尼减震器悬架系统，具有车身高度、悬架刚度与减震器阻尼调节功能的组合系统。

7.2　电子控制车身高度调节系统

电子控制车身高度调节系统又称变高度空气弹簧悬架系统，主要功用是汽车载荷量或乘员数变化时，自动调节车身高度，使汽车行驶稳定，提高汽车的通过性。

电子控制车身高度调节系统分为两类：一类是仅对两个后轮悬架进行高度调节；另一类是对全部车轮的悬架进行高度调节。其调节原理完全相同。

7.2.1　车身高度调节系统的组成

车身高度调节系统的组成简图如图 7-2 所示，由 4 个高度传感器（每个减震器下面各设 1 个，如图 7-1 代号 12 与 18 所示）、控制开关、EMS ECU、高度调节执行器（包括 4 个气压缸、2 个高度控制电磁阀、空气压缩机、干燥器和空气管路）等组成。

1. 车身高度传感器的功用

汽车在行驶过程中，当车辆载荷量或乘员数增减时，车身高度都会发生变化。为了保证汽车的通过性和平顺性，需要将车身高度调节在合理范围内。

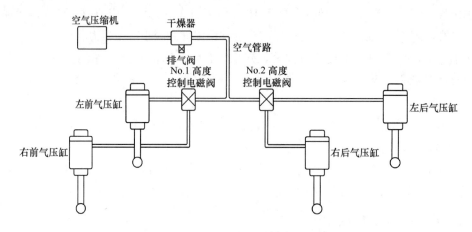

图 7-2 车身高度调节系统的组成简图

车身高度传感器又称车身位置传感器,其功用是将车身高度变化的信号输入 EMS ECU,以便调节车身高度。小轿车装备 EMS 较多,车身高度的调节范围一般为 10~30 mm。

2. 车身高度传感器的结构特点

车身高度一般都采用光电式传感器进行检测,车身高度传感器的结构与原理如图 7-3 所示,其主要由信号发生器(光电耦合元件)与信号转子(遮光盘)、壳体和护盖等组成。

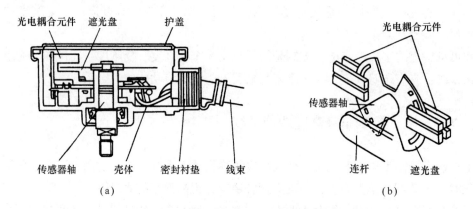

图 7-3 车身高度传感器的结构与原理
(a) 传感器的结构;(b) 传感器原理

信号发生器(光电耦合元件)由发光二极管和光电三极管组成。信号转子(遮光盘)固定在传感器轴上,圆盘圆周上制作有弧度不等的透光槽。传感器轴通过连杆和拉紧螺栓与悬架臂连接,如图 7-4 所示。

3. 车身高度的检测原理

光电耦合元件固定在传感器壳体上,传感器壳体固定在车架上。因此,当车身高度变化时,光电耦合元件仅随车身上下移动,遮光盘将随悬架臂的摆动而转动。

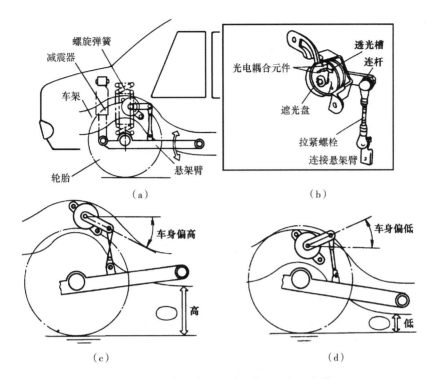

图 7-4 车身高度传感器的安装位置与工作情况
(a) 安装位置；(b) 连接关系；(c) 车身偏高；(d) 车身偏低

当车身升高时，悬架臂右端离地间隙增大，悬架臂通过拉紧螺栓和连杆带动传感器轴沿顺时针方向转动一定角度。反之，当车身高度降低时，悬架臂右端离地间隙减小，安装在车架上的传感器壳体向轮轴靠近，因为拉紧螺栓的长度不变，所以悬架臂将通过拉紧螺栓和连杆带动传感器轴沿逆时针方向转动一定角度。

传感器轴转动时，就会带动固定在轴上的遮光盘一同转动。当遮光盘上的透光槽处于发光二极管与光电三极管之间时，光电三极管受到光线照射而导通，光电耦合元件输出端（SH）输出为低电平"0"（$0 \sim 0.3$ V）；当遮光盘上的透光槽不在发光二极管与光电三极管之间时，光电三极管不受光线照射而截止，光电耦合元件输出端（SH）输出为高电平"1"（$4.7 \sim 5.0$ V）。

EMS ECU 根据光电耦合元件输出的信号，即可判定车身高度。为了将车身高度变化转换成电信号，在遮光盘的两侧装有四组或两组光电耦合元件，电路如图 7-5 所示。EMS ECU 根据各组光电耦合元件的输出信号，可以判定车身高度和车高区间，判定结果如表 7-1 所示。

在汽车行驶过程中，车身高度传感器一般每隔 8 ms 测定一次车身高度。当 EMS ECU 判定结果为需要调节车身高度时，立即发出控制指令，操纵高度调节开关和空气压缩机给空气弹簧充气（使车身升高）或放气（使车身降低），从而将车身高度调节到规定值，高度调节范围一般为 $10 \sim 30$ mm。从操纵高度调节开关到起动空气压缩机充气（或放气）约需 2 s，从压缩机开始充气（或开始排气）到完成高度调节需要 $20 \sim 40$ s。

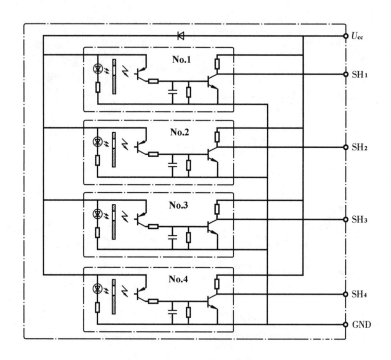

图7-5 车身高度传感器电路

表7-1 车身高度与四组光电耦合元件输出信号的关系

光电耦合元件输出信号状态				车身高度 /cm	车身高度判定结果	备注
No.1（SH$_1$）	No.2（SH$_2$）	No.3（SH$_3$）	No.4（SH$_4$）			
1	1	0	1	15	过高	由上往下，车身降低
1	1	0	0	14		
0	1	0	0	13		
0	1	0	1	12		
0	1	1	1	11	偏高	
0	1	1	0	10		
0	0	1	0	9		
0	0	1	1	8	正常	
0	0	0	1	7		
0	0	0	0	6		
1	0	0	0	5	偏低	
1	0	0	1	4		
1	0	1	1	3		
1	0	1	0	2		
1	1	1	0	1	过低	
1	1	1	1	0		

7.2.2 车身高度的调节原理

车身高度调节系统的调节原理：当汽车载荷量或乘员数发生变化时，汽车通过增加或减少空气弹簧气压缸内的空气量，使空气弹簧伸长或缩短来自动调节车身高度，车身高度的调节过程如图 7-6 所示。

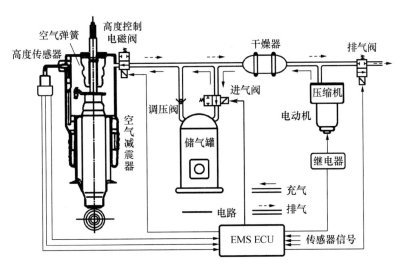

图 7-6 车身高度的调节过程

1. 车身高度不变

当车身高度传感器输入 EMS ECU 的信号表示车身高度在正常值范围内时，EMS ECU 将发出指令使空气压缩机停止转动，空气弹簧气压缸内的空气量不变，因此车身高度保持不变。

2. 车身高度升高

当汽车载荷量或乘员数增加而使车身"偏低"或"过低"时，高度传感器将向 EMS ECU 输入车身"偏低"或"过低"的信号。EMS ECU 接收到该信号后，立即向空气压缩机继电器和高度控制电磁阀发出电路接通指令，在空气压缩机运转的同时，高度控制电磁阀打开，压缩空气进入空气弹簧气压缸，气压缸内空气量增加使车身升高。

当空气压缩机继电器触点接通时，直流电动机带动空气压缩机运转，从压缩机输出的压缩空气经干燥器干燥后进入储气罐，储气罐的气体压力由调压阀调节。

3. 车身高度降低

当汽车载荷量或乘员数减少而使车身"偏高"或"过高"时，高度传感器将向 EMS ECU 输入车身"偏高"或"过高"的信号。EMS ECU 接收到该信号后，立即向空气压缩机继电器发出电路切断指令，并向排气阀和高度控制电磁阀发出电路接通指令，空气压缩机继电器触点迅速断开使电动机电路切断而停止运转，排气阀和高度控制电磁阀线圈电路接通，使电磁阀打开，空气经空气弹簧气压缸、高度控制电磁阀、干燥器、排气阀后排出，气压缸内空气量减少而使车身降低。

4. 系统保护措施

从空气弹簧气压缸放出的空气经过干燥器时，带走了干燥剂中的湿气。这样，干燥剂经过一段时间使用后不会被湿气浸透。干燥器中空气的最低压力保持在 55～165 kPa，从而保证了系统中有一定量的空气。这样，在汽车载荷量或乘员数减少而使空气弹簧伸长时，气压缸不致凹瘪。

在高度传感器输入车身高度变化信号 7 s 后，EMS ECU 才会向执行元件发出控制信号。在这段时间内，如果高度传感器信号没有变化，EMS ECU 就不会改变车身高度，这样可防止在悬架正常运动时，EMS ECU 使车身升高或降低。

除此之外，EMS ECU 控制空气压缩机连续运转时间最长不超过 2 min，排气阀打开最长时间不超过 1 min。这样可以防止系统泄漏时压缩机不停地工作和防止排气孔不停地放气。

在后备厢中设有一个高度调节自动切断开关。当车身高度上升至极限值时，该开关将切断系统控制电路电源而使高度调节系统停止工作，防止车身过高或在拖车时发生意外。

7.3 电子控制悬架刚度调节系统

> 悬架刚度是指车轮中心相对于车架和车身向上移动单位距离所需加于悬架上的垂直载荷。换言之，悬架刚度是使悬架产生单位垂直压缩变形所需加于悬架上的垂直载荷。由此可见，当悬架所受垂直载荷一定时，悬架刚度越小，车身自然振动频率越低，悬架垂直变形就越大；反之，悬架刚度越大，车身自然振动频率越高，悬架垂直变形就越小。

电子控制悬架刚度调节系统又称变刚度空气弹簧悬架系统，其主要功用是当汽车载荷变化时，自动调节悬架刚度，提高汽车的平顺性（乘坐舒适性）。

7.3.1 悬架刚度调节系统的组成

电子控制悬架刚度调节系统由高度传感器、控制开关、EMS ECU、刚度调节执行器（空气弹簧气压缸、高度控制电磁阀、空气压缩机、干燥器和空气管路）等组成，如图 7-1 和图 7-2 所示。由此可知，变刚度与变高度空气弹簧悬架系统的组成基本相同，主要区别在于空气弹簧气压缸的内部结构及其调节机构有所不同。

变刚度空气弹簧悬架的内部结构如图 7-7 所示，空气弹簧气压缸内部分为主气压腔和辅气压腔两个腔室，并在主、辅气压腔之间设有一个由步进电动机驱动的空气调节阀（空气阀）。将气压缸的主、辅气压腔设计为一体，不仅节省空间，而且质量降低。

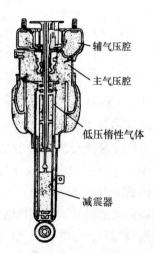

图 7-7 变刚度空气弹簧悬架的内部结构

7.3.2 空气调节阀的结构原理

空气调节阀简称空气阀,其内部结构如图 7-8 所示,由阀体 6 和阀芯 8 组成。在主气压腔 5 与辅气压腔 4 之间的阀体 6 上,设有小通道 7 和大通道 9 两个空气通道。空气调节阀控制杆 2 由步进电动机驱动,步进电动机由 EMS ECU 控制。当步进电动机驱动空气调节阀控制杆 2 转动时,阀芯 8 随空气调节阀控制杆 2 一同转动。当阀芯 8 转动一定角度时,可以接通阀体 6 上空气通道的大通道 9 或小通道 7,使主、辅气压腔之间的空气流量改变,从而改变空气弹簧悬架的刚度。

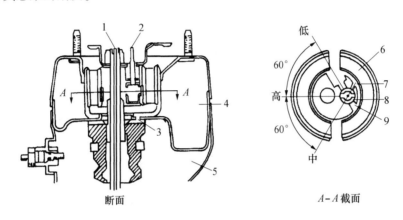

图 7-8 空气调节阀的内部结构
1—阻尼调节杆;2—空气调节阀控制杆;3—主辅气压腔通道;4—辅气压腔;
5—主气压腔;6—阀体;7—小通道;8—阀芯;9—大通道

7.3.3 悬架刚度的调节原理

> 在悬架振动过程中,缓冲任务主要由主气压腔承担。悬架刚度的调节原理是,改变空气弹簧主气压腔内压缩空气量的大小,使压缩空气的压力和密度改变来调节空气弹簧悬架的刚度。同理,如果使主、辅气压腔之间的压缩空气流动,那么改变主、辅气压腔之间压缩空气通路的大小,使主气压腔内压缩空气的压力和密度改变,就可改变空气弹簧悬架的刚度。

空气弹簧悬架的刚度分为"低""中""高" 3 种状态。

当步进电动机驱动空气阀控制杆并带动阀芯旋转到图 7-8 所示的"高"位置时,阀芯的开口被封闭,主、辅气压腔之间的空气通道被切断,两气压腔之间的空气不能流动。与此同时,EMS ECU 发出指令,控制高度控制电磁阀和压缩机继电器电路接通,压缩空气继续充入主气压腔,使空气压力升高、密度增大。因此,悬架刚度处于"高"状态。

当步进电动机驱动空气阀控制杆并带动阀芯在图 7-8 所示位置的基础上沿顺时针方向旋转 60°,使阀芯开口对准图中"低"位置时,空气大通道构成通路,主气压腔内的压缩空气经阀芯中央的气孔和阀体侧面的气孔与辅气压腔构成通路并流入辅气压腔,两气压腔之间的空气流量较大。与此同时,EMS ECU 发出指令,控制高度控制电磁阀和排气阀电路接通,辅气压腔内的部分压缩空气从排气阀排出。因此，主气压腔的压缩空气减少、压力降低、密度减小，从而使悬架刚度处于"低"状态。

当步进电动机驱动空气阀控制杆并带动阀芯在图 7-8 所示位置的基础上沿逆时针方向旋转 60°，使阀芯开口对准图中"中"位置时，空气小通道构成通路，主、辅气压腔之间的空气流量很小。与此同时，EMS ECU 发出指令，控制高度控制电磁阀和压缩机继电器电路断电，因此，主气压腔内压缩空气量变化很小，从而使悬架刚度处于"中"状态。

1. 抑制点头控制

当汽车紧急制动时，制动灯开关接通，EMS ECU 接收到该信号后，将根据车速传感器信号的变化率计算确定汽车减速度大小，向驱动前空气阀控制杆的步进电动机发出指令，使阀芯旋转到主、辅气压腔之间压缩空气不能流通的位置，EMS ECU 同时向前高度控制电磁阀和压缩机继电器发出电路接通指令，压缩空气充入前空气弹簧的主气压腔，使前空气弹簧刚度升高。与此同时，EMS ECU 向后空气弹簧的高度控制电磁阀和排气阀发出电路接通指令，后空气弹簧放气，其空气压力和密度减小，使后空气弹簧的刚度降低。

> 由此可见，在紧急制动时，EMS 抑制汽车点头的方法是，控制前空气弹簧充气来升高其刚度，控制后空气弹簧放气来降低其刚度。

当 EMS ECU 计算确定的减速度表明无须抑制点头时，便通过步进电动机驱动空气阀控制杆带动阀芯转动，使前、后空气弹簧的刚度恢复到"中"状态。

> 在调节空气弹簧刚度的同时，为了提高乘坐舒适性，EMS ECU 还要控制减震器阻尼的状态，使汽车姿态变化减小至最低程度。在紧急制动时，EMS ECU 将控制前减震器的阻尼变成"坚硬"状态，控制后减震器的阻尼变成"柔软"状态。

2. 抑制侧倾控制

在汽车急转弯时，由于汽车重心外移和离心力作用，车身会出现侧倾现象。EMS ECU 根据转向盘转向与转角（转动方向与转动角度）传感器以及侧向加速度（惯性力）传感器信号，即可判定车身侧倾情况。当这些传感器输入 EMS ECU 的信号表明汽车急转弯时，EMS ECU 将向空气弹簧和减震器阻尼调节元件发出控制指令，调节空气弹簧的刚度和减震器的阻尼，从而减小车身侧倾的程度，改善操纵性和乘坐舒适性。

调节空气弹簧刚度时，EMS ECU 将控制转向外侧的空气弹簧充气，使其空气压力升高、密度增大，刚度升高；同时，EMS ECU 还控制转向内侧的空气弹簧放气，使其空气压力降低、密度减小，刚度降低。

> 刚度和阻尼调节至一定程度后将保持不变，直到传感器信号表示转向完毕为止。当转向完后，EMS ECU 将使充满气的空气弹簧缓慢放气，并使已放气的空气弹簧充气，使车身保持水平状态而不至于产生相反的倾斜现象。

7.4 电子控制减震器阻尼调节系统

> 阻尼是指当振动物体或振荡电路的能量逐渐减少时，振幅相应减小的现象。

电子控制减震器阻尼调节系统又称变阻尼减震器悬架系统，其主要功用是当汽车载荷变化时，自动调节减震器阻尼，提高汽车的平顺性（乘坐舒适性）。相对于空气弹簧悬架系统而言，电子控制减震器阻尼调节系统的突出优点是质量小，因为空气弹簧悬架系统需要空气压缩机和干燥器等装置，整车质量将大大增加，而变阻尼减震器悬架系统只需增加电子控制元件和改变减震器阻尼的执行元件。

7.4.1 减震器阻尼调节系统的组成

丰田汽车电子控制减震器阻尼调节系统的组成如图 7-9 所示。该系统由车速传感器、转向与转角传感器、节气门位置传感器、减震器工作模式选择开关（仪表盘上）、制动灯开关、空挡起动开关（自动变速汽车）、EMS ECU 和减震器阻尼调节元件等组成。节气门位置传感器的信号由发动机 ECU 传递给 EMS ECU。

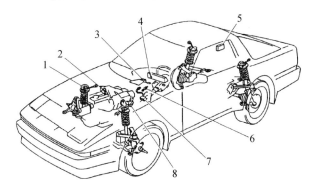

图 7-9 丰田汽车电子控制减震器阻尼调节系统的组成
1—减震器阻尼调节元件；2—节气门位置传感器；3—减震器工作模式选择开关；4—车速传感器；
5—EMS ECU；6—制动灯开关；7—转向与转角传感器；8—空挡起动开关

电子控制减震器阻尼调节系统采用的控制方式可分为以下 3 种。
(1) 根据汽车行驶状况进行控制。
(2) 根据驾驶员选择的运行模式进行控制。
(3) 根据汽车行驶状况和驾驶员选择的运行模式进行控制。

7.4.2 减震器阻尼调节系统的结构原理

电子控制减震器阻尼调节系统的控制部件大都与其他电子控制系统共用，这里主要介绍转向与转角传感器、减震器工作模式选择开关和变阻尼执行元件。

1. 转向与转角传感器

转向盘转动方向与转动角度传感器简称转向与转角传感器，又称转向盘位置传感器，其功用是检测转向盘（或转向轴）的转动方向与转动角度。

转向与转角传感器一般都为光电式传感器，安装在转向轴上，其结构如图 7-10 所示，主要由光电耦合元件、信号圆盘、传感器壳体等组成。信号圆盘压装在转向轴上，在信号圆盘的圆周上制作有间隔距离相等、均匀排列的透光孔（窄缝）。两组光电耦合元件 No.1 和 No.2 均由发光二极管和光电三极管组成，套装在信号圆盘两侧，并与透光孔配合工作。

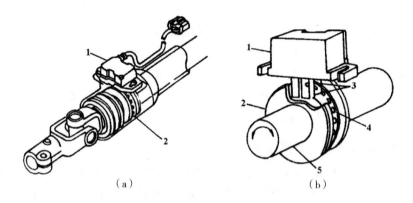

图 7-10　光电式转向与转角传感器的结构
(a) 安装位置；(b) 传感器结构
1—传感器壳体；2—信号圆盘；3—光电耦合元件；4—透光孔；5—转向轴

光电耦合元件电路如图 7-11 (a) 所示，当信号圆盘随转向轴转动时，圆盘上的透光孔便在两组光电耦合元件之间转过，光电耦合元件输出端即可输出高低电平信号，如图 7-11 (b) 所示。

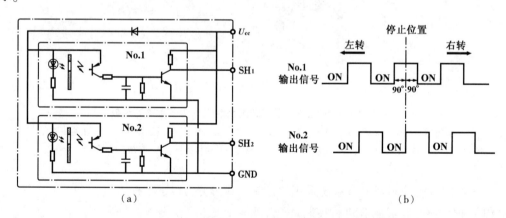

图 7-11　光电式转向与转角传感器的工作原理
(a) 光电耦合元件电路；(b) 输出信号波形

当透光孔转到光电耦合元件的发光二极管与光电三极管之间时，光电三极管导通 (ON)，光电耦合元件输出端输出低电平；反之，当透光孔离开发光二极管与光电三极管时，光电三极管截止 (OFF)，光电耦合元件输出高电平。因为 No.1 和 No.2 两组光电耦合元件 ON、OFF 变换的相位（相差）为 90°，所以 EMS ECU 根据哪一组光电耦合元件首先转变为 ON 状态，即可判定出转向盘的转动方向。当 No.2 光电耦合元件输入 EMS ECU 的 ON 信号领先于 No.1 光电耦合元件的 ON 信号时，EMS ECU 判定为转向盘向左转动；反之，当 No.1 光电耦合元件输入 EMS ECU 的 ON 信号领先于 No.2 光电耦合元件的 ON 信号时，EMS ECU 判定为转向盘向右转动。

EMS ECU 根据两组光电耦合元件 No.1 和 No.2 输出信号 ON 与 OFF 变换的频率，即可计算出转向盘的转动速度和角度。

2. 减震器工作模式选择开关

> 减震器阻尼调节系统的工作模式选择开关又称运行模式选择开关，用于选择减震器阻尼的工作模式。驾驶员选择的工作模式不同，减震器阻尼的状态也不同。

减震器阻尼的状态一般设有"柔软""中等硬度""坚硬"三种状态。丰田汽车电控减震器阻尼调节系统的工作模式有"NORM"（标准）和"SPORT"（运动）两种，驾驶员可以根据汽车运行条件，操作仪表盘上的工作模式选择开关进行选择。

当模式选择开关处于"NORM"位置时，EMS ECU 将使减震器保持"柔软"状态工作。但是，当汽车速度超过 120 km/h 时，如果模式选择开关处于"NORM"位置，那么 EMS ECU 将自动控制减震器变为"中等硬度"状态工作。当车速下降至 100 km/h 时，EMS ECU 再控制减震器变为"柔软"状态工作。

当驾驶员选择"SPORT"模式时，EMS ECU 将控制减震器处于"中等硬度"状态工作。

在下列条件时，EMS ECU 将控制减震器从"柔软"或"中等硬度"状态变为"坚硬"状态工作。

（1）转向盘转向与转角传感器显示汽车急转弯时。
（2）车速传感器和节气门位置传感器显示汽车在低于 20 km/h 的速度下急加速时。
（3）车速传感器和制动灯开关显示汽车在高于 60 km/h 的速度下制动时。
（4）车速传感器和空挡起动开关显示汽车在低于 10 km/h 的速度下，自动变速器从空挡或停车挡换入任何其他挡位时。

在下列条件下，EMS ECU 将控制减震器从"坚硬"状态变为"中等硬度"或"柔软"状态工作。

（1）根据转向盘转动程度，转弯行驶 2 s 或 2 s 以上时。
（2）加速时间达到 3 s 或汽车速度达到 50 km/h 时。
（3）制动灯开关断开 2 s 之后时。
（4）自动变速器从空挡或停车挡位置换入其他挡位达到 3 s 或汽车速度达到 15 km/h 时。

3. 变阻尼执行元件

变阻尼执行元件都安装在减震器支柱顶部，丰田汽车变阻尼减震器执行元件的结构如图 7-12 所示，每个减震器的变阻尼执行元件都由步进电动机、驱动小齿轮、扇形齿轮、挡块、电磁线圈及阻尼控制杆等组成。

在 EMS 中，所有变阻尼执行元件的电路均并联连接，并由 EMS ECU 控制。当 EMS ECU 发出指令而使执行元件的步进电动机转动时，步进电动机轴下端的驱动小齿轮带动扇

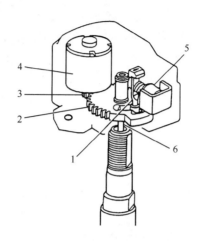

图 7-12 丰田汽车变阻尼减震器执行元件的结构
1—挡块；2—扇形齿轮；3—驱动小齿轮；4—步进电动机；5—电磁线圈；6—阻尼控制杆

形齿轮转动，扇形齿轮带动阻尼控制杆转动，阻尼控制杆再带动减震器筒内部的阻尼调节回转阀转动。

回转阀为管状结构，与减震器的阻尼控制杆（又称回转阀控制杆）连接，如图 7-13 所示。在回转阀的不同截面上设有阻尼孔，分别与减震器活塞杆上的减震油液孔处于同一个截面上。控制这些阻尼孔的开闭状态，即可控制减震器油液的流量，从而调节阻尼的大小。

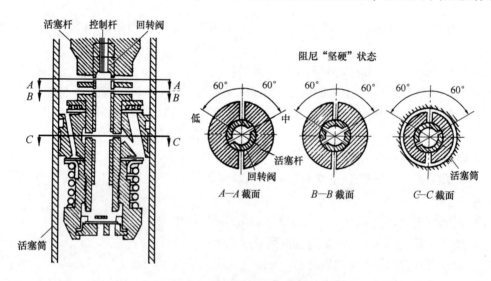

图 7-13 回转阀的结构及其截面示意

挡块位于扇形齿轮的凹槽中，其功用是决定扇形齿轮停止运动的位置，从而决定回转阀的位置和减震器阻尼的状态。

7.4.3 减震器阻尼的调节原理

电子控制减震器阻尼调节系统调节的阻尼分为"柔软""中等""坚硬"三种状态。电子控制减震器阻尼调节系统调节阻尼的原理是，通过调节减震器油液的流量来调节阻尼的大小。

1. 阻尼"柔软"

当 EMS ECU 根据传感器和控制开关信号确定阻尼为"柔软"状态时,EMS ECU 便向步进电动机发出控制指令,使其沿顺时针方向旋转,如图 7-14(a)所示,因此,小齿轮驱动扇形齿轮沿逆时针方向转动,直到扇形齿轮一边[在图 7-14(a)中为左边]的凹槽靠在挡块上为止。

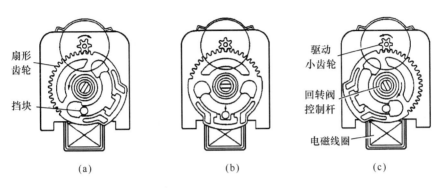

图 7-14 扇形齿轮的旋转方向与位置
(a) 阻尼"柔软";(b) 阻尼"坚硬";(c) 阻尼"中等"

当扇形齿轮转动时,便带动回转阀控制杆和回转阀转动。回转阀上阻尼孔与活塞杆上减震油液孔的相对位置如图 7-15 所示,由于 A—A、B—B 和 C—C 截面上的三个阻尼孔全部打开,允许减震油液以很快的速度流过活塞,因此,减震器能很快伸缩,使阻尼处于"柔软"状态。

阻尼孔位置\阻尼	A—A 截面阻尼孔	B—B 截面阻尼孔	C—C 截面阻尼孔
坚硬			
中等			
柔软			

图 7-15 阻尼孔与油液孔的相对位置

2. 阻尼"中等"

当 EMS ECU 根据传感器和控制开关信号确定阻尼为"中等"状态时,EMS ECU 向步进电动机发出控制指令,使其沿逆时针方向旋转,如图 7-14(c)所示。小齿轮便驱动扇形齿轮沿顺时针方向转动,直到扇形齿轮凹槽的另一边靠在挡块上为止(从"柔软"的极限位置起算,其转角约为120°)。与此同时,扇形齿轮带动阻尼控制杆和回转阀旋转,回转阀上的阻尼孔与活塞杆上的减震油液孔的相对位置如图 7-15 所示。由于只有 $B—B$ 截面上的阻尼孔接通,允许减震油液流过活塞的流动速度适中,因此减震器能以缓慢速度伸缩,使阻尼处于"中等"状态。

3. 阻尼"坚硬"

当 EMS ECU 根据传感器和控制开关信号确定阻尼为"坚硬"状态时,EMS ECU 将向步进电动机和电磁线圈同时发出控制指令,使步进电动机和扇形齿轮从阻尼"柔软"或"中等"的极限位置旋转约60°(从"柔软"的极限位置顺时针旋转60°,从"中等"的极限位置逆时针旋转60°),电磁线圈电流接通时,其电磁吸力将挡块吸出,使挡块进入扇形齿轮凹槽中部的凹坑内,如图 7-14(b)所示。与此同时,扇形齿轮带动回转阀控制杆和回转阀旋转,回转阀上的阻尼孔与活塞杆上的减震油液孔的相对位置如图 7-15 所示。由于 $A—A$、$B—B$ 和 $C—C$ 截面上的 3 个阻尼孔全部封闭,减震油液不能流动,因此减震器伸缩非常缓慢,使阻尼处于"坚硬"状态。

4. 指示灯的控制

变阻尼减震器悬架系统在仪表盘上设有 3 个指示灯。汽车在行驶过程中,当 EMS ECU 向步进电动机发出控制指令时,还向仪表盘上 EMS 的 3 个指示灯控制电路发出指令。当减震器阻尼处于"柔软"状态时,EMS ECU 控制左边一个指示灯发亮;当减震器阻尼处于"中等"状态时,控制左边和中间两个指示灯发亮;当减震器阻尼处于"坚硬"状态时,控制 3 个指示灯全部发亮。

> 当点火开关刚刚接通时,EMS 指示灯发亮约 2 s 后熄灭。当 EMS ECU 发现系统有故障时,将控制 3 个指示灯闪烁,提示驾驶员应及时检修。

7.5 汽车电控动力转向技术

汽车转向系统是指用于改变或保持汽车行驶方向的一套专设机构。其作用是,使汽车按照驾驶员的操纵意图,适时地改变行驶方向和路线,并在汽车受到路面传来的偶然冲击或意外偏离行驶方向时,能与行驶系统配合而保持汽车稳定行驶。转向控制主要包括动力转向控制和四轮转向控制。

> 汽车转向技术的发展大致经历了机械转向、机械液压助力转向和电子控制助力转向三个阶段。汽车助力转向通常称为动力转向。汽车电子控制助力转向系统又称电控动力转向系统(Electronic Power Steering,EPS)。

7.5.1 电控动力转向系统的功用与分类

汽车转向时,既要求操纵轻便(以较小的转向盘操纵力获得较大的转向转矩),又要求转向灵敏（以较小的转向盘转角获得较大的转向角）。电控动力转向系统能够同时满足这两方面的要求，因此在当今汽车上得到广泛应用。

1. 电控动力转向系统的功用

电控动力转向系统的功用：当汽车低速行驶时，减少驾驶员作用于转向盘上的转向力；当汽车高速行驶时，通过转向盘向驾驶员反馈适度的路面作用力。为了实现这些功能，电控动力转向系统必须满足以下要求。

（1）提供可变的转向助力（车速快时转向重，俗称有"路感"，车速慢时转向轻）。

（2）在转向结束时，转向盘能平顺地自动回正，使车轮回到直线行驶的位置上。

（3）当电控动力转向系统发生故障时，转向系统仍能依靠人力进行转向。

（4）在保证转向性能的前提下，尽可能降低转向的动力消耗。

2. 电控动力转向系统的类型

根据转向动力形式不同，电控动力转向系统分为液压式电控动力转向系统（液压式EPS）、电液混合式电控动力转向系统和电动式电控动力转向系统（电动式EPS）。

液压式电控动力转向系统是在传统的液压动力转向系统的基础上增设控制液体流量的电磁阀、车速传感器和电子控制单元等组成。其原理是，电子控制单元根据车速信号，通过控制电磁阀使转向动力放大倍数连续可调，从而满足汽车高速和低速行驶时的转向助力要求。

电液混合式电控动力转向系统是利用电动机驱动液压泵来取代发动机驱动的液压泵，电动机由电控单元（ECU）控制。该系统能根据汽车行驶状态，在需要助力时，才使液压泵工作；同时能够根据车速和转向角度的变化，使驾驶员感知转向力的变化（增强其路感）。由于仅在转向时，ECU才控制电动机运转，消除了转向油泵的无效运转，与普通液压动力转向系统相比，电液混合式电控动力转向系统能够减少发动机的功率消耗。

电动式电控动力转向系统是将直流电动机产生的电磁转矩作为动力源，电磁转矩由电磁离合器经减速机构减速增扭后，再加到转向机构上。电子控制单元根据转向参数和车速等信号，控制电动机电磁转矩的大小和方向，从而满足汽车低速和高速行驶时的转向助力要求。

7.5.2　电液混合式电控动力转向系统

电液混合式电控动力转向系统的结构组成和零部件布置如图7-16所示，主要由车速传感器、转向传感器、动力转向电控单元（EPS ECU）、电动转向油泵总成和动力转向执行机构（转向动力缸）组成。

根据响应方式不同，电液混合式电控动力转向系统可分为行驶模式响应型和转向盘速度响应型。

行驶模式响应型是根据车速区间和转向盘角速度区间判定汽车的行驶模式，市区道路、郊区公路、旷野公路和高速公路等行驶模式的车速区间与转向盘角速度区间如图7-17（a）所示。ECU根据判定的汽车行驶模式对电动机转速进行控制，使转向油泵的输出流量与汽车的行驶模式相适应。行驶模式与转向油泵输出流量的关系如图7-17（b）所示。

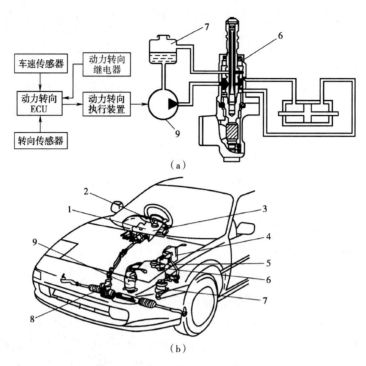

图7-16 电液混合式电控动力转向系统的结构组成和零部件布置
(a) 结构组成；(b) 零部件布置
1—车速传感器；2—转向传感器；3—报警灯；4—电控单元（EPS ECU）；5—动力转向继电器；
6—动力转向执行机构；7—储液罐；8—转向齿轮机构；9—电动转向油泵总成

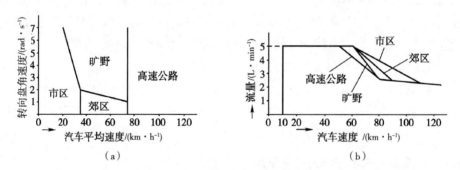

图7-17 行驶模式与转向油泵输出流量
(a) 行驶模式；(b) 流量控制

转向盘速度响应型是根据转向盘转向传感器和车速传感器输入的信号控制电动机转速，使转向油泵的输出流量得到控制。随着汽车转向时车速的提高，ECU使电动机转速降低，以减少转向油泵的输出流量，降低车轮的偏转速度；随着转向盘角速度的增加，ECU使电动机转速提高，以增大转向油泵的输出流量，满足快速转向的要求。

当系统出现异常时，ECU能够进行故障自诊断并备有失效安全保护功能。一旦控制系统出现故障，手动机械转向系统仍能保证汽车转向行驶。

7.5.3 电动式电控动力转向系统

电动式电控动力转向系统是纯电子控制系统，通常简称电控动力转向系统（Electronic Power Steering，EPS），该系统中用电动机代替转向动力缸，电动机由汽车电源供电并受动力转向电控单元（EPS ECU）控制。该系统没有电磁阀和液压阀等液压控制机构，不受发动机运转的影响。

1. 电控动力转向系统的组成

电控动力转向系统的组成如图 7-18 所示，主要包括转矩传感器、动力转向电控单元（EPS ECU）、电动机助力总成（包括电磁离合器和减速机构）、转向器总成等。除此之外，输入 EPS ECU 的信号还有转向角传感器和车速传感器等信号。

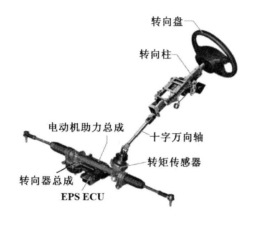

图 7-18 电控动力转向系统的组成

EPS ECU 能够根据传感器（转矩传感器、转向角传感器和车速传感器）信号，经过计算和判断向电动机助力总成发出控制指令，使电动机产生足够的电磁转矩带动转向轮做适当的偏转。在停车时，驾驶员可获得最大的转向动力；在汽车行驶过程中，EPS ECU 可调节电动机的助力大小来提高驾驶员的路感。

> 电控动力转向系统具有零部件少、结构紧凑、体积小、质量轻（比液压式电控动力转向系统轻约 25%）等优点；电控动力转向系统与汽车上的其他电气设备相连接，有助于实现四轮转向控制，故其应用前景广阔。

2. 电控动力转向系统的结构原理

电控动力转向系统控制部件的安装位置如图 7-19 所示。

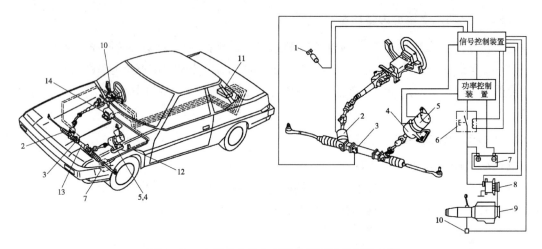

图 7-19 电控动力转向系统控制部件的安装布置

1—点火开关；2—转矩传感器；3—转向角传感器；4—电磁离合器；5—电动机；6—继电器；7—蓄电池；
8—发电机；9—发动机；10—车速传感器；11—动力转向电控单元（EPS ECU）；12—电动机继电器；
13—转向器；14—功率控制装置

> 电动机是转向助力的动力源，其通过电磁离合器与转向器的小齿轮连接，安装在转向轴上的转矩传感器检测转向轴的转矩信号，该信号与车速信号、转向角信号同时输入动力转向电控单元（EPS ECU）。EPS ECU 根据这些输入信号，计算确定助力转矩的大小和方向（确定电动机电流的大小和方向）。电动机的转矩由电磁离合器通过减速机构减速增扭后，传递给转向器的齿条（或小齿轮），从而提供助推转矩。

根据转向助力机构的作用位置不同，电控动力转向系统可分为转向轴助力式、转向器小齿轮助力式和齿条助力式三种。

转向轴助力式的助力机构安装在转向轴上，电动机的动力经电磁离合器、电动机输出轴的齿轮传递给转向轴的齿轮，再经万向节及中间轴传递给转向器。

转向器小齿轮助力式的助力机构安装在转向器小齿轮处，电动机的动力经电磁离合器、电动机输出轴的齿轮传递给转向器的小齿轮。与转向轴助力式相比，转向器小齿轮助力式可以提供较大的转向力，适用于中型汽车，但其助力控制特性相对而言比较复杂。

齿条助力式的助力机构安装在转向齿条处，电动机动力通过减速传动机构直接驱动转向齿条。与转向器小齿轮助力式相比，齿条助力式可以提供更大的转向力，适用于大型汽车。这种助力形式需要对原有的转向传动机构做较大改进。

1）转矩传感器

电控动力转向系统采用的传感器主要有转矩传感器、转向角传感器、车速传感器，这里仅介绍转矩传感器与转向角传感器。转矩传感器是转向盘转矩传感器的简称，其功用是检测驾驶员作用于转向盘与转向器之间的转向转矩，并将其转变为电信号输入 EPS ECU，以便 EPS ECU 判定驾驶员施加于转向盘上的作用力（转矩）大小来调节助力的大小。

根据产生信号的原理不同，转矩传感器分为电感式转矩传感器和电位计式转矩传感器两种。

(1) 电感式转矩传感器。电感式转矩传感器的基本组成与原理如图 7-20 所示。输入轴与输出轴之间用扭力杆连接，在输出轴的 4 个极靴上分别绕有相同的线圈，并连接成电感式电桥。

当无转向转矩时，输出轴（定子）与输入轴（转子）的相对转角为 0°，每个极靴上的磁通量均相等，电桥处于平衡状态，V、W 两端的电位差 U_o 为 0 V。当转向时，驾驶员作用于转向盘的转矩使扭力杆扭转变形，定子与转子之间产生角位移 θ，此时极靴 A、D 之间的磁阻增大，B、C 之间的磁阻减小，各极靴的磁通量产生变化，电桥失去平衡而输出电压。电桥的输出电压 U_o 与扭力杆的扭转角 θ 成正比（$U_o = k\theta U_i$，k 为比例系数），而扭转角 θ 与作用于扭力杆的转矩也成比例，因此输出电压 U_o 值可反映转向盘转矩的大小。

(2) 电位计式转矩传感器。电位计式转矩传感器的结构如图 7-21 所示。汽车转向时，扭力杆的扭转变形使电位计的滑动触片与固定电阻之间产生相对转动，电位计输出端的电阻值发生改变，通过滑环便可输出相应的信号电压。

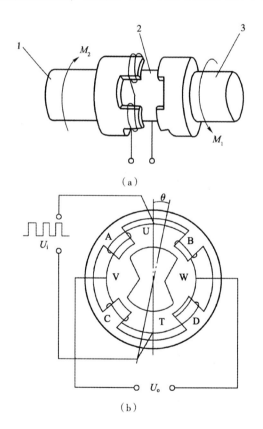

图 7-20 电感式转矩传感器的基本组成与原理
1—输出轴；2—扭力杆；3—输入轴；
M_1—转向盘转矩；M_2—转向器阻转矩

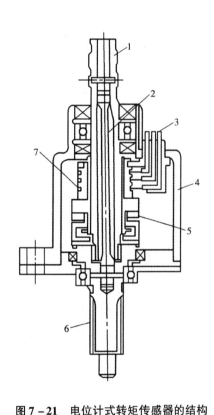

图 7-21 电位计式转矩传感器的结构
1—转向轴；2—扭力杆；3—输出轴；4—壳体；
5—电位计；6—转向器主动小齿轮；7—滑环

2) 助力电动机驱动电路

助力电动机功率不大，一般都采用小型永磁式直流电动机，通过驱动电路控制其电枢电流的方向，从而实现正反转功能。其驱动电路如图 7-22 所示，a_1、a_2 为控制端，动力转向电控单元（EPS ECU）输出的控制信号由这两个控制端输入驱动电路，再由驱动电路驱动电动机，并输出助力转矩。

当 a_1 端接收到控制信号时，晶体管 VT_3 和 VT_2 导通，电动机电流由 VD_2 端流入、VD_1 端流出，电动机 M 通电正转并输出助力转矩。

当 a_2 端接收到控制信号时，晶体管 VT_4 和 VT_1 导通，电动机电流由电动机 VD_1 端流入、VD_2 端流出，电动机 M 通电反转并输出助力转矩。

电动机输出的转矩大小由 EPS ECU 发出的控制信号的占空比决定。当汽车慢速转向时需要较大的助力转矩，EPS ECU 发出占空比增大的控制信号，使晶体管 VT_3 或 VT_4 导通的时间增长，流过电动机的平均电流增大，从而增大输出的助力转矩；反之，当控制信号的占空比减小时，电动机输出的助力转矩减小。

3）电磁离合器

电磁离合器的作用是，按照 EPS ECU 的控制指令，接通和断开助力电动机传递的驱动转矩。单片式电磁离合器的结构原理如图 7-23 所示。

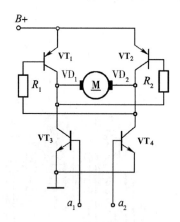

图 7-22 助力电动机驱动电路

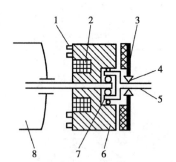

图 7-23 单片式电磁离合器的结构原理
1—滑环；2—电磁线圈；3—压板；4—花键；
5—从动轴；6—主动轮；7—滚珠轴承；8—电动机

主动轮随电动机轴一起转动。当需要助力转向时，EPS ECU 发出控制指令，使电磁离合器线圈电流经滑环接通，主动轮中产生电磁吸力，吸引带花键的压板与主动轮压紧，电动机的动力经电动机轴、主动轮、压板、花键、从动轴传递给减速机构。

当不需要助力转向时，EPS ECU 发出控制指令使电磁离合器线圈电流切断，电磁吸力消失，主动轮与压板分离。与此同时，EPS ECU 不再向电动机驱动电路发送触发信号，电动机停止转动，从而降低转向的动力消耗。

当电动机发生故障时，EPS ECU 根据转向角传感器等信号能够检测到并控制电磁离合器处于分离状态。在此情况下，驾驶员仍可利用手动操纵转向。

4）减速机构

减速机构的作用是减速增扭。减速机构有多种组合方式，通常采用蜗轮蜗杆与转向轴驱动组合式，有的减速机构采用两级行星齿轮与传动齿轮组合式。为了抑制噪声和提高耐久性，减速机构中的齿轮一般都采用由树脂材料制成的特殊齿轮。

3. 电控动力转向系统的控制原理

当驾驶员操纵转向盘时，安装在转向轴上的转矩传感器和转向角传感器将检测出作用于转向轴的转向转矩大小和转动方向，并将其转换为电信号输入 EPS ECU，EPS ECU 根据转矩信号、车速信号和转向角信号计算确定助力转矩的大小与方向，并向电磁离合器线圈和助力电动机驱动电路发出控制指令，控制电磁离合器结合和电动机旋转，电动机输出的助力转矩经电磁离合器和减速机构作用于转向机构（转向轴、齿轮齿条等），从而实现助力转向。

（1）助力转矩控制。由电动机的工作特性可知，电动机产生的电磁转矩与其流过的电流成正比。因此，通过控制助力电动机流过电流的大小，即可控制助力转矩的大小。电动式电控动力转向系统通常根据车速信号和转向盘转矩信号，对助力电动机的电流进行控制。某型轿车电控动力转向系统在不同车速时，助力电动机的控制电流与转向盘转矩的关系如图 7-24 所示，这种关系曲线称为助力电动机控制电流数据图谱（数据 MAP 或数据地图），并被预先存储在 EPS ECU 的只读存储器（ROM）中，以便 EPS ECU 调用。

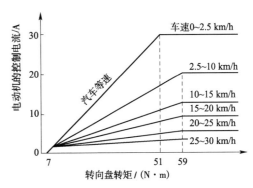

图 7-24 助力电动机的控制电流与转向盘转矩的关系

当点火开关接通时，EPS ECU 首先根据车速传感器信号和转向盘转矩传感器信号与 ROM 中的数据进行比较和判断，然后根据判断结果向助力电动机的驱动电路发出占空比控制指令，将电动机电流控制在数据图谱中的相应数值上。例如，当传感器输入 EPS ECU 的信号表示车速为 0~2.5 km/h、转向盘转矩为 51 N·m 时，EPS ECU 判断的结果将是电动机控制电流为 30 A（当车速为 2.5~10 km/h、转向盘转矩为 59 N·m 时，EPS ECU 判断的结果是电动机控制电流为 20 A），然后向助力电动机的驱动电路发出占空比控制指令，将电动机电流控制在 30 A（车速 2.5~10 km/h、转矩 59 N·m 时，则控制在 20 A）。在其他车速和转矩时，以此类推。由助力电动机控制电流数据图谱可见，车速越低、转向盘转矩越大，则控制电流越大，电动机的助力转矩也越大。反之，则电动机的助力转矩越小。

汽车在低速行驶过程中（40 km/h 以下）进行转向时，EPS ECU 按助力电动机控制电流数据图谱进行助力控制，电动机转向响应较快，可使转向操纵灵敏轻便。

（2）转向盘回正与阻尼控制。在汽车转向或转向盘转动后的回位过程中，EPS ECU 根据车速传感器、转向角传感器和转矩传感器信号能够检测到车速与转向盘的位置信息。当汽车低速行驶时，EPS ECU 将向助力电动机驱动电路发出占空比减小的指令，使电动机电流迅速减小，转向车轮迅速回正，汽车具有良好的回正特性。当汽车高速行驶时，EPS ECU 将发出占空比逐渐减小的指令，使电动机电流逐渐减小，对转向车轮产生回正阻尼，使汽车具有稳定的转向特性。进行回正控制后，转向系统的回正滞后较大，控制效果如图 7-25 所示。

在转向过程中将转向盘释放时，EPS ECU 将对电动机进行回正阻尼控制，控制原理如

图 7-26（a）所示。EPS ECU 将向驱动电路发出占空比为零的控制指令，使电动机电流迅速切断，但在电枢转动的惯性力作用下，电动机不能立即停转，而是以发电机运行形式而发电，电枢绕组产生的电动势（或电流 i）方向与外加电源电压的方向相反，因此，电枢会产生一个反向转矩，对转向盘产生回正阻尼，从而使驾驶员获得适度的路感。

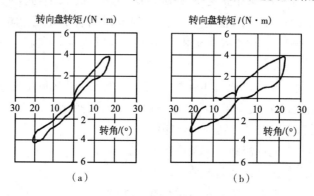

图 7-25 转向盘回正特性比较
(a) 未实施回正控制；(b) 实施回正控制

回正阻尼控制可以衰减或消除汽车高速行驶时出现的转向盘抖动现象和路面引起的转向车轮摆振现象。当汽车以 120 km/h 行驶时，有、无阻尼控制得到的转向盘抖动试验结果如图 7-26 所示。可见，实施阻尼控制时，转向盘抖动频率明显降低，如图 7-26（b）所示，使抖动现象得以明显减轻。

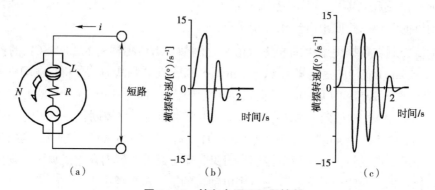

图 7-26 转向盘回正阻尼控制
(a) 阻尼控制原理；(b) 有阻尼控制；(c) 无阻尼控制

7.6 电控四轮转向技术

所谓四轮转向汽车就是指四个车轮都能起到转向作用的汽车。当汽车转向时，除车速极低的情况之外，汽车行进方向与其车轮平面并不一致。

7.6.1 电控四轮转向系统的功用与分类

汽车行进方向与其车轮平面之间的夹角称为侧偏角，如图 7-27（a）所示。汽车转弯时，由于离心力的作用，在垂直于车轮平面的车轮中心上有侧向力，相应地在路面上产生反作用力，称为侧偏力。由于车轮侧向产生弹性变形，变形车轮的滚动方向与车轮平面方向并不一致，侧偏力又分解为与车轮行进方向平行的滚动阻力和与行进方向垂直的向心力（转弯力）。在轮胎与道路附着极限内，转向时路面反作用力的大小与方向随侧偏角的大小而发生变化，向心力（转弯力）随之发生变化，因此，汽车的转向半径（或直径）也随之变化。

在通常情况下，汽车转向时各车轮向心力的合力应与汽车圆周运动的离心力相平衡。正在转弯的汽车一旦车速提高，其离心力随之增大，重心位置的侧偏角必然增大而出现不足转向，如图7-27（b）所示。为了保证汽车按一定的转向半径运动，随着车速升高，汽车必须增大转向角或使后轮产生向内侧的运动，以增加转向时的路面反作用力来平衡离心力。总之，通过操作转向轮应使汽车重心的运动方向向内侧偏转。

四轮转向系统的作用：当汽车在低速行驶过程中转向时，使后轮与前轮反向偏转，以减小汽车的转向半径，从而提高汽车急转弯、掉头、躲避障碍或进出车库时的机动能力。当汽车在中高速行驶过程中转向时，使后轮与前轮同向偏转。四轮转向可使具有侧偏角的后轮的行进方向与转向圆一致（图7-28），以使重心位置的侧偏角（汽车重心的速度方向与汽车纵向轴线之间的夹角）为零，这样就可减少转向过程中的横摆运动，提高转向灵敏度和行驶稳定性。

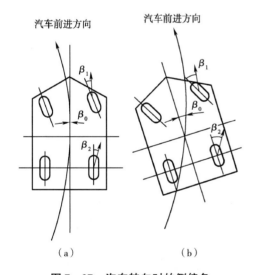

图7-27 汽车转向时的侧偏角
(a) 侧偏角为0°；(b) 侧偏角增大
β_1—前轮侧偏角；β_2—后轮侧偏角；
β_0—汽车重心位置的侧偏角

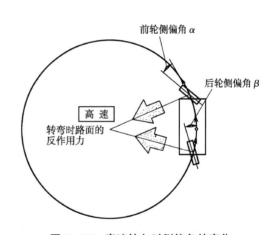

图7-28 高速转向时侧偏角的变化

汽车电控四轮转向系统分为液压式电子控制四轮转向系统和电动式电子控制四轮转向系统两种类型。

7.6.2 电控四轮转向系统的结构组成

电动式电子控制四轮转向系统简称电控四轮转向系统（Electronically Controlled 4-Wheel Steering System，4WS）或电动式四轮转向系统，同其他纯电子控制系统一样，该系统也是由传感器、四轮转向电控单元（4WS ECU）和执行器三部分组成，如图 7-29 所示。

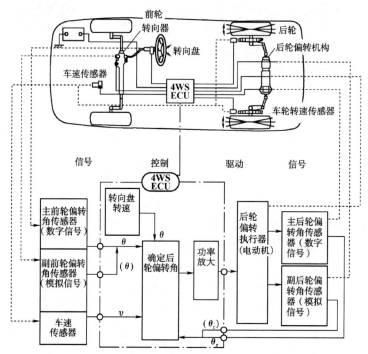

图 7-29 电控四轮转向系统结构组成与控制原理框图

> 在具有电控四轮转向系统的汽车上，其转向控制系统一般都具有前述助力转向（助力转矩控制、转向盘回正与阻尼控制）功能。因此，在其转向控制系统的结构组成上，除了具有图 7-29 所示用于侧偏角控制的部件之外，还包括图 7-18 所示电控动力转向系统（EPS）的控制部件，即设有转矩传感器、转向器转向角传感器、动力转向电控单元（EPS ECU）、电动机助力总成（包括助力电动机、电磁离合器和驱动齿轮齿条）等部件。

在控制侧偏角方面，电控四轮转向系统采用的传感器主要有主前轮偏转角传感器（输出为数字信号）、副前轮偏转角传感器（输出为模拟信号）、主后轮偏转角传感器（输出为数字信号）、副后轮偏转角传感器（输出为模拟信号）、转向盘转向与转角传感器和车速传感器等。主前轮和主后轮分别是指前轮转向器和后轮偏转机构直接驱动的转向轮。

电控四轮转向系统的电控单元称为四轮转向电控单元（4WS ECU），执行器主要有转向器总成（包括步进电动机、电磁离合器、传动齿轮、传动轴、转向齿轮齿条等）和后轮偏转机构（步进电动机、电磁离合器、相位控制机构等）。

在后轮偏转机构中设有步进电动机和相位控制机构。相位控制机构又称相位控制器，由蜗轮、蜗杆、扇形齿轮或行星齿轮、传动轴和传动齿轮齿条等组成。四轮转向电控单元通过控制步进电动机和相位控制机构，使后轮相位（后轮相对于前轮偏转的位置）做相应的变化。

7.6.3 电控四轮转向系统的控制

> 电控四轮转向控制的实质是控制前、后转向轮的侧偏角,即低速时控制后轮与前轮反向偏转,中高速时控制后轮与前轮同向偏转。

一般来说,当车速在 0~35 km/h 范围内转向时,四轮转向电控单元对前、后转向轮实施逆相位控制 [控制后轮相对于前轮反向偏转,如图 7-30 (a) 所示],且后轮的偏转角相对于前轮的偏转角随车速逐渐升高而减小;当车速在 35 km/h 左右时,四轮转向电控单元则控制后轮不偏转(后轮偏转角为 0°);当车速超过 35 km/h 时,四轮转向电控单元控制前、后轮同相位(后轮相对于前轮同向偏转),如图 7-30 (b) 所示。

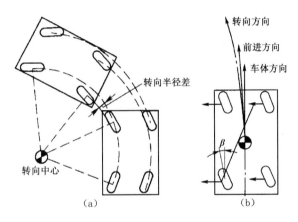

图 7-30 四轮转向系统的转向特性
(a) 低速转向时;(b) 中高速转向时

电控四轮转向系统的基本控制原理是按预先设定的控制程序由四轮转向电控单元对前、后转向轮的侧偏角进行控制。设计人员预先通过数学计算和实车试验,确定不同车速和行驶方向时四个转向轮的偏转角度值,并将这些参数以数据图谱(数据 MAP)的形式存储于四轮转向电控单元的只读存储器 ROM 中,以供四轮转向电控单元在汽车转向时调用。

电控四轮转向系统的控制过程如图 7-29 所示。当四轮转向电控单元根据转向盘转向与转角传感器信号判定为汽车转向时,首先根据车速传感器,以及主、副前轮偏转角传感器信号,在 ROM 中查询确定后轮的偏转角度,并向功率放大电路(后轮偏转执行器的驱动电路)发出控制指令,控制后轮偏转执行器的电磁离合器结合,从而使步进电动机步进转动,并驱动相位控制机构的蜗轮、蜗杆、扇形齿轮或行星齿轮、传动轴与传动齿轮齿条等转动,使后轮按四轮转向电控单元确定的方向和角度偏转。与此同时,四轮转向电控单元还要根据主、副后轮偏转角传感器信号,对主、副后轮的偏转角度实施反馈控制,将主、副后轮的偏转角度精确控制在四轮转向电控单元确定的角度值内。

本章小结

本章主要介绍了汽车电控悬架与转向系统的功用、组成与类型，变高度空气弹簧悬架系统的组成、车身高度调节原理与调节过程，变刚度空气弹簧悬架系统的组成、刚度调节原理与调节过程，变阻尼减震器悬架系统的组成、减震器阻尼调节原理与调节过程，电控动力转向和四轮转向系统的功用、类型、结构组成、控制原理与控制过程等内容。

下列概述覆盖了本章的主要学习内容，利用以下线索可对所学内容做一次简要的回顾。

（1）汽车电子控制悬架系统的功用、组成与类型。
（2）汽车车身高度传感器和空气调节阀的结构原理。
（3）空气弹簧悬架系统调节车身高度和悬架刚度的原理与调节过程。
（4）转向盘转向与转角传感器和减震器变阻尼执行元件的结构原理。
（5）变阻尼减震器悬架系统调节减震器阻尼的原理与调节过程。
（6）电控动力转向系统（EPS）的功用、类型、结构组成、控制原理与控制过程。

复 习 题

一、单选题

1. 人体习惯的垂直振动频率是步行时身体上下运动的频率，该频率为（　　）。
   A. 1.0~1.6 Hz　　　B. 10~16 Hz　　　C. 100~160 Hz　　　D. 1.0~1.6 kHz
2. 电子控制悬架系统的功用是提高汽车的（　　）。
   A. 动力性　　　B. 安全性　　　C. 操作性　　　D. 通过性
3. 电子控制车身高度调节系统的功用是提高汽车的（　　）。
   A. 动力性　　　B. 安全性　　　C. 操作性　　　D. 通过性
4. 电控悬架的车身高度调节系统调节的车身高度范围一般为（　　）。
   A. 1~3 mm　　　B. 3~10 mm　　　C. 1~3 cm　　　D. 3~10 cm
5. 电子控制悬架刚度调节系统的功用是提高汽车的（　　）。
   A. 动力性　　　B. 安全性　　　C. 平顺性　　　D. 通过性
6. 电子控制减震器阻尼调节系统的功用是提高汽车的（　　）。
   A. 动力性　　　B. 安全性　　　C. 平顺性　　　D. 通过性
7. 装备电控悬架系统 EMS 的汽车在急转弯时，乘坐人员能够感到悬架较为（　　）。
   A. 柔软　　　B. 坚硬　　　C. 仰头　　　D. 点头
8. 装备电控悬架系统 EMS 的汽车在紧急制动时，乘坐人员能够感到悬架较为（　　）。
   A. 柔软　　　B. 坚硬　　　C. 仰头　　　D. 点头
9. 装备电控悬架系统 EMS 的汽车在正常行驶时，乘坐人员能够感到悬架较为（　　）。
   A. 柔软　　　B. 坚硬　　　C. 仰头　　　D. 点头
10. 电控动力转向系统的功用是在低速行驶时，减少驾驶员作用于转向盘上的（　　）。
    A. 支承力　　　B. 转向力　　　C. 制动力　　　D. 牵引力

二、多选题

1. 汽车悬架的功用是将路面作用于车轮的下述哪些作用力传递到车身上？（　　）
   A. 支承力　　　　B. 牵引力　　　　C. 制动力　　　　D. 侧向反力
2. 电控悬架系统能够调节下述哪些指标来提高汽车的通过性和平顺性？（　　）
   A. 车身高度　　　B. 悬架刚度　　　C. 减震器阻尼　　D. 车身载荷
3. 在电控悬架系统中，减震器阻尼的状态一般设有下述哪几种？（　　）
   A. SPORT　　　　B. 柔软　　　　　C. 中等硬度　　　D. 坚硬
4. 根据转向助力机构的作用位置不同，电控动力转向系统可分为下述哪几种？（　　）
   A. 转向轴　　　　B. 转向盘　　　　C. 齿条　　　　　D. 转向器小齿轮
5. 根据转向动力形式不同，电控动力转向系统 EPS 分为下述哪几种形式？（　　）
   A. 机械式 EPS　　B. 液压式 EPS　　C. 电液混合式　　D. 电动式 EPS

三、判断题

1. 改变空气弹簧气压缸内的空气量，能够调节空气弹簧悬架高度。（　　）
2. 改变空气弹簧主、辅气压腔之间压缩空气通路的大小，即可调节悬架刚度。（　　）
3. 减震器阻尼调节系统的调节原理是调节减震器油液的流量来调节阻尼的大小。（　　）
4. 电控动力转向系统能够满足汽车转向时既操纵轻便又转向灵敏的要求。（　　）
5. 在电动式电控动力转向系统中，蓄电池是转向助力的动力源。（　　）

四、简答题

1. 电子控制悬架系统的主要功用是什么？主要控制部件有哪些？
2. 电子控制悬架系统 EMS 调节空气弹簧悬架高度的方法是什么？怎样调节车身高度？
3. 在汽车紧急制动时，电子控制悬架系统（EMS）怎样抑制汽车点头？
4. 电子控制减震器阻尼调节系统采用的控制方式有哪些？
5. 电控动力转向系统必须满足的要求有哪些？

第 8 章 汽车排放电控技术

1. 认知目标

(1) 了解汽车排放各种电控系统的功能与组成。
(2) 熟悉氧化锆式和氧化钛式氧传感器的结构组成与工作原理。
(3) 掌握断油控制、空燃比反馈、废气再循环的控制原理、控制过程与控制条件。

2. 技能目标

(1) 能够说明汽车排放各种电控系统的功能与组成。
(2) 能够说明氧化锆式和氧化钛式氧传感器的结构组成与工作原理。
(3) 能够熟练地阐述断油控制、空燃比反馈、废气再循环的控制过程与控制条件。

汽车发动机电控系统可组合成若干个子控制系统,以保证发动机在各种工况下正常运行和提高发动机的动力性、经济性和排放性。本章主要内容包括发动机断油控制、空燃比反馈控制、废气再循环控制和燃油蒸发排放控制。本章学习内容要求学生掌握发动机性能控制技术的相关知识,为使用维修奠定坚实的基础。

8.1 发动机断油控制系统

> 汽车造福人类的同时,也带来了大气污染问题,因此我们必须采取措施进行控制。汽车排放的有害物质主要有碳氢化合物 HC、一氧化碳 CO、氮氧化物 NO_x、光化学烟雾和炭烟等。

发动机断油控制是指在特殊工况下,暂时中断喷油,以满足发动机运行的特殊要求和减小有害物质的排放量。超速断油与减速断油控制过程如图 8 – 1 所示。

根据断油的条件不同,断油控制分为超速断油控制、减速断油控制和清除溢流控制等。

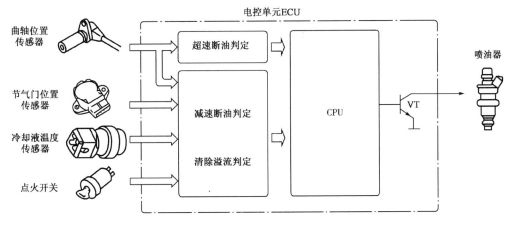

图 8-1 超速断油与减速断油控制过程

8.1.1 超速断油控制

超速断油控制是指当发动机转速超过允许的极限转速时,ECU 立即控制喷油器中断喷油的控制。发动机工作时,转速越高,曲柄连杆机构的离心力就越大。当离心力过大时,发动机就有"飞车"而被损坏的危险。因此,每台发动机都有一个极限转速值,一般为 6 000 ~ 7 000 r/min。超速断油控制系统的功用就是防止发动机超速运转而损坏机件。

在发动机运行过程中,ECU 随时都将曲轴位置传感器测得的发动机实际转速与存储器中预先储存的极限转速值进行比较。当实际转速超过极限转速 80 r/min 时,ECU 就会发出停止喷油指令,控制喷油器停止喷油,限制发动机转速进一步升高,超速断油控制曲线如图 8-2 所示。喷油器停止喷油后,发动机转速将迅速下降。当发动机转速下降至低于极限转速 80 r/min 时,ECU 将控制喷油器恢复喷油。

> 由此可见,极限转速值实际上是一个平均转速 n_0 值。

8.1.2 减速断油控制

减速断油控制是指发动机在高速运转过程中突然减速时,ECU 自动控制喷油器中断燃油喷射。当高速行驶的汽车突然松开加速踏板减速时,发动机将在汽车惯性力的作用下高速旋转,由于节气门已经关闭,进入气缸的空气很少,因此,如果不停止喷油,混合气将会很浓而导致燃烧不完全,有害气体的排放量将急剧增加。

减速断油的目的就是节约燃油,并减小有害气体的排放量。减速断油控制时,ECU 根据节气门位置、发动机转速和冷却液温度等传感器信号,判断是否满足以下三个减速断油条件。

(1) 节气门位置传感器信号表示节气门关闭。
(2) 发动机冷却液温度达到正常工作温度(80 ℃)。
(3) 发动机转速高于燃油停供转速。

当以上三个条件全都满足时,ECU 立即发出停止喷油指令,控制喷油器停止喷油。当喷油停止、发动机转速降低到燃油复供转速或节气门开启(急速触点断开)时,ECU 再发出指令控制喷油器恢复喷油,减速断油控制曲线如图 8-3 所示。例如,8A-FE 型发动机在

2 500 r/min 正常运行时，如果节气门松开，喷油器就会停止喷油。当发动机转速降到燃油复供转速 1 400 r/min 时，喷油器又会恢复喷油。

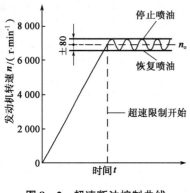

图 8-2　超速断油控制曲线

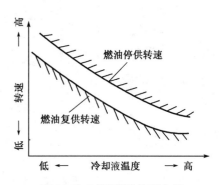

图 8-3　减速断油控制曲线

燃油停供转速和复供转速与冷却液温度和发动机负荷有关，由 ECU 根据发动机温度、负荷等参数确定。冷却液温度越低，发动机负荷越大（如空调接通），燃油停供转速和复供转速就越高。

8.1.3　清除溢流控制

> 在起动汽油发动机时，燃油喷射系统将向发动机供给较浓的可燃混合气，以便顺利起动。如果多次起动未能成功，那么，淤积在气缸内的浓混合气就会浸湿火花塞，使其不能跳火而导致发动机不能起动。火花塞被混合气浸湿的现象称为"溢流"或"淹缸"。

清除溢流是指当加速踏板踩到底，同时又接通起动开关起动发动机时，ECU 自动控制喷油器中断燃油喷射，以便排出气缸内的燃油蒸气，使火花塞干燥以便能够跳火，清除溢流控制具有以下三个条件，只有这三个条件同时满足时，断油控制系统才能进入清除溢流状态工作。

（1）点火开关处于起动位置。

（2）节气门全开。

（3）发动机转速低于 300 r/min。

由此可见，在起动电喷发动机时，不必踩下加速踏板，直接接通起动开关即可起动。否则，断油控制系统可能进入清除溢流状态而使发动机无法起动。同理，当接通起动开关起动机运转而发动机难以起动时，可利用其清除溢流功能，先将溢流清除，再进行起动。

8.2　空燃比反馈控制系统

> 在控制系统中，凡是系统的输出端与输入端之间都存在反馈回路，即输出量对控制作用有直接影响的系统，称为闭环控制系统或反馈控制系统。"闭环"的含义是应用反馈调节作用来减小系统的误差。空燃比反馈控制就是调节电控发动机空燃比的误差。

8.2.1 空燃比反馈控制系统的组成

> 试验证明：当发动机混合气的空燃比（A/F）控制在理论空燃比（14.7）附近时，三元（HC、CO、NO_x）催化转换器才能使HC、CO、H_2的还原作用和NO_x、O_2的氧化作用同时进行，并将排气中的三种有害气体（HC、CO、NO_x）转化为二氧化碳CO_2和水H_2O等无害物质，排气净化率曲线如图8-4所示。电喷发动机是用空气流量传感器和发动机转速传感器等信号来计算确定喷油量，所以很难将空燃比控制在理论空燃比（14.7）附近。

空燃比反馈控制系统（Air Fuel Ratio Feedback Control, AFC）的功用是，利用氧传感器反馈的空燃比信号对喷油脉冲宽度进行反馈控制，将空燃比控制在理论空燃比（14.7）附近，再利用三元催化转换器将排气中的三种主要有害物质转化为无害成分，从而节约燃油和净化排气，满足油耗法规和排放法规的要求。

空燃比反馈控制系统是在燃油喷射系统的基础上增设氧传感器而构成的，如图8-5所示。发动机工作时，电控单元ECU根据氧传感器的信号电压来判断可燃混合气是偏浓还是偏稀，再发出控制指令对喷油量进行修正。

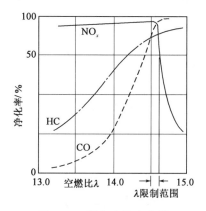

图8-4 排气净化率曲线

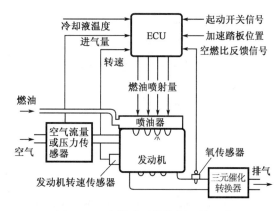

图8-5 空燃比反馈控制系统组成

氧传感器是实现空燃比反馈控制的关键部件，安装在排气门至三元催化转换器之间的排气管上。如果在同一根排气管上安装两只氧传感器（如雷克萨斯LS400型和皇冠3.0型轿车），则在三元催化转换器的前、后端各安装一只氧传感器，两次反馈能够实现精确控制。

氧传感器是排气氧传感器（Exhaust Gas Oxygen Sensor, EGO）的简称，其功用是通过监测排气中氧离子的含量来获得混合气的空燃比信号，并将空燃比信号转变为电信号输入发动机ECU。ECU根据氧传感器信号对喷油时间进行修正，实现空燃比反馈控制（闭环控制），即将空燃比控制在14.7左右，使发动机得到最佳浓度的混合气，从而达到减少有害气体排放和节约燃油的目的。

汽车电控发动机采用的氧传感器分为氧化锆（ZrO_2）式和氧化钛（TiO_2）式两种类型，氧化锆式氧传感器又分为加热型与非加热型氧传感器两种，氧化钛式一般都为加热型传感器。因为氧化钛式氧传感器价格便宜，且不易受到硅离子的腐蚀，所以在当今汽车上得到普遍采用。

8.2.2 氧化锆式氧传感器的结构原理

> 空气中的氧离子在某些固体电解质中容易扩散，已经发现的具有多孔性的固体电解质材料有二氧化锆（ZrO_2）、氧化钍（ThO_2）、氧化铋（Bi_2O_3）、氧化铈（CeO_2）等。当这些电解质的表面与内部之间氧气的浓度不同（存在浓度差）时，氧气浓度高处的氧离子就会向浓度低的一侧扩散，以求达到平衡状态。当固体电解质表面设置集中用多孔电极之后，在其两个表面之间就可得到电动势，因此，将其称为"氧浓差电池"。氧化锆式氧传感器就是根据这一原理制成的氧离子浓度传感器，又称"电压型"氧离子浓度传感器。

1. 氧化锆式氧传感器的结构组成

氧化锆式氧传感器（EGO）的结构如图 8-6 所示，它主要由钢质护管、钢质壳体、锆管、加热元件、电极引线、防水护套和线束插头等组成。

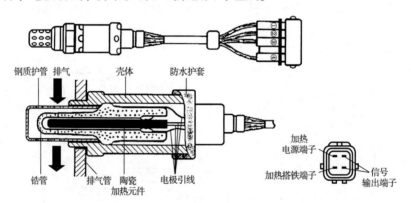

图 8-6　氧化锆式 EGO 的结构

锆管是在二氧化锆（ZrO_2）固体电解质粉末中添加少量的添加剂压制成形后，再烧结而成的陶瓷管，其加工工艺与火花塞绝缘体的成形工艺完全相同。二氧化锆晶体的体积变化量为4%左右，其体积变化容易导致晶体老化而失效（阻止氧离子扩散），加入添加剂的目的就是防止二氧化锆晶体老化。目前常用的添加剂是氧化钇（Y_2O_3）。锆管制作成试管形状，以便氧离子能均匀扩散与渗透。锆管内表面通大气，外表面通排气。为了防止发动机排出的废气腐蚀外层铂电极，在外层铂电极表面还涂敷有一陶瓷保护层。

在锆管的内、外表面都涂覆有一层金属铂（催化剂）作为电极，并用金属线与传感器信号输出端子连接。金属铂除了起到电极作用将信号电压引出传感器之外，另一个更重要的作用是催化作用。在催化剂铂的作用下，当发动机排气中的一氧化碳（CO）有害气体与氧气（O_2）接触时，就会生成二氧化碳（CO_2）无害气体。氧化锆陶瓷管的强度很低，而且被安装在排气管上承受排气压力冲击。为了防止锆管受排气压力冲击而造成陶瓷管破碎，就将锆管封装在钢质护管内。护管上制作有若干个小孔，以便排气流通。在钢质壳体上制作有六角螺边和螺纹，以便安装（拧紧力矩为 40~60 N·m）和拆卸传感器。

氧化锆式氧传感器有加热型与非加热型两种。非加热型氧传感器的线束插头只有1个或两个接线端子。中高档轿车大都采用加热型氧传感器，其线束插头有3个或4个接线端子。

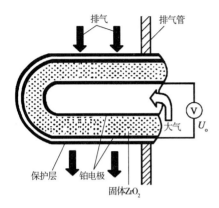

图8-7 氧化锆式EGO工作原理

2. 氧化锆式氧传感器的工作原理

二氧化锆（ZrO_2）式氧传感器的固体电解质普遍使用二氧化锆，其工作原理如图8-7所示。因为锆管内侧与氧离子浓度高的大气相通，外侧与氧离子浓度低的排气相通，且锆管外侧的氧离子随可燃混合气浓度变化而变化，所以当氧离子在锆管中扩散时，锆管内外表面之间的电位差将随可燃混合气浓度变化而变化，即锆管相当于一个氧浓差电池，传感器的信号源相当于一个可变电源。氧化锆式氧传感器的输出特性如图8-8所示。

氧化锆式氧传感器工作原理

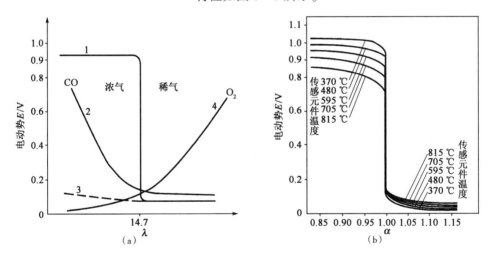

图8-8 氧化锆式氧传感器的输出特性
(a) 气体浓度与电压的关系；(b) 传感元件温度与电压的关系
1—传感器的电动势；2——氧化碳CO浓度；3—无铂电极时的电动势；4—氧离子浓度

当供给发动机的可燃混合气较浓（空燃比 $\lambda < 14.7$ 或过量空气系数 $\alpha < 1$）时，排气中氧离子含量较少、一氧化碳（CO）浓度较大。在锆管外表面催化剂铂的催化作用下，氧离子几乎全部都与CO发生氧化反应生成二氧化碳气体，使外表面上氧离子浓度为0 mol/L。由于锆管内表面与大气相通，氧离子浓度很大，因此锆管内、外表面之间的氧离子浓度差较大，两个铂电极之间的电位差较高，约0.9 V。

当供给发动机的可燃混合气较稀（空燃比 $\lambda > 14.7$ 或过量空气系数 $\alpha > 1$）时，排气中氧离子含量较多、CO浓度较小，即使CO全部都与氧离子产生化学反应，锆管外表面上还是有多余的氧离子存在。因此，锆管内、外表面之间氧离子的浓度差较小，两个铂电极之间的电位差较低，约 0.1 V。

当空燃比接近于理论空燃比 14.7（过量空气系数 α 接近于 1）时，排气中的氧离子和 CO 含量都很少。在催化剂铂的作用下，氧离子与 CO 的化学反应从缺氧状态（CO 过剩、氧离子浓度接近于 0）急剧变化为富氧状态（CO 接近于 0、氧离子过剩）。由于氧离子浓度差急剧变化，因此，铂电极之间的电位差急剧变化，使传感器输出电压从 0.9 V 急剧变化为 0.1 V。

如图 8-8（a）所示，当可燃混合气浓时，如果没有催化剂铂的催化作用使氧离子浓度急剧减小到接近于 0 mol/L，那么在混合气由浓变稀时，固体电解质两侧氧离子的浓度差将连续变化，传感器的电动势将按曲线 3 所示连续变化，即电动势不会出现跃变现象。

> 在使用过程中，铂在催化反应过程中自身会有消耗，故氧化锆式氧传感器是一种消耗型传感器。此外，汽油和润滑油硫化产生的硅酮等颗粒物质附着在铂电极表面上会导致铂电极逐渐失效，传感器内部端子处用于防水的硅橡胶也会逐渐污染内侧电极。因此，氧化锆式氧传感器必须定期更换。目前规定，汽车每行驶 16 万 km 必须更换新品。

3. 氧化锆式氧传感器的工作条件

氧化锆式氧传感器必须满足以下三个条件，才能正常调节混合气浓度。
(1) 发动机温度高于 60 ℃。
(2) 氧传感器自身温度高于 300 ℃。
(3) 发动机工作在怠速工况或部分负荷工况。

8.2.3 氧化钛式氧传感器的结构原理

> 二氧化钛（TiO_2）属于 N 型半导体材料，其阻值大小取决于材料温度以及周围环境中氧离子的浓度。因此可用来检测排气中的氧离子浓度。氧化钛式氧传感器又称"电阻型"氧离子浓度传感器。

1. 氧化钛式氧传感器的结构组成

氧化钛式氧传感器的外形与氧化锆式氧传感器相似，其结构如图 8-9 所示，主要由二氧化钛传感元件、钢质壳体、加热元件和电极引线等组成。

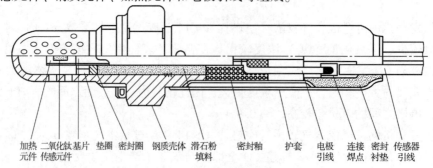

图 8-9 氧化钛式氧传感器结构

钢质壳体上制有螺纹，以便传感器安装。与氧化锆式氧传感器不同的是，氧化钛式氧传感器不需要与大气压进行比较，因此传感元件的密封与防水十分方便，利用二氧化硅或滑石粉等密封即可达到使用要求。此外，在电极引线与护套之间设置一个硅橡胶密封衬垫，可以防止水汽浸入传感器内部而腐蚀电极。

二氧化钛传感元件有芯片式和厚膜式两种，如图 8-10 所示。芯片式将铂金属线埋入二氧化钛芯片中，金属铂兼作催化剂。厚膜式采用半导体封装工艺中的氧化铝层压板工艺制成，从而使成本降低、可靠性提高。

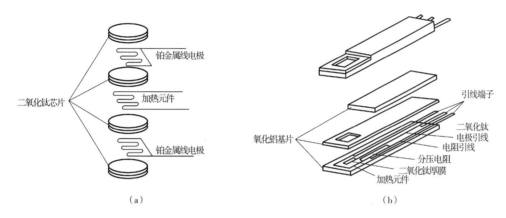

图 8-10 氧化钛式氧传感器传感元件结构
(a) 芯片式传感元件；(b) 厚膜式传感元件

加热元件用钨丝或陶瓷材料制成，加热的目的是使传感元件二氧化钛温度保持恒定，从而使传感器的输出特性不受温度影响。因为二氧化钛是一种多孔性的陶瓷材料，利用热传导方式对二氧化钛芯片或厚膜可以直接进行加热，所以加热效率高，达到激活温度（规定温度为 600 ℃）需要的时间很短，这对减小发动机刚刚起动后碳氢化合物 HC 的排放量十分有利。

2. 氧化钛式氧传感器的工作原理

二氧化钛半导体材料的电阻具有随氧离子浓度变化而变化的特性。因此，氧化钛式氧传感器的信号源相当于一个可变电阻，其电阻值与过量空气系数的关系如图 8-11 所示。

当发动机的可燃混合气浓（过量空气系数小于 1）时，由于燃烧不完全，排气中会剩余少量氧气，传感元件周围的氧离子很少，二氧化钛呈现高阻状态。与此同时，在催化剂铂的催化作用下，剩余氧离子与排气中的一氧化碳 CO 产生化学反应，生成二氧化碳 CO_2，将排气中的氧离子进一步消耗掉，从而大大提高传感器的灵敏度。

当发动机的可燃混合气稀（过量空气系数大于 1）时，排气中氧离子含量较多，传感元件周围的氧离子浓度较大，二氧化钛呈现低阻状态。

由上可知，氧化钛式氧传感器的电阻将在混合气的过量空气系数约为 1（空燃比约为 14.7）时产生突变。当给氧传感器施加稳定的电压时（电路如图 8-12 所示），在其输出端便可得到一个交替变化的信号。该稳定电压一般由 ECU 内部的稳压电源提供。

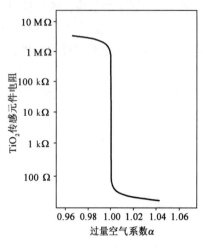

图 8-11 氧化钛式 EGO 的电阻值与过量空气系数的关系

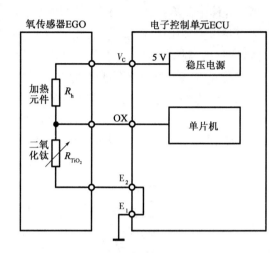

图 8-12 氧化钛式 EGO 工作电路

3. 氧化钛式氧传感器的工作条件

氧化钛式氧传感器必须满足以下三个条件，才能正常调节混合气浓度。
(1) 发动机温度高于 60 ℃。
(2) 氧传感器自身温度高于 600 ℃。
(3) 发动机工作在怠速工况或部分负荷工况。

8.2.4 空燃比反馈控制过程

电喷发动机空燃比的反馈控制特性曲线如图 8-13 所示。氧传感器输出电压的平均值称为限制电平。ECU 接收到氧传感器的信号电压高于限制电平（0.5 V），表明混合气偏浓，空燃比偏小，ECU 首先发出控制指令使空燃比反馈修正系数 K_{AF} 骤然下降一个 P_R 值，使喷油时间缩短，喷油量减少，然后逐渐减小修正系数，使混合气逐渐变稀，空燃比逐渐增大。

ECU 接收到氧传感器的信号电压低于限制电平（0.5 V），表明混合气偏稀，空燃比偏大，ECU 首先发出控制指令使空燃比反馈修正系数 K_{AF} 急剧上升一个 P_L 值，使喷油时间增长，喷油量增大，然后逐渐增大修正系数，使喷油量逐渐增加，混合气逐渐变浓，空燃比逐渐减小。

在空燃比反馈控制过程中，由于发动机工作循环需要一定的时间（从喷油器喷油开始到氧传感器检测出氧离子浓度为止，发动机要经过进气、压缩、做功和排气等行程），所以要使空燃比收敛于理论空燃比值是不可能的。实际反馈控制只能将空燃比控制在理论空燃比附近 [图 8-13 (a)]。

氧传感器输入 ECU 的信号电压在低电平（0.1~0.3 V）与高电平（0.7~0.9 V）之间变化的频率为 10 次/min 以上。ECU 如果接收到的氧传感器信号电压变化过慢（低于 10 次/min）或保持不变（保持高电平或低电平不变），就会判定有氧传感器故障，并对空燃比实施开环控制。由于开环控制不能将空燃比控制在理论空燃比附近，因此，发动机燃油消耗量和有害气体排放量都将大大增加。

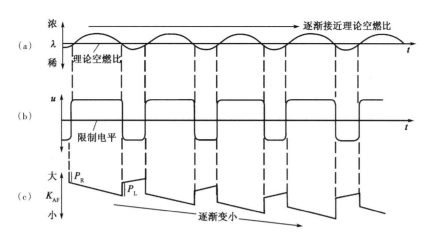

图 8–13　电喷发动机空燃比的反馈控制特性曲线示意

8.2.5　空燃比反馈控制条件

为了保证发动机具有良好的动力性、经济性和排放性，发动机 ECU 对空燃比并不是在发动机所有工况下都进行反馈控制。发动机 ECU 对空燃比实施反馈（闭环）控制的条件如下：

（1）发动机冷却液温度达到正常工作温度（80 ℃）。
（2）发动机运行在怠速工况或部分负荷工况。
（3）氧传感器温度达到正常工作温度。
（4）氧传感器输入 ECU 的信号电压变化频率不低于 10 次/min。

在下述情况下，发动机 ECU 将对空燃比实施开环控制：

（1）发动机起动工况。起动需要浓混合气，以便起动发动机。
（2）发动机暖机工况。发动机刚起动的温度低于正常工作温度（80 ℃），需要迅速升温。
（3）发动机大负荷工况。大负荷时需要加浓混合气，使发动机输出较大转矩。
（4）加速工况。加速时需要发动机输出较大转矩，以便提高车速。
（5）减速工况。减速时需要停止喷油，使发动机转速迅速降低。
（6）氧传感器温度低于正常工作温度。氧化锆式氧传感器温度达到 300 ℃、氧化钛式氧传感器温度达到 600 ℃ 时才能输出信号。
（7）氧传感器输入 ECU 的信号电压持续 10 s 以上时间保持不变时。信号电压持续 10 s 以上时间不变说明氧传感器失效，ECU 将自动进入开环控制状态。

8.3　废气再循环控制系统

发动机废气再循环（Exhaust Gas Recirculation，EGR），是指将发动机排气管中的部分废气引入进气管与新鲜空气混合之后，再吸入气缸参与工作循环。

8.3.1 废气再循环率

在内燃机中，当燃油在高温（高于 1 370 ℃）条件下燃烧时，氮气与氧气化合就会生成有毒并带恶臭气味的氮氧化物 NO_x 气体。在其他条件相同的情况下，发动机燃烧温度越高，产生的氮氧化物也就越多。

废气再循环的目的是：利用排气中所含二氧化碳不能燃烧却能吸热的特性来降低燃烧温度，从而减小氮氧化物 NO_x 的排放量。

二氧化碳具有吸收热量的特性。废气再循环量越大，发动机最高温度就越低，抑制氮氧化物的效果也就越好。但是，废气再循环量过大，会导致混合气着火性能变差，不仅会使发动机动力性降低、油耗增加，而且还会增大碳氢化合物 HC 的排放量。因此，必须对废气再循环量进行合理控制，在保证发动机正常工作的前提下，最大限度地减少氮氧化物的排放。

发动机排气参与再循环的量，通常用废气再循环率（EGR 率）表示，即

$$EGR 率 = \frac{EGR 气体量}{吸入空气量 + EGR 气体量} \times 100\%$$

EGR 的控制方式分为机械控制式和电子控制式两种类型。机械控制式 EGR 系统的控制部件为膜片阀，利用进气歧管的真空度（负压）和排气压力来调节膜片阀阀门的开度，从而实现 EGR。机械控制式 EGR 系统控制的 EGR 率不可改变或变化范围较小（一般为 5% ~ 15%），已很少被采用。目前普遍利用 ECU 控制电磁阀，由电磁阀再控制 EGR 阀来调节 EGR 率。电控 EGR 的控制精度较高，其控制的 EGR 率可达 25% 左右。

8.3.2 EGR 电控系统的结构组成

EGR 电控系统由各种传感器和控制开关、电控单元 ECU、执行器（EGR 电磁阀和 EGR 阀）组成，如图 8-14 所示。

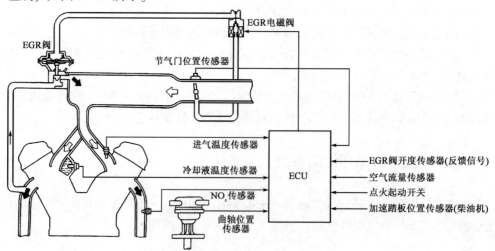

图 8-14 EGR 电控系统的组成

传感器和控制开关主要有曲轴位置传感器、空气流量传感器（或进气歧管压力传感器）、节气门位置传感器或加速踏板位置传感器（柴油机）、冷却液温度传感器和点火起动开关等。曲轴位置传感器提供发动机转速信号，空气流量传感器（或进气歧管压力传感器）、节气门位置传感器或加速踏板位置传感器（柴油机）提供发动机负荷信号，发动机冷却液温度传感器提供发动机温度信号，点火起动开关提供反映发动机状态的信号。

执行器有 EGR 电磁阀和 EGR 阀（真空阀）。在部分汽车上，还配装有 NO_x 传感器或 EGR 阀开度传感器，用于 EGR 的反馈控制。有的 EGR 电控系统则取消了 EGR 阀，采用 EGR 线性电磁阀直接控制废气循环量。

EGR 线性电磁阀的结构如图 8-15 所示，其进气口与排气管相连，出气口与进气歧管相连。在这种电磁阀上，通常都配装有阀门开度传感器提供废气循环量的反馈控制信号。发动机工作时，废气循环电控单元（EGR ECU）根据发动机转速和负荷等信号，通过调节占空比的大小来直接控制线性电磁阀开度，从而控制废气循环量。

当占空比增大时，电磁阀线圈平均电流增大，阀芯产生的电磁吸力增大，克服复位弹簧预紧力向上位移量增大，并带动阀杆一同上移使阀门开度增大，废气循环量增大。同理，当占空比减小时，废气循环量减小。

当阀芯位移时，电磁阀阀门开度传感器内部的检测元件（电位计或位移量检测部件）将阀芯位移量转换为电信号，并输入 EGR ECU 作为废气循环量的反馈控制信号，从而实现废气循环量的闭环控制。因此，EGR 量的控制精度比真空阀高，且响应速度比真空阀快得多。目前，采用这种线性电磁阀的 EGR 系统应用越来越广。

8.3.3 EGR 的控制原理

设计 EGR 电控系统时，通过试验测定出各种工况下的最佳废气循环量值，并以 EGR 电磁阀对应的占空比数值用三维数据 MAP 的形式储存在存储器 ROM 中，如图 8-16 所示。

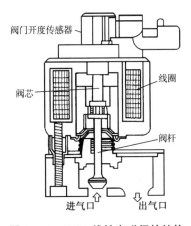

图 8-15 EGR 线性电磁阀的结构

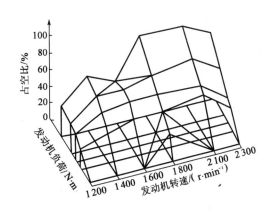

图 8-16 电控 EGR 的占空比三维数据 MAP

当发动机运转时，EGR ECU 首先根据发动机转速与负荷（空气流量、进气压力、节气门开度或加速踏板位置）传感器信号，在占空比三维数据 MAP 中查寻确定最佳的 EGR 电磁阀占空比值，再向 EGR 电磁阀输出相应的占空比控制信号，将废气再循环量控制在最佳值，从而使 NO_x 排放量降低到规定标准。

在设置 EGR 阀开度或 NO_x 传感器的控制系统中,EGR ECU 还要根据该传感器信号调整 EGR 电磁阀的占空比来调节 EGR 阀的开度,对废气再循环量实现反馈控制,使 NO_x 排放量进一步减小。

8.3.4 EGR 的实施条件

发动机 EGR 电控系统并非在所有工况下都能进行 EGR。在下述情况之一时,EGR ECU 将停止向 EGR 电磁阀发送控制指令,EGR 将停止,保证发动机正常工作。

(1) 发动机起动时。发动机起动时温度低,产生 NO_x 气体较少,也为了保证可靠起动。

(2) 发动机怠速时。发动机怠速时温度低,要保证迅速升温,防止怠速不稳定。

(3) 发动机转速低于 900 r/mn 或高于 3 200 r/mn(上、下限值取决于发动机型号)时,转速低时进行 EGR 容易导致转速不稳,转速高时要保证发动机输出足够动力。

8.4 燃油蒸发排放控制系统

汽车燃油是一种挥发性很强的物质,燃油箱、曲轴箱、气门室和燃油管路内部的燃油受热后,表面就会产生蒸气,如不妥善处理,就会散发到大气之中造成环境污染。

燃油蒸发排放控制系统(Fuel Evaporative Emission Control System,FEC)又称燃油蒸气回收系统,其功用是防止燃油蒸气排入大气而污染环境,同时还可节约能源。该系统利用活性炭罐吸附燃油箱、曲轴箱、气门室及管路中挥发的燃油蒸气,待发动机起动后,再将活性炭罐中吸附的燃油蒸气吸入燃烧室燃烧,使燃油蒸气的排放量降低 95% 以上。

8.4.1 燃油蒸发排放控制系统的组成

各型汽车燃油蒸发排放控制系统(FEC)的组成大同小异,如图 8-17 所示,主要包括活性炭罐、活性炭罐电磁阀 N80、通风管以及电控单元 ECU 等。炭罐内装活性炭,活性炭是一种吸附能力极强的物质,用于吸附收集燃油箱、曲轴箱、气门室及管路中挥发的燃油蒸气。

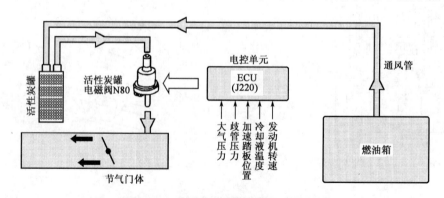

图 8-17 燃油蒸发排放控制系统的组成

大众轿车活性炭罐与电磁阀、通风管的连接情况如图 8-18 所示。活性炭罐电磁阀又称再生电磁阀或燃油箱通风阀,简称炭罐电磁阀,一般被安装在活性炭罐与节气门体之间,其结构原理与普通电磁阀基本相同。

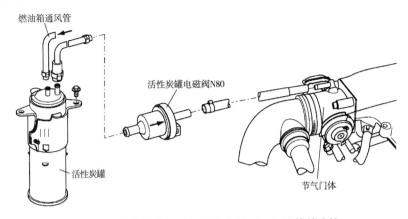

图 8 – 18　大众轿车活性炭罐与电磁阀、通风管的连接

炭罐电磁阀受控于电控单元 J220，桑塔纳系列轿车用炭罐电磁阀的工作电压为 9~16 V，工作温度为 –30~+120 ℃，燃油蒸气流量为 2~3 m^3/h（压力 200 kPa 时），控制频率为 30 Hz，最小控制脉冲为 7 ms，电磁阀线圈电阻为 26 Ω，消耗电流为 0.5 A（电压 13.5 V 时）。

8.4.2　燃油蒸发排放控制原理

燃油蒸发排放控制系统在发动机温度和转速达到一定值时才能投入工作，其原理如图 8 – 19 所示。来自燃油箱的通风管将燃油蒸气引入活性炭罐，使燃油蒸气被活性炭吸附，直至燃油蒸气饱和为止。

燃油蒸发排放系统原理

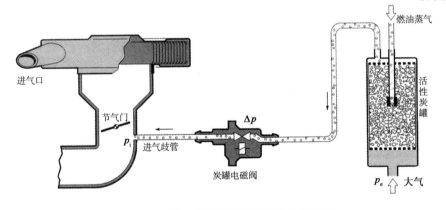

图 8 – 19　燃油蒸发排放控制系统工作原理

（Δp 为环境压力 p_e 与进气歧管压力 p_i 之差）

当发动机运转时，节气门开度（柴油机为加速踏板位置）发生变化，进气歧管内部压力 p_i 将低于大气环境压力 p_e，即产生一个压差 Δp（$\Delta p = p_e - p_i$）。与此同时，ECU 根据发动机转速和压力等信号，向炭罐电磁阀发出占空比控制指令，在输出回路的驱动下，炭罐电磁阀就有电流流过，其平均电流产生的电磁吸力就会克服其复位弹簧预紧力，使其阀门保持一定开度。炭罐电磁阀开度的大小由 ECU 根据电磁阀两端的压差决定。ECU 改变占空比的大

小，即可控制电磁阀阀门开度。占空比越大，平均电流越大，电磁阀阀门开度就越大；反之，占空比越小，阀门开度越小。

当炭罐电磁阀阀门开启时，在压差作用下，活性炭罐内部储存的饱和燃油蒸气便经电磁阀阀门流入进气歧管，并与新鲜空气混合形成再生气流，再被吸入燃烧室燃烧，从而避免燃油蒸气排入大气污染环境。

在发动机运转过程中，ECU 控制炭罐电磁阀周期性地通电与断电，使其流过一定的平均电流来保持阀门的开启程度，此时用手触摸炭罐电磁阀会有振动的感觉。因此，可以根据这一现象来判断 FEC 与电磁阀工作是否正常。

本章小结

本章主要介绍了发动机超速断油控制、减速断油控制、清除溢流控制、空燃比反馈控制、废气再循环控制和燃油蒸发排放控制等内容。

下列概述覆盖了本章的主要学习内容，利用以下线索可对所学内容做一次简要的回顾。

（1）电控发动机超速与减速断油以及清除溢流的控制过程。
（2）电控发动机空燃比反馈控制系统的组成与控制原理。
（3）氧化锆式和氧化钛式氧传感器的结构原理。
（4）空燃比反馈控制过程以及实施反馈控制和开环控制的条件。
（5）电控 EGR 率、EGR 系统的结构组成与控制原理以及 EGR 的实施条件。
（6）燃油蒸发排放控制系统的组成与控制原理。

复 习 题

一、单选题

1. 当发动机实际转速超过极限转速下述哪一值时，ECU 就会中断喷油？（　　）
   A. 80 r/min　　B. 200 r/min　　C. 600 r/min　　D. 1 000 r/min

2. 氧化锆式氧传感器正常输出信号电压时，其自身温度必须高于（　　）。
   A. 80 ℃　　B. 300 ℃　　C. 600 ℃　　D. 800 ℃

3. 氧化钛式氧传感器正常输出信号电压时，其自身温度必须高于（　　）。
   A. 80 ℃　　B. 300 ℃　　C. 600 ℃　　D. 800 ℃

4. 当混合气浓时，锆管内、外的氧离子浓度差大，氧传感器输出电压约为（　　）。
   A. 0.1 V　　B. 0.3 V　　C. 0.5 V　　D. 0.9 V

5. 对发动机实施废气再循环控制的目的是减少下列哪一种物质的排放量？（　　）
   A. HC　　B. CO　　C. NO_x　　D. SO_2

6. 电控废气再循环系统的控制精度较高，其控制的 EGR 率可达（　　）。
   A. 15%　　B. 25%　　C. 35%　　D. 45%

7. 汽油发动机混合气的理论空燃比约为（　　）。
   A. 1.0　　B. 4.5　　C. 14.3　　D. 14.7

8. 对电控发动机实施减速断油控制的目的是（　　）。
   A. 提高经济性　　B. 提高安全性　　C. 提高舒适性　　D. 提高通过性
9. 发动机断油控制系统实施清除溢流控制的目的是（　　）。
   A. 提高经济性　　B. 提高安全性　　C. 便于发动机起动　　D. 提高动力性
10. 燃油蒸发排放控制的目的是（　　）。
    A. 提高操作性　　B. 提高安全性　　C. 提高动力性　　D. 提高排放性

二、多选题

1. 根据断油控制条件的不同，电控发动机断油控制分为以下哪几种？（　　）
   A. 定时断油　　B. 超速断油　　C. 减速断油　　D. 清除溢流
2. 发动机断油控制系统具有下述哪些功能？（　　）
   A. 保护发动机　　B. 提高经济性　　C. 提高动力性　　D. 提高排放性
3. 实施空燃比反馈控制的目的是减少下列哪些有害物质的排放量？（　　）
   A. HC　　B. CO　　C. NO_x　　D. SO_2
4. 氧化钛式氧传感器主要由下述哪些部件组成？（　　）
   A. 二氧化钛　　B. 钢质壳体　　C. 锆管　　D. 加热元件
5. 废气再循环电控系统的组成包括下述哪些控制部件？（　　）
   A. 传感器　　B. ECU　　C. EGR 电磁阀　　D. EGR 阀

三、判断题

1. 电控发动机的极限转速值实际上是一个平均转速值。（　　）
2. 电喷发动机的转速一旦超过 6 000 r/min，断油控制系统就会中断喷油。（　　）
3. 超速断油控制的目的是防止发动机超速运转而损坏机件。（　　）
4. 发动机空燃比反馈控制能够有效减小有害物质一氧化碳 CO 的排放量。（　　）
5. 氧传感器是实现发动机空燃比反馈控制必不可少的传感器。（　　）
6. 氧化锆式氧传感器是一种"电阻型"氧离子浓度传感器。（　　）
7. 发动机废气再循环控制的主要目的是减小氮氧化物 NO_x 的排放量。（　　）
8. 燃油蒸发排放控制系统（FEC）的执行元件是活性炭罐。（　　）

四、问答题

1. 发动机断油控制系统主要由哪些控制部件组成？
2. 发动机断油控制系统实施减速断油控制的条件有哪些？
3. 发动机断油控制系统实施清除溢流控制的条件有哪些？
4. 氧化锆式氧传感器能够正常输出信号的条件有哪些？
5. 氧化钛式氧传感器能够正常输出信号的条件有哪些？
6. 发动机 ECU 对空燃比实施反馈控制的条件有哪些？
7. 试说明发动机空燃比反馈控制系统的控制过程。
8. 为了保证发动机正常工作，在哪些工况下不能进行废气再循环？

第 9 章

汽车车载局域网技术

1. 认知目标
（1）了解车载局域网的应用与发展概况。
（2）熟悉车载局域网的构成与分类方法。
（3）掌握控制器局域网的构成、特点、应用与通信速率设定。

2. 技能目标
（1）能够说明车载局域网的应用、构成与分类方法。
（2）能够熟练地说明控制器局域网的构成、特点与应用情况。

汽车车载局域网（Local Area Network，LAN）技术是随着计算机网络技术的应用而发展起来的汽车网络通信技术。本章的主要内容包括车载局域网的应用、发展、构成与分类，控制器局域网（Controller Area Network，CAN）的构成、特点、应用与通信速率设定等。

通过对本章内容的学习，要求学生掌握车载局域网和控制器局域网的相关知识，为使用维修奠定坚实的基础。

9.1 车载局域网的应用与发展

> 网络在《辞海》中的定义：在电气系统中，由若干元件组成的、用来使电信号按一定要求传输的电路或这种电路中的某一部分电路。网络的种类很多，具有不同的形式和功能，如计算机互联网、远程教育网、城市供电网、农村供电网、金融服务网和人际关系网等。

车载局域网（Local Area Network，LAN）是汽车网络的统称，又称汽车车载局域通信网，是指分布在汽车上的电气与电子设备在物理上互相连接，并按照网络通信协议相互进行通信，以共享硬件、软件和信息等资源为目的的电气与电控系统。可见，在物理上互连的电气与电子设备（硬件）和通信协议（软件）是车载局域网必不可少的两个条件。

实际上，在物理上互连就是利用导线（称为数据总线）将若干个电气或电子设备（称为模块或控制模块）连接在一起组成一个网络；通信协议则是为了共享硬件、软件和信息等资源而制定的控制信息交换的一系列规则。通信协议有很多，如控制器局域网（Controller Area Network，CAN）通信协议（CAN 通信协议）、汽车局部互联网（Local Interconnect Network，LIN）通信协议（LIN 通信协议）、汽车局域网（Vehicle Area Network，VAN）通信协议（VAN 通信协议）、多媒体定向系统传输网（Media Oriented System Transport，MOST）通信协议（MOST 通信协议）等。

计算机通信网的建立为信息和资源共享开辟了道路，形成了新型的"网络信息服务"工业。例如，计算机通信网可以提供远程教育、远程商品购置、远程医疗会诊、互联网金融、电子邮政、新闻特写、网上办公等各种方便快捷的服务。每个人都可以在家里进行网上购物、网上聊天、看电影、玩游戏、听音乐、写微博、查阅或索取资料、接通可视电话等。更方便快捷的是在几分钟甚至几秒钟内就可以把一封电子邮件（E-mail）传送到地球上的任何地方。

计算机通信网技术的发展，不仅改变了人们的生活方式，而且改变了采用微电子技术控制的汽车、火车、飞机、船舶、医疗设备、工业设备控制系统的控制方式。

9.1.1 汽车采用局域网技术的目的

随着汽车电子技术的迅速发展和广泛应用，汽车电子化程度越来越高，汽车上安装的电子设备越来越多，如电子控制制动力分配系统（Electronic Brakeforce Distributing System，EBD）、电子控制制动辅助系统（Electronic Brake Assist System，EBA）、车身稳定性控制系统（Vehicle Stability Control，VSC）、车辆保安系统（Vehicle Electronic Safety System，VESS）、中央门锁控制系统（Central Locking Control System，CLCS）、前照灯控制与清洗系统（Headlamp Adjustment and Wash System，HAW）、轮胎气压控制系统（Tyre Presure Control System，TPC）、维修周期显示系统（Load-Dependent Service Interval Display System，LSID）、液面与磨损监控系统（Fluids and Wear Parts Monitoring Systems，FWMS）、自动空调系统（Automatic Heating Ventilating Air-Conditioning System，AHVC）、座椅位置调节系统（Seat Adjustment Position Memory System，SAMS）、车载电话（Car Telephone，CT）、交通控制与通信系统（Traffic Control and Information System，TCIS）等。如果电气线束仍采用传统的布线方式连接，线束就会变得更加粗大，质量大增。电气与电子设备的大量应用，一方面导致汽车导线布置杂乱、安装空间狭小、检修十分不便，另一方面也为汽车采用计算机网络技术创造了条件。

一般来说，汽车动力及其传输系统、车身系统等都可以分别按系统、按需要的信息传送速率实现网络化。汽车采用局域网（网络）技术的根本目的：一是减少汽车线束；二是实现快速通信。

> 通信就是利用电信设备传递信息。计算机互联网又称计算机通信网，是指分布于各处的多台计算机在物理上互相连接，按照网络协议相互进行通信，以共享硬件、软件和信息等资源为目的计算机系统。

9.1.2 车载局域网技术的发展

1983 年是汽车行业和汽车技术发展具有划时代意义的一年,因为德国博世(Bosch)公司于 1983 年提出了众所周知的利用计算机总线技术来实现汽车车身、动力及其传动系统控制器局域网(CAN)通信的基本协议(CAN 通信协议或 CAN 协议)。CAN 通信协议的发展历程如表 9-1 所示。该协议于 1999 年被国际标准化组织(International Organization for Standardization)ISO 11898-1 标准认可,标志着车载局域网发展进入一个崭新的阶段。

表 9-1 汽车控制器局域网(CAN)通信协议的发展历程

年份	发 展 情 况	年份	发 展 情 况
1983	德国博世公司开始研究 CAN	1992	使用 CAN 的车辆实现批量生产
1986	博世公司发表 CAN 通信协议、欧洲汽车于同年 12 月开始采用 CAN	1994	CAN 通信协议被国际标准化组织 ISO 11898 标准认可
1987	首批 CAN 单片机制成	1995	对 ISO 11898 标准进行修改
1989	CAN 单片机实现批量生产	1996	日本三菱公司投产 CAN 单片机(M37630)
1991	CAN 通信协议被国际标准化组织 ISO 11519-1 标准认可;同年 9 月,CAN 协议升高至 Ver.2.0B 版本	1999	CAN 通信协议被国际标准化组织 ISO 11898-1 标准认可

网络必须按照规定的协议进行通信,才能实现网络预期的功能。因此,通信协议(或通信标准)是构成局域网的重要内容。网络通信协议的制定和研制符合网络通信标准的产品,都已取得突破性进展。最有代表性的有博世(Bosch)公司制定的控制器局域网通信协议,早在 1999 年国际标准化组织 ISO 就已将其确认为 ISO 11898-1 串行通信协议(标准)。除此之外,还有英特尔(Intel)公司推出的 SAE J18065 网络通信标准。

应用案例

在网络产品方面,半导体厂商已将中央处理器(Central Processing Unit,CPU)与相关的电子模块组合,制作出了满足上述各类 LAN 要求的系列单片机。飞利浦(Philips)、英特尔(Intel)、摩托罗拉(Motorola)等公司都已研制生产出符合相关网络协议要求的芯片。例如,将微处理器 CPU 与 CAN 控制器集成在一起的产品有飞利浦公司研制的 P8XC591、P8XC592 芯片,达拉斯-马克西姆(Dallas-Maxim)集成产品公司研制的 DS80C390 芯片;CAN 控制器有飞利浦公司的 SJA 1000、PCA82C200 芯片;用于连接 CAN 控制器与物理总线的 CAN 总线收发器有飞利浦公司的 PCA 82C250 芯片等。为了满足汽车网络控制的需要,更好地完成各控制系统之间的信息交流、协调控制、资源共享,使通信协议达到标准化、通用化之目的,世界各国始终都在积极合作,力求制定统一的 LAN 国际标准。

9.1.3 车载局域网技术的应用

汽车应用网络系统以来,为了满足汽车电子控制系统的不同控制目的和使用要求,各公司和组织开发研制了性能各异的车载网络。主要车载局域网的缩写(协议名称)、核心内容、通信速率、开发与推行单位等如表 9-2 所示。

表 9-2 汽车主要车载局域网的特点与应用情况

	局域网缩写（协议名称）	核心内容	通信速率	时间	开发与推行单位	应用情况
车内网络	CAN：Controller Area Network（控制器局域网协议）	动力传动与车身系统控制用局域网协议	1 Mb/s	1986	Bosch 公司、ISO	欧洲汽车
	VAN：Vehicle Area Network（汽车局域网协议）	车身系统控制用局域网协议	1 Mb/s	1988	国际标准化组织 ISO	美国汽车
	LIN：Local Interconnect Network（汽车局部互联网协议）	车身系统控制用局域网协议，液压控制组件用局域网协议	20 kb/s	1999	LIN 协会	欧洲汽车
	SAE J1850 协议	车身系统控制用局域网协议	10.4 kb/s	1994	SAE	美国汽车
	TTP：Time Triggered Protocol on CAN（CAN 时间触发协议）	重视安全、按用途分类控制用局域网协议	2 Mb/s	2000	计算机技术公司 TTT	—
	TTCAN：Time Triggered CAN（CAN 时间触发通信协议）	重视安全、按用途分类控制用局域网协议	1 Mb/s	2000	Bosch 公司	—
	Byteflight（通用时分多路复用协议）	重视安全、按用途分类控制用局域网协议	10 Mb/s	2000	BMW 公司	—
	FlexRay（光缆总线局域网协议）	重视安全、按用途分类控制用局域网协议	5 Mb/s	—	Chrysler 和 BMW 公司	—
车外网络	D2B/Optical：Domestic Digital Bus/ Optical（光缆总线音频协议）	音频系统通信协议	5.6 Mb/s	1986	Chrysler 公司	美国、日本及欧洲汽车
	MOST：Media Oriented System Transport（多媒体定向传输网协议）	信息系统通信协议	22.5 Mb/s	1988	Daimier Chrysler 和 BMW 公司	宝马 BMW 7 系列轿车
	IEEE 1394：Institute of Electrical and Electronics Engineers（电气与电子工程师学会信息系统网协议）	信息系统通信协议	100 Mb/s	—	电气与电子工程师学会	—

不同网络具有不同的特点，侧重的功能也各不相同。控制器局域网为双线总线，既可用于动力及其传动系统，也可用于车身系统，1986 年 12 月欧洲汽车开始投入使用；汽车局部互联网 LIN 为单线总线，主要用于开关与操作系统，2003 年其开始投入使用；光缆总线局域网 FlexRay 总线为光缆，主要用于安全控制系统；多媒体定向传输网主要用于车载电话、音响装置、视频设备和卫星导航等信息系统。

1. 车载局域网在汽车内部的应用

车载局域网技术的应用可追溯到20世纪80年代中期。早在1983年，丰田公司就在世纪（Century）牌汽车上应用了光缆连接的车门控制网络系统。该系统采用了集中控制方法，车身电控单元（ECU）对各车门的门锁、电动门窗玻璃进行控制，从而实现了多个节点之间的连接与通信（信息传输）。这就是最早在汽车上应用的光缆网络系统。

1986年12月，欧洲汽车开始采用德国博世（Bosch）公司开发研制的利用计算机总线实现通信的汽车车身与动力传动系统控制器局域网。到1992年，使用控制器局域网的车辆已经投入批量生产。

1987年，汽车上应用了利用铜线连接的网络系统，如日产公司的车门门锁、电动门窗玻璃控制系统，通用汽车公司（General Motors Corporation，GM）的车灯控制系统，等等。控制方法仍然采用集中控制，并已投入批量生产。

2000年，奥地利维也纳的计算机技术公司以与CAN通信协议不同的思路提出了控制系统的新协议，即关于控制器局域网的时间触发（Time Triggered Protocol on CAN）协议（TTP协议）。该公司成立于1998年，拥有的关于时间触发协议的技术与软件广泛用于汽车和其他产业，主要致力于"X-by-wire"技术领域的开发研究。"X-by-wire"直译为靠电线驱动的系统，但它实际上表示的是一种控制方式，即将操作指令转换成电信号，利用计算机控制运行的控制方式。在汽车上类似的系统有：Drive-by-wire 系统，即经过专门处理的单片机控制驱动系统；Steering-by-wire 系统，即经过专门处理的单片机控制转向系统；Brake-by-wire 系统，即经过专门处理的单片机控制制动系统，等等。这些系统统称 X-by-wire 系统。从广义上来讲，X-by-wire 是指在动力传输系统中，根据不同用途并经过专门处理的车载局域网。如果将 X-by-wire 系统用于制动、操纵、变速等子系统的局域网，即将车载局域网的范围缩小到某个电子控制子系统，那么汽车设计的自由度就可大大增加。这样不仅可以逐步改进汽车设计，降低整车网络成本，而且能够提供更多的网络选装空间。因此，X-by-wire 局域网是应用前景十分广阔的小规模车载局域网。图 9 – 1 所示为采用光缆通信的 X-by-wire 局域网在安全系统的应用情况，图 9 – 2 所示为采用光缆通信的 X-by-wire 局域网在动力传动系统的应用情况。为了实现音响系统的数字化，建立了将音频数据与信号系统综合在一起的网络。由于这种网络需要将大容量的数据连续地输出，因此在这种综合网络中采用了光缆进行通信。

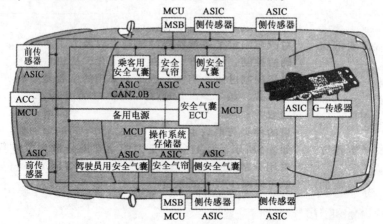

图 9 – 1　采用光缆通信的 X-by-wire 局域网在安全系统的应用情况

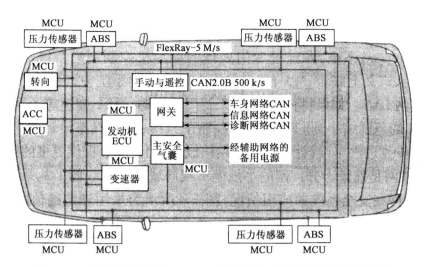

图 9-2 采用光缆通信的 X-by-wire 局域网在动力传动系统的应用情况

2. 车载局域网在汽车外部的应用

当汽车引入智能交通系统（Intelligence Traffic System，ITS）时，由于汽车要与车外交换数据，因此信息系统将会采用更大容量的网络及其通信协议，如光缆总线音频系统网络（Domestic Digital Bus/Optical，D2B/Optical）及其音频系统通信协议、多媒体定向系统传输网络（Media Oriented System Transport，MOST）及其信息系统通信协议、电气与电子工程师学会信息系统网络 IEEE 1394 及其信息系统通信协议等。

汽车互联网技术同计算机互联网一样，正处于蓬勃发展的阶段。汽车互联网是一种无线通信系统。通过汽车互联网，人们在汽车上就可像在家里一样进行网上购物、远程教育、收发电子邮件等。

国际商业机械公司（International Business Machines Corporation，IBM）与摩托罗拉（Motorola）公司合作开发了车用无线互联网技术，该技术使驾驶员和乘客能够在车上收发电子邮件、从事电子商务与网上购物活动、查看股市行情和天气预报等。

微软（Microsoft）公司为了推动汽车互联网技术的发展，还推出了专门为"汽车上网"设计的 AutoPC 软件，并采用 Windows CE 操作系统，其具有交互式语言识别等各种多媒体功能。这种功能能够有效地保障汽车的行车安全，因为汽车驾驶员在手不离转向盘、眼不离行驶前方的情况下，可与计算机交换各种信息。例如，行车前方有无交通堵塞、最短时间行驶导航等。利用交互式语言识别功能，人们也可在车上收发电子邮件、拨打网络电话或从事其他网上业务。

通用汽车公司开发了装有车载自动化办公设备的"汽车上网系统"。该系统采用了超高速光纤串行数据通信，具有多路数字式影音播放功能，能够有效地调控多信道大容量输入、输出信号，CD（光盘）、DVD（数字多功能光盘）、显示器、电视天线、全球卫星定位导航系统都可与该系统交换信息。

9.2 车载局域网的构成与分类

用单片机将汽车上的电子控制系统组成网络,利用单片机的总线结构和数据传输方式来传输信息,实现分布式多路传输,使汽车电气与电子控制系统各控制器实现信息共享和多路集中控制,从而大大"减少汽车线束"和"实现大容量数据的快速通信",这样就可以减轻线束质量,提高电气系统的工作可靠性,使维修工作变得简便快捷。更方便的是几乎不需要对原有网络的软件和硬件做任何改动,就可以方便地将新增加的电子装置接入网络。

9.2.1 车载局域网的构成

车载局域网主要由控制模块、数据总线、通信协议和网关(Gate-way,GW)构成。丰田雷克萨斯 LS430 型轿车车载网络系统的构成如图 9-3 所示。该系统主要由 29 个控制模块和 5 条数据总线构成。数据总线将模块连接成 5 个局域网,各局域网之间通过网关实现信息交换。

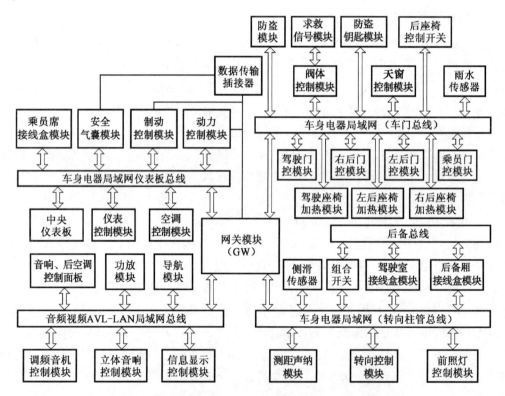

图 9-3 丰田雷克萨斯 LS430 型轿车车载网络系统的构成

1. 控制模块

控制模块简称模块,是车载局域网的硬件。模块是指具有独立工作和通信能力的电子装置或控制系统。可见模块有简有繁,简单的模块就是一种电子装置,如温度和压力传感器等;复杂的模块,如单片机(微处理器)或电控燃油喷射系统等。

在计算机多路传输系统中，简单的模块称为节点。车载局域网就是把单个分散的控制设备（模块）变成网络节点，以数据总线为纽带，将其连接成可以相互沟通信息、共同完成各自控制任务的网络系统或控制系统。

2. 数据总线

数据总线也是车载局域网的硬件，是指模块之间传输数据和信息的通道，就是通常所说的"信息高速公路"。数据总线的功用就是传输数据和信息。

局域网的一条数据总线通常是一根导线或两根导线（双绞线）。如果系统采用一根导线作为数据总线并可发送和接收数据，则其数据总线称为双向数据总线。

车载局域网普遍采用两根导线（双绞线）作为数据总线（双绞线数据总线）。克莱斯勒轿车采用的计算机控制信息显示（Computer Controlled Information Display，CCD）局域网双绞线数据总线的连接情况如图 9-4 所示。

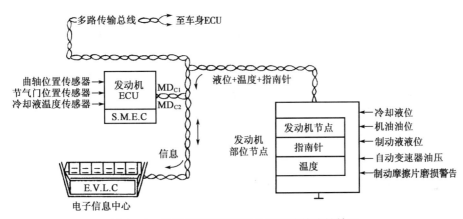

图 9-4 车载局域网双绞线数据总线的连接情况

> 在一条数据线上传递的信号可以被多个模块共同享用（共享），从而提高数据传输效率，充分利用信息资源。众所周知，个人计算机的键盘只有 104 位键，可以发出 100 多个不同的指令，但键盘与主机之间的数据总线只有 7 根导线，键盘正是依靠这 7 根导线上不同的电平组合（编码）来传递信息的。

将数据总线和编码技术应用于汽车电气与电控系统可大大简化汽车线路。使用编码信号可以表示不同的动作与含义，经过解码后的指令就可控制（接通或断开）相应用电设备（如步进电动机、电磁阀和显示器等）的工作电路或工作状态。将 100 多年来汽车线路一直采用的"一线专用制"变换为"一线多用制"，从而减少汽车导线数目与线束长度。

高速数据总线及其网络容易产生电噪声（电磁干扰），这种干扰往往导致数据传输出现错误。数据总线检测是否出错的方法有多种，其中之一是检测一段特定数据的长度，当数据出错时再重新进行传输，但这样会使系统运行速度减慢。因此，解决电磁干扰的方法：一是使用价格较昂贵、功能更强大、结构更复杂的模块；二是使用双绞线数据总线，其数据传递是基于两条线的电位差，可以有效抑制电磁干扰信号，大大提高数据传输效率。

3. 通信协议

> 人与人之间直接交谈时，必须使用相同语言才能成功进行交流。在局域网的实体（模块）之间进行通信，就必须使用"相同语言"才能成功进行交流，并按约定的控制法则来保证相互配合。通信使用的"相同语言"就是通信协议。

通信协议是指在车载局域网的实体（模块）之间，为了达到共享硬件、软件和信息等资源的目的而制定的控制信息交换的一系列规则。换句话说，通信内容（传输什么数据）、通信方法（怎样传输数据）和通信时间（何时传输数据）等，都是各个实体可以接收且必须遵从的"条约"。

通信协议犹如交通规则，包括"交通标志"的制定方法。通信协议的标准（"条约"）蕴含"唤醒访问"和"握手"。"唤醒访问"就是发给一个模块的信号，因为这个模块为了减少功耗而处于休眠状态。"握手"就是工作模块之间相互确认兼容（表示"欢迎光临"）。汽车维修人员并不关心通信协议本身，而是关心通信协议对汽车维修诊断的影响。为什么各个汽车制造厂家都制定通信协议呢？因为通信协议本身取决于车载网络系统要传输多少数据、要用多少模块、数据总线的传输速率要多快。大多数通信协议以及使用该协议的数据总线和网络都是专用的，因此，维修诊断时必须使用专门的软件或测试仪器。

4. 网关

> 众所周知，从一个房间走到另一个房间，必然要经过一扇门。同样，从一个网络向另一个网络发送信息，也必须经过一道"关口"，这道关口就是网关（GW）。顾名思义，网关就是一个网络连接到另一个网络的"关口"。在图9-3所示车载网络系统中，5个局域网之间的网关模块就相当于5道"关口"。

网关的定义：在采用不同体系结构或通信协议的网络之间进行互通时，用于提供协议转换、数据交换、路由选择等网络兼容功能的设备。

网关是一种充当转换重任的计算机系统或接口设备，又称网间插接器和协议转换器。网关在传输层上实现网络互连，是最复杂的网络互联设备，仅用于两个高层协议不同的网络互联。网关既可用于广域网互联，也可用于局域网互联。

在人与人之间进行交谈时，如果交谈双方使用的语言不同，就需要翻译人员进行翻译（语言转换），才能成功进行交流。在使用不同的通信协议、数据格式或语言，甚至体系结构完全不同的两种系统之间，网关可以进行转换和翻译。汽车网络系统是由若干个局域网组成的，由于不同车载局域网的速率和识别代码各不相同，因此，当信号从一个局域网进入另一个局域网时，其速率和识别代码必须改变，才能被另一条数据总线接收（识别和处理），这个任务就由网关来完成。

> 汽车网络系统的网关简称汽车网关或网关，是一种连接不同类型的车载局域网，并将信息从一个网络协议转换到另一个网络协议必不可少的计算机系统或智能服务器（接口设备）。汽车网关既是网间插接器，又是协议转换器。

上海大众途安（Touran）汽车控制器局域网网关与数据总线的连接关系如图9-5所示。该控制器局域网设有1个网关模块J533和5个局域网，利用动力系统总线（Antrieb CAN - Datenbus）、舒适系统总线（Komfort CAN-Datenbus）、娱乐信息系统总线（Infotainment CAN - Datenbus）、仪表系统总线（Kombi CAN - Datenbus）和诊断总线（Diagnose CAN - Datenbus）5条总线和网关模块将5个局域网连接成为一个网络系统。由图9-5可知，网关是连接5个局域网的接口设备，当一个局域网的信号进入另一个局域网时，必须经过网关进行转换。

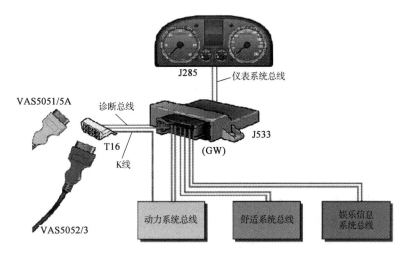

图9-5 大众汽车控制器局域网网关与数据总线的连接关系

汽车网关的主要功能是网间连接和协议转换。除此之外，网关还具有改变信息优先级别的功能。例如，当车辆发生碰撞事故时，安全气囊电控单元（SRS ECU）会向整车网络系统发送碰撞传感器检测的减速度信号，该信号传输到动力系统局域网时，其优先级别非常高，以便切断行驶动力，防止造成更大伤害；但当该碰撞信号传输到舒适系统局域网后，网关就会调低该碰撞信号的优先级别，因为舒适系统局域网接收到该碰撞信号后，其功能是控制车门和车灯开启，防止或避免人体遭受伤害。

9.2.2 车载局域网的分类

车载局域网的种类很多，至今尚无统一的分类方法。通常车载局域网可按用途、应用范围和功能进行分类。

1. 按用途分类

按用途不同，车载局域网大致可分为车身系统局域网、安全系统局域网、动力传动系统局域网和信息系统局域网四大类，各类车载局域网的通信速率、网络构成和通信协议如图9-6所示。

2. 按应用范围分类

按应用范围不同，车载局域网可分为车内局域网和车外局域网两大类，如表9-2所示。

3. 按功能分类

不同车载局域网侧重的功能各有不同。为了便于车载局域网的研究与设计，美国汽车工

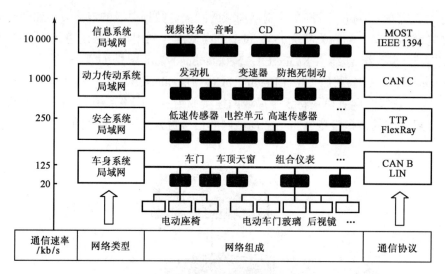

图 9-6 车载局域网按用途分类简图

程师学会（Society of Automotive Engineers，SAE）的车辆网络委员会将车载局域网划分为 A、B、C 三类，其应用对象、数据传输速率和应用范围如表 9-3 所示。

表 9-3 车载局域网按功能分类（美国汽车工程师学会对 LAN 的分类方法）

网络类别	应用对象	数据传输速率	应用范围	备 注
A 类	控制传感器与执行器的低速网	1～10 kb/s	电动车窗、电动座椅、灯光照明和后视镜等控制	
B 类	独立模块之间信息共享的中速网	10～125 kb/s	车辆信息中心、故障诊断、电动车门、车顶天窗和组合仪表显示等控制	相当于车身系统局域网
C 类	实时控制的多路传输高速网	125 kb/s～1 Mb/s	发动机控制 EEC、防抱死控制 ABS、牵引力控制 ASR、悬架控制 EMS 等领域	相当于动力与传动系统局域网和安全系统局域网

（1）A 类局域网。A 类局域网是面向传感器与执行器控制的低速网，数据传输速率通常只有 1～10 kb/s。其主要用于电动车窗、电动座椅、灯光照明和后视镜等的控制。

A 类局域网的典型应用实例如图 9-7 所示的汽车防盗报警系统局域网。由于车门开关及后备厢开关等信号只在一定的情况下产生，正常时没有信号，对数据传输速率要求极低，所以低速 A 类局域网就能充分满足系统要求，并且和传统的系统设计相比，车身线束大大减少，设计更为简单方便。

（2）B 类局域网。B 类局域网是面向独立模块间信息共享的中速网，数据传输速率一般为 10～125 kb/s。其主要用于车辆信息中心、故障诊断、电动车门、车顶天窗和组合仪表显示等控制。此类网络可以减少多余的传感器和其他电子部件。

> 当大量共享信息需要在车辆各智能模块之间进行传输时，A 类局域网因传输速率过低而不再适用，需要采用传输速率较高的 B 类局域网才能实现控制功能。

基于 CAN 的 B 类局域网如图 9-8 所示，车辆信息中心和组合仪表 ECU 无须单独设置检测发动机冷却液温度、机油压力、燃油液位高度、车灯偏转角度和汽车碰撞等信号的传感器以及车门控制开关，这些信息在网络系统中可以从控制器局域网总线上直接获取（共享信息），从而减少传感器、控制开关和电子器件数量，节约线束和安装空间，并可降低系统成本。

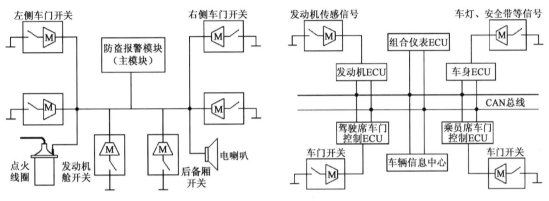

图 9-7　A 类局域网的典型应用实例
（汽车防盗报警系统局域网）

图 9-8　基于 CAN 的 B 类局域网

（3）C 类局域网。C 类局域网是面向实时控制的多路传输高速网，最高数据传输速率可达 1Mb/s。其主要用于发动机控制、防抱死控制、驱动轮防滑转调节、悬架控制等，以简化分布式控制和进一步减少车身线束。

汽油发动机电控系统、柴油发动机电控系统、自动变速电控系统、防抱死制动电控系统、驱动轮防滑转调节系统、车身稳定性电控系统及巡航控制系统等主要电控系统直接影响整车性能，汽车运行时各系统之间的数据交换量很大。因此，这些系统必须实施实时控制，需要建立 C 类高速网，将这些电控系统连接成一个局域网，以使整车性能趋于最佳，如图 9-9 所示。

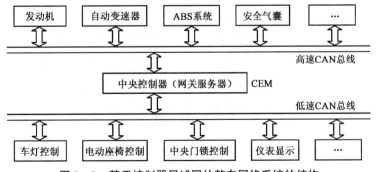

图 9-9　基于控制器局域网的整车网络系统的结构

SAE 的分类方法主要是从功能上考虑，A 类网络面向低水平的传感器和执行器；B 类网络侧重于信息共享；C 类网络面向实时控制。A、B、C 三类网络的功能均向上涵盖，即 B 类网支持 A 类网的功能；C 类网能同时实现 B 类网和 A 类网功能。控制器局域网能够满足 C 类网络标准的要求。

在设计整车网络系统时，考虑到各种电气、电子设备对网络信息传输的要求各不相同，如发动机 ECU、ECT ECU、ABS ECU、SRS ECU 等之间的信息传输要求实时性很高，而车灯开关、车门开闭、座位调节等动作对信息传输速率要求又很低，如果将这些功能简单、对传输速率要求又很低的节点都挂在 C 类高速总线上，势必会提高对节点的技术要求，为此需要进行多路传输总线设计（图 9-9）。该网络系统采用了两条 CAN 总线：一条为低速 CAN 总线；另一条为高速 CAN 总线。两条 CAN 总线相互独立，高速局域网与低速局域网之间通过网关服务器（中央控制器）实现数据交换和资源共享。

中央控制器又称中央电子控制模块（Central Electronic Control Module，CEM）或中央控制组件。中央控制组件既是整车网络系统的控制中心，也是高速局域网与低速局域网的网关服务器。CEM 的主要功能是对各种信息进行分析处理，并发出指令，协调各电控单元以及电气设备之间的工作关系。

> 在 A、B、C 三类局域网中，A 类局域网趋于淘汰，B 类局域网应用最为广泛，C 类局域网应用日益广泛。从发展趋势看，C 类局域网将占据主导地位。到目前为止，满足 C 类局域网要求的只有 CAN。随着技术的发展，人们越来越多地倾向于使用 CAN。奔驰公司生产的大部分轿车和载货汽车都使用了基于 CAN 的发动机管理系统。欧洲大部分汽车制造商如奥迪、宝马、雷诺、大众、沃尔沃等都在使用 CAN。

9.2.3 汽车局部互联网的特点

汽车局部互联网（Local Interconnect Network，LIN）主要用于控制开关与操作系统组成的车载局域网，如图 9-10 所示。

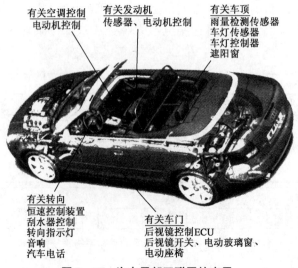

图 9-10 汽车局部互联网的应用

汽车局部互联网是由欧洲汽车制造商 Audi AG（奥迪公司）、BMW AG（宝马公司）、Daimler Chrysler AG（戴姆勒－克莱斯勒公司）、Volvo Car Corporation（沃尔沃汽车公司）、Volkswagen AG（大众汽车公司）与半导体厂商 Volcano Communications Technologies AG（火山通信技术公司）、Motorola Inc（摩托罗拉公司）组成的协会（LIN 协会）于 1999 年提出的车载局域网，2003 年开始投入使用，其主要目的是降低车载局域网成本。

LIN 协议为串行通信协议，数据总线为单线总线。

1. LIN 总线与 CAN 总线的关系

CAN 总线作为控制器局域网（CAN）的标准总线已经成为主流，但是低速 CAN 总线用于车身控制网络成本太高。这是因为车身控制网络底层设备多数为低速电动机和开关器件，对控制过程的实时性要求不高，但节点数目多，且布置分散，所以对成本比较敏感。

LIN 总线是一种新型的低成本汽车车身总线，可以弥补低速 CAN 总线成本高的不足。LIN 总线的目标定位是作为 CAN 的辅助总线，用于车身控制的低端网络，实现汽车车身网络的层次化，以降低汽车网络的复杂程度，力求成本最低。

LIN 总线主要应用于汽车车身中的联合装配单元，如车门模块、车顶模块、座椅模块、空调模块、组合仪表盘模块、车灯模块等。每个模块内部各节点间通过 LIN 总线构成一个低端通信网，完成对外围设备的控制，如图 9 - 11 所示。各个模块又作为一个节点，通过网关（智能服务器）连接到低速 CAN 总线上，构成上层主干网，使整个车身电子系统构成一个基于 LIN 总线的层次化网络，实现分布式多路传输，使网络连接的优点得到充分发挥。

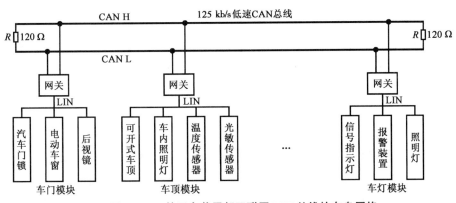

图 9 - 11 基于车载局部互联网 LIN 总线的车身网络

2. LIN 协议的特点

LIN 协议作为车身低端网络协议，具有以下两个显著优点。

（1）节约材料、降低成本。LIN 协议与低速 CAN 协议相比，数据传输线从两根减少至一根，因此可以节省大量导线；副节点的振荡器由石英或陶瓷振荡器改为电阻式振荡器；收发器由差动放大式改为比较式；通信软件减少，因此网络成本大幅度降低，约为采用低速 CAN 总线网络的一半。

（2）网络扩展方便。在局部互联网（LIN）中，无须改变任何副节点的软件或硬件，就可直接添加节点。

9.2.4 多媒体定向系统传输网的特点

多媒体定向系统传输网（Media Oriented System Transport，MOST）是将音响装置、车载电视、全球定位系统及车载电话等设备相互连接组成的局域网。在 BMW AG（宝马公司）推出的 BMW 7 系列轿车上，设置了 70 多个电控单元，利用了 8 种网络分别按这些电控单元的作用连接起来。其中，连接多媒体装置的网络就选用了 MOST。

MOST 协议是采用光缆通信的网络协议。在 MOST 协议中，不仅对通信协议给出了定义，而且提出了分散系统的构筑方法、遥控操作与集中管理方案等。采用 MOST 协议进行通信，不仅可以实现各种设备的集中控制，而且可以减轻系统开发人员的负担、减轻连接各部件线束的质量和降低噪声。MOST 协议具有以下特点。

（1）可以传输三种数据。MOST 协议利用一个低价的光纤网络，可以传输以下三种数据：同步数据——实时传送音频信号、视频信号等流动型数据；非同步数据——传送访问网络及访问数据库等的数据包；控制数据——传送控制信息以及控制整个网络的数据。

（2）抗干扰能力强。MOST 协议采用光纤传输信息，因此，网络不会受到电磁辐射干扰和搭铁点位置的影响。

（3）连接多媒体设备多。MOST 协议采用一根光纤传输信息，最多可以同时传送 15 个频道 CD 音质的非压缩音频数据。在一个局域网上，最多可以连接 64 个节点（电子装置）。

 应用案例

MOST 协议是 21 世纪车载多媒体设备不可缺少的高速网络协议。除了 BMW 7 系列轿车和 Daimier Chrysle 公司的 E 系列轿车已经采用 MOST 协议之外，奥迪（Audi）公司的 A8、沃尔沃（Volvo）公司的 XC90 轿车也都采用了 MOST 协议。

9.2.5 车载局域网的优点

21 世纪是汽车自动化、网络化和智能化时代，网络化发展是汽车发展的必由之路。其根本原因在于车载局域网除具有一般网络的特点之外，还具有以下优点。

（1）提高控制系统的可靠性。汽车电子控制技术的发展为采用网络进行通信提供了条件，网络技术在汽车内部的应用解决了汽车上一直存在的集中控制与分散控制的矛盾。分散控制是指汽车上的一个部件，如点火器、喷油器或电磁阀等，分别用一只单片机（CPU）进行控制，这种情况出现在微型计算机在汽车上应用的初始阶段。集中控制分为完全集中控制、分级集中控制和分布集中控制三种情况。

完全集中控制系统，如美国通用汽车公司的电子控制系统，采用一只 CPU 分别控制汽车发动机点火与爆燃、超速报警、车轮防抱死制动、牵引力控制、自动门锁和防盗系统等。

分级集中控制系统，如日产公司的分级控制系统，采用一只 CPU 控制其余四只 CPU，分别控制发动机燃油喷射、点火与爆燃、车轮防抱死制动以及数据传输等。

分布集中控制系统，即分块进行集中控制，如对发动机、底盘、信息、显示和报警等分别进行控制，如日本五十铃公司生产的汽车 I-TEC 系统，对发动机点火、燃油喷射、怠速

转速以及废气再循环分别进行集中控制。

上述各种控制方式各有优点与缺点。如果采用网络进行控制，就可发挥各种控制方式的优点，克服其缺点。如果完全采用集中控制，那么 CPU 一旦出现故障，汽车整车控制系统就会瘫痪。采用网络技术后，不仅共用所有的传感器，而且可以共用其他设备，共享信息资源。因此，在几只或几十只 CPU 中，一两只出现问题时整车仍然可以正常运行。网络技术在汽车上的应用不但增加了许多功能，而且大大提高了汽车的可靠性。

（2）网络组成灵活方便。针对不同汽车电子设备的配置情况，对整车控制系统无须进行重新设计就可构成网络并投入使用，且扩展容易。汽车局域网所用软件和硬件均为普遍流行使用的软件和硬件，设计人员易于进行开发和升级。

（3）降低生产成本。采用局域网之后，由于硬件、软件和信息等资源可以共享，因此所需传感器、线束及插接器减少，使得生产成本降低、安装工作量减小。

（4）扩充功能方便。因为系统的硬件和信息资源实现了共享，所以系统在不增加硬件的情况下，通过修改软件即可提高、扩充子系统的控制功能。

9.3 控制器局域网

汽车车载局域网种类很多，应用最多的是控制器局域网。

> 控制器局域网是汽车应用最多的车载局域网，其通信协议（CAN 协议）是一种串行通信协议。CAN 总线最初是为了解决汽车上众多的电子控制器与测试仪器之间的数据交换而开发的一种串行数据通信总线，属于现场总线的范畴，也是一种支持分布式控制或实时控制的串行通信网络。CAN 总线允许多站点同时发送，因此，既能保证信息处理的实时性，又能保证网络系统的可靠性。CAN 总线的传输介质既可使用双绞线，也可使用同轴电缆或光导纤维，通信速率可达 1 Mb/s，应用范围遍及实时控制的高速网络到低成本的多线路网络，其发展前景十分广阔。

9.3.1 控制器局域网的构成

控制器局域网是指分布在汽车上的多个电控单元（ECU）在物理上相互连接，并按照网络通信协议（CAN 协议）相互进行通信，以共享硬件、软件和信息等资源为目的的控制器系统。

CAN 总线工作原理

CAN 是由中央控制模块 CEM、控制器局域网总线（CAN 总线）和若干个电控单元（ECU）等器件构成的。图 9 - 12 所示为动力及其传动系统和车身系统部分 ECU 组成的 CAN。

中央控制模块（CEM）是一个具有通信功能的 IC（集成电路）芯片，由 CAN 控制器、CAN 收发器和微处理器 CPU 等组成。CEM 既是整车网络系统的控制中心，也是高速局域网与低速局域网的网关服务器，其正常工作电压为 10.5 ~ 15.0 V。中央控制组件 CEM 与 CAN 总线之间的电路连接如图 9 - 13 所示。

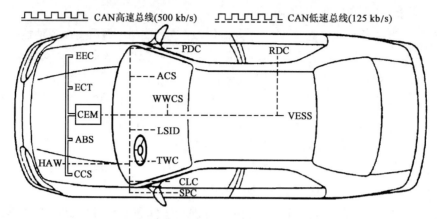

图 9-13 动力及其传动系统和车身系统部分 ECU 组成的 CAN 示意

EEC—发动机电子控制系统 ECU；ECT—电子控制自动变速 ECU；CEM—中央控制电子组件；ABS—防抱死制动 ECU；CCS—巡航控制 ECU；SPC—座椅位置调节 ECU；CLC—中央门锁 ECU；HAW—前照灯控制与清洗 ECU；TWC—车顶天窗控制 ECU；LSID—维修周期显示 ECU；WWCS—刮水器与清洗器 ECU；ACS—自动空调 ECU；PDC—乘员门锁 ECU；RDC—后门 ECU；VESS—车辆保安 ECU

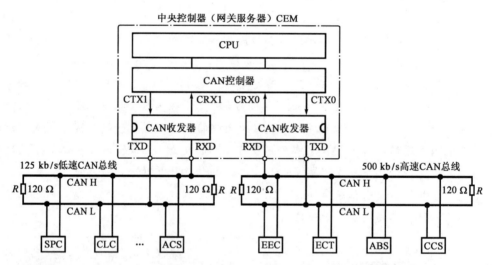

图 9-13 中央控制组件 CEM 与 CAN 总线之间的电路连接

  控制器局域网（CAN）最常用的控制器件有 Phlips 公司研究开发的 SJA1000、PCA82C200、PCA82C250、P8XC591 和 P8XC592 等芯片产品。其中，SJA1000 和 PCA82C200 为独立的 CAN 控制器，PCA82C250 是 CAN 收发器，P8XC591 和 P8XC592 则将微处理器 CPU 和 CAN 控制器集成为一体。在独立的 CAN 控制器中，SJA1000 的功能更为完善，其内部逻辑及外部接口连接框图如图 9-14 所示。

  SJA1000 拥有标准模式和皮利（Peli）模式两种应用模式。标准模式符合 CAN 协议的 2.0A 标准，能够实现 PCA82C200 的所有功能，接收缓冲器也增至 64 个字节；皮利（Peli）模式符合 2.0B 标准，具有扩展数据格式功能，增加了仲裁丢失捕获、错误代码读取等功能，设计更为灵活方便。接口管理逻辑电路负责 CAN 控制器与微处理器 CPU 之间的相互通

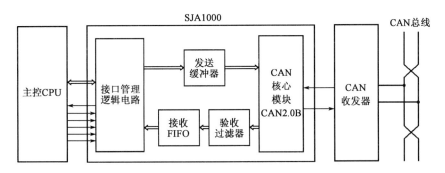

图 9-14 CAN 控制器 SJA1000 内部逻辑及外部接口连接框图

信，CAN 核心块集成了数据收发、处理、定时及错误管理等功能。由于 CAN 控制器 SJA1000 的总线驱动能力有限，不能直接与 CAN 总线连接，因此，在 SJA1000 与 CAN 总线之间需要连接 CAN 收发器。CAN 控制器 SJA1000 的典型应用方案，即 SJA1000 经总线收发器 PCA82C250 与 CAN 总线的连接原理如图 9-15 所示。

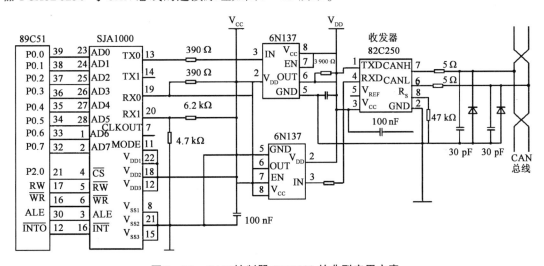

图 9-15 CAN 控制器 SJA1000 的典型应用方案

9.3.2 控制器局域网总线的特点

电子控制系统控制功能和监测功能的广泛应用，必然要求系统连接或分布更多的传感器和控制器。因此，简化物理布线（电气线路分布）、提高数据传输速率就成为电子控制系统设计研究的重要课题。简化电气线路的方案有许多种，其中采用 CAN 总线是比较理想的一种，并已被广泛应用于汽车、船舶、移动设备和工业自动化等领域。

CAN 总线由物理层和数据链路层构成。其中，数据链路层定义了不同的信息类型、总线访问的仲裁规则、错误检测与处理的方式。所有的错误检测与处理、信息的传输与接收等都是通过 CAN 控制器硬件来完成的，因此，用户组建两线 CAN 仅需极少的软件开发。CAN 总线具有以下特点。

（1）所有节点均可发送和接收信息。CAN 总线是一种共享信息的通信总线，即总线上所有的节点都可发送和接收传输的信息（注：所有的节点都能接收全部信息，因此，信息不能送达某个指定节点）。

（2）信息发送按信息优先级进行。与总线相连的所有节点都可发送信息，发送信息的节点通过改变所连总线的电平就可将信息发送至接收节点。在两个以上节点同时开始发送信息的情况下，信息优先级最高的节点获得发送权，其他所有节点转为信息接收状态。

（3）通信速率高。CAN 总线采用两线差分传输数据，可支持高达 1 Mb/s 的通信速率。

（4）通信距离远。CAN 总线上任意两个节点之间的最大允许传输距离与其信息传输速率有关，如表 9-4 所示。在 1 Mb/s 速率下，CAN 总线通信距离可达 40 m；在 10 kb/s 速率下，通信距离可达 6 700 m。因此，CAN 总线既可用于动力及其传动系统网络的连接，也可用于车身控制系统网络的连接。

表 9-4 CAN 总线通信距离与信息传输速率的关系

信息传输速率	通信距离/m	信息传输速率	通信距离/m
1 Mb/s	40	50 kb/s	1 300
500 kb/s	130	20 kb/s	2 200
250 kb/s	270	10 kb/s	6 700
125 kb/s	530	5 kb/s	10 000
100 kb/s	620		

9.3.3 控制器局域网总线的连接

在车载局域网中，CAN 总线是由两根线 CAN-H（CAN-High 或 CAN+）数据线和 CAN-L（CAN-Low 或 CAN-）数据线构成的。在某些高档轿车的 CAN 中设有第 3 条 CAN 总线，用于卫星导航系统和智能通信系统。

动力与传动系统的控制器采用 C 类高速 CAN 总线连接，数据传输速率可达 500 kb/s，以便实现高速实时控制。车身控制系统的控制器采用了低数据传输速率的 B 类 CAN 总线连接，数据传输速率为 125 kb/s。各电控单元之间依据 CAN 通信协议相互进行通信，从而完成各种数据的交换。

在中央电子控制组件 CEM 中，CAN 控制器具有双通道（CRX0、CTX0 通道，CRX1、CTX1 通道）的 CAN 接口，经过 CAN 收发器分别与高速（500 kb/s）CAN 总线和低速（125 kb/s）CAN 总线连接。各电控单元通过 CAN 总线与 CAN 收发器相连而相互交换数据。

CAN 控制器根据两根总线的电位差来判定总线电平的高低。

9.3.4 控制器局域网通信速率的设定

根据车载网络控制的实时性要求不同，控制器局域网通信速率的设定分为两种情况。

1. 动力及其传动系统网络通信速率的设定

汽车动力及其传动控制系统主要包括发动机电子控制系统、电子控制自动变速系统、防抱死制动系统、电子调节悬架系统、驱动轮防滑转控制系统、电子控制制动力分配系统、电子控制制动辅助系统、车身稳定性控制系统和巡航控制系统等。由于这些系统控制的对象与汽车行驶直接相关，并与发动机转速或汽车行驶速度同步，因此，其 CAN 一般都采用 C 类高速 CAN 总线连接，数据传输速率可达 1 Mb/s。将这些控制器连接到 CAN 总线上，可以实现高速实时控制。

2. 车身控制系统网络通信速率的设定

> 汽车车身控制系统主要包括座椅安装位置调节系统、中央门锁控制系统、自动空调系统和车顶天窗控制系统等。由于这些系统通常是以低速率进行数据传输的，因此，车身控制系统采用了低数据传输速率的 B 类总线。早期的汽车车身控制系统通常采用基于 J1850 标准的总线进行连接。

CAN 总线用于车身控制系统的连接时，采用的是一种容错式总线，即总线内置容错功能。因为汽车内部 CAN 总线由两根线（CAN – H、CAN – L）构成，并采用双线串行通信方式传输数据，当两条总线中有一条出现断路或短接而搭铁时，网络可以切换至 CAN – H 线方式继续工作。CAN 通信协议要求从 CAN – L 线切换至 CAN – H 线期间不能丢失数据位。因此，当 CAN 总线用于车身控制系统时，其物理层芯片比动力传动系统更复杂，数据传输速率也较低，通常采用的传输速率为 125 kb/s。CAN 总线应用于车身控制所面临的最大困难是成本较高。

9.3.5 控制器局域网协议的特点

控制器局域网通信协议（CAN 通信协议或 CAN 协议）具有以下特点。

（1）多主发送信息。多主发送信息即当总线空闲时，所有节点都可发送信息。CAN 通信协议规定：所有信息应以规定的格式发出。在总线空闲时，与总线相连的所有节点都可以发出新的信息。

（2）总线仲裁决定发送信息的优先级（优先顺序）。在两个以上节点试图同时发出信息的情况下，利用标志符（以下简称 ID）决定优先级，以 Byte（比特）为单位对各信息的 ID 进行仲裁，仲裁获胜（被判断为优先级最高）的节点继续发送信息，仲裁失败的节点立即停止发送并转为接收状态。

> CAN 总线采用非归零（Non-Return Zero，NRZ）编码，所有节点以"与"逻辑方式连接至总线，即若有一个节点向总线传输逻辑"0"，此时无论有多少个节点在发送逻辑"1"，总线都将呈现逻辑"0"状态。CAN 网络的所有节点可能试图同时发送信息，但其简单的仲裁规则能确保仅有一个节点控制总线并发送信息。CAN 收发器如同一个漏极开路结构，能够监测自身的输出。逻辑高状态由上拉电阻驱动，因此低有效输出状态（0）对总线仲裁起着决定性的作用。

为了近似于实时处理，CAN 总线必须快速传输数据，这就不仅需要高达 1 Mb/s 的数据传输物理总线，而且需要快速的总线分配能力，以满足多个节点试图同时传输信息的要求。通过网络交换信息而采取实时处理的紧急状况是有差别的：快速变化的变量（如发动机转速、负荷等）与变化相对缓慢的变量（如发动机温度）相比，必然要求频繁、快速地发送数据。信息标志符可以规定优先级，最紧急的信息优先级高，可以优先传输。在系统设计期间，设定信息的优先级以二进制数表示，但不允许动态更改。二进制数较小的标志符具有较高的优先级，使信息可近似于实时传输。

> 解决总线访问冲突是通过仲裁每个标识位，即每个节点都逐位监测总线电平。按照"线与"机制，即显性状态（逻辑"0"）能够改写隐性状态（逻辑"1"）。当某个节点失去总线分配竞争时，其表现为隐性发送和显性观测状态。所有退出竞争的节点都成为那些最高优先级信息的接收器，并且不再试图发送自己的信息，直至总线再次空闲。

（3）系统扩展灵活。由于与总线相连的节点没有节点地址信息，在向总线追加节点时，无须更改与总线相连的其他节点的软件与硬件，为网络系统的扩展提供了条件。CAN总线可以同时连接许多单元。理论上，CAN总线可以连接的节点数是无限的，但实际可以连接的单元数将受总线延迟时间与电负荷的限制。当降低通信速率时，CAN总线可以连接较多的单元；反之，当提高通信速率时，CAN总线可连接的单元数量将减少。

（4）不同网络可以采用不同的通信速率。CAN协议可以根据网络规模的大小来设定通信速率。但在一个局域网内部，所有节点必须设定相同的通信速率。否则，通信速率不同的节点连到一起时，节点就会出错而阻碍通信。不同的局域网可以采用不同的通信速率。

（5）具有错误检测、通告和还原功能。所有的节点都可以检测出错误（错误检测功能）；当检测出错误时，该节点立即向其他节点发送出错误的通知（错误通告功能）；当发送信息的节点检测出错误时，其发送状态将被强制结束。发送状态被强制结束的节点会再反复传送信息，直至其信息可以正常传送为止（错误还原功能）。

（6）错误的界定与处理。CAN总线上出现的错误分为：总线上的数据临时产生的错误（来自外部的干扰等）与总线上的数据连续产生的错误（节点内部错误、驱动产生故障以及总线断路、搭铁等引起的故障等），CAN控制器具备判别错误种类的功能。当CAN总线上的数据连续产生错误时，产生错误的节点会被从总线上切除。

> CAN控制器内设有出错计数器，根据网络是否出错、出错是本地的还是全局的，计数器决定减1、加1，还是加8。每当收到信息时，出错计数器就会加数或减数。如果每次收到的信息都正确，则计数器减1；如果信息出现本地错误，则计数器加8；如果信息出现整个网络错误，则计数器加1。因此，我们通过查询出错计数器值，就可知道网络通信质量。

出错计数器这种计数方式能够确保单个故障节点不会阻塞整个网络。如果某个节点出现本地错误，其计数值将很快达到96、127或255。当计数值达到96时，计数器将向控制器发出"中断"信号指令，提示当前通信质量较差。当计数值达到127时，该节点假定其处于"被动出错状态"，即继续接收信息，且停止要求对方重发信息。当计数值达到255时，该节点脱离总线，不再工作，而且只有在硬件复位后，才能恢复工作状态。

9.3.6 控制器局域网的应用

控制器局域网（CAN）应用很广，如今国内外大多数轿车都已采用控制器局域网。下面以大众轿车采用的 CAN 为例说明。

1. 大众轿车控制器局域网的组成

大众轿车装备了两个控制器局域网：一个是动力与传动系统 CAN，由发动机电控单元（发动机 ECU）、防抱死制动与电子差速锁电控单元（ABS/EDL ECU）和自动变速电控单元（自动变速 ECU）组成；另一个是车身系统 CAN，由四个车门电控系统的四只电控单元（车门 ECU）与中央电子控制模块（中央控制器 CEM）组成，各器件安装位置如图 9-16 所示。

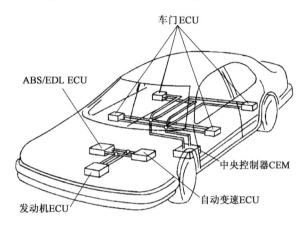

图 9-16 大众轿车 CAN 各器件安装位置

 应用案例

在大众轿车的 CAN 中，每只 ECU 内部都增设了一个 CAN 控制器和一个 CAN 收发器；每只 ECU 外部连接两根 CAN 数据总线（CAN 总线）；两个 CAN 终端的两只 ECU 内部，还设有一个数据传输终端（数据传输终端有时安装在 ECU 外部）。

2. 动力与传动系统 CAN 的特性

大众轿车动力与传动系统 CAN 的外部连接如图 9-17 所示，内部连接如图 9-18 所示。

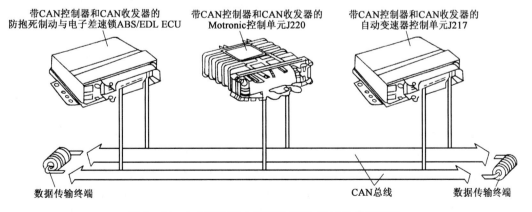

图 9-17 大众轿车动力与传动系统 CAN 的外部连接

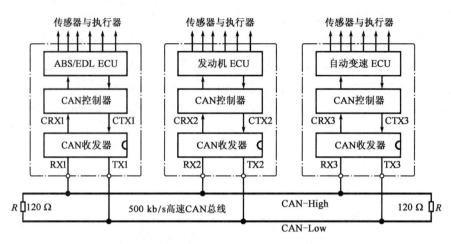

图 9-18　大众轿车动力与传动系统 CAN 的内部连接

该 CAN 具有以下特性。

（1）数据传输介质为双绞线。双绞线由两根导线缠绕在一起构成，如图 9-19 所示。CAN 总线采用双绞线的目的是防止外界电磁波干扰和向外产生电磁波辐射。这是因为双绞线（两条线）上的电位是相反的，如果一条线的电位是 5 V，则另一条线的电位就是 0 V，两条线之间的电位差是固定的，为 5 V，所以 CAN 总线能免受外界电磁场干扰，同时也不会向外产生电磁波辐射。

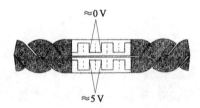

图 9-19　CAN 总线（双绞线）的结构及其电位

> CAN 总线为双向数据传输线，分为 CAN 高电平 CAN – High（CAN – H 或 CAN+）数据线和 CAN 低电平 CAN – Low（CAN – L 或 CAN –）数据线。

（2）总线数据传输速率为 500 kb/s。

（3）一帧数据的传输时间约为 0.25 ms。所谓数据帧，就是数据链路层的协议数据单元。数据帧包括帧头、数据和帧尾三个部分。其中，帧头和帧尾包含一些必要的控制信息，如同步信息、地址信息、差错控制信息等；数据部分则包含网络层传下来的数据，如 IP 数据包。在发送端，数据链路层把网络层传下来的数据封装成帧，然后发送到链路上去；在接收端，数据链路层把收到的帧中的数据取出并传送给网络层。不同的数据链路层协议对应着不同的帧，因此，帧有多种，如 PPP 帧、MAC 帧等，其具体格式也不尽相同。

（4）各电控单元每隔 7~20 ms 发送一次数据。

（5）优先级顺序依次为：防抱死制动与电子差速锁电控单元（ABS/EDL ECU）→发动

机 ECU→自动变速电控单元（自动变速 ECU）。

（6）总线传输的信息包括数据、状态和操作请求指令，如表 9-5 所示。

表 9-5 动力与传动系统 CAN 传输信息的优先级

优先级	发送单元	发送的信息
1	ABS/EDL ECU	发动机制动控制（Engine Braking Control，EBC）请求； 牵引力控制（Traction Control System，TCS）请求
2	发动机 ECU	发动机转速、节气门开度
3	发动机 ECU	冷却液温度、车速
4	自动变速 ECU	变速器挡位、变速杆位置、液力变矩器状态

大众轿车装备动力与传动系统 CAN 后，在发动机 ECU、防抱死制动与电子差速锁 ABS/EDL ECU 和自动变速 ECU 等各 ECU 之间，可以实现高速（500 kb/s）数据通信，使每个 ECU 都可以获得整个动力及其传动系统的各种数据、工作状态和操作指令信息。为了满足动力与传动系统数据传输实时性的要求，网络必须具有高速传输数据的能力。例如，在发动机电控系统中，为了计算点火控制参数，数据传输的时间间隔必须小于两次点火之间的时间间隔，因此该系统采用了 500 kb/s 的高速 CAN 总线。

3. 车身系统 CAN 的特性

大众轿车装备的车身系统 CAN 由 4 个车门电控单元（车门 ECU）与中央电子控制模块（中央控制器 CEM）5 个电控单元组成，其电路连接如图 9-20 所示。车身系统 CAN 采用了星形结构连接，这样可以保证当某个单元出现故障时，其他单元仍可以发送和接收信息，图中代号的含义以及各接线端子的连接部位如下。

（1）30 号线：标有"30"（或"30-A"）字样的电源线为常火线。直接与蓄电池连接，中间不经过任何开关，无论汽车处于行驶状态还是停止状态，其电压都等于电源电压（12~14 V）。"30"号电源线的电源专门供给停车灯、制动灯、报警灯、顶灯、冷却风扇电动机等在发动机熄火时需要用电的电气设备使用。

（2）15 号线：标有"15"（或"15-B"）字样的电源线为小容量用电设备正极的电源线。"15"号电源线的电源受点火开关控制，只有在点火开关接通后，用电设备才能通电使用。

（3）X 号线：标有"X"（或"X-C"）字样的电源线为大容量用电设备正极的电源线。只有在汽车发动机运转时，由其供电的用电设备方能接通使用，如后风窗除霜器、空调系统的鼓风电动机等。

（4）31 号线：标有"31"字样的导线为搭铁线。

（5）J386：驾驶席车门 ECU。

（6）J387：副驾驶席（前排乘员席）车门 ECU。

（7）J388：后排左侧乘员席车门 ECU。

（8）J389：后排右侧乘员席车门 ECU。

（9）J393：中央电子控制模块（中央控制器 CEM）。

（10）F6：15 号线与 CEM 之间的熔断器。

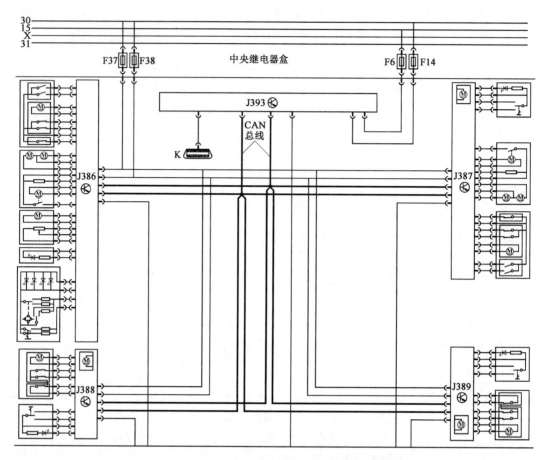

图9-20 大众轿车车身系统CAN的电路连接

(11) F14：30号线与CEM之间的熔断器。

(12) F37：30号线与电动车窗之间的熔断器。

(13) F38：30号线与中央门锁之间的熔断器。

(14) K：故障诊断插座。

大众轿车装备的车身系统CAN具有中央门锁、电动车窗、照明开关、后视镜加热和故障自诊断等功能。该车身系统CAN具有以下特性。

(1) 传输介质采用双绞线。

(2) 数据传输速率为62.5 kb/s。

(3) 每个网络节点发送信息的时间间隔为20 ms。

(4) 优先级顺序依次为：中央电子控制模块CEM→驾驶席车门ECU→前排乘员席车门ECU→后排左侧乘员席车门ECU→后排右侧乘员席车门ECU。

(5) 总线传输的信息包括每个电控单元的控制对象（门锁、车窗等）的状态、各车门ECU的工作状态、遥控器信号以及故障状态信息等。驾驶席车门ECU发送的数据信息如表9-6所示，其他电控单元传送的信息与此类似。例如，当驾驶席车门ECU发送的数据信息为01110时，表示中央门锁处于打开状态，车窗玻璃停在半开状态。

表 9 – 6 驾驶席车门 ECU 发送的数据信息

控制对象	状态信息	数据				
		D4	D3	D2	D1	D0
中央门锁	基本状态			0	0	0
	安全状态			0	0	1
	上　　锁			0	1	0
	门锁已开			0	1	1
	门锁已锁			1	0	0
	开　　锁			1	0	1
	传感器故障			1	1	0
	状态故障			1	1	1
电动车窗	运动状态	0	0			
	静止状态	0	1			
	半开状态	1	0			
	全关状态	1	1			

4. 控制器件的功能

大众以及其他轿车的控制器局域网，都采用了 CAN 控制器、CAN 收发器（发送器和接收器）、数据传输终端和 CAN 数据总线等网络控制器件，各种控制器件的功能如下。

（1）CAN 控制器。CAN 控制器的功用是接收各种电子控制系统 ECU 的微处理器（CPU）发出的数据，并对数据进行处理后再传递给 CAN 收发器。与此同时，CAN 控制器也接收 CAN 收发器传来的数据，并进行处理后传递给各种电子控制系统 ECU 的微处理器（CPU）。可见，CAN 控制器相当于各种电控系统 ECU 与 CAN 收发器之间的中继站。

（2）CAN 收发器。CAN 收发器由信号发送器和信号接收器组合而成，其功用是将 CAN 控制器提供的数据转化成电信号并发送至 CAN 数据总线（CAN 总线）上；与此同时，CAN 收发器也接收 CAN 总线上的数据信息，并将其传输至 CAN 控制器。可见，CAN 收发器相当于 CAN 控制器与 CAN 总线之间的中继站。

（3）数据传输终端。数据传输终端实际上是一只电阻器，连接在 CAN 总线的末端，电阻值约为 120 Ω，其功用是避免数据信号传输终了时再反射回 CAN 总线上，防止产生反射电磁波而导致 CAN 总线上的其他数据受到干扰或破坏。

（4）CAN 数据总线。CAN 数据总线又称 CAN 总线，其功用是传输数据。CAN 总线传输的数据设有指定的接收器（CAN 收发器）进行接收，接收器接收 CAN 总线上的数据信息并由发送器传输至 CAN 控制器进行处理，再传递给各种电控系统的 ECU，用于 ECU 控制执行器完成各系统的控制任务；与此同时，CAN 总线也接收各 ECU 经 CAN 控制器和发送器（CAN 收发器）传来的数据。

本章小结

本章主要介绍了车载局域网的应用、发展、构成与分类，控制器局域网（CAN）的构成、特点、应用与通信速率设定等内容。

下列概述覆盖了本章的主要学习内容，利用以下线索可对所学内容做一次简要的回顾：

(1) 车载局域网（LAN）的应用、发展、构成与分类。
(2) 汽车局部互联网（LIN）的特点及其应用。
(3) 多媒体定向系统传输网（MOST）的特点及其应用。
(4) 车载局域网（LAN）的优点。
(5) 控制器局域网（CAN）的构成、特点与通信速率设定。
(6) 控制器局域网（CAN）的应用。

复 习 题

一、单选题

1. 提出汽车控制器局域网通信协议（CAN 协议）的单位是（　　）。
   A. SAE　　　　B. Bosch　　　　C. Toyota　　　　D. IBM
2. CAN 通信协议被国际标准化组织 ISO 11898-1 标准认可的时间是（　　）。
   A. 1983 年　　B. 1992 年　　C. 1999 年　　D. 2000 年
3. 在两个不同的车载局域网（LAN）之间，实现信息共享必不可少的设备是（　　）。
   A. 网关　　　　B. 控制器　　　　C. 收发器　　　　D. 插接器
4. 车用 C 类局域网的数据传输速率为（　　）。
   A. 1~10 kb/s　　B. 10~125 kb/s　　C. 125~500 Mb/s　　D. 125~1 Mb/s
5. 在控制器局域网 CAN 中，中央控制模块 CEM 的正常工作电压为（　　）。
   A. 4.5~5.0 V　　B. 5.5~12.5 V　　C. 10.5~15.0 V　　D. 24~28.5 V

二、多选题

1. 汽车车载局域网主要由下述哪几部分构成？（　　）
   A. 控制模块　　B. 数据总线　　C. 网关 GW　　D. 通信协议
2. 车载局域网的种类很多，通常可按下述哪几种方法进行分类？（　　）
   A. 按用途分　　B. 按功能分　　C. 按应用范围分　　D. 按协议分
3. 按用途的不同，车载局域网可分为下述哪几种类型的局域网？（　　）
   A. 车身系统　　B. 安全系统　　C. 动力传动　　D. 信息系统
4. 在控制器局域网 CAN 中，中央控制模块（CEM）是由下述哪几个部件组成的？（　　）
   A. CAN 总线　　B. CAN 控制器　　C. CAN 收发器　　D. 微处理器 CPU
5. 控制器局域网 CAN 可由下述哪几个部件组成？（　　）
   A. CAN 总线　　B. CEM　　C. ECT ECU　　D. ABS ECU

三、判断题

1. 电气与电子设备在物理上互连和通信协议是车载局域网必不可少的条件。（　　）
2. 通信协议是为共享硬件、软件和信息等资源制定的控制信息交换的一系列程序。（　　）
3. 在控制器局域网中，ECT ECU、ABS ECU 和 SRS ECU 等装置就是一个节点。（　　）
4. 在 CAN 总线上，所有的节点都可发送和接收传输的信息。（　　）

5. 车载局域网的数据总线是共享信息的通信总线,信息能够送达某个指定节点。(　　)

四、简答题

1. 汽车采用局域网(网络)的根本目的是什么?
2. 什么是数据总线?车载局域网 LAN 的数据总线有何特点?
3. 解决数据总线产生电磁干扰的方法有哪些?
4. 按功能的不同,车载局域网 LAN 分为哪些类型?应用对象和范围分别是什么?
5. 美国 SAE 对车载局域网 LAN 的分类方法有何特点?各类网络的特点有哪些?
6. 什么是汽车控制器局域网 CAN?CAN 由哪些器件构成?试画出其线路连接框图说明。

第 10 章
汽车故障自诊断技术

1. 认知目标
（1）了解汽车故障自诊断系统的组成、功能与自诊断测试工具的类型。
（2）熟悉汽车电控系统故障的自诊断监测原理、自诊断测试方式与测试内容。
（3）掌握汽车电控系统故障的自诊断测试与排除方法。

2. 技能目标
（1）能够说明汽车故障自诊断系统的组成与功能。
（2）能够说明汽车电控系统故障自诊断监测原理、自诊断测试方式与测试内容。
（3）能够熟练地阐述汽车电控系统故障的自诊断测试方法与控制部件的检修方法。

　　本章主要内容包括汽车故障自诊断系统的组成与功能，汽车电控系统故障自诊断监测原理、测试方式、测试内容和测试工具，发动机控制系统、防抱死制动系统和车载局域网故障的诊断测试过程与排除方法，发动机电控系统传感器与执行器的检修方法，等等。
　　通过对本章内容的学习，要求学生掌握汽车电控系统故障自诊断测试的相关知识，为使用维修奠定坚实的基础。

10.1 故障自诊断系统的组成与功能

> 　　汽车使用条件恶劣，运行环境复杂，发生故障难以预料。为了及时发现故障，汽车电子控制系统都应用了故障自诊断技术。一旦系统发生故障，电子控制系统就会迅速报警提醒使用人员采取相应措施，还能保持汽车具有基本的运行能力，以便将汽车驾驶回家或送到修理厂站修理。

　　汽车故障自诊断是指汽车电子控制系统监测自身的运行情况，诊断系统有无故障，并采取相应控制措施的过程。当今汽车每个电子控制系统都配置有相应的故障自诊断子系统，通常被称为第二代车载故障自诊断系统（On Board Diagnosis System - Ⅱ，OBD - Ⅱ），简称故障自诊断系统 OBD。

10.1.1 故障自诊断系统的组成

汽车故障自诊断系统主要由传感器监测电路、执行器监测电路、故障码存储单元（RAM）、故障诊断程序、故障诊断通信接口（Trouble Diagnostic Communication Link，TDCL）以及故障指示灯等组成。传感器与执行器的监测电路一般都设置在电控单元 ECU 内，故障码存储单元设置在随机存储器 RAM 内，故障诊断程序设置在只读存储器 ROM 内，故障指示灯设置在仪表盘上；故障诊断通信接口又称故障诊断插座，简称诊断插座，一般设置在进行故障诊断测试时便于操作的位置，如熔断器盒内部或熔断器盒旁边、发动机舱内或仪表盘下方等，典型的发动机冷却液温度传感器自诊断电路如图 10 – 1 所示。

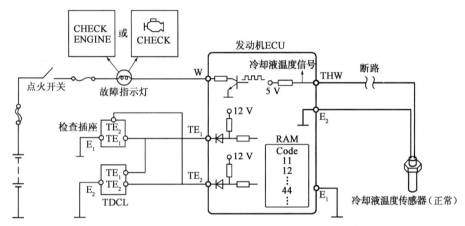

图 10 – 1 典型的发动机冷却液温度传感器自诊断电路示意

> 为了便于检修人员在发动机舱盖开启状态下测试发动机电子控制系统有无故障，一般在发动机舱内还设有一个故障检查插座，其功用与故障诊断插座相同。如果发动机舱内没有故障检查插座，检修人员就必须进入驾驶室利用故障诊断插座进行诊断测试。

10.1.2 故障自诊断系统的功能

> 在汽车运行过程中，各种电控单元（ECU）根据不同传感器和控制开关输入的信号，按照预先设定的控制程序进行数学计算和逻辑判断，并向各种执行器发出相应的控制指令，完成不同的控制功能。某只传感器或控制开关发生故障时，就不能向 ECU 正常输送信号，汽车性能就会变坏甚至汽车无法运行。当执行机构发生故障时，其监测电路反馈给 ECU 的信号就会出现异常，汽车性能也会变坏甚至汽车无法运行。

在使用汽车时，一旦接通点火开关，自诊断电路就会投入工作，实时监测各种传感器、控制开关和执行器的工作状态。一旦发现某只传感器或控制开关信号异常，或执行机构监测电路反馈的信号异常，故障自诊断系统就会立即采取三个方面的措施：一是立即发出报警信号，提醒驾驶员引起注意；二是将故障内容编成代码（称为故障码）存储在随机存储器（RAM）中，以便维修时调用或供设计参考；三是启用相应的后备功能（又称"回家"功能),使控制系统处于应急状态运行。

1. 发出报警信号

在电子控制系统运转过程中,当某只传感器、控制开关或执行器发生故障时,电控单元 ECU 将立即接通仪表盘上的故障指示灯电路,使指示灯发亮或闪亮,目的是提醒驾驶员控制系统出现故障,应立即检修或送修理厂站修理,以免故障范围扩大。

> 各种电子控制系统的故障指示灯都设置在组合仪表盘的透明面膜下面,在面膜上印制有不同的图形符号或英文缩写字母,如发动机电子控制系统的故障指示灯用发动机图形符号或字母 "CHECK ENGINE"(检查发动机)、"SERVICE ENGINE SOON"(立即维修发动机)表示,防抱死制动系统用字母 "ABS" 表示,安全气囊系统用字母 "SRS" 或 "AIR BAG" 表示,等等。

2. 存储故障码

当故障自诊断系统发现某只传感器、控制开关或执行器发生故障时,其电控单元会将监测到的故障性质(断路、短路或搭铁)、故障部位和故障原因等信息以代码的形式存储在随机存储器(RAM)中。只要存储器电源不被切断,故障码就会一直保存在随机存储器中。即使是汽车在运行中偶尔出现一次故障,自诊断电路也会及时检测到并记录下来。

> 在每一辆汽车的自诊断系统电路中,都设置有一个专用的故障诊断插座,当诊断排除故障或需要了解电子控制系统的运行参数时,使用制造厂商提供的专用故障检测仪或通过特定的操作方法,就可通过故障诊断插座将存储器中的故障码和有关参数读出,为查找故障部位、了解系统运行情况和改进控制系统的设计提供参考依据。

3. 启用后备功能

当故障自诊断系统监测到某只传感器、控制开关或执行器发生故障时,其 ECU 将以预先设定的参数取代故障传感器、控制开关或执行器工作,此时控制系统将继续维持控制功能而进入应急状态运行,以使汽车维持基本的行驶能力而行驶回家或送修理厂站修理。汽车电子控制系统的这种功能称为后备功能或失效保护功能。

下面分别以发动机电子控制系统的后备功能为例说明。

(1)冷却液温度传感器电路断路或短路时,ECU 按固定温度值控制喷油器喷油。当冷却液温度传感器工作正常时,冷却液温度一般设定在 -30 ~120 ℃,其输出信号电压在 0.3 ~4.7 V 范围内变化,如图 10-2 所示。

 应用案例

当冷却液温度传感器电路发生"断路"或"短路"故障时,其输出的信号电压就会低于 0.3 V 或高于 4.7 V,ECU 接收到低于 0.3 V 或高于 4.7 V 的冷却液温度信号时,故障自诊断系统就会判定冷却液温度传感器及其电路有"断路"或"短路"故障,并立即启用后备功能，按冷却液温度固定值（"断路"时按 80 ℃、"短路"时按 19.5 ℃）的工作状态控制喷油器喷油，并将故障编成代码存储在随机存储器中，以便检测维修时调用。

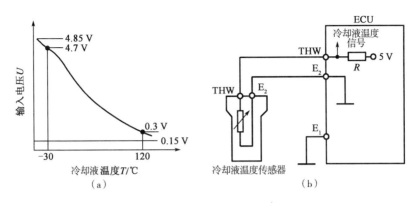

图 10 – 2　冷却液温度传感器（CTS）的自诊断电路
(a) CTS 输出特性；(b) CTS 工作电路

(2) 当进气温度传感器或其电路"断路"或"短路"时，发动机 ECU 将按进气温度为 20 ℃ 的工作状态控制喷油器喷油。

(3) 当空气流量传感器或歧管压力传感器电路"断路"或"短路"时，ECU 将按节气门位置传感器信号以三种固定的喷油量控制喷油器喷油。当节气门位置传感器的怠速触点闭合时，ECU 以固定的怠速喷油量控制喷油；当怠速触点断开、节气门尚未全开时，ECU 以固定的小负荷喷油量控制喷油；当节气门全开或接近全开时，ECU 以固定的大负荷喷油量控制喷油。对于多点燃油顺序喷射系统，喷油频率则由发动机每转两转顺序喷油一次改为每转一转同时喷油一次。

(4) 当节气门位置传感器电路"断路"或"短路"时，ECU 将根据发动机转速信号和空气流量传感器信号计算出一个替代值来控制喷油器喷油。

(5) 当大气压力传感器电路"断路"或"短路"时，ECU 将按 101 kPa（1 个标准大气压）控制喷油器喷油。

(6) 当氧传感器电路"断路""短路"或输出信号电压保持不变或每分钟变化低于 10 次时，ECU 将取消空燃比反馈控制，并以开环控制方式控制喷油器喷油。

(7) 当曲轴位置和凸轮轴位置传感器中的某种传感器电路"断路"或"短路"时，ECU 则根据另一种传感器的信号并按预先设定的固定值对喷油和点火进行控制。在多点燃油顺序喷射系统中，喷油频率则由发动机每转两转顺序喷油一次改为每转一转同时喷油一次，点火提前角则根据工况不同按预先设定的固定值（起动和怠速工况一般为 10°，其他工况一般为 20°）进行控制。

(8) 当执行器（如喷油器、点火控制器、怠速控制阀等）出现故障时，有的故障能被 ECU 检测出来，有的则不能检测出来，具体情况依车型的控制软件和硬件设计而异。例如，当大众汽车公司汽车节气门控制组件内的怠速节气门位置传感器信号中断时，控制组件将利用应急弹簧将节气门拉开到规定开度，使怠速转速升高而进入应急状态运行。

监控执行器故障一般都设有专用监测电路，监测点火器的故障自诊断电路如图10-3所示。当发动机转速变化时，ECU发出与转速同步变化的点火脉冲控制指令，点火控制器内部三极管导通与截止的频率随发动机转速变化而同步变化，点火监控电路将从三极管的集电极接收到高、低电平且交替变化的同步信号。

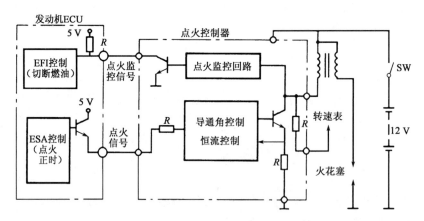

图10-3 监测点火器的故障自诊断电路

当发动机运转而点火线圈初级电路一直接通或一直断开时，监控电路就接收不到交替变化的信号，反馈到ECU的监控信号将保持高电平或低电平不变。当ECU连续发出与气缸数相同个数的点火脉冲控制指令而点火监控反馈信号仍保持不变时，ECU就会判定点火系统发生故障，并立即控制汽车进入应急状态运行，同时将故障内容编成代码存储在随机存储器RAM中，以便检测维修时调用。

当发动机电子控制系统在后备功能工作状态时，由于发动机的性能会受到不同程度的影响，某些车型的发动机故障自诊断系统还将自动切断空调、音响等辅助电气系统电路，以便减小发动机的工作负荷。

10.2 故障自诊断监测原理

在汽车电子控制系统工作过程中，故障自诊断电路随时都在监测各种传感器、控制开关和执行器的工作状况，诊断它们是否发生故障。

在一般情况下，故障自诊断系统能够识别出故障性质，如无信号（断路）、对地短路（搭铁）、对正极短路等。但是，控制部件的结构、线路连接以及故障原因各有不同，因此，某些类型的故障自诊断系统难以区分出来。

下面分别以故障自诊断监测点分别位于被监测部件正极和负极的故障自诊断原理为例说明。

10.2.1 监测点位于被监测部件正极的自诊断原理

> 在汽车电子控制系统中,各种传感器的故障自诊断监测点一般都位于传感器的正极。

1. 搭铁和对负极短路的自诊断

当监测点位于被监测部件正极时,传感器线路搭铁或对负极短路的故障自诊断电路如图 10-4 所示。当传感器及控制系统正常时,故障自诊断电路从故障自诊断监测点测得传感器输入中央处理单元(CPU)的信号电压为 0.3~4.7 V,表示该传感器工作正常,自诊断结果无故障记录。

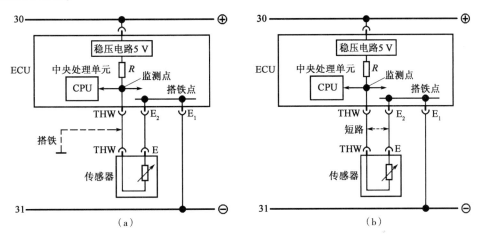

图 10-4 传感器线路搭铁或对负极短路的故障自诊断电路
(a)搭铁的自诊断电路;(b)对负极短路的自诊断电路

如果传感器与电控单元(ECU)之间的信号线、插接器插头或传感器部件本身"搭铁"[图 10-4(a)],则故障自诊断监测点输入 CPU 的监测值将始终为 0,此时 CPU 记录的故障为"对地短路",即搭铁。

如果传感器信号线与负极导线短接,即"对负极短路"[图 10-4(b)],则故障自诊断监测点输入 CPU 的监测值也将始终为 0,此时 CPU 记录的故障也为"对地短路"。

> 综上所述,在监测点位于被监测部件正极的情况下,当控制部件的信号线、插接器插头或部件本身"搭铁"或"对负极短路"时,CPU 记录的故障为"对地短路",即搭铁。

2. 断路与对正极短路的自诊断

当监测点位于被监测部件正极时,传感器线路断路与对正极短路的故障自诊断电路如图 10-5 所示。

当传感器与 ECU 之间的信号线、插接器插头或传感器部件本身"断路"时[图 10-5(a)],自诊断监测点输入 CPU 的监测值将始终为 5 V。

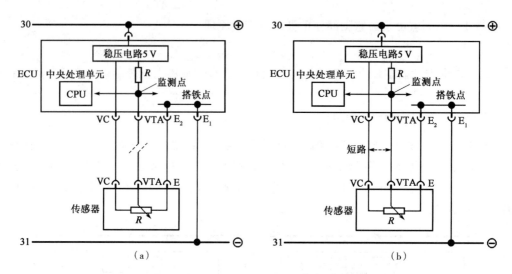

图 10-5 传感器线路断路与对正极短路的故障自诊断电路
(a) 断路的自诊断电路; (b) 对正极短路的自诊断电路

某些传感器(如节气门位置传感器)需要有电源,其电源线、信号线及搭铁线等均通过线束插头或插座与 ECU 的线束插座连接。当传感器与 ECU 之间的信号线、线束插头或部件本身"对正极短路"时[图 10-5 (b)],故障自诊断监测点输入 CPU 的电压也将始终保持 5 V 不变。

> 由此可见,当传感器线路发生"断路"和"对正极短路"两种类型的故障时,因为自诊断监测点输入 CPU 的监测值都始终为 5 V,CPU 难以区分其故障性质,所以,在监测点位于被监控部件正极的情况下,当出现"断路"和"对正极短路"两种故障之一时,CPU 自诊断记录的结论将是"断路"或"对正极短路"。

10.2.2 监测点位于被监测部件负极的自诊断原理

> 在汽车电子控制系统中,各种执行器的故障自诊断监测点一般都设在执行器的负极,以便驱动回路驱动执行器动作。

1. 对电源线短路或对正极短路的自诊断

当故障自诊断监测点位于被监测部件负极时,执行器对电源线短路或对正极短路的故障自诊断电路如图 10-6 所示。

当执行器及控制系统正常时,中央处理单元(CPU)向输出回路(驱动电路)发出一定频率的脉冲控制信号驱动执行器动作,自诊断电路从故障自诊断监测点可以测得交替变化的脉冲信号并反馈到 CPU,从而说明控制系统工作正常,此时 CPU 无故障记录。

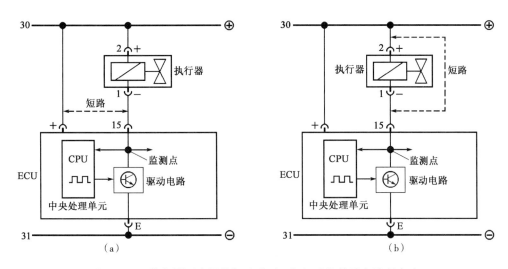

图 10-6 执行器对电源线短路或对正极短路的故障自诊断电路
(a) 对电源线短路的自诊断电路；(b) 对正极短路的自诊断电路

当执行器负极导线、插接器插头或部件本身对电源线短路或对部件正极导线短路时（图 10-6），故障自诊断监测点反馈输入 CPU 的监测值将始终等于电源电压。因此，CPU 自诊断记录的结论将是"对正极短路"。

2. 断路与搭铁故障的自诊断

当故障自诊断监测点位于被监测部件负极时，执行器断路与搭铁（又称对地短路）的故障自诊断电路如图 10-7 所示。

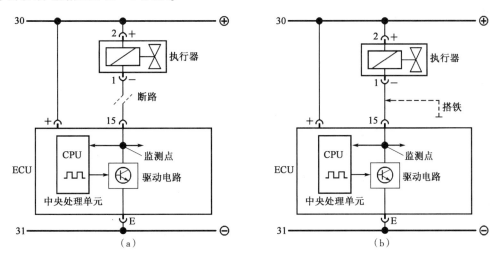

图 10-7 执行器断路与搭铁的故障自诊断电路
(a) 断路的自诊断电路；(b) 搭铁的自诊断电路

当执行器负极导线、插接器插头或部件本身与电控单元（ECU）之间的导线发生断路故障时［图 10 – 7（a）］，故障自诊断监测点反馈输入 CPU 的监测值将始终等于 0。

当执行器负极导线、插头或部件本身搭铁时［图 10 – 7（b）］，故障自诊断监测点反馈输入 CPU 的监测值也将始终等于 0。

> 由此可见，当执行器发生"断路"和"搭铁"两种类型的故障时，由于故障自诊断监测点反馈输入 CPU 的监测值相同，因此，CPU 难以区分故障性质。在故障自诊断监测点位于被监测部件负极的情况下，当出现"断路"和"搭铁"故障之一时，CPU 自诊断记录的结论将是"断路"或"对地短路"。

10.3　电控系统故障自诊断测试

故障自诊断测试是指利用专用故障检测仪与车载电控单元（ECU）进行通信，或按特定的操作方式触发车载 ECU 的控制程序运行，以便读取故障码、清除故障码、读取车载 ECU 内部的控制参数、检测各种传感器和执行器的工作状态及其控制电路是否正常等。

> 汽车电子控制系统都具有故障自诊断测试功能，利用专用仪器或专用工具，通过自诊断测试，根据测试过程中显示的故障码来检查、排除各种电子控制系统的故障，是排除汽车电子控制系统故障最有效、最方便和最快捷的方法。

10.3.1　故障自诊断测试方式

根据发动机工作状态不同，自诊断测试方式分为静态测试（Key ON Engine OFF，KOEO）和动态测试（Key ON Engine Run，KOER）两种。

静态测试方式是指在点火开关接通（ON）、发动机不运转（OFF）的情况下进行诊断测试，主要用于读取或清除故障码。

动态测试方式是指在点火开关接通（ON）、发动机运转（Run）的情况下进行诊断测试，主要用于读取或清除故障码、检测传感器或执行器工作情况及其控制电路是否良好，以及与车载 ECU 进行数据通信（数据流分析）等。

10.3.2　故障自诊断测试内容

汽车电控系统故障自诊断测试内容主要包括读取与清除故障码、数据流分析、监控执行器和编程匹配等。

1. 读取与清除故障码

读取与清除故障码是指利用故障检测仪或专用工具，将汽车电子控制系统各种电控单元（ECU）中存储的故障码读出或清除的过程。

汽车在使用过程中，只要蓄电池正极柱和负极柱上的电缆端子未曾拆下，ECU 中存储的故障码就能长期被保存。维修人员将故障码从 ECU 中读出，即可知道故障性质（断路、短路或搭铁）、故障部位或故障原因，为检查与排除故障提供依据。因此，读取故障码是对各种汽车电子控制系统进行自诊断测试的主要工作。

读取与清除故障码的方法有两种：一种是利用汽车故障检测仪读取；另一种是利用特定的操作方法和操作程序进行读取。汽车故障检测仪显示的信息对故障码有详细的说明，如是历史性故障码还是当前的故障码，故障码出现几次。历史性故障码表示故障曾经出现过（如线路接触不良），现在已不出现，但在 ECU 中已经被存储记忆。当前故障码表示最近出现的故障，并且通过出现的次数来确定此故障码是否经常出现。

清除故障码必须在汽车运行一段时间并确认故障已经排除之后才能进行。确认故障是否排除时，非常关键的一步是根据使用手册或相关资料，查明出现故障码的运行条件。如果运行条件不满足要求，故障就可能仍然存在。以发动机控制系统的空气流量传感器信号频率低（故障码为 DTC P0102）为例，产生该故障的设定条件是空气流量传感器的信号频率在 0.5 s 以上时间内都低于 1 200 Hz。确认故障码 DTC P0102 的运行条件：起动发动机运行，点火电压高于 8.0 V，节气门开度低于 50%。如果运行条件不满足，即使空气流量传感器存在故障，发动机 ECU 也不会发出指令使故障指示灯发亮指示，从而导致维修人员误认为故障已经排除。

2. 数据流分析

当发动机运转时，利用故障检测仪将车载 ECU 内部的控制参数和计算结果等数值以数据表和串行输出方式在故障检测仪屏幕上一一显示出来的过程，称为数据流分析，又称"数据通信""数据传输"或"读取数据块"。

汽车故障检测仪显示的数据主要包括氧传感器、发动机转速、喷油脉宽、空气流量、节气门开度、怠速转速、蓄电池电压、点火提前角、冷却液温度、进气温度等信号参数。汽车电子控制系统传感器和执行器的工作参数具有一定的标准与范围，通过数据流分析，各种传感器输出信号电压的瞬时值、ECU 内部的计算与判断结果、各种执行器的控制信号都能一目了然地显示在故障检测仪屏幕上。根据发动机运转状态和传输数据的变化情况，维修人员即可判断控制系统工作是否正常，将特定工况下的传输数据与标准数据进行比较，从而准确判断故障类型和故障部位。

3. 监控执行器

监控执行器是指利用汽车故障检测仪对执行器（如喷油器、怠速电动机、继电器、电磁阀、冷却风扇电动机等）进行人工控制。在监控执行器时，维修人员通过操纵故障检测仪，向某一执行器发出强制其动作或强制其停止的指令使其动作或停止，用以判定执行器及其控制电路是否正常。

在发动机怠速状态下对怠速电动机进行动作测试时，怠速电动机可以控制节气门（或旁通空气道）开度的大小，随着怠速电动机控制其开度大小的变化，发动机怠速转速也相应地升高或降低，维修人员就可判定怠速电动机及其控制线路是否正常。同理，也可在发动机运转时对燃油泵继电器进行监控，当维修人员通过操纵故障检测仪向燃油泵继电器发出继电器触点断开指令时，发动机应立即停止运转。

在发动机运转状态下，如果维修人员通过操纵故障检测仪发出控制某只喷油器停止喷油的指令后发动机转速不降低，则说明该喷油器或其控制电路有故障；当控制模式设定为闭环控制时，系统将对空燃比（Air/Fuel，A/F）实施反馈控制，氧传感器信号将发挥作用。如果故障检测仪屏幕显示发动机混合气浓度的红色指示灯（混合气浓）与绿色指示灯（混合气稀）交替闪亮，说明闭环控制系统正常；如果红色指示灯常亮不闪或绿色指示灯常亮不闪，则说明氧传感器失效。

在发动机熄火状态下，维修人员通过操纵故障检测仪，就可控制电动燃油泵运转、控制某只电磁阀或继电器（如冷却风扇继电器、空调压缩机继电器等）工作、控制某只喷油器喷油，如果燃油泵不转（听不到运转声音）、电磁阀不工作（用手触摸时没有振动感）、冷却风扇或空调压缩机不转动，则说明该执行器或其控制电路有故障。

> 不同汽车故障检测仪所支持的执行器动作测试项目不尽相同，有的支持测试项目多，有的支持测试项目少，这主要取决于故障检测仪和汽车电控单元的软件程序与匹配关系。

4. 编程匹配

编程匹配是指电子控制系统工作参数发生变化或更换新的控制部件之后，利用汽车故障检测仪与电控系统的 ECU 进行数据通信，通过设定工作参数使系统或新换部件与控制系统匹配工作的过程，又称初始设定。

> 编程匹配必须具有详细的技术资料才能进行操作，主要用于怠速设定、电子节气门设定、更换各种电控单元后的编码设定、防盗功能设定、自动灯光设定、自动变速器维修后的设定等。随着汽车电控技术的发展和控制精度的提高，编程匹配工作越来越多，特别是大众系列汽车在更换新的控制部件之后，大多数需要进行编程匹配。

10.3.3 故障自诊断测试工具

汽车电子控制系统常用的故障自诊断测试工具有跨接线、调码器和故障检测仪三种类型。

故障检测仪功能齐全、使用方便，但价格较高。为了便于没有故障检测仪的用户通过读取故障码来诊断故障，在各大汽车厂家（公司）1993 年以前生产的汽车 ECU 中，大多数设有利用跨接线或调码器来读取故障码的软件程序，操作人员将其与诊断插座上相应的接线端子连接之后，即可根据组合仪表盘上或调码器上"故障指示灯"的闪烁情况读出故障码。1994 年开始统一采用第二代车载故障诊断系统 OBD - Ⅱ 之后，因为全球汽车厂商统一了故障诊断插座形式（规定为标准的16端子诊断插座）和故障测试软件通用标准（规定各种车型的测试软件可以通用），所以汽车需要使用故障检测仪进行故障自诊断测试。

1. 跨接线

跨接线是一根普通的单芯导线或两端带有鳄鱼夹的导线，如图10-8所示。将跨接线与诊断插座上相应的接线端子连接之后，接通点火开关即可触发读取故障码的软件程序运行，同时根据组合仪表盘上"故障指示灯"的闪烁情况就可读出故障码。

2. 调码器

调码器是由发光二极管（Light Emitting Diode，LED）与一定阻值的电阻 R 串联组成的显示器，如图10-9所示；串联电阻 R 为限流电阻，防止电流过大而烧坏LED；两只LED并联的目的是，无论调码器输出端子T1、T2与诊断插座输出信号的正负极怎样连接，都有一只LED导通工作。将调码器与诊断插座上的相应端子连接，接通点火开关即可触发读取故障码的软件程序运行，根据调码器上发光二极管的闪烁情况即可读出故障码。

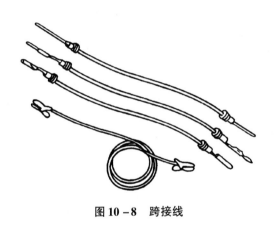

图10-8 跨接线

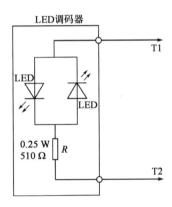

图10-9 LED调码器电路

3. 故障检测仪

汽车故障检测仪是一种利用配套的连接线束与汽车上的故障诊断插座（TDCL）相连，并与各种电子控制系统的电控单元（ECU）进行数据交流的专用仪器。为了便于维修人员诊断测试汽车电子控制系统故障，汽车制造厂家（公司）都为自己生产的汽车设计有专用故障检测仪。汽车故障检测仪又称故障诊断测试仪、故障阅读仪和解码器等。

汽车故障检测仪通常分为专用检测仪和综合检测仪两种。专用检测仪是指由汽车制造厂家提供或指定的汽车故障检测仪，如奔驰汽车用HHT，宝马汽车用MONIC3，大众（奥迪）汽车用V.A.G1551（图10-10）、V.A.G1552（图10-11）、V.A.G5051、V.A.G5052（V.A.G5051、V.A.G5052分别是V.A.G1551、V.A.G1552的换代升级产品，其功能更齐全，但体积有所增大），通用汽车用TECH-2，克莱斯勒汽车用DRB-2、DRB-3，福特汽车用WDS和NGS，日产汽车用CONSULT-Ⅰ、CONSULT-Ⅱ等。一般来说，每个汽车制造厂家（公司）都针对自己生产的各种车系研制有专用的检测仪器，以便为自己生产的汽车提供良好的维修服务。

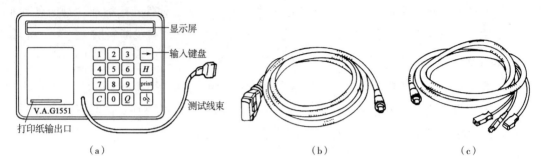

图 10–10　汽车故障测试仪 V. A. G1551 与测试线束

(a) V. A. G1551 型故障阅读器；(b) 16 端子测试线束 V. A. G1551/3；(c) 端子测试线束 V. A. G1551/1

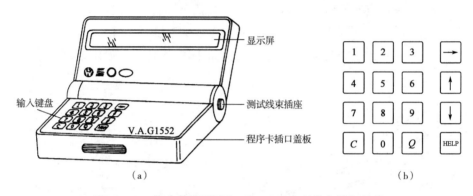

图 10–11　汽车故障测试仪 V. A. G1552 结构与输入键盘

(a) V. A. G1552 结构；(b) V. A. G1552 键盘

综合检测仪是非汽车制造厂商提供或指定，由仪器设备厂商生产的汽车故障检测仪，如德国博世公司的汽车故障检测仪、美国的红盒子 MT2500，国内生产的 X–431、金奔腾彩圣、车博士、电眼睛和修车王等。所有品牌的检测仪器都具有读取与清除故障码、数据流分析、执行器功能测试、编程匹配、示波器和万用表功能。同一种故障检测仪配备有多种车型的自诊断软件，用户购买故障检测仪时可根据需要选购。由于不同车型的自诊断软件不尽相同，某一种自诊断测试软件仅适用于指定车型的诊断测试，不能用于其他厂家或公司的车型。

国产汽车常用故障检测仪 V. A. G1551 和 V. A. G1552 的功能与使用方法完全相同，唯一区别在于 V. A. G1552 没有打印功能。故障检测仪主要由仪器硬件与软件、显示屏、输入键盘、打印机、测试线束、程序卡安装槽（位于仪器后上部）和交叉线束连接插孔（位于仪器背面）组成。其中，16 端子测试线束适用于具有 16 端子诊断插座的汽车，2 端子测试线束适用于具有 2 端子诊断插座的汽车。不同年份生产的车型，配有不同的磁卡，将其插入相应的故障检测仪，即可对不同的车型进行诊断测试。

汽车故障检测仪不仅可以检测诊断燃油喷射系统（EFI）故障，还能检测诊断防抱死制动系统（ABS）、安全气囊系统（SRS）、自动变速系统（ECT）等各种电子控制系统的故障。故障检测仪型号不同，使用方法也不同。因此，使用故障检测仪时，必须按照不同故障检测仪的使用说明进行操作。

10.3.4　故障自诊断测试过程

将故障检测仪、调码器或跨接线等自诊断测试工具与汽车上的诊断插座连接后，接通点火开关，即可触发自诊断系统进行自诊断测试。利用故障检测仪进行自诊断测试时，其显示屏能够直接显示故障性质、故障部位和故障原因。各种故障检测仪的使用方法各不相同，下面以国产汽车普遍使用的 V. A. G1551 和 V. A. G1552 型故障检测仪测试大众轿车多点喷射系统为例，说明利用故障检测仪进行自诊断测试的过程。

故障检测仪 V. A. G1551 或 V. A. G1552 可供选择的功能都有 10 项，如表 10 - 1 所示。中文版本的测试仪可直接识读，使用操作十分方便，维修人员将其称为"傻瓜机"。为了便于读者掌握不同版本检测仪的使用方法，下面以英文版本检测仪并附译文进行说明。

表 10 – 1　故障检测仪 V. A. G1551 或 V. A. G1552 可供选择的功能

代码	功能	前提条件	
		发动机停转，点火开关接通	发动机怠速运转
01	显示控制系统版本号	—	—
02	读取故障码	是	是
03	执行机构测试	是	否
04	进入基本设定	是	是
05	清除故障码	是	是
06	结束输出	是	是
07	控制模块编号	—	—
08	读取测量数据块	是	是
09	读取单个测量数据	×	×
10	自适应测试	×	

注：①发动机停转，点火开关接通时进行基本设定，必须在更换电控单元 J220、节气门控制组件 J338、发动机或拆下蓄电池电缆后，才能选择代码"04"进行基本设定。

②发动机怠速运转时进行基本设定，冷却液温度高于 80 ℃时才能进行；如果冷却液温度低于 80 ℃，则基本设定功能将被锁止。

③自适应测试目前仅用于厂内检查。

1. 读取故障码

使用故障检测仪进行诊断测试时，蓄电池电压必须高于 11.5 V，燃油喷射熔断器正常，发动机和变速器上的搭铁线连接必须可靠。读取故障码的操作程序如下。

(1) 起动发动机，进行至少 220 s 试车。试车中应当满足的条件有：必须在发动机冷却液温度高于 70 ℃的情况下，至少运转 174 s；发动机至少高速运行 6 s；发动机运转 210 s 后，至少再怠速运转 10 s；发动机转速至少有一次超过 2 200 r/min。

对于发动机不能起动的车辆，首先应当排除机械故障，然后反复接通起动开关，使发动机转动数次。

图 10-12 大众轿车故障诊断插座的安装位置

（2）连接故障检测仪。大众轿车电子控制汽油喷射系统设有一个 16 端子故障诊断插座（故障检测仪接口），是一个标准的 OBD-Ⅱ 插座（第二代随车故障诊断插座），安装在变速杆下端皮质护套下面，如图 10-12 所示。诊断电子控制系统故障时，断开点火开关，用测试线束 V.A.G1551/3 将故障检测仪 V.A.G1551 或 V.A.G1552 与故障诊断插座连接，即可进行诊断测试。

（3）接通电源进入诊断测试程序。首先接通点火开关或起动发动机怠速运行（如果故障导致发动机不能起动，则接通点火开关即可），然后接通故障检测仪电源开关。此时故障检测仪进入"车辆系统测试"模式，显示的信息如图 10-13 所示。

图 10-13 故障检测仪进入"车辆系统测试"模式时显示的信息

（4）输入"发动机控制系统"的地址指令"01"，并单击"Q"键确认，地址指令代表的系统名称就会出现在屏幕上（单击"C"键可以改变输入指令）。电控单元确认后显示的信息如图 10-14 所示（注意：只有在点火开关接通或发动机运转时，才能显示控制器的编号和代码）。需要特别指出的是，由于汽车使用的电控单元以及故障检测仪使用的程序卡型号不同，各项功能所显示和打印的内容可能有所不同。

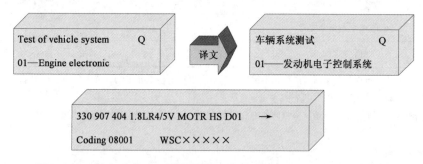

图 10-14 输入"发动机控制系统"的地址指令"01"后显示的信息

330 907 404——电控单元零件编号（实际编号参见配件目录）；1.8 L——发动机排量（1.8 L）；R4/5 V——直列 4 缸 5 气门发动机；MOTR——燃油喷射系统（MOTRONIC）名称；HS——手动变速器；D01——电控单元软件代码（程序编号）；Coding 08001——电控单元编码；WSC××××——服务站代码。

（5）单击"→"键，直到故障检测仪屏幕上显示输入"功能选择代码"，如图 10-15 所示。

图 10-15　单击"→"键后显示的功能选择信息

(6) 输入读取故障码的功能选择代码"02",并单击"Q"键确认,屏幕上将首先显示存储故障的数量(图 10-16)或显示"没有故障被识别"(图 10-17)。

图 10-16　输入功能选择代码"02"且有故障码时显示的信息

图 10-17　输入功能选择代码"02"但无故障码时显示的信息

(7) 单击"→"键继续运行,每个故障的文字说明将单独显示在屏幕上,如图 10-18 所示。

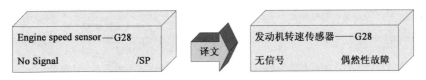

图 10-18　显示每个故障的文字说明信息

如果使用 V.A.G1551 型故障检测仪,单击"Print"键接通打印机("Print"键上的指示灯将发亮),存储的一个或多个故障码及其文字说明将按存储故障的顺序被打印出来。为了使打印输出的故障码与维修手册印制的故障码表一一对应,故障码均按 5 位数字排列,大众轿车发动机电子控制系统的故障码如表 10-2 所示。

表 10-2　大众轿车发动机电子控制系统的故障码

故障码	故障部位	排除方法
00000	无故障	如果汽车有故障,说明故障没有被控制系统识别
00513	发动机转速传感器 G28	(1) 检查曲轴位置传感器有无松动; (2) 检查线束有无短路、断路或搭铁; (3) 检查传感器有无故障或更换传感器

续表

故障码	故障部位	排除方法
00515	霍尔式凸轮轴位置传感器 G40	(1) 检查霍尔传感器转子的安装位置是否准确； (2) 检查线束有无短路、断路或搭铁； (3) 检查传感器有无故障或更换传感器
00518	节气门控制组件的节气门位置传感器（电位计）G69	(1) 检查线束有无短路、断路或搭铁； (2) 检查传感器有无故障或更换传感器
00522	冷却液温度传感器 G62	(1) 检查线束有无短路、断路或搭铁； (2) 检查传感器有无故障或更换传感器
00524	1、2 缸用 1 号爆燃传感器 G61	(1) 检查线束有无短路、断路或搭铁； (2) 更换传感器
00527	进气温度传感器 G72	(1) 检查线束有无短路、断路或搭铁； (2) 检查传感器有无故障或更换传感器
00530	节气门怠速位置传感器 G88	(1) 检查线束有无短路、断路或搭铁； (2) 检查传感器有无故障或更换传感器
00540	3、4 缸用 2 号爆燃传感器 G66	(1) 检查线束有无短路、断路或搭铁； (2) 更换传感器
00553	空气流量传感器 G70	(1) 检查线束有无短路、断路或搭铁； (2) 检查传感器至发动机之间是否漏气； (3) 检查传感器是否脏污
00668	30 号电源线电压高低	(1) 检查蓄电池电压是否过低； (2) 检查整体式交流发电机能否发电
01165	节气门控制组件 J338 基本设定错误	(1) 检查控制组件与 ECU 是否匹配； (2) 检查节气门或控制电动机 V60 是否卡死； (3) 重新进行基本设定
01247	活性炭罐电磁阀 N80	(1) 检查电磁阀线圈电阻（20 ℃时标准值为 40 ~ 80 Ω）； (2) 检查线束有无短路、断路或搭铁
01249	第 1 缸喷油器 N30	(1) 检查线束有无短路、断路或搭铁； (2) 检查喷油器线圈电阻（20 ℃时标准值为 13 ~ 18 Ω）
01250	第 2 缸喷油器 N31	(1) 检查线束有无短路、断路或搭铁； (2) 检查喷油器线圈电阻（20 ℃时标准值为 13 ~ 18 Ω）
01251	第 3 缸喷油器 N32	(1) 检查线束有无短路、断路或搭铁； (2) 检查喷油器线圈电阻（20 ℃时标准值为 13 ~ 18 Ω）
01252	第 4 缸喷油器 N33	(1) 检查线束有无短路、断路或搭铁； (2) 检查喷油器线圈电阻（20 ℃时标准值为 13 ~ 18 Ω）

在显示屏上，下面一行显示的是故障性质。如果故障性质后面显示有"/SP"字样，表明该故障为偶然性故障。故障码及其性质显示完毕，显示屏将显示输入"功能选择代码"。此时输入"功能选择代码"，可继续进行其他诊断测试。

2. 清除故障码

故障排除后应及时清除故障码，否则再次读取故障码时，存储器中所有的故障码都会一并调出，影响工作效率。如果 ECU 电源被切断（如控制器插头被拔下）或蓄电池极柱上的电缆端子被拆下，则故障码存储器中存储的故障信息将被清除。利用故障检测仪 V. A. G1551 或 V. A. G1552 清除大众轿车发动机电子控制系统故障码的操作程序如下。

（1）按读取故障码的操作程序（1）~（5）进入诊断测试"功能选择"。当检测仪屏幕上显示输入"功能选择代码"时（图 10 – 19），输入"读取故障码"的功能选择代码"02"，并单击"Q"键确认。

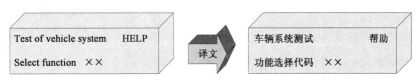

图 10 – 19　单击"→"键后显示的功能选择信息

（2）单击"→"键，直到显示出所有的故障码。在屏幕上显示输入"功能选择代码"时，输入"清除故障码"的功能选择代码"05"，并单击"Q"键确认，显示的信息如图 10 – 20 所示。

图 10 – 20　输入功能选择代码"05"时显示的信息

（3）单击"→"键，直到故障码被清除。在屏幕上显示输入"功能选择代码"时，输入"结束输出"功能选择代码"06"，并单击"Q"键确认。

（4）重新试车并再次读取故障码，不得有故障码显示。

10.4　发动机电控系统故障诊断与排除

汽车各种电控系统故障的诊断与排除方法大同小异，下面以发动机电控系统为例说明电子控制系统故障的诊断程序与排除方法。

10.4.1　发动机电控系统故障诊断与检修程序

实践证明，发动机电控系统故障可按下述程序进行诊断与检修。

（1）向用户询问有关情况。例如故障产生时间、产生条件（包括天气、气温、道路情况以及发动机工况等），故障现象或症状，故障发生频率，是否进行过检修以及检修过哪些部位，等等。

（2）进行直观检查。检查内容包括：电子控制系统的控制部件是否正常，电气线路插接器或接头有无松动、脱接，导线有无断路、搭铁、错接以及烧焦痕迹，管路有无折断、错接或凹瘪，等等。汽车电子控制系统控制部件对发动机工作性能的影响如表 10-3 所示，熟悉传感器与执行器对发动机以及车辆运行状态的影响对迅速诊断与排除故障极为重要。

表 10-3　汽车电子控制系统控制部件对发动机工作性能的影响

序号	部件名称	故　障　现　象
1	电控单元	(1) 发动机不能起动； (2) 发动机工作失常
2	点火线圈	(1) 发动机不能起动； (2) 无高压火花跳火； (3) 次级电压过低
3	燃油泵继电器	(1) 发动机不能起动； (2) 燃油泵不工作； (3) 喷油器不喷油
4	继电器盒熔断器	发动机不能起动
5	曲轴与凸轮轴位置传感器	(1) 发动机不能起动； (2) 发动机工作不稳定； (3) 急速不稳； (4) 中途熄火
6	空气流量与歧管压力传感器	(1) 发动机起动困难； (2) 发动机工作失常； (3) 急速不稳； (4) 油耗增加
7	进气温度传感器	(1) 发动机工作不良； (2) 急速不稳或急速熄火； (3) 油耗与排放增加； (4) 混合气过浓
8	节气门位置传感器	(1) 发动机起动困难； (2) 急速不稳； (3) 发动机工作不良； (4) 容易熄火
9	爆燃传感器	(1) 发动机工作不稳； (2) 加速时爆燃； (3) 点火正时不准
10	氧传感器	(1) 发动机工作不良； (2) 急速不稳； (3) 油耗与排放增加； (4) 混合气过浓

续表

序号	部件名称	故障现象
11	冷却液温度传感器	(1) 发动机起动困难； (2) 发动机工作不良； (3) 急速不稳； (4) 容易熄火
12	喷油器	(1) 发动机不能起动或起动困难； (2) 油耗增加； (3) 急速不稳； (4) 发动机工作不良
13	急速控制阀	(1) 发动机起动困难； (2) 急速不稳或急速过高； (3) 容易熄火
14	曲轴箱通风阀（PVC 阀）	(1) 发动机不能起动或起动困难； (2) 急速不稳或急速过高； (3) 加速困难； (4) 油耗增加
15	活性炭罐电磁阀	(1) 发动机工作不良； (2) 发动机急速不稳
16	空调（A/C）开关	(1) 发动机不能起动； (2) 发动机急速不稳； (3) 急速熄火
17	电动燃油泵	(1) 发动机不能起动或起动困难； (2) 发动机工作不良； (3) 急速不稳或急速熄火； (4) 发动机回火

（3）按基本检查程序进行检查。在诊断发动机电子控制系统故障时，为了尽快确定故障性质与部位，尽可能少走弯路，在对汽车进行直观检查后，可按图 10-21 所示程序进行基本检查，包括急速检查调整和点火正时的检查调整。

（4）进行自诊断测试，读取故障码。如果有故障码，则按故障码表指示的故障原因和部位逐一排除故障；如果无故障码但故障症状依然存在，则通过故障征兆模拟试验来判断试验线路或部件工作是否正常，同时参照汽车厂商提供的"故障征兆表"进行诊断检查，以便缩小故障范围。

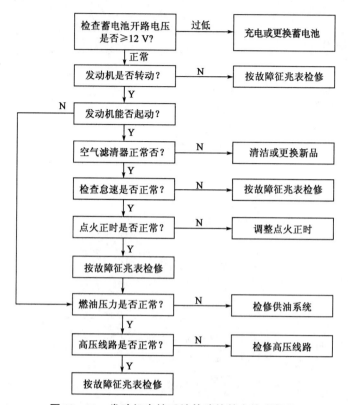

图 10-21 发动机电控系统故障的基本检查程序

> 汽车电子控制系统的故障征兆表是一种根据汽车故障征兆（如起动困难、不能起动或怠速失常等）和零部件（各种传感器、控制开关及油气管路等）名称，按各种零部件导致该故障产生的可能性大小，用阿拉伯数字由小到大列出的表格。

（5）如按上述程序检查仍不能排除故障，则说明发动机可能有机械故障或其他故障，可按汽车厂商提供的"发动机机械故障与其他故障征兆表"进行诊断与排除。

10.4.2 发动机电控系统故障的诊断方法

诊断发动机电控系统故障时，常用以下几种故障征兆模拟试验方法进行。

1. 振动试验法

当振动可能是产生故障的主要原因时，就可利用振动试验法进行检验。试验方法主要包括：在水平和垂直方向轻轻摆动插接器、线束、导线接头，用手轻轻拍打传感器、执行器、继电器和开关等控制部件（注意：继电器不能用力拍打，以免产生误动作）。

2. 加热试验法

加热试验法是指当汽车故障是在热机出现或是由某些传感器与零部件受热所致时，可用电加热吹风机等加热工具对可能引起故障的零部件或传感器进行适当加热，以检查其是否有此故障［注意：加热温度不得超过 60 ℃，且不能对电控单元（ECU）进行加热］。

3. 水淋试验法

当故障在雨天或湿度较大的条件下产生时，可通过喷淋试验检查诊断故障。试验时，将水喷洒在散热器前面和汽车顶部，间接改变温度和湿度，检查其是否发生故障（注意：不能将水直接喷洒在电气与电子控制系统零部件上，以免造成短路和其他故障）。

❋ 10.5 发动机传感器与执行器的检修

掌握汽车电子控制系统的检修方法，不仅能够排除系统故障，还能为系统的改进设计提供参考。下面介绍发动机电控系统常用传感器和执行器的检修方法。

10.5.1 涡流式空气流量传感器的检修

> 空气流量传感器是一种精密部件，是供气系统最重要的部件。当其出现故障时，ECU 就接收不到正确的进气量信号来控制喷油量，混合气就会过浓或过稀，从而导致发动机运转失常。检修或拆卸空气流量传感器时，应细心操作、切忌碰撞，以免损伤其零部件。

各型涡流式空气流量传感器的检修方法基本相同，下面以丰田雷克萨斯 LS400 轿车 1UZ – FE 型发动机和皇冠 3.0 轿车 7M – GE 型发动机配装的光电检测涡流式空气流量传感器为例说明。该传感器的原理电路如图 10 – 22 所示，检修方法如下。

（1）静态检测。拔下空气流量传感器线束插头，用万用表电阻挡测量传感器插座上端子"THA"与"E_2"之间进气温度传感器的阻值（图 10 – 23），检测结果应当符合表 10 – 4 的规定。如果阻值不符，则须更换传感器。

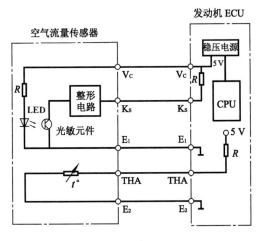

图 10 – 22　涡流式空气流量传感器的原理电路　　图 10 – 23　涡流式空气流量传感器的检测

（2）动态检测。将传感器线束插头与插座插好，用万用表直流电压挡测量传感器插接器端子"THA"与"E_2"、"V_C"与"E_1"和"KS"与"E_1"之间的电压,检测结果应当符合表 10-4 的规定。

表 10-4　丰田雷克萨斯 LS400 型和皇冠 3.0 型轿车用涡流式空气流量传感器的检修参数

检测对象	端子名称	检测条件	标准参数	备 注
进气温度传感器	THA-E_2	-20 ℃	10 000~20 000 Ω	测量电阻值
		0 ℃	4 000~7 000 Ω	
		+20 ℃	2 000~3 000 Ω	
		+40 ℃	900~1 300 Ω	
		+60 ℃	400~700 Ω	
	THA-E_2	怠速进气温度 20 ℃	0.5~3.4 V	检测信号电压
空气流量传感器	V_C-E_1	点火开关接通	4.5~5.5 V	检测电源电压
	KS-E_1	点火开关接通	4.5~5.5 V	检测信号电压
		怠速	2.0~4.0 V(脉冲形式)	信号电压跳跃变化

如果检测结果与标准电压值不符,则应检查传感器与 ECU 之间的线束是否断路;如果线束良好,则应拔下传感器插头并接通点火开关,检测电源端子"V_C"与"E_1"和信号输入端子"KS"与"E_1"之间的电压。如果两者电压均为 4.5~5.5 V,则说明 ECU 工作正常,应当更换流量传感器;如果两者电压不在 4.5~5.5 V 范围内,则说明 ECU 故障,应检修或更换 ECU。

10.5.2　热丝式与热膜式流量传感器的检修

各型热丝式与热膜式空气流量传感器的检修方法基本相同,现以大众轿车用热膜式空气流量传感器和日产千里马(Maxima)轿车用热丝式空气流量传感器为例,说明其检修方法。

(1) 检测传感器电源电压。检测电源电压时,拔下传感器线束插头,接通点火开关,用万用表直流电压挡检测传感器插头上电源端子与搭铁端子之间的电压。

检测大众轿车用热膜式空气流量传感器的电源电压时,拔下传感器上的线束插头(编者注:代号为"1"的端子为备用端子,没有连接导线),如图 10-24 所示;然后接通点火开关,检测线束插头上端子"2"与发动机缸体之间的电压,其规定值应不低于 11.5 V。如果电压为零,说明燃油泵继电器触点未闭合或电源线路断路,需要检修燃油泵继电器或电源线路。

(2) 检测传感器的信号电压。检测信号电压时,拔下传感器线束插头,将蓄电池正、负极分别与传感器插座上的电源端子和搭铁端子连接,用万用表直流电压挡测量信号输出端的电压;当向传感器空气入口吹气时,信号电压应随之升高。

检测日产千里马轿车 VG30E 型发动机用热丝式空气流量传感器的方法:将蓄电池正极与插座上电源端子"E"连接,蓄电池负极与插座上搭铁端子"D"连接,如图 10-25 所示,此时用万用表测量信号输出端子"B"与端子"D"之间的信号电压应为 (1.6±0.5) V;用嘴或 450 W 电吹风机(冷风挡)向传感器空气入口吹气时,端子"B"与端子"D"之间的信号电压应升高至 2.0~4.0 V。如果信号电压不变,则说明传感器失效,应予更换新品。

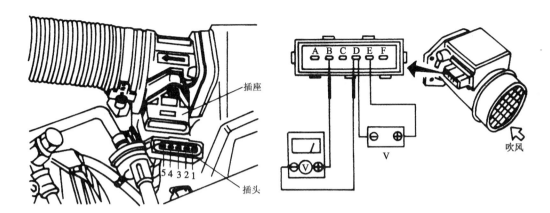

图 10-24 热膜式空气流量传感器的检测　　图 10-25 热丝式空气流量传感器的检测

(3) 就车检查热丝式空气流量传感器的自洁功能。先将空气流量传感器的线束插头与插座插好，起动发动机并将转速升高至 2 500 r/min 以上，再使发动机怠速运转。拆下空气流量传感器空气入口一端的进气管，断开点火开关，与此同时从空气流量传感器空气入口处观察热丝能否在发动机熄火 5 s 后红热并持续 1 s 时间（注：热膜式以及保持温度高于 200 ℃ 的热丝式空气流量传感器无此功能）。

10.5.3　磁感应式曲轴与凸轮轴位置传感器的检修

各型汽车用磁感应式传感器的检测方法基本相同，丰田汽车发动机计算机控制系统（Toyota Computer Control System，TCCS）采用的磁感应式曲轴与凸轮轴位置传感器的检修方法如下。

(1) 检测传感线圈电阻。拔下传感器线束插头，其插座上各端子排列位置如图 10-26 (a) 所示。用万用表电阻 OHM ×200 Ω 挡检测各端子间的阻值，检测结果应当符合表 10-5 的规定，如果阻值不符，则需更换传感器总成。

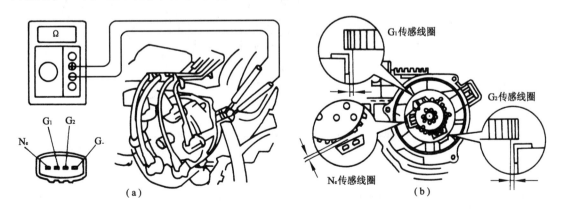

图 10-26　TCCS 磁感应式曲轴与凸轮轴位置传感器的检修
(a) 检测传感线圈电阻；(b) 检测传感器磁路气隙

(2) 检测传感器磁路气隙。用非导磁厚薄规测量信号转子与传感线圈磁头之间的气隙,如图10-26 (b) 所示,气隙应为 0.2~0.4 mm。如果气隙不符合规定,则需更换传感器总成。

表 10-5　曲轴位置传感器传感线圈的电阻

端子名称	检测状态	电阻/Ω
$Ne-G_-$	冷态	155~250
	热态	190~290
G_1-G_-	冷态	125~200
	热态	160~235
G_2-G_-	冷态	125~200
	热态	160~235

10.5.4　霍尔式曲轴与凸轮轴位置传感器的检修

各型汽车用霍尔式传感器的检测方法基本相同,切诺基吉普车曲轴与凸轮轴位置传感器的技术状况可用 DRB Ⅱ 或 DRB Ⅲ 型专用检测仪进行测试。若无专用检测仪,可用高阻抗数字式万用表进行检测。

1. 曲轴位置传感器的检修

(1) 检测曲轴位置传感器电源电压。切诺基吉普车曲轴位置传感器连接线路如图 10-27 (a) 所示;线束插头为三端子插头,如图 10-27 (b) 所示,插头上有 "A" "B" "C" 三个端子。"A" 为电源端子,连接 ECU 插座上的端子 "7";"B" 为信号输出端子,连接 ECU 插座上的端子 "24";"C" 为搭铁端子,连接 ECU 插座上的端子 "4"。

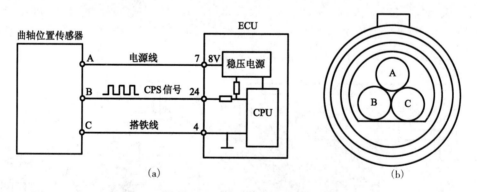

图 10-27　曲轴位置传感器的连接线路和线束插头
(a) 连接线路;(b) 线束插头

接通点火开关时,用万用表直流电压挡检测插头上端子 "A" 与端子 "C" 之间的电源电压应为 8 V。如果电源电压为 0 V,则断开点火开关,用万用表电阻 OHM×200 Ω 挡检测端子 "A" 与 ECU 插头上端子 "7" 之间的电阻,阻值应当小于 0.5 Ω;如果阻值为无穷大,则说明电源线断路,检修或更换导线即可。如果电源电压为 0 V,电源线路也良好,则说明 ECU 有故障,应予更换新品。

(2) 检测曲轴位置传感器信号电压。接通点火开关,起动发动机运转时,传感器"B"端子与"C"端子之间的信号电压应在 0.3～5.0 V 不断变化。可在"B"端子与"C"端子之间串接一只发光二极管(正极连接"B"端子)和一只 510 Ω/0.25 W 电阻进行测试。发动机运转时,发光二极管应当间歇闪亮。如果电源电压正常,二极管不闪亮,则说明传感器有故障,应予更换新品。

2. 凸轮轴位置传感器的检修

(1) 检测凸轮轴位置传感器电源电压。切诺基吉普车凸轮轴位置传感器的连接线路如图 10-28(a)所示;线束插头为三端子插头,如图 10-28(b)所示,插头上有"A""B""C"三个端子。"A"为电源端子,连接 ECU 插座端子"7";"B"为信号输出端子,连接 ECU 插座端子"44";"C"为搭铁端子,连接 ECU 插座端子"4"。电源电压的检测方法与曲轴位置传感器相同。

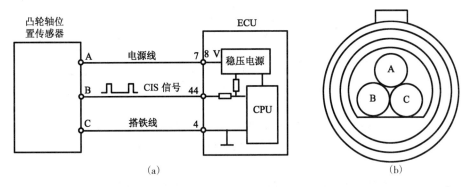

图 10-28 凸轮轴位置传感器的连接线路和线束插头
(a) 连接线路;(b) 线束插头

(2) 检测凸轮轴位置传感器信号电压。接通点火开关,起动发动机,发动机运转时,传感器端子"B"与"C"之间的信号电压应在 0.3～5.0 V 不断变化。检测传感器输出电压时,拆下配电器盖,接通点火开关,转动曲轴,当脉冲环的叶片进入信号发生器时,"B"端子与"C"端子之间的电压应为 5 V;当叶片离开信号发生器时,"B"端子与"C"端子之间的信号电压应低于 0.3 V。如电压不符合规定,则说明传感器故障,应予更换新品。

> 检测传感器输出电压时,也可在"B"端子与"C"端子之间串接一只发光二极管(正极连接"B"端子)和一只 510 Ω/0.25 W 电阻进行测试。发动机运转时,发光二极管应当闪亮。如果电源电压正常,二极管不闪亮,则说明传感器故障,应予更换新品。

10.5.5 歧管压力传感器的检修

各型汽车用歧管压力传感器的检修方法大同小异,下面以切诺基吉普车用歧管压力传感器的检修方法为例说明。该歧管压力传感器的安装位置、电路连接和线束插头如图 10-29 所示。

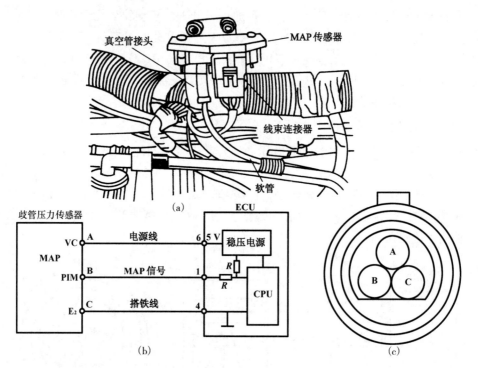

图 10-29 歧管压力传感器安装位置、电路连接和线束插头
(a) 安装位置；(b) 电路连接；(c) 线束插头

（1）检查真空软管连接情况。仔细检查歧管压力传感器 MAP (Manifold Absolutely Pressure Sensor) 的真空软管与节气门体的连接情况，如果连接不良或漏气，就会影响传感器性能并直接影响发动机工作，可视情修理或更换真空软管。

（2）检测传感器电源电压。当点火开关接通时，检测传感器"VC"端子上的电压应为 (5.0 ± 0.5) V。如果电压为零，再检测 ECU 线束插头"6"端子上的电压，如果电压为 (5.0 ± 0.5) V，则说明传感器电源线断路或插头松动。

（3）检测传感器信号电压。传感器输出的信号电压可用高阻抗数字式万用表直流电压挡进行检测。传感器插座上有"A""B""C"三个端子，当点火开关接通、发动机未起动时，检测输出端子"B"上的电压应为 4～5 V；当发动机热机怠速运转时，"B"端子电压应下降至 1.5～2.1 V；当节气门开度增大时，"B"端子电压应逐渐升高。如果检测 ECU 线束插头"1"端子上的电压，则其应与"B"端子电压相同。如检测结果不符合规定，则说明传感器信号线断路、插头松动或传感器内部有故障。

（4）检测传感器负极导线连接情况。用万用表电阻 OHM×200 Ω 挡检测传感器"C"端子与发动机缸体之间的电阻应当小于 0.5 Ω。如果阻值过大，则说明传感器负极导线断路或 ECU 插头连接不良。

10.5.6 节气门位置传感器的检修

当节气门位置传感器（TPS）发生故障时，发动机 ECU 能够检测到并能使发动机进入故障应急状态运行，利用故障检测仪通过诊断插座可以读取此故障的有关信息。

1. 触点开关式节气门位置传感器的检修

检修触点开关式 TPS 时,可用万用表测量传感器信号输出端子的输出电压和触点接触电阻并进行判断。

检测输出电压时,将传感器正常连接,接通点火开关,输出电压应为高电平或低电平,且当节气门轴转动时,输出电压应当交替变化(由低电平"0"变为高电平"1",或由高电平"1"变为低电平"0")。

检测触点状态时,拔下传感器线束插头,测量触点接触电阻应小于 0.5 Ω。如果阻值过大,则说明触点烧蚀而接触不良,应予修磨或更换传感器。

2. 可变电阻式节气门位置传感器的检修

检修可变电阻式 TPS 时,可用万用表检测传感器的电阻和电压进行判断。下面以丰田和夏利轿车可变电阻式节气门位置传感器检测为例说明,其检测方法如图 10 – 30 所示。

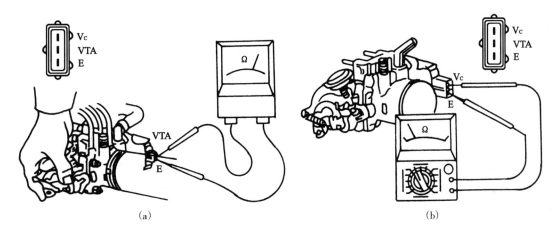

图 10 – 30 节气门位置传感器的检测方法
(a)检测输出端子输出电阻;(b)检测传感器电阻

(1)检测节气门位置传感器电阻。首先拔下传感器线束插头,然后用万用表检测信号输出端子"VTA"与搭铁端子"E"之间的阻值 [图 10 – 30(a)]。当传感器处于初始状态(止动螺钉与挡杆之间的间隙为零)时,电阻应为 700 ~ 1 400 Ω;当节气门全开时,电阻应为 2 100 ~ 4 000 Ω。如果阻值为无穷大,则说明滑背与镀膜电阻接触不良,需要更换传感器。

检测传感器电源端子"V_C"与搭铁端子"E"之间的电阻 [图 10 – 30(b)],电阻应为 1 600 ~ 2 400 Ω。如果阻值为无穷大,则说明镀膜电阻断路,需要更换传感器。

(2)检测传感器线束。当用万用表电阻 OHM × 200 Ω 挡检测线束电阻时,断开点火开关,拔下电控单元和传感器线束插头,检测两插头上相应端子之间的导线电阻应当小于 0.5 Ω。如果阻值过大或为无穷大,则说明线束与端子接触不良或断路,应予修理。

(3)检测电源电压和信号电压。检测时,接通点火开关,用万用表直流电压挡检测传感器的电源电压应为 5.0 V。当节气门关闭时,检测传感器的信号电压应为 0.5 ~ 1.0 V;当节气门开度逐渐增大时,信号电压应随之升高;当节气门全开时,信号电压应为 4.0 ~ 4.8 V。如果检测结果与此不符,则说明需要更换传感器。

10.5.7 氧传感器的使用与检修

> 氧传感器的使用寿命与自身结构和使用条件密切相关。若传感元件老化和中毒，氧传感器就会逐渐失效。20 世纪 90 年代以来，汽车每行驶 8 万 km 就需要更换氧传感器，随着氧传感器技术水平和燃油品质的提高，目前其使用寿命可达 16 万 km。氧传感器失效后，有害气体排放量和燃油消耗量都会显著增大。

1. 氧传感器老化

氧传感器老化的主要原因是传感元件局部表面温度过高。在发动机利用氧传感器进行闭环控制过程中，混合气的空燃比总是控制在理论空燃比（14.7）附近，排气中几乎没有过剩的燃油，但是在发动机刚刚起动（特别是冷起动）之后（或大负荷状态工作时），为了快速预热发动机（或增大发动机输出功率），发动机就需供给足够的燃油，排气中过剩的燃油会在氧传感器的表面产生燃烧反应，一方面是形成炭粒而造成氧传感器表面的保护层剥落，另一方面是使传感元件局部表面温度过高（超过 1 000 ℃）而加速传感器老化。

2. 氧传感器铅中毒

氧传感器的传感元件受到污染而失效的现象称为中毒，主要是指铅（Pb）中毒、硅（Si）中毒和磷（P）中毒。燃油或润滑油添加剂中的铅离子与氧传感器的铂电极发生化学反应，导致催化剂铂的催化性能降低的现象，称为铅中毒。试验证明，氧化锆式氧传感器在每升汽油中含有 1.8 g 铅的情况下行驶 480 km 或每升汽油中含有 0.15 g 铅的情况下行驶 1 000 km 之后，就会出现严重中毒现象。由于含铅汽油中添加有四乙基铅来提高汽油的辛烷值和抗爆燃性能，配装氧化锆式氧传感器以及三元催化转换器的汽车禁止使用含铅汽油。此外，由于燃油或润滑油的添加剂中含有多种铅化合物，因此铅中毒也是不可避免的。

> 提高氧传感器耐铅能力的方法：一是采用加热型氧化锆式氧传感器。试验证明，温度越低，铅中毒越严重，这是因为低温条件下铅为固体颗粒，容易沉淀在传感元件表面而导致传感器失效。高温状态时，大部分铅为气态，难以穿过传感元件。二是采用阻值变化型的氧化钛式氧传感器。虽然氧化钛式氧传感器也采用金属铂作为电极，但只是为了实现电器连接，即使电极受到铅离子的污染，其性能也不受影响。

3. 氧传感器硅中毒

硅离子与氧传感器的铂电极发生化学反应而导致催化剂铂的催化性能降低的现象，称为硅中毒。发动机上的硅密封胶、硅树脂成型部件、铸件内的硅添加剂等都含有硅离子，这些硅离子会污染氧传感器的外侧电极，氧传感器内部端子处密封用的硅橡胶会污染内侧电极。由于氧化钛式氧传感器没有安装内侧电极，且外侧铂电极只是为了实现电器连接，因此硅中毒程度比氧化锆式传感器要轻得多。

由此可见，无论氧化锆式氧传感器，还是氧化钛式氧传感器，其传感元件老化和中毒都是不可避免的。因此，每当汽车行驶一定里程（一般为 16 万 km）后，就应更换氧传感器。更换新品时，一定要用专用防粘胶液刷涂氧传感器安装螺纹，否则下次检修时很难拆卸。刷涂防粘胶液时，切勿涂到氧传感器的透气孔中。就氧传感器的抗污染和抗老化能力而言，氧化钛式优于加热型氧化锆式，加热型氧化锆式优于非加热型氧化锆式，因此，氧化钛式氧传感器的发展前景非常广阔。

4. 氧传感器的检修

检修氧传感器主要检查加热元件和信号电压变化频率是否正常。检测氧传感器信号电压变化的频率时，高电平、低电平之间变化不低于 10 次/min。

大众轿车氧传感器插接器插头与插座上各端子的位置如图 10-31 所示。

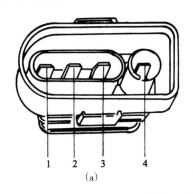 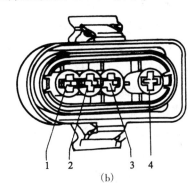

图 10-31　大众轿车氧传感器插接器插头与插座上各端子的位置
(a) 插头（传感器一侧）；(b) 插座（ECU 一侧）
1—加热元件正极；2—加热元件负极；3—信号电压负极；4—信号电压正极

(1) 检测加热元件电阻。加热元件的电阻在常温条件下为 1~5 Ω，温度上升很少时，阻值就会显著增大。因此，在室温下，可用万用表进行检测。检测时，拔下氧传感器线束插头，检测插头上端子"1"与端子"2"之间的电阻常温下应为 1~5 Ω。如果常温下阻值为无穷大，则说明加热元件断路，应予更换氧传感器。

(2) 检测氧传感器电源电压。氧传感器加热元件的电压为整车电源电压，当点火开关接通，燃油泵继电器触点接通时，加热元件的电源即被接通。检测加热元件的电压时，拔下氧传感器插头，起动发动机，检测插接器插座上端子"1"与端子"2"之间的电压，应不低于 11 V。如果电压为零，则说明熔断器（上海大众的附加熔断器，30 A；一汽大众的 18 号熔断器，20 A）断路或燃油泵继电器触点接触不良，分别对其检修即可。

检测氧传感器信号电压时，插头与插座连接，将数字式万用表连接到氧传感器端子"3"、端子"4"连接的导线上，再接通点火开关，当供给发动机浓混合气（节气门踩到底）时，信号电压应为 0.7~1.0 V；当供给发动机稀混合气（拔下空气流量传感器至发动机之间的真空管）时，信号电压应为 0.1~0.3 V，否则说明氧传感器失效，应予更换新品。

检测氧传感器工作是否正常时，可将调码器连接在传感器端子"3"、端子"4"连接的导线之间进行测试。当发动机怠速或部分负荷运转时，调码器上的发光二极管应当闪亮。如果二极管不闪亮，则说明传感器有故障，应予更换新品。发光二极管闪亮频率应不低于 10 次/min。如果调码器上的二极管不闪或闪亮频率过低，则说明氧传感器或其加热元件失效或壳体上的透气孔堵塞，应予更换新传感器。

10.5.8 温度传感器的检修

> 温度传感器信号是多项控制功能的修正信号，如冷却液温度传感器信号用于喷油量修正、点火提前角修正、活性炭罐电磁阀控制等。如果冷却液温度传感器信号中断，就会导致发动机冷起动困难、油耗增加、怠速稳定性降低、废气排放量增大等。虽然各型汽车采用的温度传感器的阻值各不相同，但是其检修方法基本相同。

（1）检测电源电压与信号电压。检修冷却液温度传感器时，可用高阻抗数字式万用表就车检测传感器的电源电压和信号电压。检测电源电压时，拔下冷却液温度传感器插头，接通点火开关，检测传感器线束插头上两端子间的电源电压，应为 5 V 左右。

检测信号电压时，插上传感器插头，接通点火开关，检测信号电压应当符合标准值。当发动机温度高时，信号电压低；当发动机温度低时，信号电压高。如果电压偏离标准值过多，则应更换传感器新品。

（2）检测热敏电阻阻值。检测温度传感器阻值时，应断开点火开关，拔下温度传感器插头，拆下温度传感器，将传感器和温度表放入烧杯或加热容器中，如图 10-32 所示。

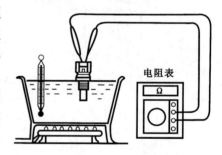

图 10-32 检测温度传感器阻值的方法

在不同温度下，用万用表电阻挡检测传感器插座上两端子间的电阻，然后与标准电阻进行比较。不同车型温度传感器的标准电阻各不相同，丰田车系冷却液温度传感器的标准电阻值与温度的关系如表 10-6 所示。如果阻值偏差过大、过小或为无穷大，则说明传感器失效，应予更换新品。

表 10-6 丰田车系冷却液温度传感器的标准电阻值与温度的关系

温度/℃	电阻/Ω	温度/℃	电阻/Ω
-20	10 000~20 000	40	900~1 300
0	4 000~7 000	60	400~700
20	2 000~3 000	80	200~400

（3）大众轿车冷却液温度传感器的检修。大众轿车电控系统用冷却液温度传感器 G62 与仪表系统的冷却液温度传感器 G2 一起组装在一个壳体内，安装在气缸盖后端的出水管上，如图 10-33 所示。传感器插座上有四个接线端子，G62 连接"1"端子、"3"端子，G2 连接

"2"端子、"4"端子。信号输出端子"3"与电控单元J220插座上的端子"53"连接,传感器负极端子"1"与电控单元J220插座上的传感器搭铁端子"67"连接。

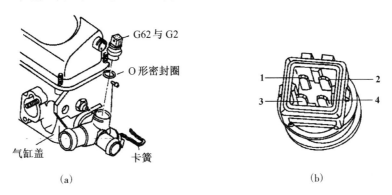

图 10-33　大众轿车冷却液温度传感器 G62 的安装位置与线束插头端子排列
(a) 安装位置；(b) 线束插头端子排列
1—G62 信号负极端子；2—G2 信号负极端子；3—G62 信号正极端子；4—G2 信号正极端子

 应用案例

检测电阻时,将万用表的两只表笔分别连接传感器插座上的信号输出端子与传感器搭铁端子。当温度为 30 ℃ 时,电阻应为 1 500～2 000 Ω；当温度为 80 ℃ 时,电阻应为 275～375 Ω。如果阻值偏差过大、过小或为无穷大,则说明传感器失效,应予更换新品。

(4) 大众轿车进气温度传感器的检修。其进气温度传感器 G72 安装在进气歧管上。传感器插座上有两个接线端子,信号输出端子与电控单元 J220 插座上的端子 "54" 连接,传感器负极与电控单元 J220 插座上的传感器搭铁端子 "67" 连接,如图 10-34 所示。将万用表的两只表笔分别连接传感器插座上的信号输出端子与传感器搭铁端子测得的标准电阻如表 10-7 所示。

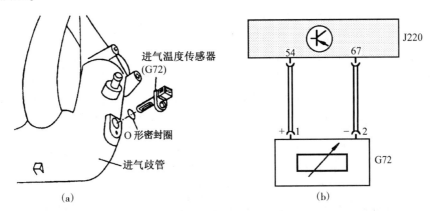

图 10-34　大众轿车进气温度传感器 G72 的安装位置与电路连接
(a) 安装位置；(b) 电路连接

表 10 – 7 大众轿车温度传感器的电阻值与温度的关系

温度/℃	电阻/Ω	温度/℃	电阻/Ω
-20	14 000 ~ 20 000	50	720 ~ 1 000
0	5 000 ~ 6 500	60	530 ~ 650
10	3 300 ~ 4 200	70	380 ~ 480
20	2 200 ~ 2 700	80	280 ~ 350
30	1 400 ~ 1 900	90	210 ~ 280
40	1 000 ~ 1 400	100	170 ~ 200

10.5.9 电动燃油泵的使用与检修

执行器是各种电子控制系统的执行机构，一旦发生故障就无法执行正常动作，控制系统就会丧失正常的控制功能。

1. 电动燃油泵使用注意事项

电动燃油泵在使用中，必须注意以下两点。

（1）旧燃油泵不能干试。当燃油泵拆下后，由于泵壳内剩有汽油，在通电试验时，一旦电刷与换向器接触不良，就会产生火花引燃泵壳内汽油而引起爆炸，其后果不堪设想。

（2）新燃油泵也不能干试。由于燃油泵电动机密封在泵壳内，干试时通电产生的热量无法散发，电枢过热就会烧坏电动机，因此必须将燃油泵浸泡于汽油中进行试验。

2. 电动燃油泵的检修

> 各种燃油喷射系统燃油泵的检修方法基本相同。当电控系统的电动燃油泵发生故障时，发动机 ECU 检测不到故障信息，利用 V. A. G1552 或 V. A. G1551 故障检测仪也读取不到故障信息。

当蓄电池电压正常，燃油泵继电器和熔断器也正常时，接通点火开关，在汽车尾部燃油箱附近应能听到燃油泵起动并工作约 2 s 的声音。

大众轿车电控系统的燃油泵、热膜式空气流量传感器、活性炭罐电磁阀、氧传感器加热元件均受燃油泵继电器控制。接通点火开关时，如果听不到燃油泵运转声，则应断开点火开关，检查中央继电器盒 2 号位置上的燃油泵继电器以及燃油泵熔断器 S5（熔断器盒 5 号位置，10 A）是否良好。如果燃油泵熔断器良好，则插好燃油泵熔断器，再从中央线路板上拔下燃油泵继电器，用万用表检测继电器插座上端子"4/86"与搭铁端子"31"之间的低压，标准电压应当等于蓄电池电压（12 V 左右）。

检查燃油泵的输油量时，断开点火开关，从燃油分配管上卸下进油管，将油压表连接到进油管一端，油压表出油管伸入量瓶，接通燃油泵电路（将蓄电池正极加到燃油泵继电器"4"端子上）30 s，燃油泵插头端子的排列位置及燃油泵输出特性如图 10 – 35 所示，泵油量的单位为 mL/30 s。

当蓄电池电压为 10 ~ 12 V、油压为 300 kPa 时，泵油量应为 490 ~ 670 mL/30 s。可见，系统油压越高，泵油量越大；燃油泵电源电压越高，燃油泵转速就越高，泵油量也就越大。

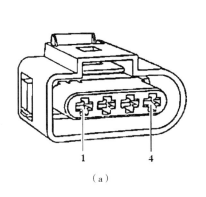
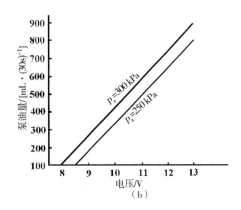

图 10-35 燃油泵插头端子的排列位置及燃油泵输出特性

(a) 端子的排列位置；(b) 燃油泵输出特性

如果系统油压过高，则应更换油压调节器；如果系统油压过低，则应检查油管是否弯折、油路或汽油滤清器是否被堵塞。

10.5.10 电磁喷油器的检修

> 当电磁喷油器发生堵塞、滴漏等故障时，发动机 ECU 检测不到，使用故障检测仪也读取不到喷油器的故障信息。

检修电磁喷油器可以通过检测其线圈电阻、电源电压和控制脉冲进行判断。

(1) 检测电磁喷油器的电阻。用万用表 OHM×200 Ω 挡检测喷油器电磁线圈的阻值。检测时，拔下每只喷油器上的两端子线束插头，检测喷油器插座上两端子之间电磁线圈的标准电阻是否符合《使用说明书》的规定，低阻型喷油器电阻为 1~3 Ω；高阻型喷油器电阻为 13~18 Ω。如果阻值为无穷大，则说明电磁线圈断路，应予更换喷油器。

(2) 检测电磁喷油器的电源电压。电磁喷油器的电源电压可用数字式万用表检测。检测时，分别拔下各喷油器上的两端子插头，接通点火开关，发动机不起动，检测插头上两个端子与发动机缸体间的电压，高电平时电压应为 12 V 左右（喷油器电源电压为整车电源电压），低电平时电压为零。如果电压均为零，则说明电源电路不通，应当检修燃油泵继电器和燃油喷射熔断器。

(3) 检测电磁喷油器的控制脉冲。检测电磁喷油器喷油脉冲电压时，分别拔下喷油器线束插头，并在该插头的两个端子之间串接调码器。起动发动机时，调码器的发光二极管应当闪烁。如果二极管不闪烁或不发光，则说明喷油器电源线路、燃油泵继电器或电控单元（ECU）有故障，必要时更换 ECU。

10.5.11 怠速控制阀的检修

怠速控制阀的检修分为车上检查、零部件参数检测和工作情况检查。

1. 脉冲电磁阀式怠速控制阀的检修

各种脉冲电磁阀式怠速控制阀的检修方法大同小异，在此以上海大众轿车怠速控制阀为例说明。其怠速控制阀上设有两个接线端子,分别与ECU的端子"4"和端子"26"连接。当怠速控制阀出现故障时,怠速控制阀便处于一个固定的位置,使发动机怠速转速上升至1 100 r/min左右,用 V. A. G1551 或 V. A. G1552 故障检测仪读取不到此故障的有关信息,但故障检测仪的"执行元件诊断测试功能"可以帮助诊断怠速控制阀是否有故障。在无故障检测仪的情况下,可用万用表检测脉冲电磁阀线圈的电阻值来判断其有无故障。

(1) 车上检查。当发动机怠速运转时,用手触摸怠速控制阀应有明显的振动感,如果无振动感或怠速转速过高或过低,则说明怠速控制阀失效,应予更换新品。

(2) 检测电磁线圈电阻。断开点火开关,拔下怠速控制阀插接器插头,用万用表电阻挡检测插座上两个端子之间电磁线圈的电阻值应当符合规定。脉冲电磁阀式怠速控制阀只有一组线圈,电阻应为 15~20 Ω。如果阻值为无穷大,则说明电磁线圈断路,应予更换新的怠速控制阀。

(3) 检查怠速控制阀工作情况。从节气门体上拆下怠速控制阀,用导线将其一个端子连接蓄电池正极,另一个端子连接蓄电池负极时,阀芯应当移动。如果阀芯不能移动,则说明怠速控制阀失效,应予更换新品。当断开一根导线时,阀芯应当迅速复位,如果阀芯卡滞或不能迅速复位,则说明控制阀有故障或复位弹簧失效,应予更换新品。

2. 步进电动机式怠速控制阀的检修

各型汽车用永磁转子步进电动机式怠速控制阀的检修方法基本相同,下面以丰田轿车怠速控制阀的检修方法为例说明。

(1) 车上检查。当发动机熄火时,怠速控制阀会发出"咔嗒"的响声,使阀门开度退到最大位置。如果听不到复位时"咔嗒"的响声,则应对怠速控制阀进行检查。

(2) 检查步进电动机的工作情况。从节气门体上拆下怠速控制阀,用导线将端子"B1"、端子"B2"连接蓄电池正极,然后依次将 S1 – S2 – S3 – S4 与蓄电池负极连接,阀芯应当逐渐向外伸出,如图 10 – 36 (a) 所示。依次将 S4 – S3 – S2 – S1 与蓄电池负极连接,阀芯应当逐渐收缩,如图 10 – 36 (b) 所示。如果阀芯不能移动,则说明步进电动机失效,应予更换新品。

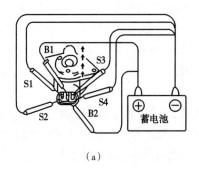 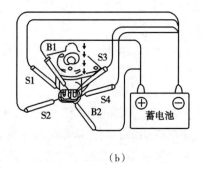

(a)   (b)

图 10 – 36 检查步进电动机的工作情况

(a) 阀门逐渐关小;(b) 阀门逐渐开大

(3) 检测步进电动机的工作电压。将怠速控制阀安装到节气门体上,插好插接器插头。当点火开关接通"ON"位置时,检测 ECU 的端子"IS1""IS2""IS3""IS4"与"E1"之间（或检测怠速控制阀插接器端子"S1""S2""S3""S4"与搭铁之间）应有 9~16 V 的脉冲电压。如果无电压，则检查电源电压和主继电器是否正常。

（4）检测定子绕组的电阻。拔下插接器插头，用万用表检测插座上定子绕组电阻，检测结果应当符合规定。永磁转子步进电动机式怠速控制阀有 2 组或 4 组线圈，各组线圈的电阻为 30~60 Ω。如果电阻不符合规定，则应予更换新品。丰田轿车步进电动机定子绕组有 4 组线圈，其电阻均为 30 Ω（奥迪轿车用永磁转子式步进电动机设有两组线圈，其电阻均为 45~60 Ω）。

10.6 防抱死制动系统故障自诊断测试

汽车防抱死制动系统（ABS）无须进行维护。当车速超过 20 km/h 行驶时，如果 ABS 工作正常，仪表盘上的 ABS 指示灯就不会发亮。如果 ABS 指示灯发亮，则说明防抱死制动系统有故障。

10.6.1 防抱死制动系统使用注意事项

汽车防抱死制动系统（ABS）在使用过程中，需要注意以下几点。

（1）在拆卸液压调节器之前，必须断开蓄电池搭铁线。

（2）在汽车上使用电焊机作业时，必须拔下电控单元的线束插头。

（3）在汽车上进行喷漆作业时，注意电控单元不能过热。电控单元在短时间内能够承受的最高温度为 90 ℃，在 2 h 内可承受 85 ℃。

（4）检修防抱死制动系统之前，应先读取故障码，以便缩小故障范围。连接故障检测仪之后，汽车不得行驶。

（5）拆卸电器部件的插接器插头之前，必须断开点火开关。拆卸防抱死制动系统零部件之前，应当使用清洁剂彻底清洁连接点和支承面，但不能使用汽油、稀释剂等清洁剂。拆下的零部件应当放置在干净的地方。

（6）当出现制动效果不佳，而 ABS 指示灯又未发亮报警时，可能是制动系统放气不净或常规制动系统有故障。

（7）当更换制动管路、制动压力调节器等总成部件时，必须使用故障检测仪测试整个系统的功能。由于某些故障只能在汽车行驶中被发现，在测试功能时要进行试车。试车时，应在 30 s 内以不低于 60 km/h 的车速行驶，并至少进行一次紧急制动。

（8）制动油液必须绝对清洁，绝对不能使用含有矿物油（如机油或油脂）的物质，应当使用 DOT4 制动油液。

（9）更换防抱死制动系统的零部件时，必须使用原厂配件。

10.6.2 防抱死制动系统故障自诊断测试

汽车电子控制系统故障的诊断与排除方法大同小异，下面以国产轿车使用较多的 MK20-I 型防抱死制动系统（ABS）为例，说明防抱死制动系统故障诊断与排除方法。

1. ABS 的自诊断测试功能

MK20-I 型 ABS 与 EFI 一样，具有故障监测与自诊断测试功能。每当接通点火开关时，ABS 进入自检状态。在自检过程中，组合仪表盘上的 ABS 指示灯将发亮指示。如果

ABS 指示灯持续发亮约 2 s 后熄灭,则说明 ABS 正常;如果 ABS 指示灯一直发亮,则说明 ABS 有故障。自检过程将一直持续到汽车行驶过程中,因为某些故障只能在行驶过程中才能被识别出来。此外,在自检过程中,应能够听到继电器动作声和电动回液泵的转动声,同时还能感觉到制动踏板有轻微的振动。

2. ABS 自诊断测试注意事项

在汽车行驶过程中,当 ABS 发生故障时,防抱死制动系统电控单元(ABS ECU)就会立即切断控制电路,中断 ABS 的防抱死制动功能,但仍然保持常规制动功能,并接通 ABS 指示灯电路,使 ABS 指示灯发亮指示。与此同时,控制系统还将故障编成代码存储在随机存储器中,以供检测维修调用。MK20－Ⅰ型 ABS 可用故障检测仪 V. A. G1551 或 V. A. G1552 进行自诊断测试。在进行自诊断测试时,需要注意以下几点。

(1) 自诊断测试只能在汽车静止并接通点火开关(或起动发动机运转)时进入。如果车速大于 2.5 km/h,则无法进入自诊断测试状态。如果车速大于 20 km/h,自诊断程序将自动中断运行。

(2) 在进行自诊断测试过程中,ABS 不能调节制动压力,ABS 指示灯 K47 将发亮指示。

(3) 自诊断功能不仅可以读取和清除随机存储器中的故障信息,还可以提供"电控单元识别"和"读取测量数据块"等功能。

(4) 自诊断的第一个检测步骤必须是读取故障存储器中的故障信息。

(5) 从 ABS ECU 上拔下线束插头时,切勿开动汽车。只有当点火开关断开时,才能拔下或插上防抱死制动系统控制部件的线束插头。

(6) 只有在更换电动回液泵和电磁阀继电器时,才允许拧开液压调节器固定螺栓。

(7) ABS 中的故障是通过 ABS 指示灯 K47 发亮显示的。因为某些故障只有在汽车行驶中才能被识别,所以在自诊断测试后要通过试车来检查系统的功能。试车时应在 30 s 内以大于 60 km/h 的车速行驶,并且至少进行一次紧急制动,以使 ABS 投入工作。

3. ABS 自诊断测试条件

(1) 所有轮胎的型号和规格必须相同,且轮胎气压符合标准规定。
(2) 制动灯开关和制动灯技术状态良好。
(3) 制动液压系统无泄漏(观察液压电控单元,制动泵等有无泄漏)。
(4) 轮速传感器安装位置正常。
(5) 所有熔断器正常,并按"电路图"规定位置可靠连接。
(6) 液压电控单元上回液泵电动机 V64 的搭铁线连接良好。
(7) ABS ECU 线束插头连接可靠并锁紧。
(8) 当故障检测仪 V. A. G1551 工作时,测试盒 V. A. G1598 不应同 ABS 的电控单元相连。
(9) 供电电压正常(不低于 10.5 V)。

4. ABS 自诊断测试方法

1) 读取故障码

(1) 按发动机自诊断测试方法连接故障测试仪。

（2）接通电源进入诊断测试程序。首先接通点火开关或起动发动机怠速运行（如故障导致发动机不能起动，则接通点火开关），然后接通故障检测仪电源开关。此时故障检测仪进入"车辆系统测试"模式，显示的信息如图10-37所示。

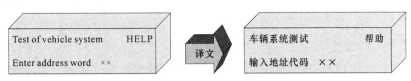

图10-37　进入"车辆系统测试"模式时显示的信息

（3）输入"防抱死制动电子控制系统"的地址指令"03"，并单击"Q"键确认，地址指令代表的系统名称就会出现在屏幕上（单击"C"键可以改变输入指令）。电控单元确认后显示的信息如图10-38所示（注意：只有在点火开关接通或发动机运转时，屏幕上才能显示电控单元的编号和代码。由于汽车使用的电控单元以及检测仪使用的程序卡型号不同，显示和打印的内容会有所不同）。

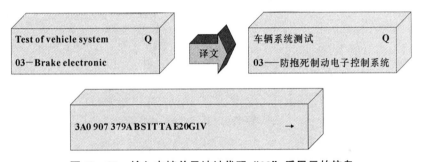

图10-38　输入电控单元地址代码"03"后显示的信息

3A0 907 379—电控单元零件编号；ABS—防抱死制动系统；ITT—公司名称；AE20G1V—软件版本

（4）单击"→"键，直到检测仪屏幕上显示输入"功能选择代码"，如图10-39所示。

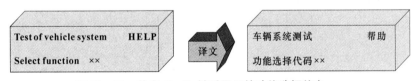

图10-39　单击"→"键后显示的功能选择信息

（5）输入功能选择代码01，02，…，08，并单击"Q"键确认，即可进入各项功能的测试。读取故障码时，输入功能选择代码"02"，并单击"Q"键确认。如果有故障码，屏幕上将首先显示存储故障的数量，如图10-40所示；如果没有故障码，显示屏将显示"没有故障被识别"，如图10-41所示。

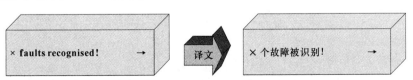

图10-40　输入功能选择代码"02"且有故障码时显示的信息

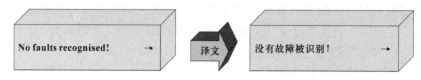

图 10-41 输入功能选择代码 "02" 但无故障码时显示的信息

如果使用 V.A.G1551 型检测仪，单击 "Print" 键接通打印机（"Print" 键上的指示灯将发亮），存储的一个或多个故障码及其文字说明将按存储故障的顺序被打印出来。为了使打印输出的故障码与维修手册印制的故障码表一一对应，故障码均按 5 位数字排列，MK20-Ⅰ型防抱死制动系统的故障码与故障排除方法如表 10-8 所示。

表 10-8 MK20-Ⅰ型防抱死制动系统故障码与故障排除方法

V.A.G1551 或 V.A.G1552 显示结果		可能的故障原因	故障排除方法
代码	显示内容及译文		
	No faults recognised 未发现故障	如果 ABS 不能正常工作，则按下述步骤进行检查： （1）以大于 20 km/h 的车速进行紧急制动试车； （2）再次用故障检测仪读取故障码，如果仍无故障码显示，则须对电气系统进行全面检查	
00668	Vehicle voltage terminal 30 Signal outside tolerance 30 号电源端子 电压信号超差	电源线路、连接插头或熔断器故障	检查 ABS 电源线路、熔断器和插接器
00283	Speed sensor front left - G47 左前轮速传感器 G47 故障	（1）左前轮速传感器 G47 与 ABS ECU 之间的线路对正极或对地断路、短路； （2）信号转子受到污染或损坏； （3）车轮轴承间隙过大； （4）轮速传感器 G47 安装不正确； （5）轮速传感器 G47 损坏	（1）检查 G47 与 ABS ECU 之间的线束及插接器； （2）检查传感器 G47 的间隙； （3）选择"读取测量数据块"代码 08 进行检查
00285	Speed sensor front right - G45 右前轮速传感器 G45 故障	（1）右前轮速传感器 G45 与 ABS ECU 之间的线路对正极或对地断路、短路； （2）信号转子受到污染或损坏； （3）车轮轴承间隙过大； （4）轮速传感器 G45 安装不正确； （5）轮速传感器 G45 损坏	（1）检查 G45 与 ABS ECU 之间的线束及插接器； （2）检查传感器 G45 的间隙； （3）选择"读取测量数据块"代码 08 进行检查
00287	Speed sensor rear right - G44 右后轮速传感器 G44 故障	（1）右后轮速传感器 G44 与 ABS ECU 之间的线路对正极或对地断路、短路； （2）信号转子受到污染或损坏； （3）车轮轴承间隙过大； （4）轮速传感器 G44 安装不正确； （5）轮速传感器 G44 损坏	（1）检查 G44 与 ABS ECU 之间的线束及插接器； （2）检查传感器 G44 的间隙； （3）选择"读取测量数据块"代码 08 进行检查

续表

V. A. G1551 或 V. A. G1552 显示结果		可能的故障原因	故障排除方法
代码	显示内容及译文		
00290	Speed sensor rear left – G46 左后轮速传感器 G46 故障	（1）左后轮速传感器 G46 与 ABS ECU 之间的线路对正极或对地断路、短路； （2）信号转子受到污染或损坏； （3）车轮轴承间隙过大； （4）轮速传感器 G46 安装不正确； （5）轮速传感器 G46 损坏	（1）检查 G46 与 ABS ECU 之间的线束及插接器； （2）检查传感器 G46 的间隙； （3）选择"读取测量数据块"代码 08 进行检查
01276	ABS hydraulic pump – V64 Signal outside tolerance ABS 电动回液泵 V64 信号超差	（1）电动回液泵 V64 与 ABS ECU 之间的线路对正极或对地断路、短路； （2）电动回液泵故障	（1）检查 V64 与 ABS ECU 之间的线束及插接器； （2）选择"执行元件测试"代码 03 进行检查
66535	Control unit 电控单元故障（如果同时显示电动回液泵 V64 有故障，则应先排除回液泵故障）	（1）ABS ECU 搭铁线断路或接触不良； （2）ABS ECU 故障	（1）检查 ABS ECU 搭铁线是否断路或接触不良； （2）更换 ABS ECU
01044	Control unit incorrectly coded 电控单元编码不正确	ABS ECU 的 25 端子插座上端子"6"与端子"22"连接的编码跨接线断路或搭铁	检查 ABS ECU 编码跨接线
01130	ABS operation Signal outside tolerance ABS 工作 信号超差	有外界干扰信号（高频发射信号，如点火信号）干扰 ABS 工作	（1）检查 ABS 线路是否与点火线路搭接； （2）清除故障码； （3）以大于 20 km/h 的车速进行紧急制动试车； （4）再次读取故障码

在显示屏下面一行显示的是故障类型，如果故障类型后面显示有"/SP"字样，则表明该故障为偶然性故障。故障码及故障类型显示完毕，显示屏将显示输入"功能选择代码"，此时输入其他"功能选择代码"，可继续进行其他功能的诊断测试。

2）清除故障码

故障排除后应及时清除故障码，否则再次读取故障码时，此次故障码会一并被调出，影响工作效率。

如果电控单元电源切断（如电控单元的插接器插头被拔下）或蓄电池极柱上的搭铁电缆端子被拆下，则故障码存储器中存储的故障信息将被清除。

利用故障检测仪 V. A. G1551 或 V. A. G1552 清除 ABS 故障码的操作程序如下。
（1）按读取故障码的操作程序（1）~（4）进入诊断测试"功能选择"。当检测仪屏幕上显示输入"功能选择代码"时（图 10 - 42），输入"读取故障码"的功能选择代码

"02",并单击"Q"键确认。

图 10-42 诊断测试进入"功能选择"时检测仪显示的信息

（2）单击"→"键，直到显示出所有的故障码，并在屏幕上显示输入"功能选择代码"时，输入"清除故障码"的功能选择代码"05"，并单击"Q"键确认，显示的信息如图 10-43 所示。

图 10-43 输入功能选择代码"05"时显示的信息

（3）单击"→"键，直到故障码被清除，并在屏幕上显示输入"功能选择代码"时，输入"结束输出"功能选择代码"06"，并单击"Q"键确认。
（4）重新试车并再次读取故障码，不得有故障码显示。

10.6.3 防抱死制动系统故障排除方法

当 ABS 出现故障或感到 ABS 工作不正常时，可检查以下内容进行排除。
（1）手制动是否完全释放。
（2）制动液有无渗漏、制动液液面是否符合规定高度。
（3）ABS 熔断器、继电器是否完好、ABS ECU 插接器插接是否牢固。
（4）控制部件（轮速传感器、电磁阀、电动回液泵、压力指示开关和压力控制开关等）插接器插头与插座连接是否良好。
（5）ABS ECU、压力调节器的搭铁线是否可靠搭铁。
（6）电源（蓄电池和交流发电机）电压是否符合规定。
（7）读取故障码并根据代码指示情况进行检修。对于故障检测仪 V.A.G1551 或 V.A.G1552 能够检测到的故障，可根据故障码表建议的检测项目有的放矢地进行检查；对于故障诊断仪检测不到的故障，必须对电气系统进行全面检查。

10.7 车载局域网故障诊断与排除

> 车载局域网（LAN）技术属于计算机领域的高新技术范畴。因为大多数通信协议以及使用该协议的数据总线和网络都是专用的，所以 LAN 的故障状态、表现形式与普通汽车电气或电子设备有所不同。

10.7.1 车载局域网的故障状态

车载局域网的故障分为错误激活、错误认可和总线关闭三种状态。

(1) 错误激活状态。错误激活状态是指可以参与总线通信的状态。处于错误激活状态的电控单元检测到错误时，将输出错误激活的标志。当在总线上检测出某电控单元连续128次11位隐性电平时，该电控单元就处于错误激活状态。

(2) 错误认可状态。错误认可状态是指容易出现错误的状态。处于错误认可状态的控制组件可以参与总线上的通信。但在接收信息时，为了不妨碍其他控制组件通信，处于错误认可状态的控制组件不能发出出现错误激活的通知。当处于错误认可状态的组件检测到错误时，就会输出错误认可的标志。但是，如果其余处于错误激活状态的组件没有检测到错误，则判断为整个总线没有错误。此外，处于错误认可状态的组件在发出信号之后不能立刻又开始发信。在开始再次发信之前，在帧间间隔处要插入8位的隐性电平，即暂缓发送。

(3) 总线关闭状态。总线关闭状态就是不能参与总线通信的状态。在总线关闭状态下，所有的信息发送与接收动作均被禁止。

> 车载局域网的错误激活、错误认可和总线关闭三种故障状态用发送错误计数器（Transmit Error Counter，TEC）与接收错误计数器（Receive Error Counter，REC）进行管理（进行界定），并由这些计数器的计数值对错误状态进行分类。

发送错误计数器的计数值与接收错误计数器的计数值随条件变化而转变，电控单元的错误状态及其转变条件如图10-44所示。

10.7.2 车载局域网故障的原因

当装备车载局域网的车辆出现故障时，首先应当检测网络系统是否正常。因为网络系统出现故障时，部分信息无法传输，接收这些信息的电控单元将无法正常工作，从而为故障诊断带来困难。检修车载网络系统故障时，应根据网络系统的具体结构和控制回路具体分析。

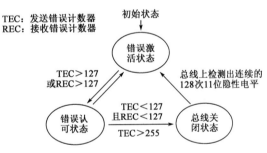

图10-44 电控单元的错误状态及其转变条件

一般说来，引起车载局域网故障的原因有三种：一是汽车电源系统引起的故障；二是车载网络系统的链路故障；三是网络系统的节点故障。

10.7.3 车载局域网故障的诊断与排除

针对车载局域网产生故障的三种原因，下面分别举例说明其检测诊断与排除方法。

1. 电源系统导致的故障

汽车电源系统的正常工作电压为14.25~14.75 V。电源系统提供的工作电压如果过低，就会影响中央电控模块（CEM）正常工作，从而导致整个网络系统出现通信短时中断的现象。下面举例说明。

 应用案例

(1) 故障现象。一辆别克轿车在行驶过程中，经常出现转速表、里程表、燃油表和水

温表指示为零的现象。

(2) 故障检测过程。用故障检测仪（故障扫描仪）TECH2 读取故障码，发现各个电控模块中均无当前故障码，但存在多个历史故障码。

在安全气囊控制模块（Supplemental Restraint Diagnosis Model，SDM）中出现：U1040——失去与 ABS 控制模块的对话；U1000——二级功能失效；U1064——失去多重对话；Ul016——失去与动力控制模块（Power Control Model，PCM）对话。

在仪表控制模块（Instrument Plate Control Model，IPC）中出现：Ul016——失去与动力控制模块（PCM）对话。

在车身控制模块（Vehicle Body Control Model，BCM）中出现：U1000——二级功能失效。

(3) 故障分析与排除。经过读取故障码可知，该车网络传输系统存在故障，因为第二代车载故障自诊断系统（On Board Diagnosis System-Ⅱ，OBD-Ⅱ）规定 "U" 字头的故障码为车载网络传输系统的故障码。通过查阅图 10-45 所示该轿车电源系统电路图可知，电控模块共用一根电源线。由于故障码为间歇性故障，所以判定故障是由这根电源线发生间歇性断路所致。检查线路发现，该电源线存在接触不良现象，经处理后故障即被排除。

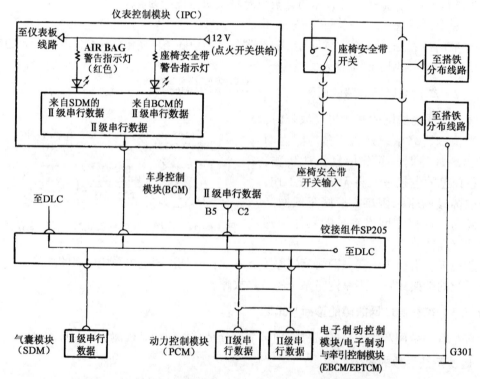

图 10-45 别克轿车仪表、ABS、SRS 与牵引力控制模块电路

2. 车载局域网节点故障

在车载局域网中，一个电控模块 ECU 就是一个节点。因此，节点故障就是电控单元（模块）ECU 故障。节点故障包括软件故障和硬件故障两个方面。

软件故障是指传输协议或软件程序有缺陷或冲突，从而使车载网络系统通信出现混乱或无法正常工作。这种故障一般都成批出现，且无法维修。

硬件故障一般由通信芯片或集成电路故障引起，造成车载网络系统无法正常工作。对于采用点对点传输信息的低版本通信协议网络，如果发生节点故障，将出现整个汽车多路信息传输系统无法工作。下面举例说明。

应用案例

（1）故障现象。一辆帕萨特 B5 轿车在使用中出现润滑油压力报警灯和安全气囊故障指示灯报警现象，与此同时，发动机转速表不能指示转速。

（2）故障检测。用 V. A. G. 1552 故障诊断仪读取发动机控制系统的故障码，发现有两个偶发性故障码：18044——安全气囊控制单元无信号输出；18048——仪表数据输出错误。

用 V. A. G. 1552 故障诊断仪读取仪表系统的故障码：01314——发动机控制单元无通信；01321——到安全气囊控制单元无通信。

（3）故障分析与排除。通过读取故障码可知，发动机控制单元和安全气囊控制单元均无信号传输。因此，可以初步判断故障与车载网络系统有关。检查汽车电源线路也未发现故障，故障很可能是节点或链路故障。用新的安全气囊控制模块替换原车气囊控制模块试验时，故障得以排除。

3. 车载局域网链路故障

车载局域网的链路（或通信线路）出现故障（如通信线路短路、断路以及线路物理介质引起通信信号衰减或失真），都会引起多个电控单元无法工作或电控系统错误动作。通信链路有无故障，我们一般都利用示波器或专用光纤诊断仪进行测试，通过观察实际通信数据信号与标准通信数据信号是否一致进行判定。

应用案例

利用示波器测试通信链路传输的信号波形，并将实测波形与标准波形进行比较，能够有效判定通信链路有无故障。CAN – BUS（CAN 数据总线或 CAN 总线）状态的几种典型波形如下。

（1）CAN – BUS 数据总线传输的标准信号波形如图 10 – 46 所示。

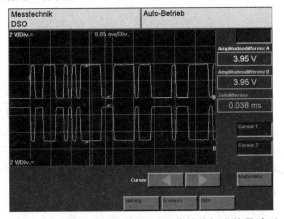

图 10 – 46　CAN – BUS 数据总线传输的标准信号波形

（2）CAN-BUS 数据总线对地短路及其信号波形如图 10-47 所示。

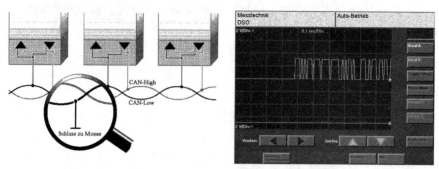

图 10-47　CAN-BUS 数据总线对地短路及其信号波形

（3）CAN-BUS 数据总线对正极短路及其信号波形如图 10-48 所示。

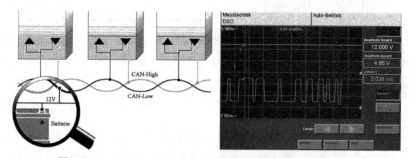

图 10-48　CAN-BUS 数据总线对正极短路及其信号波形

（4）CAN-Low 数据线断路及 CAN-BUS 数据总线信号波形如图 10-49 所示。

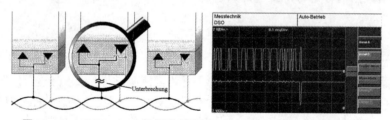

图 10-49　CAN-Low 数据线断路及 CAN-BUS 数据总线信号波形

（5）CAN-High 与 CAN-Low 短路（总线直连）及 CAN-BUS 数据总线信号波形如图 10-50 所示。

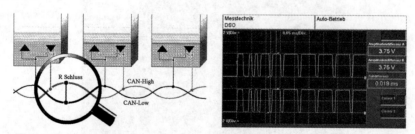

图 10-50　CAN-High 与 CAN-Low 短路及 CAN-BUS 数据总线信号波形

（6）CAN-High 与 CAN-Low 交叉连接及 CAN-BUS 数据总线信号波形如图 10-51 所示。

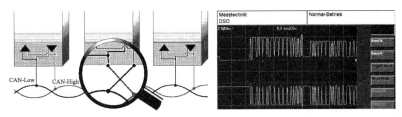

图 10-51　CAN-High 与 CAN-Low 交叉连接及 CAN-BUS 数据总线信号波形

(7) CAN-BUS 数据总线处于睡眠模式时的信号波形如图 10-52 所示。因为 CAN-BUS 数据总线为双绞线（两根导线），所以仍可应用万用表检测 CAN-BUS 总线的阻值来判断故障。

图 10-52　CAN-BUS 数据总线处于睡眠模式时的信号波形

在同一网络中，任意两个节点之间的 CAN 数据线是导通的。因此，可用万用表电阻挡测量数据线的导通情况来判定是否存在断路故障。

用万用表电阻挡测量 CAN-High 与 CAN-Low 之间的电阻值时，正常情况下应有一定阻值（其值大小因车型而异，一般为 60 Ω 左右）。用万用表电阻挡分别测量 CAN-High（或 CAN-Low）与搭铁（或蓄电池负极）之间的导通情况时，正常情况下应不导通。

本章小结

本章主要介绍了汽车故障自诊断系统的组成与功能，汽车电控系统故障自诊断监测原理、自诊断测试方式、测试内容和测试工具，发动机控制系统、防抱死制动系统和车载局域网故障的诊断测试过程与排除方法，发动机电控系统传感器与执行器的检修方法等内容。

下列概述覆盖了本章的主要学习内容，利用以下线索可对所学内容做一次简要的回顾：

(1) 汽车故障自诊断系统的组成与功能。故障自诊断系统由监测电路（传感器和执行器）、故障码存储单元（RAM）、故障诊断程序、故障诊断通信接口（TDCL）以及故障指示灯等组成。其功能有发出报警信号、存储故障码和启用后备（"回家"）功能。

(2) 汽车电控系统故障自诊断监测原理。传感器的故障自诊断监测点一般都位于传感器的正极，执行器的故障自诊断监测点一般都设在执行器的负极。

（3）汽车电控系统自诊断测试方式、测试内容和测试工具。自诊断测试方式分为 KOEO 和 KOER 两种。测试内容包括读取与清除故障码、数据流分析、监控执行器和编程匹配等。

（4）发动机电控系统故障的自诊断测试过程。

（5）发动机电控系统故障的诊断与检修程序。

（6）发动机电控系统故障的诊断方法。

（7）发动机电控系统传感器与执行器的检修方法。

（8）防抱死制动系统故障的自诊断测试与排除方法。

（9）车载局域网故障的状态、原因和诊断排除方法。

复 习 题

一、单选题

1. 当今汽车车载故障自诊断系统通常称为（　　）。
   A. TDCL　　　　B. ODB　　　　C. OBD-Ⅱ　　　　D. BCD
2. 当今汽车都设置有故障诊断插座，该插座上的接线端子数目规定为（　　）个。
   A. 2　　　　B. 16　　　　C. 20　　　　D. 32
3. 当传感器发生故障时，自诊断系统就会将故障码存储在下列哪个部件中？（　　）
   A. RAM　　　　B. ROM　　　　C. ECU　　　　D. TDCL
4. 当冷却液温度传感器"断路"时，发动机 ECU 将按下述哪个温度控制喷油？（　　）
   A. 10 ℃　　　　B. 19.5 ℃　　　　C. 20 ℃　　　　D. 80 ℃
5. 当进气温度传感器"断路"时，发动机 ECU 将按下述哪个温度控制喷油？（　　）
   A. 10 ℃　　　　B. 19.5 ℃　　　　C. 20 ℃　　　　D. 80 ℃
6. 当进气温度传感器"短路"时，发动机 ECU 将按下述哪个温度控制喷油？（　　）
   A. 10 ℃　　　　B. 19.5 ℃　　　　C. 20 ℃　　　　D. 80 ℃
7. 利用跨接线对汽车电子控制系统进行自诊断测试可得到下述哪个结果？（　　）
   A. 故障码　　　　B. 故障性质　　　　C. 故障部位　　　　D. 故障原因
8. 大众轿车氧传感器加热元件的电阻在常温条件下为（　　）。
   A. 0.1~0.5 Ω　　　　B. 1~5 Ω　　　　C. 10~50 Ω　　　　D. 100~500 Ω
9. 检测大众轿车热膜式空气流量传感器的电源电压时，其值应不低于（　　）。
   A. 4.5 V　　　　B. 11.5 V　　　　C. 14.5 V　　　　D. 23 V
10. 检修节气门位置传感器时，测量其触点的接触电阻值应当小于（　　）。
    A. 10 kΩ　　　　B. 1 kΩ　　　　C. 500 Ω　　　　D. 0.5 Ω

二、多选题

1. 汽车故障自诊断系统的组成包括下述哪几种部件？（　　）
   A. 故障监测电路　　B. RAM　　C. TDCL　　D. 诊断程序
2. 汽车故障自诊断系统具有下述哪几项功能？（　　）
   A. 修复故障　　B. 发出报警信号　　C. 存储故障码　　D. 启用后备功能
3. 发动机电控系统的哪些传感器故障时，喷油频率由发动机每转两转顺序喷油一次改

为每转一转同时喷油一次？（　　）
   A. 空气流量　　　　B. 曲轴位置　　　　C. 凸轮轴位置　　　　D. 进气温度
4. 汽车电控系统故障自诊断测试主要包括下述哪些内容？（　　）
   A. 读与清故障码　　B. 数据流分析　　　C. 监控执行器　　　　D. 编程匹配
5. 汽车电子控制系统常用的故障自诊断测试工具有下述哪几种？（　　）
   A. 跨接线　　　　　B. 万用表　　　　　C. 调码器　　　　　　D. 故障检测仪
6. 利用故障检测仪对汽车电子控制系统进行自诊断测试可知下述哪些内容？（　　）
   A. 故障码　　　　　B. 故障性质　　　　C. 故障部位　　　　　D. 故障原因
7. 当发动机运转时，用故障检测仪对车载 ECU 进行数据传输的过程又称（　　）。
   A. 数据流分析　　　B. 数据通信　　　　C. 数据传输　　　　　D. 读取数据块
8. 故障码表示的故障性质是指电控系统存在下述哪些故障？（　　）
   A. 断路故障　　　　B. 短路故障　　　　C. 搭铁故障　　　　　D. 软件故障
9. 检修汽油机喷油系统的电磁喷油器时，可以通过检测其下述哪些参数进行判断？（　　）
   A. 线圈电阻　　　　B. 电源电压　　　　C. 控制程序　　　　　D. 控制脉冲
10. 车载局域网的故障分为下述哪几种状态？（　　）
    A. 错误激活　　　　B. 错误认可　　　　C. 总线关闭　　　　　D. 网络失联

三、判断题

1. 当冷却液温度传感器"短路"时，发动机 ECU 将按 19.5 ℃ 的工作状态控制喷油。（　　）
2. 汽车电控系统各种传感器的故障自诊断监测点一般都位于传感器的正极。（　　）
3. 当氧传感器电路"短路"时，ECU 仍将进行空燃比反馈控制。（　　）
4. 故障码就是表示故障性质、故障部位和故障原因等信息的代码。（　　）
5. 读取故障码是对各种汽车电子控制系统进行自诊断测试的主要工作。（　　）
6. 汽车电控系统的故障码通常都存储在存储器 ROM 中。（　　）
7. 点火开关接通、发动机不运转的诊断测试方式属于动态测试。（　　）
8. 用故障检测仪测试发动机电控系统时，汽车蓄电池的电压必须高于 11.5 V。（　　）
9. 在车载局域网中，一个电控单元（模块）ECU 就是一个节点。（　　）
10. 车载局域网的故障状态、表现形式与汽车电气或电子设备完全相同。（　　）

四、问答题

1. 汽车故障自诊断系统主要由哪些部件组成？
2. 什么是故障自诊断测试？自诊断测试的内容有哪些？
3. 什么是读取与清除故障码？读取与清除故障码的方法有哪些？
4. 什么是数据流分析？什么是监控执行器？
5. 使用故障检测仪对汽车电控系统进行诊断测试的一般操作程序有哪些？
6. 为什么在汽车上不能轻易断开蓄电池极柱上的电缆接头？
7. 汽车车载故障自诊断系统监测传感器搭铁故障的自诊断原理是什么？试举例说明。
8. 汽车发动机电控系统故障的诊断与检修程序有哪些？
9. 检修发动机电控系统故障时，常用的故障征兆模拟试验方法有哪些？
10. 引起车载局域网故障的原因有哪些？什么是软件故障？什么是硬件故障？

参 考 文 献

[1] 蹇小平，麻友良. 汽车电器与电子技术 [M]. 北京：人民交通出版社，2015.
[2] 王慧君，于明进. 汽车电气设备 [M]. 北京：人民交通出版社，2015.
[3] 周建平. 汽车电气设备构造与维修 [M]. 3 版. 北京：人民交通出版社，2016.
[4] 吴刚. 汽车电气设备 [M]. 北京：人民交通出版社，2016.
[5] 周云山. 汽车电器与电子控制技术 [M]. 北京：人民交通出版社，2014.
[6] 陈焕江. 汽车检测与诊断技术 [M]. 2 版. 北京：人民交通出版社，2015.
[7] 史文库. 汽车新技术 [M]. 北京：人民交通出版社，2016.
[8] 舒华，赵劲松. 汽车电器与电控技术 [M]. 2 版. 北京：机械工业出版社，2019.
[9] 舒华，郑召才. 汽车电器与电子控制技术 [M]. 北京：国家开放大学出版社，人民交通出版社，2019.
[10] 舒华，郑召才. 汽车电器设备构造与检修 [M]. 北京：国家开放大学出版社，人民交通出版社，2018.
[11] 舒华. 汽车电子控制技术 [M]. 4 版. 北京：人民交通出版社，2017.
[12] 舒华，姚国平. 汽车电器设备与维修 [M]. 3 版. 北京：北京理工大学出版社，2016.
[13] 舒华，姚国平. 汽车电控系统结构与维修 [M]. 3 版. 北京：北京理工大学出版社，2012.
[14] Robert Bosch GmbH. BOSCH 汽车工程手册 [M]. 中文 2 版. 顾柏良，等，译. 北京：北京理工大学出版社，2004.